뉴노멀 시대의
결혼과 가족

전영주 황경란 송정숙 이복숙
염은선 주국희 배윤민 김명화 공저

Marriage and Family
in New Normal Era

신정

머리말

'결혼'은 오랫동안 많은 이들에게 인기 있는 제도였으며 '가족'은 인류 역사에서 가장 오래된 사회적 단위로 세계 어디서나 중요한 사회집단이다. 이렇게 매력적인 제도인 결혼과 가족의 인기가 최근 들어 이전과 같지 않으며, 특히 우리 사회의 젊은 여성들 가운데 결혼과 가족을 부담과 구속으로 느끼는 경우가 늘고 있다.

21세기의 가족은 저출산·고령화와 같은 인구학적 변화와 함께 첨단과학기술의 혁신, 보건위기, 지구온난화와 환경오염 등 급변하는 거시 환경에 적응해야 하는 새로운 도전에 직면해 있다. 최근 코로나19 대유행을 거치며 사회변화는 더욱 가속화하고 있으며 새로운 표준이 세워지는 뉴노멀(New Normal) 시대에 접어들고 있다. 사람들의 일상과 정서에 직접적인 영향을 미치는 결혼과 가족의 양상 또한 새로운 관점과 기준을 요하고 있다. 가족의 크기와 세대구성은 줄고 비혼과 동거 등 개인이 선택하는 삶의 방식이 다양해지고 있으며 가족가치관이나 이념도 다원화되고 있다. 생물학적, 법적 유대에 기반한 제도적 가족이 줄고 선택적 관계 중심의 가족으로 재구성되고 있는 현상은 어느 정도 우리가 직면하고 있는 현실이다.

이 책은 21세기 사회변화에 따른 결혼과 가족에 대한 대학생 및 일반의 이해를 돕고자 집필되었다. 결혼과 가족을 이루기 위해 알아야할 기본 지식으로 채워졌으며, 대학의 교양과정 과목인 '결혼과 가족'의 교재로 활용되거나 일반인들의 가족교육을 위한 참고자료로 활용될 수 있을 것이다.

이 책은 총 5부(Part), 16장으로 구성되어 있다. 1부 '가족과 나에 대한 이해'는 21세기 결혼과 가족, 나 자신을 이해하기, 혼자 살기의 주제를 다루었다. 2부 '관계에 대한 이해'는 함께 살기, 사랑의 기술, 젠더와 성 등의 주제를 포함하고 있다. 3부 '결혼에 대한 이해'는 연애와 배우자 선택, 결혼하기, 의사소통과 갈등관리의 주제를 다루었다. 4부 '부모됨과 가족생활에 대한 이해'는 부모되기, 부모교육과 상담, 가족생활주기와 스트레스, 다양한 가족 등의 주제를 포함하였다. 마지막으로 5부 '가족의 적응과 도전'은 가족법 따라잡기, 가족에 대한 지원, 뉴노멀 시대의 가족의 도전 등의 주제로 마무리하였다.

집필진은 신라대학교 가족학과 대학원 동문들로 현재 부산, 울산, 경남 지역에서 활동하고 있는 8명의 가족 전문가들이다. 이 책은 집필자들이 연구자, 건강가정지원센터 관리자, 강사, 전문상담자로 각자 바쁜 생활 가운데서 시간을 쪼개 집필에 몰두한 결과물이다. 1장과 16장은 전영주, 2장과 5장은 황경란, 3장과 15장은 이복숙, 4장과 6장은 김명화, 7장과 8장은 송정숙, 9장과 12장은 배윤민, 10장과 11장은 염은선, 13장과 14장은 주국희가 집필하였다.

코로나19 대유행으로 세상이 천천히 쉬어가는 동안, 결혼과 가족에 대한 각자의 지식과 경험을 글로 풀어준 집필진 선생님들 모두에게 감사드린다. 젊은 세대에 대한 집필진의 애정과 염려가 이 책의 토대가 되었다고 생각한다. 마지막으로 이 책의 집필을 시작할 수 있도록 끊임없이 격려해 주신 신정 최용구 사장님과 직원들, 집필진의 코디 역할로 집필과정의 세세한 수고를 마다하지 않으신 황경란 선생님에게 깊은 감사의 마음을 전한다.

낙동강을 바라보며 백양산 중턱에서

2021년 6월

집필진을 대표하여 전영주

차례

Part 03 결혼에 대한 이해

Part 04 부모됨과 가족생활에 대한 이해

Part 05 가족의 적응과 도전

PART 01

가족과 나에 대한 이해

Contents

CHAPTER 01 21세기 결혼과 가족

전영주 집필

결혼과 가족은 사회의 기본단위로 대다수 개인의 일상이 이루어지는 생활공동체이다. 그러나 최근 사회 변화와 함께 결혼과 가족에 대한 인식과 양상이 크게 변화되고 있다. 우리 사회의 혼인율 저하는 젊은이들에게 결혼의 매력이 줄고 있음을 보여주고 있다. 또한 사회 변화에 적응하는 과정에서 가족의 형태도 기존의 전형적 핵가족에서 벗어나 다양한 가족 유형이 늘고 있다. 1장에서는 결혼, 가족, 사회의 변화에 대해 살펴본다.

1. 결혼과 가족의 의미

1) 결혼과 가족의 정의

결혼은 전 세계에 걸쳐 많은 사람들에게 인기 있는 제도이다. 결혼은 두 사람이 관계의 영속성을 갖는 부부임을 공표함으로써 결혼 당사자 두 사람이 합법화된 독점적 성관계와 출산의 권리를 지닌 단위로 결합하였음을 사회적으로 확인하는 의식이기도 하다. 일반적으로 구애의 과정을 거쳐 결혼에 이르게 되며 문화권마다 독특한 결혼 의례와 관습을 따른다.

전통적으로 결혼은 성인이 되면 당연히 거쳐야 하는 관문으로 간주되었으나 최근 우리 사회는 결혼에 대한 인기가 떨어지고 있다. 2020년 기준 한국의 총

혼인건수는 21만 쌍으로 1990년대 중반의 혼인건수에 비해 절반으로 줄었다. 통계청(2021)의 사회지표 보고에 따르면 '결혼을 꼭 해야 한다'는 응답은 2010년 64.7%에서 2020년 51.2%로 감소된 반면 '이유가 있으면 이혼하는 것이 좋다'는 응답은 2010년 7.7%에서 2020년 16.8%로 두 배 이상 증가하였다(그림 1-1 참고). 특히 여성은 남성보다 결혼에 대해 더 부정적이며 이혼에 대해서는 더 수용적으로 나타나, 결혼과 이혼에 대한 인식에서 모두 성별지체 현상을 보이고 있다.

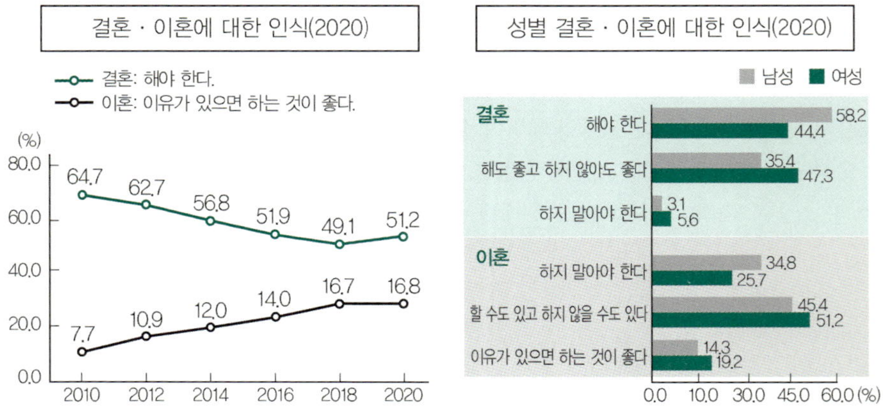

〈그림 1-1〉 결혼 및 이혼에 대한 인식(2020)

한편, 가족은 결혼 계약에 기초한 사회적 결합으로 남편과 아내의 상호 부양과 경제적 의무, 공동 거주, 자녀에 대한 양육 권리와 의무 등을 포함한다. 사회학자인 머독(George Murdock)은 가족에 대한 인류학 보고서 리뷰에서 가족이란 공동거주, 경제적 협력, 재생산을 특징으로 하는 사회집단으로, "사회적으로 승인받은 성관계를 갖는 성인남녀와 그들에게서 출생 또는 입양된 자녀로 이루어진다."라고 주장하였다(Ingoldsby & Smith, 2006, 천혜정 외 역, 2009).

우리나라 건강가정기본법 제1장은 '가족은 혼인, 혈연, 입양으로 이루어진 사회의 기본단위'라고 규정하고 있다. 이와 같이 결혼과 가족은 인간 사회의 보존을 위해 중요한 기능을 하는 문화 제도이며, 건강한 가족은 가족원의 욕구가 충족되고 인간다운 삶이 보장되는 공동체라고 할 수 있다.

➔ 가족의 정의

- "가족"이라 함은 혼인·혈연·입양으로 이루어진 사회의 기본단위를 말한다.
- "가정"이라 함은 가족원이 생계 또는 주거를 함께 하는 생활공동체로서 구성원의 일상적인 부양·양육·보호·교육 등이 이루어지는 생활단위를 말한다. "1인 가구"라 함은 1명이 단독으로 생계를 유지하고 있는 생활단위를 말한다.
- "건강가정"이라 함은 가족원의 욕구가 충족되고 인간다운 삶이 보장되는 가정을 말한다.

출처: 건강가정기본법 제1장 총칙 제3조 (2018.1.16. 개정)

가족에 대한 전통적인 정의는 '혼인, 혈연 및 입양으로 이루어진 관계 집단으로 의식주를 공동으로 해결하고 정서적 유대와 공동체적 생활방식을 갖는 집단'이다. 그러나 최근 결혼과 가족의 형태가 빠르게 다양해짐에 따라 부부중심 가족형태를 보편적 가족으로 간주했던 관점이 도전받고 있다(McCarthy & Edwards, 2011, 전영주 외 역, 2013).

최근 '제도(institution)'로서의 가족은 약화되고 있는 반면, '관계(relationship)'로서 가족의 의미는 점차 커지고 있다. 이성애 부모와 친자녀로 이루어진 전형적 가족(the family)을 '정상 가족'으로 보는 시각은 쇠퇴하고 다양한 인간 공동체의 삶의 모습을 포괄할 수 있는 가족의 정의가 주목받고 있다. 즉, '자신들 스스로가 가족으로 생각하면서 전형적인 가족 임무를 수행하는 2인 이상의 사람들' 또는 '소속감을 가지고 있으며 전형적인 가족의 임무를 수행하는 2인 이상의 사람들'과 같은 광의의 의미로 변화되고 있는 것이다(이원숙, 2016).

아이힐러(Eochler, 1988)는 가족과 결혼에 대해 '가족은 한 명 혹은 그 이상의 자녀를 포함하거나 포함하지 않을 수 있으며, 이 자녀가 혼인관계에서 태어날 수도 있고 그렇지 않을 수도 있는 사회집단이다. 이들 성인관계는 결혼에 근원을 둘 수도 있고 그렇지 않을 수도 있다. 이들은 거주지가 같을 수도 있고 그렇지 않을 수도 있다. 이들 성인은 성적으로 동거할 수도 있고 그렇지 않을 수도 있으며, 이 관계는 애정, 매력, 경건성 등의 사회적으로 패턴화된 감정을 포함할 수도 있고 그렇지 않을 수도 있다'고 정의하였다(이원숙, 2016에서 재인용).

다음 중 "가족"이라고 생각되는 항목에 표시하시오. 가족이 아니라고 생각되는 항목은 그렇게 생각하는 이유에 대해 토론해 보시오.	
1. 법적으로 결혼한 남편과 아내, 그리고 둘 사이에 낳은 아들과 딸	
2. 사별한 엄마와 미성년 세 자녀	
3. 50대 미혼 여성과 70대 양어머니	
4. 70대 남성과 딸, 그리고 딸의 아들	
5. 80대 과부와 반려견	
6. 함께 사는 세 명의 미혼 성인 자매	
7. 50대 여성과 동거하는 30대 남성, 그리고 여성의 전혼에서 낳은 10대 자녀	
8. 레즈비언 커플과 각각 정자은행을 통해 낳은 자녀 2명	
9. 함께 사는 두 명의 성인 남자 사촌	
10. 70대 남성과 그의 평생 친구(남성)	
11. 자발적으로 자녀를 낳지 않고 사는 40대 부부	
12. 직장으로 인해 프랑스에서 거주하는 아내와 한국에 거주하는 남편, 그리고 미국 유학 중인 아들	
13. 이혼남과 그의 여자친구, 그리고 여자친구의 딸	
14. 40대 부부와 입양한 자녀 넷	
15. 부부와 아들부부, 그리고 손자	
16. 한국에 사는 30대 부부와 중국에서 조부모와 함께 거주하는 어린 자녀	
17. 3명의 성인과 5명의 비혈연 아동들이 함께 사는 생활공동체	
18. 60대 여성과 동거남, 그리고 여성이 전혼에서 입양했던 자녀	
19. 80대 노모와 2명의 50대 비혼 아들	
20. 필리핀 출신의 30대 동거커플, 그리고 여성의 전 한국인 남편이 전혼의 한국인 아내와 낳은 자녀	

출처: 김유숙 외(2017)에서 발췌 및 수정.

2) 가족의 진화

가족은 인류의 역사에서 가장 오래된 사회적 단위이며, 거주형태나 가족원의 범위를 막론하고 세계 어디서나 중요한 사회집단으로 간주된다. 가족은 생존을 위해 서로에게 의지하며 협동한다. 농경사회에서 가족은 식량 생산과 소비, 판매를 함께 하는 공동체였으며, 유목사회에서는 가축을 돌보고 시장에서 재화를 교환하기 위한 자원을 함께 수집하는 단위였다. 산업화 이후 가족의 규모는 작아졌지만, 임금노동이 이루어지는 외부 일터와 차별화된 안전한 쉼터이자 재생산을 위한 휴식처의 기능은 강화되었다(Ingoldsby & Smith, 2006, 천혜정 외 역, 2009).

가족의 기원에 대해서는 학자마다 견해가 다르다. 구약성경의 창세기에 따르면 아담과 이브가 최초의 부부이며, 인류가 시작되었을 때 가족이 시작되었다. 성서에 입각한 관점은 일부일처제가 결혼의 초기형태이며 남편-아내-자녀의 단위가 생존과 안녕을 보장하는 기본집단임을 강조한다.

찰스 다윈(Charles Darwin)의 진화론을 지지하는 19세기 사회진화론자들은 초기 인류문화에서의 가족은 모권제였으나 이후 농경사회에 접어들며 부권제를 거쳐 현재의 일부일처제로 점진적으로 변화되었다고 보았다. 그러나 모든 문화권에서 동일한 궤적의 가족구조 변화를 겪었을 것이라는 타당한 근거는 없다.

한편 막스(Karl Marx)와 엥겔스(Friedrich Engels)는 가족의 기원에 경제사상을 접목하였다. 최초의 가족은 모계집단 중심 체계였으나 농경사회가 도래하면서 남성들이 생산수단에 대한 통제권을 갖게 되었고 여성의 성(性)을 통제하게 됨에 따라 부계 중심의 가족형태로 대체되었다고 보았다(Ingoldsby & Smith, 2006, 천혜정 외 역, 2009).

20세기 초부터 근대 산업화 과정을 거치면서 빈번한 사회적, 지리적 이동에 적합한 핵가족 유형이 기능적으로 가장 적합한 가족형태로 간주되었고, 이성애 부모(주로 부양자 아버지와 전업주부 어머니)와 친자녀로 이루어진 핵가족을 일반적인 가족으로 보기 시작하였다. 가족의 기원에 대한 20세기 연구는 성역할에 초점을 두었는데, 문명 이전 인간 사회부터 성별 노동분업이 개인과 집단의 생존 가능성을 높여 가족의 형태로 진화되었다고 주장했다. 이들은 성인 남성과 여성 간 성적 결합으로 본인의 생존과 자녀양육을 위한 생활 기술을 공유하게 되었고, 가족은 양성의 성인 간의 상호의존적 유형을 포함한다고 보았다.

3) 결혼과 가족의 기능

가족의 기능이란 가족이 수행하는 역할을 의미한다. 가족이 수행하는 기능은 가족원의 욕구 충족과 사회의 유지 및 발전에 영향을 미친다. 또한 가족의 기능은 역사적 변화와 문화적 맥락에 따라 다양하게 나타나며 끊임없이 변화하고 있다. 현대 가족에서 중요하게 수행되고 있는 보편적 기능을 살펴보면 다음과 같다.

(1) 성적 욕구 충족 및 통제의 기능

결혼의 기본적 기능 중 하나는 혼인을 통해 성인 남녀의 성적 욕구를 합법적으로 충족시키는 것이다. 결혼을 통해 두 배우자는 상호 간의 성행위를 합법적으로 인정받게 되며, 동시에 상대방에 대한 배타적 성적 권리를 획득한다. 배타적 성적 권리란 결혼을 통해 보장받는 배우자의 성적 행위에 대한 독점적 권리를 의미한다.

가족 외부에서 성적 욕구를 해소하는 행위(예: 매춘, 혼외정사)는 사회적으로 바람직하지 않은 것으로 간주하며, 가족을 통해 성적 무질서를 통제하려는 사회적 합의가 존재한다. 결혼은 개인에게 성욕을 합법적으로 충족시키는 기회를 마련해 주지만 성 관계의 해방을 의미하는 것은 아니며, 성 관계를 규제하고 통제하는 공인된 사회적 방법이라고 할 수 있다.

(2) 재생산(출산)과 사회화의 기능

가족은 사회를 유지하기 위해 출산을 통해 구성원을 보충하고 양육한다. 가족의 가장 중요한 기능 중 하나가 혼인한 성인 남녀 사이에 출생한 자녀에게 합법적인 권리와 지위를 부여하는 것이다. 자녀출산은 대부분의 문화권에서 미덕으로 간주되며, 부모됨은 결혼한 성인의 사회적 의무로 여겨지는 경향이 있다.

부모는 아동이 성인으로 성장하기까지 필요한 의식주를 제공하고 양육의 의무를 가지며 아동의 건강한 발달에 대한 책임을 진다. 가족은 자녀가 사회에 적응하기 위해 필요한 주요 가치, 관습, 규범 등을 가르치고, 성숙한 사회인이 되기 위한 기본자질을 키우는 중요한 기능을 수행한다. 또한 문화를 전달하고 바람직한 가치관을 심어 주며 올바른 시민이 되도록 함으로써 사회에 필요한 유용한 인적 자원을 양성한다.

(3) 보호 및 돌봄의 기능

가족의 가장 중요한 기능은 가족원을 보호하고 돌보는 역할이다. 돌봄은 재정적 지원, 신체적 수발, 정서적 지원 등을 포함하는 개념이다. 돌봄기능의 일차 대상은 가족 내 아동과 노인 등 사회적 약자이다. 부부 사이 및 부모와 미성년 자녀 사이의 부양의무는 생활 유지를 위한 가족공동체의 본질이다.

최근 어린이집, 노인복지시설, 의료기관 등 돌봄기관의 확대로 가족 내 돌봄기능이 과거에 비해 약화되었지만, 아직까지 가족구성원을 돌보는 일차적 책임은 가족에게 있다. 그 밖에도 질병이나 사고로 일상적 기능을 수행하기 어려운 구성원이 있으면 가족이 이들을 돌보게 된다. 우리나라 민법에서는 직계혈족 및 배우자 사이의 부양의무뿐만 아니라 생계를 같이 하는 그밖의 친족 사이에도 부양의무를 명시하고 있다.

(4) 경제 기능

가족은 경제공동체로서 합법적으로 재산을 공유하고, 자원을 공평하게 향유하며, 노동을 분담하기로 합의한 집단이다. 가족제도는 구성원들 간의 엄격한 경제적 권리와 의무를 부여하는데, 우리나라 민법도 혼인한 배우자 간에 부양의 의무가 있음을 규정하고 있다.

가족의 경제적 기능은 생산 및 소비 기능과 사회에 노동력을 제공하는 기능으로 구분할 수 있다. 과거 농경사회에서 가족은 생산의 주체인 동시에 소비의 주체였다. 그러나 산업화 사회에서 가족은 사회에 노동력을 제공하고 그 대가로 임금을 받아 필요한 상품을 구매하는 소비의 주체로 부상하였다. 소비공동체로서 한정된 수입으로 전체 가족원의 욕구를 충족시킬 수 있으려면 가족의 합리적인 재정 관리능력이 매우 중요하다.

(5) 애정 기능

일반적으로 가족은 서로 사랑하는 남녀의 혼인을 기반으로 시작된다. 현대사회에서 애정이 결혼의 유일한 동기는 아닐지라도 주요한 동기임에는 틀림없다. 전통적인 한국 가족은 부부간 애정보다 부모자녀관계를 중요시했으나 현대사회에서는 부부의 애정이 가족제도를 유지하는 본질적 요소로 인식되고 있다. 현대의 가족은 제도적 가족에서 우애적 가족으로 변화하고 있으며, 이에 따라 가족의 애정적 기능이 더욱 중요시되고 있다.

가족은 구성원들에게 사랑, 이해, 격려, 신뢰, 친밀감 등을 제공하며, 서로를 수용하며 지지하는 기능을 수행한다. 특히 경쟁이 심화된 현대사회에서 가족이 제공하는 애정적 기능은 개인의 심리적 안정과 건강을 위해 강조되고 있다. 그러나 가족의 애정적 기능이 지나치게 강조되거나 미화될 경우, 부부나 가족

간 애정적 기능에 대한 비현실적 기대가 지나치면 오히려 가족의 위기를 초래할 수 있다.

(6) 휴식 및 오락의 기능

공적 영역과 사적 영역의 구분이 명확한 현대사회에서 가족은 구성원들이 긴장과 스트레스를 풀고, 휴식을 취하고, 새로운 에너지를 재충전하는 장소가 되었다. 가족구성원들은 함께 여가를 즐기면서 가족 응집력을 강화하고, 다양한 오락활동(예: 외식, 스포츠, 영화관람, 놀이공원 방문 등)을 공유하거나 함께 봉사활동을 하면서 가족의 행복감을 느낀다. 이를 통해 가족의 다른 기능들도 더 잘 수행할 수 있게 된다. 휴식 및 오락의 기능은 부부관계 및 부모자녀관계의 친밀감을 높이고, 자연스럽게 자녀를 사회화하는 데 기여한다.

(7) 사회적 지위 부여의 기능

가족은 구성원들에게 다양한 사회적 지위를 부여한다. 예를 들어, 전통사회에서는 가족이 속한 계급에 따라 개인의 신분이 정해졌고, 현대사회에서는 가족이 속한 사회경제적 계층에 따라 집단이 분류되기도 한다. 지위 부여의 기능은 결혼이 개인의 선택이라기보다 가족 간의 결합으로 여겨지는 사회에서 특히 중요한 의미를 갖는다.

한편, 가족의 각 구성원들은 출생순위나 성별에 따라 가족 내에서 다른 지위를 획득하게 된다. 장남인지 막내인지 또는 딸인지 아들인지에 따라 가족 내 지위와 권력의 차이가 발생하기도 한다. 가족이 속한 사회경제적 지위 및 가족 내 지위는 개인의 심리적 특성, 사회적 관계, 성취 등에 영향을 미칠 수 있다.

2. 한국 가족의 변화[1)]

1) 가족을 둘러싼 사회 변화

(1) 저출산과 고령화

저출산과 고령화 현상은 대다수 선진국에서 공통적으로 나타나고 있는 인구학적 변화이다. 의학기술의 진보로 임신과 출산을 자율적으로 통제할 수 있게 되었고, 질환 예방과 치료의 발전으로 인간의 평균수명이 획기적으로 연장되었다. 한편 일·가정 양립이 어려운 사회 환경에서 여성의 경제활동 참여 증가는 출산과 육아의 포기로 이어졌고, 개인의 자아실현을 중시하는 개인주의 가치관의 확산 역시 저출산 현상에 영향을 미치고 있다.

또한 고령화로 인한 노인인구의 증가로 노인케어와 부양문제, 노인의 정신건강, 생활의 질 등이 사회적 이슈로 떠오르고 있다. 전통적인 '효' 사상의 쇠퇴하고 장남이나 여성(며느리나 딸)이 부양을 책임져야 한다는 인식 또한 쇠퇴하고 있으며, 사회와 국가가 노인돌봄을 분담해야 한다는 의식이 확산되고 있다.

(2) 세계화

최근 교통 및 통신의 획기적 발전으로 세계화가 빠르게 진행되고 있다. 세계화는 노동시장뿐만 아니라 결혼시장에도 영향을 미쳐, 우리나라를 포함한 많은 국가들의 가족의 문화와 인종 구성을 변화시키고 있다. 우리나라 역시 결혼이민자 여성, 외국인 노동자, 북한이탈자들의 유입으로 거주 외국인 비율이 지속적으로 증가하고 있으며, 결혼으로 형성된 다문화가족도 빠르게 늘고 있다. 또한 가족원이 서로 다른 국적을 가졌거나 다른 국가에 체류하면서 가족으로

1) '최선화, 공미혜, 전영주, 최희경 (2018). 변화하는 사회의 가족복지. 학지사'에서 부분 발췌 및 수정.

서 소속감과 정체성, 가족의례 등을 유지하는 '초국적 가족'도 세계적으로 증가하고 있다.

단일민족에 대한 전통적 관념으로 인해 국제결혼으로 형성된 가족에 대한 사회적 편견과 부정적 인식이 여전히 존재한다. 그러나 다문화 관련 법과 제도가 정비되고 사회적 인식 개선을 위한 노력을 꾸준히 펼치고 있어 최근에는 국제결혼이나 다문화가족에 대해 보다 수용적으로 받아들이고 있다.

(3) 과학기술의 발전

오늘날의 혁신적 과학기술은 유비쿼터스와 모바일 인터넷, 인공지능과 기계학습을 통해 기존의 틀을 깨고 '새로운 가치'를 세상에 내놓고 있다. 인공지능(AI), 사물 인터넷, 빅데이터, 모바일 등 첨단 정보통신기술이 경제사회 전반에 융합되어 디지털 기기와 인간, 그리고 물리적 환경의 융합으로 펼쳐지는 새로운 시대, 4차 산업혁명이 그것이다. 과학기술 영역의 경계를 넘나들며 탄생한 새로운 파괴적 혁신은 세상을 급속도로 바꾸고 있다.

이러한 혁신적 기술은 가족공동체를 포함한 다양한 인간관계에도 영향을 미치기 시작했다. 예를 들어 돌봄 영역에서 인공지능의 역할이 늘고 있으며, 친밀감과 정서적 교감 영역에서도 인공지능 서비스가 의미 있는 위안을 제공하기도 한다.

(4) 환경문제

20세기 경제성장시대의 공업화 과정에서 발생한 대기오염, 해양오염, 각종 쓰레기 등 환경문제는 이제 전 지구적 문제로 인식되고 있고, 미세먼지문제와 각종 신종 감염병의 잦은 발생은 인간의 삶의 질은 물론 가족공동체의 생존문제로 이어지고 있다. 일례로 코로나바이러스감염증-19(COVID-19, 이하 코로나19) 바이러스의 대유행이 시작된 2020년, 한국의 출산율과 혼인율은 크게 저하되었다.

소비의 주체로서 가족은 다양한 분야에서 지구의 지속가능성을 염두에 둔 활동에 관심을 갖게 되었다. 예컨대 일상의 의식주 생활에서 인간과 동물, 생태계 순환을 고려하여 유기농 식품과 자재를 구입하고 재활용 분리수거에 참여하는 등 환경문제에 적극적 단위로 활동하고 있다.

2) 한국의 가족이념 다변화

급격한 사회 변화에도 불구하고 가족주의(familism)는 한국 사회의 근간을 이루는 변함없는 특성으로 거론되어왔다. 그러나 자세히 들여다보면, 한국 사회는 전통적, 현대적, 탈근대적 특징들이 공존하면서, 성별, 세대, 계층 등에 따라 전통적, 서구적, 범세계적 요소들을 상이하게 체화하였고, 개인 및 집단은 매우 이질적인 가족이념을 갖게 되었다. 이는 압축적 사회 변화 속에 다양한 가족이념이 우발적으로 공존하게 되었기 때문인데, 장경섭(2016)은 한국 가족을 지배하는 네 가지의 주요 가족이념을 다음과 같이 제시하였다.

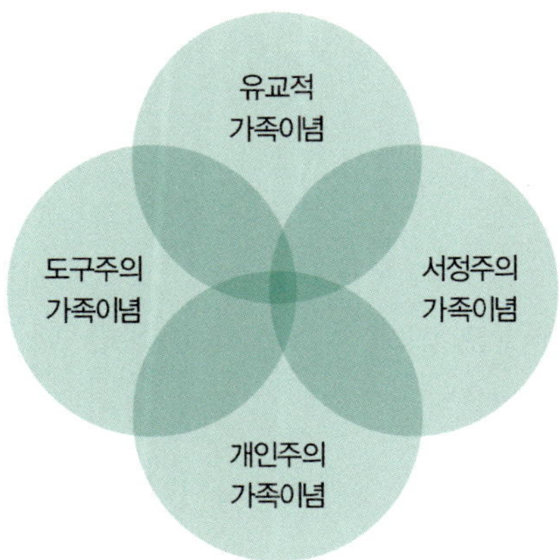

〈그림 1-2〉 한국 가족이념의 다원성

출처: 장경섭(2016).

(1) 유교적 가족이념

유교는 조선시대부터 일제강점기를 거쳐 현재에 이르기까지 잔존하여 한국인들의 가족이념의 기초를 이루고 있다. 유교적 가족규범은 조선시대의 양반계층을 위한 것이었으나, 한국 사회가 근대의 혼란 속에 일상생활의 안정을 복구하는 과정에서 유교적 가족규범의 계층적 보편화가 이루어졌다.

성별, 세대, 연령에 기초한 경직된 위계질서와 부계 중심 권위주의적 가족생활은 유교적 가족이념의 대표적 특징이며, 이러한 가족생활의 실현을 위해서는 상당한 물질적, 문화적 토대가 필요하다. 따라서 자원이 부족한 계층의 가족에게 유교적 가족이념의 이상과 현실의 괴리는 일상적 괴로움을 가져오기 쉽다.

한국의 가족관계나 가족생활의례에서 유교적 영향력은 여전하나, 성별이나 세대에 따라 유교적 가족이념을 수용하는 정도에는 차이가 있다. 예컨대 여성일수록, 젊은 세대일수록 유교적 가족이념의 수용도는 낮은 경향이 있다.

(2) 도구주의 가족이념

20세기에 한국 사회가 식민통치, 한국전쟁, 절대빈곤과 산업화, 민주화 등을 겪는 동안, 가족은 생존의 기반이자 부와 권력을 이루어나가는 근간으로 기능하였다. 가족원 간의 유대와 지원은 거의 유일하게 유지된 사회자원으로, 가족관계의 전략적 활용을 통해 생존과 성공을 추구하는 가족도구주의 이념이 발달하게 되었다. 가족도구주의는 가족단위의 경제활동뿐만 아니라 자녀교육을 통한 세대 간 계층상승 프로젝트로 극명하게 드러난다.

그러나 도구주의 가족이념이 심화되고, 시장경제 등 현대적 사회질서와 결합되면서 여러 부작용이 발생하였다. 첫째, 부의 축적과 세습 등에서 반 공동체적 이기주의 행태가 확산되면서, 정략혼, 과잉혼수, 자녀의 대학 부정입학 등의 가족이기주의가 팽배되었다. 둘째, 지연, 학연 등의 유사 가족주의적 관행으로 시장의 공정경쟁이 왜곡되며, 취업, 선거, 혼인 등 거의 모든 사회적 영역에서 연고주의와 온정주의 관행이 일상화되었다. 셋째, 가족생활이 사회적 경쟁의 승리를 위한 도구로 전락되어 자녀 입시, 남편의 직장에서의 승진 등 가족생활이 프로젝트화되는 부작용을 낳았다.

(3) 서정주의 가족이념

서구 산업화의 영향으로 남성은 가족 밖에서 생계부양자의 역할을 하는 반면, 여성과 아동은 가정생활로 편입되며, 중산층 가족을 중심으로 가족의 정서적 보호기능을 강조하는 서정적 가족상이 대두되었다. 가족은 사회로부터 독립된 서정적 보호공간으로 정해져 그 안에서 개인을 보호하고자 하는 노력을 하였다.

서정적 가족주의는 서구문화의 영향을 받았지만, 여성과 아동 보호를 강조한다는 점에서 한국 전통 양반계급의 유교적 가부장적 규범과도 유사한 부분이 있어 한국인들에게 쉽게 받아들여졌다. 그러나 가족관계의 애정을 강조하는 규범은 부부관계나 부모자녀관계에서의 감정적 과부하현상을 유발하여, 가족원 상호간에 애정적 기대수준이 만족스럽지 않을 경우 가족 내 긴장과 불화 유발 요인이 되기도 한다. 또한 서정적 가족주의가 상당한 물질적 자원 기반을 전제로 한다는 점에서 소득의 안정이 확보되지 않는 계층의 가족에게는 서정적 가족관계 실현이 어려울 수 있다(장경섭, 2016).

(4) 개인주의 가족이념

민주주의 사상의 확산과 함께 여성해방, 청소년의 자율성 강화 등은 개인주의 가족이념 확산에 영향을 미쳐왔다. 또한 소비자본주의 확산도 가족의 집단적 이익에서 개인의 선택 의식을 기반으로 한 가족생활로 변화되는 데 영향을 미쳤다. 결혼과 출산, 이혼, 및 자녀양육 등 부양에서도 개인의 복리와 가족의 안녕 간의 균형을 중시하며, 집단주의 규범보다 개인적 선택을 중시하는 경향이 강해지고 있다.

특히 여성의 교육수준이 높아지고 취업이 증가하면서, 여성들은 결혼이나 출산에 대한 원가족과 사회규범의 압력에 영향을 적게 받게 되었고 개인의 자아실현을 중심으로 다양한 선택을 적극적으로 고려하게 되었다.

3) 가족의 양상 변화

(1) 가족생애주기의 변화

평균수명이 연장되고 출산율은 저하되면서 자녀출산과 양육기간이 줄어들고, 탈양육기의 중노년 부부가 둘만 남아 함께 보내는 빈 둥지(empty nest) 시기는 길어졌다. 이와 같은 변화로 가족생활에서 부부관계에 대한 비중이 커졌으며, 조기은퇴나 황혼이혼이 주요 가족문제로 나타나고 있다.

(2) 가족구조의 변화

가족구조의 주요 변화로는 소(小)가족화 경향에 따른 가족규모의 축소, 그리고 다양한 가족형태의 증가를 볼 수 있다. 독신가구나 무자녀부부, 한부모가족, 재혼가족 등 다양한 라이프스타일이 사회적으로 수용되면서 증가하고 있다. 농경사회에서 지배적인 가족형태였던 전통적 봉건 확대가족은 산업화 이래 근대적 부부 중심 가족형태로 변화되었고, 최근 탈근대적 가족형태인 가족의 다양성이 부각되고 있는 실정이다.

(3) 가족기능의 변화

사회경제적 환경의 변화로 농경시대에 가족 안에서 자급자족했던 생산과 소비, 교육, 오락, 종교적 기능 등이 대폭 축소되었다. 소(小)가족화와 맞벌이 증가, 이혼율 증가 등에 따른 가족의 돌봄기능 약화로 어린 자녀와 노인, 장애를 가진 가족원에 대한 보호를 사회와 국가가 분담해야 한다는 제도적 필요성이 제기되어왔다. 가족이 일터와 분리되면서 가족의 생산기능은 쇠퇴했지만 소비기능은 늘었다. 또한 과거에 비해 가족의 정서적 유대기능과 여가기능이 강조되고 있다. 결혼이 부부의 사랑과 성을 중심으로 결혼이 유지되며 부부간의 친밀감과 애정의 기능이 중요시되고 있다.

(4) 가족가치관의 변화

산업화의 진행과 함께 직업 중심의 잦은 지리적 이동, 개인주의 확산, 변화하는 경제환경, 자유로운 선택 보장 등은 결혼과 가족에 대한 가치관을 빠르게 변화시켜왔다. 결혼과 가족에 대한 가치관이 변화하면서, 혼인율은 지속적으로 감소하고 있는 반면 이혼율은 고공행진을 하고 있는데, 이러한 저혼인, 고이혼 현상은 '결혼을 꼭 해야 한다'는 인식과 '이혼은 절대 하면 안 된다'는 인식 모두 낮아지고 있는 것과 관련이 깊다. 또한 혼전동거나 독신, 국제결혼에 대한 수용성도 높아졌으며, 결혼하면 반드시 자녀를 가져야 한다는 과거의 의식과 달리 자발적 무자녀가족을 선택하는 사람들도 증가하고 있는 추세이다. 노부모 부양에 대해서는 장남이나 가족이 부양해야 한다는 의식이 낮아지고, 사회나 국가와 함께 부양해야 한다는 의식이 높아지고 있다.

4) 가족형태의 다양화

'전형적 가족'이란 이성애 부부(생계부양자 남편과 전업주부 아내)와 생물학적 친자녀로 이루어진 핵가족을 의미한다. 최근 우리 사회에서 이러한 전형적 가족의 비율은 감소하고 있는 반면 다양한 형태의 가족이 증가하고 있다. 각 유형의 가족은 특수한 욕구나 어려움이 존재할 수 있으나, 특정 유형의 가족 자체가 기능적 결손을 내포하고 있다고 가정하거나, 비정상적 가족으로 간주하는 것은 적절하지 않다. 어떤 형태의 가족이든 관계집단 안에서 자유와 평등, 행복을 누리는 것이 중요하다. 한부모가족, 재혼가족, 비동거가족, 입양가족, 조손가족, 무자녀가족, 다문화가족 등 다양한 형태의 가족에 대한 편견 없이 함께 하는 사회가 되어야 할 것이다.

(1) 한부모가족

한부모가족은 만 18세 미만의 미성년자녀가 한쪽 부모와 거주하는 가족 유형으로 이혼, 별거, 배우자의 사망, 미혼모·부 등의 다양한 이유로 형성된다. 1990년대 중반 이후 급증한 이혼으로 일시적 또는 영구적 형태의 한부모가족이 큰 폭으로 증가하고 있다.

많은 한부모가족이 생계부양과 육아의 역할과부하 외에 정서적 어려움, 사회적 편견 등의 어려움을 경험한다. 전통적 관점에서 볼 때 모자가족은 경제적 부양자를 상실한 것이며 부자가족은 양육자와 보호자를 상실한 것으로 간주하였다. 그러나 한부모가족의 부모자녀관계가 일반 가족보다 더 긍정적이며 개방적 의사소통을 하며, 부모와 자녀 모두 스트레스 상황에 잘 적응한다는 연구 결과도 있다(정옥분 외, 2005). 이는 가족의 구조적 측면보다 한부모의 정서적 균형과 가족기능의 수준이 자녀의 적응과 발달의 중요한 요인임을 시사한다(김정옥 외, 2015).

(2) 재혼가족

이미 한 번 또는 그 이상 결혼하여 가정을 이룬 남성이나 여성이 이혼이나 사별 후 다른 배우자와 새롭게 구성한 가족을 재혼가족이라고 한다. 전체 혼인신고 중 1/4 정도가 재혼이며, 재혼연령도 증가하고 있다. 최근의 재혼 추세를 보면 '남녀 모두 재혼'인 형태가 가장 높은 비율이고, 다음으로 '초혼남성+재혼여성', 마지막으로 '재혼남성+초혼여성'의 순으로 나타나고 있다.

재혼가족은 부부관계보다 부모자녀관계가 먼저 형성되므로 경계의 문제와 전혼자녀에 대한 역할수행 등의 어려움이 있을 수 있다. 또한 자녀는 계부모와 친부모 사이의 충성심 갈등이나 형제자매간의 경쟁을 경험할 수 있다. 재혼에 앞서 예상되는 어려움에 대해 충분히 교육과 상담을 받을 필요가 있으며, 재혼 후 서두르지 말고 가족 간의 신뢰와 소속감을 쌓아나가야 한다.

(3) 비동거가족

비동거가족(분거가족)은 가족원들이 취업활동이나 자녀교육 등의 이유로 같은 공간에서 생활하지 못하고 떨어져 생활하는 가족형태이다. 유형에 따라 주말부부, 통근결혼, 기러기가족 등의 용어를 사용하기도 한다. 비동거 사유에 따라 직업적 목적이나 자녀교육 목적으로 인한 비동거가족 유형으로 나누기도 하고, 거주장소에 따라 국내 또는 해외 비동거가족으로 나누기도 한다.

비동거가족의 남편과 아내는 모두 직업과 가정일을 각자 처리해야 하므로 이중부담을 경험하는 반면 역할갈등은 심각하지 않다. 비동거가족은 일반가정에 비해 배우자 각자 동등하게 직업생활을 추구한다는 점과 독립성 및 자율성의 획득이라는 장점이 있다. 그러나 재정관리 면에서 주거비용, 가정관리비용, 통신비, 교통비, 대리양육비 등 비동거 여건으로 인한 지출이 많고, 외로움이나 소외감을 느낄 수 있으며, 부모역할갈등과 양육죄책감을 경험할 수 있다는 어려움이 있다.

(4) 입양가족

입양은 생물학적 과정이 아닌 법적, 사회적 관계에 의해 친자관계를 맺은 가족형태이다. 친부모의 사망이나 이혼, 수감, 빈곤 등 다양한 이유로 아동이 친부모의 양육과 보호를 받지 못하는 경우, 법적 절차를 통해 타인에게 양육의 권리와 의무가 영구적으로 이행되어 합법적인 입양가족이 형성된다. 과거에는 가계를 잇기 위한 목적으로 혈통주의에 기반해 비밀리에 부모 중심의 입양이 많았지만, 최근으로 올수록 아동의 욕구에 중심을 둔 아동 중심 입양이 강조되고 있다.

입양가족은 아동의 복지를 위해 형성된 선택가족의 유형으로 아동을 위한 안전과 보호, 정서적 소속감을 제공할 수 있다는 데 매우 큰 장점을 갖는다. 반면 원가족 분리에서 오는 애착문제, 친부모와 양부모 사이의 갈등, 유전학적 당혹감, 입양부모의 불안감, 자녀가 친부모에게 돌아가지 않을까 하는 두려움 등을 경험할 가능성이 있다.

(5) 조손가족

조부모가 부모를 대신하여 18세 이하의 손자녀를 양육하는 조손가족의 숫자가 증가하고 있다. 과거에는 조손가족이 형성되는 이유가 주로 부모 사망으로 인한 경우가 많았으나 지금은 부모가 생존해 있어도 사회경제적 이유에 의해 가족이 해체되어 발생하는 경우가 많다.

조손가족의 아동은 시설아동에 비해 부모와 분리된 느낌을 덜 받을 수 있고, 가족의 일원인 조부모의 양육에 의해 친밀감과 유대감 속에 정서적으로 안정된 상태에서 지낼 수 있다. 손자녀도 조부모와 함께 지내면서 안정감과 애착을 느끼고 사회적 적응력이 개선되는 것으로 나타났다. 그러나 연로한 조부모가 손자녀양육과 교육에 들어가는 비용을 감당하기 어렵다거나 과도한 노동으로 건강이 나빠지고 양육 스트레스를 받는 점 등은 어려운 점으로 꼽힌다.

(6) 무자녀가족

무자녀가족은 의식적으로 무자녀를 선택하거나, 그렇지 않은 경우라도 상황적인 측면에서 적극적으로 임신의 노력을 기울이지 않거나, 또는 신체적인 이유로 임신이 되지 않은 경우를 의미한다. 일반적으로 무자녀가족은 그 형성 동기에 따라 크게 자발적 무자녀가족과 비자발적 무자녀가족 유형으로 나누고 있다.

무자녀로 사는 가장 큰 매력은 독립성, 생활의 자유로움, 자율성 증가, 다양한 사회참여 기회의 확대, 경제적 여유, 배우자와의 친밀성 증가 등이다. 그러나 자녀양육의 기회와 여기서 파생되는 부모역할의 성취감, 자녀와의 신체적, 정서적 상호작용, 사회적 재생산의 의무 수행에서 오는 소속감 등 개인적인 경험을 상실하는 것 등은 무자녀가족의 손실 요인이라고 할 수 있다.

(7) 다문화가족

다문화가족은 우리나라에 거주하지만 한국인과 다른 민족 또는 문화적 배경을 가진 사람들로 구성된 가족공동체를 총칭하는 용어이다(천정웅 외, 2015). 우리 사회에서 1990년대 중반 이후 급증하고 있는 국제결혼의 특징은 우리나라보다 경제력이 낮은 국가 출신의 여성들이 한국인 남성과 결혼하여 한국에 이주, 정착하는 경향이 있다는 점이다.

다문화가족은 문화충돌로 인한 혼란과 갈등을 겪기도 하지만, 부부가 양쪽 문화를 잘 수용한다면 풍부한 문화적 자산이 가족과 사회에 큰 자원이 될 수 있다. 국가와 사회가 다문화가족에 대한 지원체계를 촘촘히 구축해 나가야 하며, 다문화가족의 아동들이 차별받지 않고 우리 사회에 통합되어 기여할 수 있도록 교육, 취업 영역뿐만 아니라 전반적인 사회구성원들의 다문화 민감성을 높여나가는 것이 중요하다.

5) 가족 변화에 대한 입장

현대사회의 가족 변화를 바라보는 입장은 크게 두 가지로 나누어진다. 즉, 가족의 변화를 위기로 인식하는 입장 대 사회 변화에 따른 불가피한 재구성으로 인식하는 시각이다. 전자는 가족의 다양화 등의 변화를 가족의 붕괴로 보는 반면, 후자는 가족의 진화 또는 진보로 바라본다(조홍식 외, 2010).

(1) 가족위기론

가족위기론자는 현재의 가족 변화가 극단적인 이기주의와 쾌락주의에 기인했다고 본다. 산업화, 도시화, 자본주의 등의 영향으로 개인주의가 극대화되고 자아실현을 중시하면서 자녀의 보호나 가족의 연대감 제공과 같은 가족의 재생산기능이 위축되었다고 본다. 즉, 가족공동체를 위한 희생과 배려의 가치가 상실되고, 성인은 자녀의 복리보다 자신들의 자유와 독립, 직업적 성공을 우선시하고 있다.

이러한 결과로 혼인을 하지 않은 독신가구나 동거가족, 결혼하더라도 자녀를 갖지 않는 무자녀부부가족, 이혼으로 인한 한부모가족 등이 증가하고 있다고 진단한다(조홍식 외, 2010). 따라서 가족위기론자는 정서적 유대와 상호 의존성에 기초한 전통적 가족구조를 강조한다. 또한 성별 역할에 기초한 아동양육과 부양, 사회화, 노동력 재생산기능을 잘 할 수 있는 '전형적 가족'을 지향한다.

(2) 가족진보론

현대 가족의 변화가 불가피하며 자연스럽다고 보는 가족진보론자는 과학기술과 세계화 등 거시적인 사회 변화뿐만 아니라 기존의 가부장적 가족 이데올로기와 경제구조의 불안정성이 가족 변화의 한 가지 원인이라고 본다. 현대 가족이 기존 가족의 성과 연령에 따른 불평등성에서 벗어나 보다 민주적이고 평등을 강조하는 방향으로 변화되고 있다는 것이다.

가족진보론자는 전형적 가족의 위기 주장에 대해 '정상가족은 역사적으로 신념으로 존재했을 뿐, 가족은 항상 다양한 문제와 해결과정의 연속선상에 있어왔다'라고 반박한다. 이들이 위기론자들이 전형적 가족의 밝은 면만 부각함으로써 대다수 가족의 현실인 복잡성, 유동성, 다양성 측면을 간과하고 비정상 가족으로 범주화하고 있다고 비판한다.

〈표 1-1〉 가족위기론과 가족진보론

쟁점	가족위기론	가족진보론
가족 변화의 원인	극단적 개인주의 및 이기주의 쾌락주의	가부장제의 모순 자본주의 경제구조의 불안정성
중심적 가치	정서적 유대와 상호의존 공동체를 위한 헌신과 희생	평등과 인권 자율성과 독립성
가족 다양성에 대한 입장	가족제도의 위기 가족붕괴 및 해체	가족의 재구성 대안적 가족
이상적 가족형태	부양자 남성과 양육자 여성으로 이루어진 부부와 친자녀	존재하지 않음
대안	전통적 가족가치 회복 분명한 성역할 정립	복지정책을 통한 가족기능의 사회화

출처: 이혁구(1999); 조흥식 외(2010)에서 재인용.

함께 나누기

1. 다음은 결혼과 가족에 대한 당신의 태도를 알아보기 위한 미완성 문장입니다. 떠오르는 대로 자유롭게 작성한 후, 소집단별로 의견을 나누어 봅시다.
   - 나에게 가족은 ________이다.
   - 나에게 결혼은 ________이다.
   - 가족에 대한 좋았던 기억은 ________이다.
   - 가족에 대한 안 좋았던 기억은 ________ 이다.
   - 성공적인 결혼을 위해 가장 중요한 것은 ________이다.
   - 행복한 가족생활을 위해 가장 중요한 것은 ________이다.

- 내가 결혼한다면 아내/남편으로서 꼭 지키고 싶은 것은 ___________이다.
- 내가 부모가 된다면 어머니/아버지로서 꼭 지키고 싶은 것은 ___________이다.
- 어머니에 대한 좋은 기억은 __________이다.
- 아버지에 대한 좋은 기억은 __________이다.

2. 우리 사회의 가족가치관이나 가족이념 중 개인 및 가족의 적응과 발달, 그리고 사회의 발전에 걸림돌이 되고 있다고 생각되는 점을 생각해 보고 나누어 봅시다.

3. 결혼과 가족의 변화 양상에 대한 본인의 입장을 정리해 보고, 가족위기론 대 가족진보론의 두 집단으로 나누어 토론해 봅시다.

관련 동영상

1. EBS 다큐프라임 〈결혼의 진화 3부 새로운 가족이 온다〉
   https://www.youtube.com/watch?v=ZZFgriWPBqs (16분09초)
2. tvN 〈미래수업-코로나 시대, 가족갈등은 얼마나 큰 고통일까?〉
   https://www.youtube.com/watch?v=NjBTqxUb9GE (19분55초)

참고문헌

김유숙, 전영주, 김요완 (2017). **가족평가**. 학지사.
김정옥, 박귀영, 유가효, 전귀연, 홍계옥, 홍상욱 (2012). **가족관계**. 양서원.
부산여성가족개발원 (2019). 가치관 분석을 통한 저출산 대응방안.
이원숙 (2016). **가족복지론**. 학지사.
장경섭 (2016). **가족・생애・정치경제: 압축적 근대성의 미시적 기초**. 창비.
정옥분, 정순옥, 홍계화 (2005). **결혼과 가족의 이해**. 시그마프레스.
조흥식, 김인숙, 김혜란, 김혜련, 신은주 (2010). **가족복지학 4판**. 학지사.
천정웅, 이형하, 이승민, 이정희 (2015). **이민다문화 가족복지론**. 양서원.
최선화, 공미혜, 전영주, 최희경 (2018). **변화하는 사회의 가족복지**. 학지사.
통계청 (2021). 2020 한국의 사회지표. http://kostat.go.kr/portal/korea
Ingoldsby, B. B. & Smith, S. D. (2006). **다문화적 관점에서 바라본 세계의 가족(제2판)**. 천혜정, 강진경, 권영인, 신수진, 유계숙, 전혜정 역 (2009). 시그마프레스.
McCarthy, J. R. & Edwards, J. (2011). **가족학의 핵심개념**. 전영주, 원성희, 황경란, 양무희, 배덕경, 송정숙, 이복숙, 정수빈 역 (2013). 시그마프레스.

CHAPTER 02

나 자신을 이해하기

황경란 집필

사람은 태어나면서부터 부모를 포함한 다양한 사람들과의 관계 안에서 성장한다. 이 과정에서 자녀는 자신의 정체성과 개성을 확립해 나간다. 부모는 자녀의 안전한 발달을 보장하기 위해 심리적, 물질적 자원을 제공하며 자녀의 개성이 확립되는 과정을 지지해 준다. 아동기, 청소년기를 거쳐 청년기로 성장한 자녀는 부모로부터 심리적, 물리적 독립을 하며 성인 역할과 책임을 배운다. 이 장에서는 부모를 떠나 성인으로서 자신의 삶을 준비하기 위한 청년기의 과업과 자아정체감 그리고 자기개념을 살펴보고자 한다.

1. 결혼 전 단계: 청년기 과업

1) 청년기

청년기는 아동기에서 성인기로 옮겨가는 과도기로서 신체적, 성적 발달과 더불어 대인관계에 관심이 높아지고 사랑할 수 있는 능력이 발달하는 시기이다. 유전적 요인의 영향을 많이 받는 유아기나 아동기와 달리 청년기는 유전과 환경이 상호작용하면서 개인의 발달이 이루어지는 시기이다. 홀(Hall, 1904)은 과도기 단계인 청년기에 자아의식과 현실 간의 갈등, 대인관계에서 오는 외로움과 혼란스러움 등 다양한 감정을 경험한다고 하였다(정옥분, 2007에서 재인용).

설리반(Sullivan, 1953)은 청년기의 주요 대인관계에서 우정과 사랑이 차지하는 중요성에 대해 제시하였다. 청년 초기는 또래에 대한 상호작용 욕구인 우정과 더불어 이성관계에 대한 욕구와 성적 욕구가 나타나며 이 욕구들이 충족될 때 안정감을 얻는다. 청년 후기에는 사회적, 정치적 문제에 대한 생각이나 견해가 넓어지고, 개인의 성적 적응도 어느 정도 이루어지는 단계로 결혼을 생각하거나 실제 하기도 한다(정옥분, 2007에서 재인용).

한편으로는 부적절한 대인관계 때문에 생긴 상처로 인해 우울, 자살과 같은 심리적 부적응 현상이 나타나는 시기이기도 하다(정옥분, 2007; 최영민, 2013). 이처럼 인간발달에서 청년기는 다른 사람과의 상호작용을 통해 정서적 지지와 안정감을 느끼며 이를 토대로 자아정체감을 찾아가는 시기이다. 그러므로 사춘기와 같은 생물학적 변화와 이성교제와 같은 복잡한 사회적 관계가 서로 영향을 미치는 청년기에 자신에 대해 질문하고 스스로 답을 해 보는 과정이 필요하다. 이러한 경험은 성인으로서 건강한 대인관계 및 사회생활을 하는 데 도움이 될 것이다.

2) 분리 · 개별화 과업

청년기의 과업은 자신의 삶을 잘 통제하고 자신의 결정과 선택에 대해 책임지는 것을 배우고 실천하는 것이다. 이 과업을 달성하기 위해서 청년기에 분리와 개별화가 이루어져야 한다. 분리(separation)는 '타인과 경계 및 거리두기'라는 개념으로 신체적 발달을 통해 타인과 멀어지거나 가까워지는 경험을 통해 습득된다. 개별화(individuation)는 자신이 속한 가족, 사회, 문화적 맥락 안에서 '자신을 분리된 특별한 존재'로 인식하고 타인과 현실적 관계를 맺는 것을 의미한다(최영민, 2013).

분리 · 개별화는 평생을 거쳐 발달하는 과정으로 자신의 개별성을 표현하기 위한 점진적인 능력의 변화를 의미한다. 분리·개별화가 잘 된 사람은 자신과 타인의 감정과 사고를 구분할 수 있다. 서로의 '다름'을 인정하면서 타인과 정서적 접촉을 유지하고, 자기관점을 표현하며 자기욕구를 충족시킨다. 즉, 개인으로서의 자기와 타인과 관련된 자기를 연령발달에 맞게 성공적으로 균형을 맞출 수 있는 능력이다. 한편, 자신을 개별적 존재로 인식하는 능력과 타인과 정서적으로 친밀한 관계를 맺는 능력은 상호보완적이라기보다는 긴장을 유발하는 역동적 관계(Anderson, Sabatelli, 2011, 정문자 외 역, 2020)로 저절로 획득되는 것이 아니라 노력을 통해 성취해야 한다.

카터와 맥골드릭(Carter & McGoldrick, 2005)은 이러한 청년기 과업을 잘 달성하기 위해 개인은 '원가족과 적절한 분리'가 필요하다고 하였다(Anderson, Sabatelli, 2011, 정문자 외 역, 2020에서 재인용). 청년기 이전에는 부모자녀관계에서 개별화 과정이 중요한 의미가 있었다면 청년기 이후에는 가족을 넘어선 모든 의미 있는 주요 타인과의 관계로 그 영향력이 확장된다. 청년기에 가족에서 적절한 분리개별화를 하지 못하는 경우, 자아정체감 형성에 어려움을 겪게 되고 타인과의 관계에서 친밀한 관계를 유지하는 것이 힘들 수 있다.

청년기에 분리·개별화가 이루어졌다는 증거는 자아정체감 형성과 친밀한 관계 맺기 능력을 통해 확인할 수 있다. 에릭슨(Erikson, 1968)은 청소년기 이후 자신에 대한 정체성이 수립되면 타인과의 관계에서 친밀함을 유지할 수 있다고 하였다(Anderson, Sabatelli, 2011, 정문자 외 역, 2020에서 재인용). 분리·개별화가 잘 이루어지지 않는 경우, 약물과 알코올 남용, 섭식장애, 자살, 가출, 반사회적 행동 등이 나타나기도 한다.

➔ 청년기에 '자기'에 대해 공부해야 하는 이유

대학생 A는 부모님과 선생님의 말씀을 잘 듣고 따르는 모범생이다. 대학교 진학도 자신의 적성이나 원함보다는 주변의 조언에 따라 선택했다. 대학생활을 하면서 시간표나 동아리 선택, 또는 친구관계 등에서 피곤함을 느낀다. 왜냐하면 이전에는 모든 것을 부모님을 포함한 주변의 사람들의 뜻에 따라 결정하고 행동했기 때문이다. 친구들은 A를 사랑을 많이 받고 자란 착한 사람이라고 평가하거나 마마걸 또는 마마보이로 부르기도 한다. 그러한 부정적 평가를 들을 때도 다른 사람과 관계가 멀어질까봐 혼자 속앓이를 한다.
대학생 Z의 부모님은 경제적인 문제로 자주 다투다가 이혼을 하였다. 그래서 Z는 어릴 때부터 스스로 알아서 무엇이든 해내는 아이로 성장하였다. Z는 부모의 지원 없이 근로학생 또는 알바 등 많은 일을 해서 바쁜 것도 있지만 실제로 친구들과 잘 어울리지 못한다. 왜냐하면 부모의 지원으로 생활하는 친구가 부럽기도 하고 남과 의논하고 양보해 주어야 하는 상황이 비효율적으로 느껴지기 때문이다. 자립적인 Z를 칭찬하기도 하지만 애어른이나 애늙은이라 부르는 친구도 있다. 그러나 자기 가족의 이야기가 드러나는 것이 두려워 혼자 참아 버린다.
위의 두 대학생 A와 Z의 이야기에도 알 수 있지만, 사람의 성격이나 성향은 사랑이 과하거나 무관심한 부모 등 주요 타인으로부터 영향을 받아 형성된다. 성인 초기에는 자신이 주요 타인으로부터 받은 영향을 살펴볼 필요가 있다. 왜냐하면 어른이 된다는 것은 자신의 삶에 스스로 책임을 진다는 의미이기 때문이다. 그러므로 20대 성인 초기에 부모와 같은 주요 타인으로부터 받은 영향을 먼저 살펴보고 이를 바탕으로 자신이 어떤 사람인지 또는 어떤 가치관이나 자원을 가지고 있는지 등을 탐색하는 시간을 가져야 한다. 이를 통해 자신이 원하는 삶의 방향을 정하고 성취를 향해 나아갈 수 있다.

2. 자아정체감

'나는 누구인가? 나는 어떤 사람인가?'라는 자아정체감(Ego-identify)에 대한 질문에 답을 하는 것은 단순해 보이지만 실제로는 어렵고 복잡하다. 왜냐하면 자신에 대해 이해하고 표현하는 것도 어렵지만 그 답이 시간에 따라 변할 수도 있기 때문이다. 청년기의 중요성을 강조한 에릭슨(Erikson, 1950)은 이러한 질문 과정을 자아정체감을 형성하기 위한 과정이라고 하였다(박아청, 2004에서 재인용). 그러므로 청년기에는 '나는 누구인가?, 나는 어떤 사람이 되고 싶은가? 나는 무엇을 할까?' 같은 질문에 대한 답을 고민해 볼 필요가 있다.

자아정체감은 개별성, 계속성, 총체성의 속성을 가진다. 개별성은 자신이 타인과 다른 독특하고 특별한 존재라고 인식하는 것을 의미한다. 개별성은 가치,

관심, 동기 등을 다른 사람과 공유하지만 자신을 다른 사람과 구분되는 자율적이고 독립적인 사람이라고 지각하게 한다. 계속성은 시간이 지나더라도 자신이 동일한 사람이라고 인식하는 것을 말한다. 계속성은 어제의 자기와 오늘의 자기가 같은 사람이며 변함없이 동일하다는 인식을 갖는 것이다. 총체성은 자신의 욕구, 동기, 태도, 행동 양식 등이 전체적으로 자기에게 통합되어 있다는 느낌이다. 총체성은 현재 수행하고 있는 아들이나 딸, 학생, 친구, 애인, 동아리 회원 등 여러 가지 역할들을 하나로 묶어 자신을 총체적으로 파악하는 것을 말한다(김영희 외, 2003).

1) 자아정체감의 네 가지 범주

마르시아(Marcia, 1994)는 에릭슨의 자아정체감 형성 이론에서 두 가지 차원, 즉 위기와 수행을 중요한 구성요소라고 보고 이 두 차원을 조합하여 자아정체감을 네 가지 범주로 분류하였다. 여기서 위기란 자신의 가치관에 대해 재평가하는 기간을 의미하고, 수행은 계획, 가치, 신념 등에 대해 능동적 의사결정을 내린 상태를 의미한다(김영희 외, 2013; 정옥분, 2007에서 재인용).

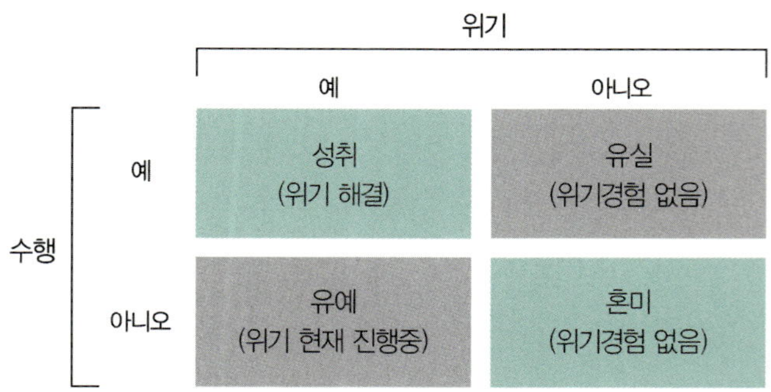

〈그림 2-1〉 마르시아(Marcia)의 자아정체감 네 범주

출처: 정옥분(2007)에서 재인용.

(1) 정체감 성취

자아정체감 위기를 성공적으로 극복하여 신념, 직업, 정치적 견해 등에 대해 스스로 의사결정을 할 수 있는 상태를 말한다. 정체감 성취가 되었다가 정체감 상실이나 혼미 상태로 퇴행한 후 다시 정체감 성취의 상태로 갈 수도 있다. 왜냐하면 정체감은 전 생애에 걸쳐 발달이 이루어지기 때문이다.

(2) 정체감 유예

자아정체감 형성을 위해 다양한 역할, 신념, 행동 등을 실험하고 있으나 아직 의사결정을 하지 못한 상태를 말한다. 에릭슨(Erikson)은 인위적으로 청년기가 연장된 대학생은 자아정체감 유예라는 위기를 경험한다고 하였다. 정체감 유예로 분류된 사람의 대부분은 정체감 성취의 단계로 옮겨 가지만 어떤 경우에는 정체감 혼미 범주로 가는 사람도 있다.

(3) 정체감 유실

자신의 삶에 있어 중요한 선택을 할 때 부모나 다른 역할모델의 가치나 기대를 그대로 수용하고 그들과 비슷한 선택을 하는 경우를 말한다. 한편, 부정적 자아정체감도 정체감 유실의 특수한 경우이다. 부모나 사회로부터 긍정적 강화나 지원을 못 받는 경우 사회적으로 수용되는 행동을 내면화할 기회가 없다. 오히려 사회적 가치에 역행하는 태도, 행동 등을 자신의 것으로 그대로 수용하면서 부정적 자아정체감이 형성되고 강화되는 악순환을 경험한다.

(4) 정체감 혼미

위기를 경험하지도 않고 직업이나 가치관 선택에 대한 의사결정도 하지 않으며 이러한 문제에 관심도 없는 경우이다. 자기에 대한 안정과 수용을 통해 통합적 견해를 갖는 데 실패한 상태이다. 정체감 혼미는 의사결정을 하지 않는다는 점에서 정체감 유예와 비슷하고, 위기를 경험하지 않는다는 점에서 정체감 유실과 비슷해 보인다. 그러나 이러한 문제에 대해 관심이 없고 노력도 하지 않는다는 것이 차이점이다.

2) 자아정체감 성취

자아정체감은 아동기의 경험을 토대로 청년기를 거쳐 성인기에 이르기까지 부분적으로 그리고 점차적으로 이루어진다. 청년 초기에는 신체상의 변화에 집중하고 자기 자신보다는 또래 집단에게 받는 인정과 수용을 더 중요하게 생각하기 때문에 정체감 확립에 관심을 덜 둔다. 반면에 청년 후기에는 부모나 또래의 영향권에서 벗어나 자기의 신체적, 성적, 정서적 안정에 더 집중하게 된다(김영희 외, 2013; 정옥분, 2007). 이처럼 청년기의 자아정체감은 인간의 발달단계 중 한 과정으로 성인기 이후의 삶에 영향을 준다.

자아정체감의 성취가 청년기에 더욱 중요한 이유에 대해서 서봉연(1988)은 다음과 같이 설명하고 있다(정옥분, 2007에서 재인용).

첫째, 청년기의 급격한 신체 변화와 성적 성숙 때문이다. 신체 변화로 인해 자의식이 강해지고 성적 성숙으로 여러 가지 충동과 불균형감을 느끼게 되면서 자아정체감 문제에 직면하게 된다.

둘째, 청년기에는 자신의 위치와 역할에 대한 고민이 많다. 신체는 성인처럼 성장하였지만 부모에게 심리적, 경제적 의존을 하는 시기이다. 동시에 사회적으로는 책임 있는 행동을 요구받는 등 다양한 위치와 역할 간에 불일치를 경험하고 있기에 자아정체감의 성취가 중요하다.

셋째, 청년기는 선택과 결정의 시기이다. 청년기 이전에는 부모나 주변 사람의 의견에 따라 진학, 이성문제 등 인생에서 중요한 일들을 결정하였지만, 이 시기에는 자기가 선택하고 결정할 것을 요구받는다. 그러므로 자기 자신의 욕구나 감정에 대해 진지하게 생각하는 시간이 필요하다.

넷째, 인지능력의 발달 때문이다. 청년기에는 구체적 사고를 벗어나 추상적 사고를 할 수 있고 시간적 조망도 현재를 넘어 과거와 미래로 확장된다. 이러한 인지능력 발달은 자신의 위치, 역할, 능력 등을 검토하는 자기 탐색 과정에 영향을 미친다.

3. 자기 탐색

자기(self)의 사전적 의미는 자기 자신에 대해서 느끼고 생각하는 것으로 유사한 용어로 자기상(自己像)이 있다. 자기는 사람이 가지고 있는 내면적, 외현적 특성과 그에 대한 자기의 관념을 포함하는 것으로 지속성과 순간성을 모두 가지고 있는 보다 역동적 개념이다(한규석, 2006). 자기는 여러 영역별로 분화되어 형성되어 있으며 분화된 자기개념은 다시 하나로 통합되는 과정을 거친다. 이처럼 여러 영역의 자기개념이 통합되어 일관성이 느껴질 때 자아정체감이 된다. 청년기에 자아정체감 획득을 위해 자기 탐색을 해야 하는 이유이다.

자기는 삶에서 중요한 기능을 수행한다. 첫째, 정보처리로서 기능한다. 일상의 여러 문제에 대해 대처하고자 경험과 정보를 습득하고 해석한다. 이 과정에서 정보를 편파적으로 해석하는 과정이 나타나기도 한다. 둘째, 행위의 평가자로서의 기능이다. 자기의 기준에 따라 자신의 모습을 평가하고 행동을 조절해 나간다. 이 과정에서 자신을 보호하기 위해 다양한 방법을 취한다. 셋째, 자기는 개인의 행위에 일관성을 부여하고 예측 가능하게 한다. 이 기능을 통해 자신의 내면에 충실하며 사고와 행동에 일관성을 갖게 된다(한규석, 2006).

브룩스(Brooks, 1994)는 모든 사람은 긍정적 의도, 노력, 성취를 이룰 수 있는 '역량의 섬(island of competence)'을 가지고 있다고 하였다. 그런 의미에서 청년기의 자기 탐색은 자신의 강점과 잠재력과 같은 긍정적 자원을 발견하고 나아가 타인에 대해서도 보다 긍정적이고 통합적인 견해를 갖는 데 도움이 된다(Walsh, 1998, 양옥경 외 역, 2006에서 재인용).

자기 탐색은 세 가지 측면으로 구성되어 있다. 인지적 측면인 자기개념은 자기는 어떻게 구성되어 있으며 자기에 대한 이해는 어떤 관점에서 이루어지는지에 대해 설명한다. 자기의 감정적 측면인 자기존중감(자존감)은 어떤 요인에 의해 영향을 받으며 자기존중감을 유지하기 위해 어떤 전략이 필요한지를 다룬다. 끝으로 행동적 측면에서 사람이 타인과 잘 교류하기 위해 자기 인상을 관리하는 자기제시에 대해 설명하고 있다.

1) 자기의 인지적 측면: 자기개념

자기개념(Self concept)은 한 사람이 자기 자신에 관한 생각이나 감정, 태도 등의 인식하고 통합하는 인지적 측면이다. 하버드 대학의 윌리엄 제임스(William James)는 『심리학의 원리』(1890)에서 최초로 자기를 개념화하였다. 자기개념은 세 가지 요소로 구분된다(한규석, 2006; 한덕웅 외, 2005; 함승애, 2020에서 재인용).

첫째, 물리적 자기(Material Self)는 개인이 가지고 있는 자신의 신체, 가족, 집, 소유물들로 구성되어 있다. 개인이 가지고 있는 물리적 자기의 속성을 통해 그의 성격적 특성을 알 수 있다는 점에서 중요하다. 예를 들면, 명품 옷을 입는 사람의 행동을 통해 그의 성격적 특성들을 유추해 볼 수 있을 것이다.

둘째, 사회적 자기(Social Self)는 개인이 접촉하고 있는 사람들로부터 받게 되는 자기에 대한 인상 또는 평가를 의미한다. 사람은 다른 사람과 단순히 교류하는 것이 아니라 남들에게 자신을 내보이고 싶어 하고 좋은 평가를 받으려는 욕구가 있다. 주위 사람들로부터 나쁜 평가를 받는다면 그 평가를 받은 사회적 자기가 상처를 받을 수 있다.

셋째, 심리적 자기(spiritual Self)는 개인 내면의 성격, 취향, 정서와 같은 주관적 속성이다. 또한 생의 의미와 세상의 원리를 탐구하는 자기 관조의 능력도 포함한다. 윌리엄(William)은 세 가지 구성 요소 중에서 심리적 자기가 가장 중요하다고 하였다. 왜냐하면, 사람은 스스로 도덕심과 양심, 의지를 가지고 생각하는 자기 모습을 볼 때 가장 만족을 느끼기 때문이다.

➔ 자기불일치(Self discrepancy)

자기를 바라보는 관점은 '나'라는 존재에 부여되는 기대와 능력, 그리고 바라보는 관점에 따라 다양하게 변화한다. 히긴스(Higgins, 1987)는 자기에 대해 세 가지 측면과 두 가지 관점이 상호작용하며, 이들 간에 불일치가 일어나면 부정적 정서를 경험한다고 하였다. 자기의 세 가지 측면은 현실적 자기, 이상적 자기, 의무적 자기이다. 두 관점은 자기 자신의 관점과 부모, 가족, 친구, 연인, 배우자와 같은 주요 타인이 자신을 바라보는 관점이다.

1. 자기 개념의 세 가지 측면

현실적 자기는 실제 자신이 가지고 있는 특성(예: 나는 독립적이다)과 주요 타인들이 그 개인을 바라보는 특성(예: 사람들은 나를 독립적인 사람으로 본다)으로 구성된다. 이상적 자기는 자신이 갖고 싶고 소망하는 특성(예: 나는 독립적인 사람이 되고 싶다)과 주요 타인이 그 사람에게 바라는 특성(예: 사람들은 내가 독립적이기를 바란다)들로 이루어져 있다. 의무적 자기는 마땅히 그렇게 해야만 한다고 생각하는 의무가 느껴지는 특성(예: 나는 독립적 이어야만 한다)과 중요한 타인이 그 사람에게 마땅히 가지고 있어야 한다고 느끼는 특성(예: 사람들은 내가 독립적이어야 한다고 생각한다)으로 구성된다.

2. 자기불일치와 주요 감정

자기의 세 가지 측면은 자기와 타인의 두 가지 관점을 통해 비교 평가가 이루어지며 이를 통해 다양한 감정을 느낀다. 자기 자신에 대한 불만족 경험은 신체 및 정신건강에 영향을 미치기도 한다. 그러므로 자신을 다양하게 살펴보고 통합하는 과정이 필요하다.

첫째, 현실적 자기와 이상적 자기 사이의 비교이다. 자기 관점에서 지각된 현실적 자기와 이상적 자기가 차이가 난다면 좌절감과 실패감을 느낀다. 타인 관점에서 이 차이를 지각한다면 수치감을 느낀다. 현실적 자기와 이상적 자기 간의 차이가 클수록 사소한 실수에 대해서도 본인 자신을 비난하고 우울감과 함께 일상생활이 무기력하다.

둘째, 현실적 자기와 의무적 자기 사이의 비교이다. 자기 관점에서 지각된 현실적 자기와 의무적 자기 간의 차이는 죄의식과 모멸감을 유발한다. 타인의 관점에서 차이를 느낀다면 공포감이나 불안을 경험한다. 현실적 자기와 의무적 자기 간의 차이가 클수록 공포감, 두근거림, 체중감소와 같은 불안 관련 증상이 나타난다.

출처: Mischel(1998), 손정락 역(2003); 한덕웅 외(2005); 함승애(2020)에서 발췌 및 수정.

2) 자기의 감정적 측면: 자기존중감

자기존중감(자존감: self esteem)은 자기의 감정적 측면으로, '나는 사랑받을 만한 사람이다', '나는 유능한 사람이다'와 같은 특성으로 자신에 대한 개인 평가와 타인으로부터 받은 대인평가를 통해 성취된다. 이러한 평가과정은 사람이 자신을 어떻게 보고, 자신의 경험을 성공 또는 실패로 이름 붙이면서 어떻게 반응하는지를 이해하는 데 기초가 된다.

자기존중감이 높은 사람은 자신의 다양한 모습이나 실수에 대해서도 수용적인 태도를 보이고 상황을 자신이 통제할 수 있다고 생각하고 노력한다. 반면에

➔ 로젠버그의 자기존중감 척도

아래에 제시된 각 질문을 읽고 자신이 동의하는 정도를 나타내시오.
(1=매우 그렇다. 2=그렇다. 3=그렇지 않다. 4=매우 그렇지 않다)

______ 1. 나는 가치 있는 사람이라고 느낀다.
______ 2. 나는 좋은 점이 많은 사람이다.
______ 3. 전반적으로 볼 때 나는 실패자이다.
______ 4. 대부분의 다른 사람들이 할 수 있는 일은 나도 할 수 있다.
______ 5. 나는 내세울만한 것이 별로 없다.
______ 6. 나 자신에 대해서 긍정적 태도를 지니고 있다.
______ 7. 대체로 나는 나 자신에 대해서 만족한다.
______ 8. 나 스스로 나를 더 존경할 수 있었으면 좋겠다.
______ 9. 때때로 나는 전혀 쓸모없는 사람이라고 느낀다.
______ 10. 때때로 나는 좋은 점이 전혀 없는 사람처럼 느껴진다.

* 3, 5, 8, 9, 10의 응답은 역채점해서 계산함. 점수가 높을수록 자기존중감이 높음

출처: 한덕웅 외(2005).

자기존중감이 낮은 사람은 자신의 가치를 타인으로부터 인정받으려고 애를 쓰며 자신의 결점이 남에게 드러날까 봐 불안해하며 자신에게 비판적이다. 또한 자기존중감은 중요한 사회관계를 반영한다. 자기존중감은 타인으로부터 호감과 수용되는 경험을 통해 높아지거나 낮아지기도 하지만, 자기존중감이 높은 사람은 타인의 영향에 대해 덜 민감하게 반응한다(한덕웅 외, 2005; 김영희 외, 2013). 즉, 자기불일치가 적을수록 자기존중감이 높아진다.

정신과 의사 윤홍균은 『자존감 수업』(2020)이라는 책에서 자기존중감의 세 가지 요소로 자기효능감, 자기안전감, 자기조절감을 말했다. 자기효능감은 특수한 상황에서 요구되는 행동들을 자신이 성공적으로 수행할 수 있다는 개인의 신념을 말한다. 즉, 이를 통해 자기가 얼마나 쓸모 있는 사람인지 느끼는 것이다. 자기안전감은 신체적, 심리적 안정감과 신뢰감을 느끼는 능력을 말하며 이러한 기반 위에서 자기 탐색과 이해가 이루어진다. 자기조절감은 내면의 충동이나 외부적 환경에 대처하면서도 자신의 삶을 자신이 선택해 나가는 능력을 말한다. 자기조절감이 부족하면 작은 것에도 예민하게 반응한다. 대학진학 또는 취업, 연애와 결혼과 같은 인생의 중대사를 자기 스스로 결정해야 하는 청년기에 자기조절감은 매우 중요한 의미를 가진다.

➔ 자기존중감을 끌어올리는 다섯 가지 실천 전략

1. 자신을 맹목적으로 사랑하기로 결심하기

자기의 성격, 행동, 외모가 아직은 만족스럽지 못한다 할지라도 그저 지금부터 자기를 사랑하겠다고 결심하기. 있는 그대로 자기를 사랑하기부터 시작하기.

2. 자신을 위로 및 지지하기

힘든 일이나 상황에 처해 있는 자신을 스스로 위로하고 지지하는 일부터 하기. 발표를 앞두고 긴장을 할 때, "괜찮아질 거야, 누구나 발표하기 전에는 떨어. 아무도 네 목소리가 떨리는 것을 신경 쓰지 않을 거야."라고 자신을 달래어 주기.

3. 스스로 선택하고 결정하기

어떤 일을 선택할 때 결과와 상처에 대한 두려움 때문에 남에게 의존하지 않기. 스스로 결정을 하고 그 결과보다는 결정을 내린 자신을 존중하는 연습하기.

4. '지금 여기'에 집중하기
현재의 어려움을 회피하지 않기. 과거에서 원인을 찾거나 미래에 막연한 기대를 갖기보다는 현재에 집중하기. '지금 내가 여기서 원하는 것은 무엇인가?' 또는 '지금 여기서 나는 무엇을 해야 하는가?'와 같은 질문에 답하고 지금 당장 실천행동하기.

5. 뇌를 행복하게 하는 활동하기
뇌에 새겨진 패배주의를 뚫고 전진하기. '걷기, 거울 보며 일부러 행복한 표정짓기, 자신에게 사랑한다고 말해 주기'처럼 몸과 마음의 근육을 강화하는 활동하기

출처: 윤홍균(2020).

3) 자기의 행동적 측면: 자기제시

자기제시(self presentation)는 자신이 다른 사람에게 어떻게 보이는가를 조절하는 자기의 행동적 측면이다. 사회학자 고프만(Goffman, 1959)은 자기제시와 같은 의미로 인상관리를 언급하였다. 사람들은 무대 위에 선 배우처럼 자신의 삶을 성공적으로 수행하기 위해 매번 자신을 점검하며 인상을 관리한다고 주장한다(한규석, 2006에서 재인용). 왜냐하면 자기제시, 즉 인상관리를 통해 자신이 속한 사회 속에서 자신이 만들고 싶은 이미지를 형성하고 동시에 타인들과 자신의 이미지를 합의할 수 있기 때문이다.

존(Jones, 1990)은 사람들의 자기제시 행동은 긍정적 자기상 유지와 사회적 세력의 유지와 고취라는 욕구와 연결되어 있다고 하였다. 그가 제시한 다섯 가지 자기제시 전략은 다음과 같다(한덕웅 외, 2005에서 재인용).

첫째, 자신의 과거 경험과 성공 등을 강조하면서 자기가 유능하다는 지각을 갖게 하여 타인들로부터 존경심을 유발하는 전략이다.

둘째, 자신이 타인보다 도덕적으로 우월함을 강조함으로써 타인에게 부족감을 느끼게 하는 것이다. 그 결과 상대적으로 자신의 긍정적 자기상을 높이려는

전략이다.

셋째, 자신이 타인에게 처벌이나 불이익을 줄 수 있는 힘이 있다는 것을 강조한다. 이를 통해 공포심을 느끼는 타인이 자신에게 의지하거나 복종하게 되면 자기상이 높아진다고 지각한다.

넷째, 타인의 좋은 면만 칭찬하여 호감을 유발하려는 전략이다. 겉으로는 남을 높이려는 것 같지만, 심리적으로 타인을 조정하거나 수동공격을 하여 더 높은 위치를 차지하려는 목적이 숨어 있다.

다섯째, 자신을 낮추고 비하함으로써 자신에 대해 동정심을 유발하는 전략이다. 이 전략은 최후의 수단으로 사회적 지위가 낮은 사람들이 주로 사용하는 전략이다. 이를 통해 처벌을 피하고 자신이 원하는 것을 성취한다.

자기제시 행위는 개인에 따라 다르다. 사람에 따라 자신이 처한 개인적 또는 사회적 상황이 다르기 때문이다. 이것은 자기의 행동을 점검하는 '자기조절능력'과 관련이 있다. 자기조절능력이 뛰어난 사람은 상황에 따른 적절한 행위가 무엇인지 알고 실행한다. 그리고 상대방의 행위, 반응에 주의를 기울이며 다양한 행동 양식을 가지고 인상관리를 한다. 반면에 자기조절능력이 낮은 사람은 상황의 요구나 상대방의 반응에 관심이 덜하며, 자신의 태도와 의견에 중심을 두기 때문에 인상관리능력이 떨어진다(한규석, 2006).

자기조절능력 중에서 '감정조절능력'은 중요하다. 감정조절능력은 자신의 감정이 긍정적이든 부정적이든 잘 인식하고 타인이 수용할 수 있는 형태와 수준으로 표현하는 것을 말한다. 무조건 참는 것은 감정조절능력이 아니다. 그러므로 가족이라는 울타리를 넘어 다양한 사회적 관계를 시작하는 청년기에 감정조절을 통해 긍정적 자기 인상을 관리할 수 있는 자기조절능력을 배울 필요가 있다.

➔ 감정조절을 잘하는 방법

1. 내 몸속의 행복 호르몬 분비 촉진하기

도파민은 우리가 목표를 달성했을 때 나오는 호르몬이다. 작은 목표를 세워서 자주 성취감을 맛보는 것이 좋다. 그리고 자신에 대해 칭찬을 자주 하면 촉진된다. 세로토닌은 자신이 중요하고 특별하다고 느낄 때 나오는 호르몬이다. 과거의 성공 경험을 기억하거나 비타민D가 형성되도록 햇볕과 함께 신체활동을 하면 좋다. 옥시토신은 신뢰하는 사람과 함께 있거나 신체접촉을 통해 분비된다. 가족과 친구, 연인처럼 친밀한 관계에서 더 촉진될 수 있다. 엔도르핀은 우울과 불안을 감소시키고 스트레스로부터 보호해 주는 호르몬이다. 적절한 신체운동과 좋아하는 다양한 취미활동을 통해 촉진된다.

2. 상상으로 몸과 마음 변화시키기

실제 경험을 하지 않고 상상만으로도 우리의 마음과 몸은 큰 변화가 생길 수 있다. 이 훈련은 특정 상황에 대해 다르게 생각하고 행동하는 법을 알려 주려는 목적이다. 또한 자기가 스스로 해결책을 발견해야 함을 강조하는 것이다. '안전하고 편안한 장소를 상상하기', '포근하게 보살펴 주는 대상을 상상하기', '위험에서 지켜줄 수 있는 대상을 상상하기', '통찰력을 줄 수 있는 지혜로운 대상을 상상하기', '어려운 상황을 극복하기 위한 나의 특성(장점, 자원, 성공 경험 등)을 상상하기' 등이 있다.

3. 몸의 상태를 바꾸어 감정조절 돕기

몸의 상태를 의도적으로 바꾸어 감정을 바꾸는 것이다. 여기에는 심호흡, 긴장 이완 훈련, 명상 등이 있다. 실생활에서는 친밀한 사람들과 눈 마주치며 인사하고 안아주거나 가볍고 부드러운 신체 접촉하기 등을 하면 도움을 받을 수 있다.

4. 잘 놀기

놀이는 감정조절의 가장 중요한 요소이며 사회적 행동이다. 놀이에 집중하여 재미있게 시간을 보내면 자연적으로 감정조절능력이 강화된다. 또한 놀이에는 창의성과 협상의 요소가 들어 있기 때문에 사회성이 향상된다.

5. 잘 자기

뇌과학자들은 잠을 자는 동안 뇌가 우리 몸에 있는 독소를 청소한다고 주장한다. 잠을 자는 동안에 뇌척수액이 물로 씻어 내리듯이 청소를 한다는 것이다. 충분한 잠을 자고 나서 머리가 맑아지고 일의 능률이 오른 것은 바로 이러한 잠의 기능 때문이다.

6. 잘 싸우기

우리의 뇌는 어떤 상황이 15~20분 정도의 지속되면 그 경험을 장기기억으로 저장한다. 그러므로 싸우는 시간은 15분을 넘기지 않는 것이 좋다. 싸움 이후 자신을 스스로 위로하고 자신을 위한 긍정적 활동을 하는 것이 좋다.

출처: 권혜경(2019).

4. 자기실현인의 특성

자기실현인은 자신의 잠재력을 충분히 실현하는 사람이다. 많은 사람들은 청년기를 지나 성인기가 되면 자기실현이 이루어지기를 기대한다. 매슬로(Maslow, 1970)는 자기실현을 위해서는 몇 가지 전제조건이 충족되어야 한다고 주장한다. 우선, 생존과 관련된 걱정에서 벗어나기, 일의 안정성, 가족과 직장에서의 인정과 성공, 자신을 진정으로 존중하는 마음이 있어야 한다.

중년기 이전에 우리의 삶은 교육과 직업, 결혼과 부모역할, 경제적 안정성을 위한 노력에 많은 정신적 에너지를 투입하는 시기이므로 자기실현을 이루기는 쉽지 않다. 그렇지만 청년기부터 '자신이 누구이며 어떤 삶을 살아가고 싶은지'에 대해 알고자 하는 태도와 실천 노력을 하는 것은 중년기 이후 자기실현에 토대가 된다.

매슬로(1970)는 자기실현을 이루었다고 생각되는 48명을 대상으로 한 연구를 통해 그 특성을 다음과 같이 제시했다(노안영 · 강영신, 2004; 박아청, 2004; 정옥분, 2007; Libert, 1998; 조현춘 외, 2003).

① 효율적인 현실지각

사람과 사물, 환경을 객관적이고 분석적으로 지각한다. 자신의 욕구와 감정으로 인해 현실을 왜곡하지 않는다. 세계를 있는 그대로 인식하며 선입관을 가지고 판단하지 않는다.

② 자기와 타인의 수용

자신과 타인을 있는 그대로 수용하고 서로의 강점과 약점을 인정한다. 실패한 일에 대해서도 지나친 죄의식, 수치감, 불안 같은 부정적 감정을 갖지 않는다.

③ 자발성, 단순성, 자연스러움

행동이 솔직하고 꾸밈이 없고 긴장감이 없다. 주관이 뚜렷하고 인습에 얽매이지 않는다. 사회적 규칙을 지키면서도 무조건 사회적 기대나 역할에 따르는 것은 아니다.

④ 문제 해결 중심

자기 평가에 초점을 두는 자기중심적인 사람이 아니다. 자신의 목표를 중심으로 문제 해결에 에너지를 집중한다. 인생에 대한 사명감을 갖고 성장에 가치를 둔다.

⑤ 초연함, 개인 생활에 대한 욕구

독립적이고 자율적이기 때문에 혼자 있기를 좋아하고 혼자인 것에 대해 개의치 않는다. 혼자만의 자유를 즐기며 타인의 지지나 애정을 요구거나 매달리지 않는다.

⑥ 자율성

자신의 만족을 타인이나 외부에 의지하지 않고 자신의 의지로 해결하려고 한다. 사회적 환경에 독립하여 자율성을 갖는다. 성장동기에 의해 자율성이 유발된다.

⑦ 감각과 인식의 신선함

사람과 사물, 환경에 대한 감각과 인식이 구태의연하지 않고 신선하다. 소소한 일상에서도 즐거움과 황홀감을 느낀다. 세상을 늘 새로움, 경외심을 갖고 받아들이고 경험한다.

⑧ 신비 또는 절정 경험

반드시 종교적인 활동이 아니더라도 강렬한 무아경, 황홀감과 기쁨을 경험한다. 이를 통해 자기존재감에 대해 확신감을 느끼는 동시에 자기초월을 경험한다.

⑨ 인류애

지역사회에 대한 공동체 의식, 형제애를 가지고 있으며 나아가 인류에 대한 연민과 애정을 갖는다. 즉, 공동사회적 감각을 가지고 있다.

⑩ 깊고 풍부한 대인관계

대인관계가 피상적이지 않고 깊고 풍부하다. 열렬히 사랑하고 깊은 우정을 나누며 대인관계가 강렬하다. 그렇지만 대인관계에서 자기중심과 경계를 잘 지킨다.

⑪ 민주적 성격

인간을 편견 없이 받아들이고 존중한다. 사회계층, 인종, 교육 수준, 종교, 정치적 신념에 상관없이 모든 인간을 받아들이는 민주적 태도를 지향한다.

⑫ 수단과 목적의 구분

수단과 목적을 혼동하지 않는다. 의사결정을 할 때, 아무리 목적이 좋다고 할지라도 수단이 옳지 않으면 추구하지 않는다.

⑬ 철학적 유머감각

다른 사람을 놀리거나 폭소를 주는 유머가 아니라 잔잔한 미소와 고개를 끄덕이게 하는 철학적 유머를 구사한다.

⑭ 창의성

자기 분야에서 독창성과 혁신성을 갖고 있다. 모든 활동에 자발적이고 실수를 두려워하지 않는다. 어린아이와 같은 천진함과 신선함의 특징도 갖고 있다.

⑮ 문화화에 대한 저항

자신의 문화를 인정은 하지만 무조건 동조하지는 않는다. 문화의 엄격한 격식과 요구에 따르기보다는 자신의 개성에 따라 행동한다. 때로는 변화를 위해 저항한다.

➔ 내 마음을 알고 싶어요 (Q&A)

Q1: 연장자나 권위적인 사람과 잘 지내지 못합니다.

가부장적인 아버지와 희생적인 어머니 밑에서 성장하여서 그런지 아버지를 닮은 권위적인 사람들과 잘 지내지 못합니다. 스스로 안티 권위주의라고 말할 정도인데 원인은 알겠지만 해결책을 모르겠습니다. 연장자들과 잘 지낼 수 있는 방법은 없을까요?

A1: 타인에게서 발견되는 싫은 점은 나 자신의 내면입니다.

어릴 적 아버지에 대한 부정적 감정을 표현하지 못하고 억압하고 있다가 유사하게 느껴지는 대상에게 자신의 감정을 다시 느끼고 있는 경우로 보입니다. 우선 연장자(또는 권위자)에 대한 주변인의 평가를 듣고 자신의 생각과 비교해 보기를 바랍니다. 그러면 나 자신이 타인을 얼마나 오해하고 있는지 확인할 수도 있습니다. 다음으로 어린 시절 회피하고 억압했던 불안감과 두려움을 마주보고 넘어서야 합니다. 부모님에게 직접 말해 볼 수도 있고 상담자를 찾아가 어린 시절 경험을 토로해 보는 것도 좋습니다. 마지막으로 내가 싫어했던 부모의 모습이 나도 모르게 동일시하여 자신의 일부가 되어 있음을 인정할 필요가 있습니다. 즉, 나 또한 다른 사람을 부정적으로 평가하거나 대하고 있음을 직면하는 것이 치유의 핵심입니다.

Q2: 내 마음 안에 너무나 극단적인 모습이 있습니다.

내 안에 상대방의 입장을 먼저 배려하고 친절한 '착한 사람'과 술을 많이 마시면 과격한 행동과 문란한 성적 행동을 하는 '나쁜 사람'이 있습니다. 어머니는 나에게 기대만큼 사랑도 많이 주셨습니다. 그러나 만약 어머니의 기대에 어긋나면 학대에 가까운 심한 체벌을 하였습니다. 이러한 어린 시절 경험이 지금의 나의 모습에 영향을 준 것일까요?

A2: 선한 자기와 나쁜 자기를 통합해야 합니다.

정신분석에서는 우리 내면에 감정의 어두운 측면과 밝은 측면이 짝을 이루고 있다고 하며 '양가감정'이라고 말합니다. 자신의 내면에 두 가지 감정, 즉 어머니에 대한 사랑뿐만 아니라 분노에 대한 감정이 혼재되어 있다는 것입니다. 사랑과 폭력을 동시에 강하게 경험하는 아동은 부모에게 더욱 강한 애착과 충성심을 갖습니다. 왜냐하면 부모가 화를 내고 폭력을 행사하는 이유는 자신이 부족한 탓이고 자신을 위한 행동이었다고 스스로 합리화하기 때문입니다. 우선, 어머니 행동 속에 있는 사랑과 폭력을 구분할 수 있어야 합니다. 그리고 술을 마시지 않고 맨정신으로 나의 한 모습인 '나쁜 사람'과 만나야 합니다. 부모의 기대에 부응하지 못한 자신을 비하하거나 평가절하하는 것이 아니라, 부모의 기대와 폭력에 힘들고 아파했던 자신의 마음을 먼저 인정하고 수용해 주어야 합니다. 그리고 기회가 있다면 부모님과 이러한 것에 대해 대화를 해 볼 것을 권유합니다. 주의할 점은 부모가 자신의 잘못을 인정하지 않을 수도 있다는 것입니다. 다만 자신의 힘든 점을 말해 보았다는 것에 대해 스스로 지지를 할 필요가 있습니다.

출처: 김형경(2007)에서 발췌 및 재구성.

함께 나누기

1. 다음은 자기 자신에게 관심을 갖고 표현하기 위한 소주제들입니다. 자신에 대해 살펴보고 소집단별로 이야기 나누어 봅시다.
   1) 자신의 장점과 단점에 대해 살펴봅시다.
   2) 자신이 성격을 형성하는 과정에서 부모로부터 어떤 영향을 받았을까요?
   3) 부모 또는 주요 타인(친구, 커플 등)이 말하는 자신의 성격과 자신이 알고 있는 성격에는 어떤 차이점이나 공통점이 있는지 말해 봅시다.

2. 감정은 인간이 가진 소통수단이며 자기의 핵심은 감정조절에 있다고 심리학자들은 주장합니다. 자신이 감정조절을 위해 주로 사용했거나 지금도 하고 있는 방법에 대해 이야기 나누어 봅시다.
   1) 감정조절방법으로 효과가 있었던 것은 어떤 방법이 있었나요?
   2) 감정조절방법으로 시도를 해 보았지만 효과가 없었던 것은 어떤 방법이 있었나요?
   3) 만약 감정조절을 위해 새로운 방법을 시도해 본다면 어떤 방법에 관심이 있나요?

(교재 2장의 감정조절 잘하는 방법 참조)

관련 동영상

1. 양브로의 정신세계 〈자존심과 자존감 차이, 자존감 높이는 방법〉
   https://www.youtube.com/watch?v=AUxkBVS5jEc (10분 21초)
2. 세바시 〈나다움을 찾아야 내 다음이 보인다〉
   https://www.youtube.com/watch?v=IAXDfkrEalE&listQ0Df (18분 20초)

참고문헌

권혜경 (2019). **안전하지 않은 사회에서 나를 지켜내는 방법: 감정조절**. 을유문화사.

김영희, 김경미, 조주영, 황종귀 (2013). **결혼과 가족**. 양성원.

김형경 (2007). **천개의 공감**. 한겨레출판.

노안영, 강영신 (2004). **성격심리학**. 학지사.

박아청 (2004). **성격심리학의 이해**. 교육과학사.

윤홍균 (2020). **자존감 수업**. 심플라이프.

정옥분 (2007). **전생애 인간발달의 이론**. 학지사.

최영민 (2013). **대상관계이론을 중심으로 쉽게 쓴 정신분석이론**. 학지사.

한규석 (2006). **사회심리학의 이해**. 학지사.

한덕웅, 성한기, 강혜자, 이경성, 최훈석, 박군석, 김금미, 장은영 (2005). **사회심리학**. 학지사.

함승애 (2020). **예비부모교육을 위한 결혼과 가족**. 양서원.

Anderson, A. & Sabatelli, R. (2011). **다세대 발달관점의 가족관계**. 정문자, 정현숙, 정혜정, 전영주, 정유진 역 (2020). 학지사.

Libert, R. M. & Libert, L. L. (1998). **성격심리학**. 조현춘, 조현재, 문지혜 역 (2003). 시그마프레스.

Mischel, W. (1998). **성격심리학**. 손정락 역 (2003). 시그마프레스.

Walsh, F. (1998). **가족과 레질리언스**. 양옥경, 김미옥, 최영민 역 (2006). 나남출판.

CHAPTER 03 혼자 살기

이복숙 집필

최근 한국 사회에서 1인 가구의 수가 급증하고 있으며, 이러한 1인 가구 증가 현상은 사회·경제·문화적 측면에서도 많은 변화를 가져왔다. 2010년대 이후 1인 가구의 생활하는 모습을 담은 방송들이 인기를 얻으면서 1인 가구는 하나의 사회·문화적 현상으로 주목받게 되었다. 2020년 1인 가구는 30.4%로 가장 주된 가구 유형으로 등장하였다. 이 장에서는 새로운 사회 현상으로 등장하는 1인 가구, 혼자 살기에 대해 살펴보고자 한다.

1. 혼자 살기의 의미

1) 1인 가구의 정의

2020년 기준 한국의 1인 가구는 전체 가구의 30.4%를 차지하고 있다. 지난해 전체 가구 구성원에서 1인 가구 비율은 상승한 반면, 우리 사회의 가장 흔한 가족형태로 여겨지는 부부와 미혼자녀로 구성된 가구는 줄어들었다.

법률적으로 1인 가구의 정의는 1인이 단독으로 생계를 유지하고 있는 생활 단위를 의미한다. 통계청은 1인 가구를 '혼자서 살림하는 가구, 즉 1인 가구가 독립적으로 취사와 취침 등 생계를 유지하는 가구'로 정의하고 있다. 또한 독립된 공간에서 의식주의 일상생활을 영위하는 사람들을 1인 가구로 통칭하기도 한다(여운형, 2019; 장임숙, 2020).

2000년대 중반 이전까지 1인 가구는 배우자가 없는 비혼 상태의 독신가구 또는 독거노인이 다수였으나, 이후로 배우자 유무와 관련성 없이 실제 혼자 생활하는 1인 가구가 증가하였다. 그 배경에는 사회경제적 변화 과정에서 학업·직장으로 인한 이동, 원가족의 이민, 자유로운 삶 추구, 이혼 또는 사별 등 1인 가구의 유입 과정이 매우 다양화되었기 때문이다(이민홍 외, 2015).

〈표 3-1〉 1인 가구 정의

통계청	혼자서 살림하는 가구, 즉 1인 가구가 독립적으로 취사, 취침 등의 생계를 유지하는 가구	통계청, 2015
조례	1명이 단독으로 취사·취침 등을 하며 생계를 영위하는 생활 단위	서울시, 2016 부산시, 2016

출처: 서울시 1인 가구 지원 기본조례(2016); 부산시 1인 가구 지원에 관한 조례(2016).

2) 1인 가구의 증가 원인

(1) 사회환경 변화

급격한 산업화가 이루어지면서 임시직, 계약직뿐만 아니라 정규직 취업이 급증하게 됨에 따라 미혼남녀의 경제적인 독립이 가능하게 되었다. 1인 가구는 산업화 사회와 후기 산업사회를 거쳐 정보화 사회로 이행하는 과정의 사회변동과 깊은 연관성을 맺고 있다. 개인의 부상(浮上), 여성의 지위 향상, 도시 성장, 통신 기술 발달, 생활주기의 확장 등의 사회적 변화들이 1인 가구의 증가원인이다(백진주·백선기, 2018). 1인 가구는 여성의 경제활동 증가, 한국의 교육환경의 변화로 비롯된 기러기가족 증가, 노동시장 및 경제 환경의 변화, 경쟁구조에 기인한 대도시 중심의 취업 등 다양한 사회 환경적 요인과 맞물려 있다(2019, 변미리).

(2) 인구학적 변화

젊은 세대의 결혼관 변화에 따른 만혼의 증가, 가족 가치관 변화에 따른 이혼 및 별거 등 가족 기능의 변화, 초혼 연령이 상승하고 비혼주의가 확대되어 1인 가구가 증가하고 있다(김석호 외, 2018). 또한 혼인율 감소, 이혼율 증가, 사별, 저출산, 고령화로 인한 노인 독신가구 증가, 성인 자녀의 부양의식 저하뿐만 아니라 노인 자신의 독립성 증가로 인해 1인 가구를 형성하기도 한다(한국여성정책연구원, 2017).

(3) 가치관 변화

전통적인 가치관에서는 결혼 후 노부모와 배우자 및 자녀와 함께 살아가다가 노년에는 성인 자녀 부부 및 손자녀를 거느리고 살아가는 것을 다복한 삶이라 여겨왔다(이여봉, 2017). 그러나 이러한 전통적 가치관은 시대와 함께 변화하면서 1인 가구 증가의 배경이 되고 있다. 즉, 함께 살아가기 위해 개인적 시간과 여유를 희생하는 것을 더 이상 당연하게 생각하지 않게 되면서 결혼과 출산 및 가족과의 동거 등을 처음부터 거부하거나 생각이 바뀌게 되는 움직임이 일어나는 것이다.

결혼 및 전통적인 가족 규범이 약화되고 각 개인의 가치관이 변화하면서 사람들은 누군가와 함께 살아야 할 필요성을 느끼지 못하기 때문이다. 이는 결혼으로 인한 정서적 · 경제적 구속과 책임으로부터 자유로워지기를 원하는 개인주의 성향의 가치관과 무관하지 않다.

1인 가구의 증가는 한국 사회가 맞닥뜨린 현실이다. 1인 가구의 증가를 통해 다양한 물리적, 기술적 변화를 경험하고 있는 사회적 현실 속에서 기존의 전통적 가족관계를 기반으로 하는 보수적인 가족 규범을 고집하기보다는 다양한 가족의 형태를 수용하고 현실을 직시하면서 사회적 변화에 대응하는 것이 필요하다.

> **➔ 소리 없는 위로, 반려식물 '활짝'**
>
> 1인 가구가 증가하면서 반려동물과 반려식물을 키우는 싱글족도 늘어나고 있다. 최근에는 반려동물뿐만 아니라 반려식물에 대한 관심도 높아지고 있다. 반려식물(pet plant)은 반려동물을 뜻하는 펫(pet)과 식물을 뜻하는 플렌트(plant)가 합쳐진 신조어이다. 단순히 꽃이나 나무로만 인식되던 식물이 사람들이 식물에서 정서적 애착을 느끼고 위로를 받는다는 것이다. 특히 플랜테리어(planterior)는 식물(plant)과 인테리어(interior)의 합성어로, 식물로 실내를 꾸밈으로써 공기 정화 효과와 심리·정서적 안정감을 주고 있다. 그린 메이트(greenmate) 등의 신조어가 등장하면서 '반려식물'은 젊은 세대의 새로운 트렌드로 자리 잡아가고 있다.
>
> 출처: SBS 뉴스(2019.06.08).

2. 1인 가구의 현황 및 실태

1) 국내·외 1인 가구의 현황

(1) 국내 1인 가구 현황

한국의 가족 단위는 과거 대가족에서 핵가족으로 최근에는 1인 가구로 급격히 변모하고 있다. 1990년부터 2005년까지 한국 사회의 가장 일반적인 가족 유형은 부모와 2명의 자녀로 이루어진 4인 가구이다. 2010년에는 2인 가구가 24.3%로 가장 주된 가족 유형으로 부상하면서 소형 가구 중심의 사회로 변화하기 시작했다.

1인 가구는 2010년 15.8%로 10년 동안 2배 이상 증가하면서 가장 주된 가구 유형으로 등장하였고 혼자 사는 사람들의 사회가 일반화되었다. 사회적 인식 변화에 따라 청년 1인 가구가 늘고 있지만 고령층 1인 가구도 다수를 차지하고 있으며, 2020년 1인 가구 중 50대 이상 고령층이 1인 가구의 61.1%를 차지하였다. 1인 가구가 늘어나고 있다는 것은 가구의 형태가 매우 유동적이며 보편적인 가구 유형이 되었다는 것을 의미한다.

2019년 통계청이 추정한 '장래추계' 자료를 통해 국내 1인 가구 현황을 살펴보면, 2045년에는 1인 가구가 45.9%까지 증가하여 832만여 가구가 될 것으로 예측하였다. 그리고 1인 가구와 2인 가구가 전체 가구의 72.3%를 차지하고 그 중에서 80세가 넘는 초고령 1인 가구는 17.8%에 도달할 것으로 전망하였다.

(2) 국외 1인 가구 현황

전 세계의 가구 평균 규모를 살펴보면 유럽 및 북아메리카는 한 가구당 평균 가구원수가 3명 미만의 소규모 가구인 반면, 아프리카와 중동은 가구원수가 5명 이상으로 많았으며, 특히 오만은 8명, 세네갈은 9명이다. 유럽 및 북아메리카 국가에서 가구당 가구원수가 줄어드는 것은 보편화된 현상이며 이 현상의 중심에 1인 가구의 일반화 현상이 있다(김석호 외, 2018).

서유럽의 경우 1인 가구 비율은 30% 이상이며, 전 세계에서 1인 가구의 비중이 가장 높은 국가는 북유럽, 북아메리카, 동유럽에 집중되어 있다. EU 국가 중에 스웨덴의 경우 전체 가구 중 59.4%가 1인 가구로 가장 높은 비율을 차지한다. 2017년 기준 1인 가구 비중은 노르웨이 47.5%, 덴마크 43.9%, 핀란드 41.7%를 차지한다(진미정, 2020).

2020년 북유럽 국가들에서 1인 가구 비율은 40%를 넘었다. 유럽의 1인 가구 비율은 지속적으로 증가 추세로 2030년 독일 괴팅겐(göttingen)의 경우 67.7%, 프랑스의 경우 75%에 달할 것으로 예측된다(김석호 외, 2018).

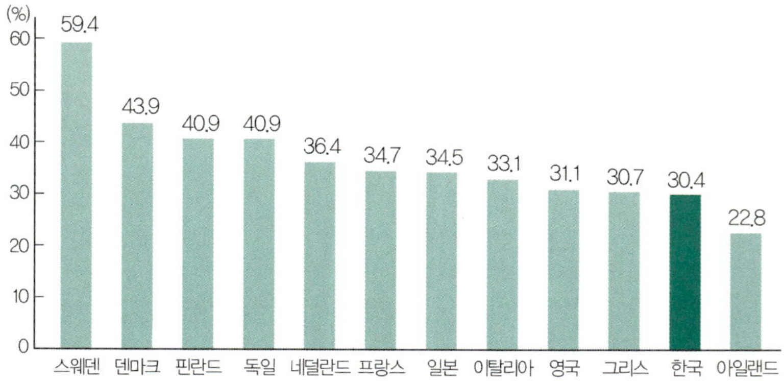

〈그림 3-1〉 1인 가구 현황

출처: 통계청(2020); 진미정(2020).

2) 1인 가구의 실태

(1) 주거

주거 환경은 1인 가구의 삶의 질에 큰 비중을 차지한다. 특히 도시에서 1인 가구의 주거는 거처의 종류와 점유 형태에 따라 일상생활에 큰 영향을 미친다. 청년 1인 가구가 수도권과 대도시 위주로 분포하고 있다는 점에서 이들의 주거 유형과 점유형태, 주거비 부담의 어려움을 예상할 수 있다. 청년 및 중장년 1인 가구의 증가로 인해 지난 10년간 1인 가구의 주거 점유 형태는 보증금 있는 월세가 가장 크게 증가하였다. 특히 20대 남성의 경우 보증금 없는 월세와 사글세도 상대적으로 높은 비중을 보여 열악한 주거 환경에 노출되고 있음이 예측 가능하다(진미정, 2020).

여성 1인 가구는 안전의 이유 때문에 높은 주거비 지출과 경제적 부담, 주거 면적이 줄어드는 불편함을 감수하면서 주거지를 선택한다. 주거지 불안과 경제적 부담 중 하나를 택해야 하는 상황에 직면하면, 성범죄 또는 범죄에 대한 민감도가 높을 경우 안전한 주거 환경을 더욱 선호하여 그에 따른 주거비 부담을 감수할 수밖에 없다(김석호 외, 2018).

싱글족들은 밥터디(밥과 스터디), 소셜다이닝(social dining)[2)], 킨포크(kimfolk)[3)], 집밥모임 등 공동체 활동으로 외로움을 달래기도 하며, 1인 가구들이 함께 생활하는 공동체를 형성하기도 한다. 주방, 거실 등을 공유하고 공동의 모임 공간을 만들어 커뮤니티를 형성하는 '공동체 주택'이 대표적인 사례라고 할 수 있다. 공동체 주택은 청년, 노인, 여성 등 공통된 특성이나 관심사가 같은 사람들이 모여 주거지 내 일부 공간을 공유하면서 함께 살아간다. 공동주택의 입주자들은 지속적으로 공동체를 유지하고 스스로 생활문제를 해결해 나간다. 개인들이 공동 경비를 내어 집을 짓고 이를 각자 소유하거나 공공임대 형태로 공급하기도 한다(머니투데이, 2016.03.04).

카 셰어링(car sharing), 소셜 네트워크(social network)[4)] 등 이른바 '공유'의 가치가 높아짐에 따라 거주 목적의 주거 또한 영구적인 소유 개념에서 임시적인 거주 개념으로 변화하고 있다. 1인 가구 입장에서는 보증금, 중개수수료 등이 없는 합리적이고 경제적 부담이 적은 주거를 선호하면서 셰어 하우스(share house)[5)] 등에 관심이 높다(부산복지개발원 외, 2017).

➔ '월세 수레바퀴'에 깔린 1인 · 청년 가구

20㎡(6평) 남짓한 반지하 원룸의 보증금 500만원은 이미 몇 달 전 모두 까였다. 그러고도 아직 한 달 45만원인 월세 160만원이 밀려 있다. "걱정 말고, 월세는 돈이 생기면 내라. 여기 살다가 나중에 집 사서 나가라."라고 말해준 집주인이 하늘(가명, 32) 씨는 그저 고맙다. 광주의 한 사립 종합대를 졸업한 하늘 씨는 3년 전 일거리를 찾아 서울에 왔다. 초반엔 사촌 형

---

2) 소셜다이닝(social dining): SNS를 통해 서로 비슷한 관심사를 가진 사람들이 만나 식사를 함께하고 인간관계를 나누는 새로운 소통 방식을 뜻한다.

3) 킨포크(kinfolk): 친척, 친족을 뜻한다. 낯선 사람과 함께 음식을 나누어 먹고 즐기는 사람들을 뜻한다.

4) 소셜 네트워크(social network): 인터넷상에서 개인 또는 집단이 하나의 인적 관계를 형성한 사회적 관계 구조를 뜻한다.

5) 셰어하우스(share house): 가족이 아닌 사람들이 공간이나 시설 따위를 공동으로 사용하며 같이 사는 집. 각자 자신의 방은 따로 쓰며 거실이나 주방 따위를 함께 사용한다.

집에서 지냈는데 아무래도 얹혀 지내는 게 불편해 서울 관악구 신림동에 원룸을 얻었다. 본업인 싱크대 설치나 부업인 건설 현장 일용직은 하루 벌이(12~18만원)로는 괜찮은 편이다. 문제는 일이 있는 날이 고작해야 한 달에 보름밖에 안 되고 그나마도 들쭉날쭉하다는 점이다. 급기야 하늘 씨는 지난해 말 두 달 동안 월세를 못 냈다. 다급한 마음에 일수로 사채를 썼다. 빌린 돈은 200만원, 갚을 돈은 52일 동안 하루 5만원씩 260만원이었다.

출처: 한겨레신문(2018.10.14).

(2) 고용

1인 가구는 다인 가구에 비해 임시·일용직 및 미취업자 비율이 높아 고용의 질이 열악한 경우가 많다. 1인 가구의 취업율은 54.6%로 2인 이상 다인 가구의 84.6%에 비해 취업 비중도 낮다. 또한 직업군은 1인 가구가 다인 가구에 비해 관리자, 전문가, 사무직 등에 종사하는 비중이 낮고, 임시·일용직 종사하는 비중은 높다(김석호 외, 2018).

1인 가구는 '나 홀로' 생계를 꾸려가기 때문에 소득 대부분을 본인 근로소득에 의존하게 된다. 따라서 직장 은퇴, 실업, 고령 등의 생애 주기에 따른 근로소득 감소에 부딪힐 때 다른 가족구성원의 소득으로 보충될 수 없다는 문제를 가지고 있다. 또한 1인 가구의 실업과 비경제활동은 빈곤으로 이어질 가능성이 높다.

청년 1인 가구의 경우 고용형태가 안정적이지 못한 비정규직, 일용직에 근로하는 비중이 높다는 점에서 빈곤한 경제 상태가 뚜렷하게 드러난다. 청년 1인 가구는 생계를 위한 어려움으로 인해서 장기적인 시간을 두고 괜찮은 일자리를 찾기보다는 빠른 시일 내에 노동시장으로 진입하려는 경향이 있다. 중년 1인 가구의 경우 불안정한 고용 및 소득, 주거 불안정성, 열악한 주거환경 및 건강 문제 등을 사전에 해결하지 못하게 된다면 이들이 노년기에 진입하면서 현재 노인 1인 가구가 부딪히고 있는 빈곤이나 열악한 주거 문제 등을 답습하게 될 것이다(부산복지개발원 외, 2017).

(3) 안전

안전 영역에서 여성 1인 가구의 주거 안정성에 대한 요구가 상대적으로 높다(변미리, 2019). 여성 1인 가구는 보안, 방범 등 안전에 대한 욕구가 높은데 혼자 살고 있다는 것 자체가 범죄의 대상이 될까 두려워하며, 특히 성범죄에 대한 공포와 불안감이 팽배하다. 그리고 매스컴을 통해 관련 뉴스를 접하며 불안감이 증폭되어 자신 스스로 안전에 취약하다고 인식하고 있다. 그러나 주거지 선택 시 접근성과 주거비용을 우선적으로 생각하다 보니 열악한 주거 환경으로 밀려나게 되고 안전에 취약해진다.

안전에 대한 부분은 1인 가구의 문제를 넘어 아동과 여성, 독거노인 등 국민 안전 정책과 관련되어 있다. 골목길 CCTV 설치, 방범창 설치, 이웃 간 비상벨 설치, 응급 안전 알림 서비스, 안심 귀가 지원 서비스, 안심 무인 택배 서비스 등 안전과 관련한 사업들은 이미 추진되고 있다. 하지만 1인 가구의 안전 불안을 충분히 해소하지 못하고 있으며, 1인 가구 밀집 지역에 안전 강화를 위한 사업 추진, 안전 강화 지표 반영, 여성 1인 취약 가구에 주거 안전장치 지원 등을 고려해야 한다(김석호 외, 2018).

(4) 소비와 여가문화

① 1인 가구의 소비

1인 가구의 소비는 연령별로 차이가 있지만 일반적으로 기본 생활비(음식, 숙박, 주거, 교통)로 수입의 대부분을 지출한다. 특히 중장년층 및 고령층의 경우 먹고(식료품) 사는(주거, 수도, 광열) 항목이 소비지출에서 가장 큰 비중을 차지한다. 다시 말해 1인 가구는 혼자 사는 자유로움을 누리고자 하지만 경제적 여력이 충분하지 않아 하루하루의 삶을 지탱하면서 살아가고 있다는 것을 알 수 있다. 개인의 삶의 질을 높일 수 있는 자기계발 교육이나 오락 문화 등의 항목에 기꺼이 비용을 지출할 여유가 없다(변미리, 2019).

혼자 사는 사람의 소비는 외식 및 주거 관련 비용에 대한 지출이 상대적으로 높다. 여성은 주로 집안에서 소비되는 의식주 관련 비용, 이미용 및 보건과 관련된 지출이 높은 반면 남성은 술, 담배 등 기호품, 외식, 이동 관련 지출이 여성보다 상대적으로 높다(홍승아 외, 2017).

② 1인 가구의 여가문화

1인 가구의 증가는 의식주 소비 행태뿐 아니라 여행, 문화생활 등 여가 생활 패턴의 변화에도 영향을 주고 있다. 개인의 확고한 선택이나 사회관계망으로부터의 고립이 아닌, 개인마다 각자 다른 이유로 '어찌하다 보니 1인 가구'의 삶을 이어가고 있지만, 문화 예술 관람, 스포츠 활동, 취미생활 및 자기계발에 좀 더 적극적이고 활동적인 양상을 보여준다.

'골드미스', '화려한 싱글'의 의미는 1인 가구가 자신의 삶에 대해 만족을 중요하게 생각하고, 인생을 즐길 줄 아는 트렌드 세터(trend setter)[6]라는 이미지를 함축한다. 또한 솔로 이코노미(solo economy)[7]는 1인 가구가 자신의 만족과 행복을 중요하게 여기고, 여가문화의 향유와 소비의 주체임을 보여주는 단어이다(우민희 외, 2015).

각종 미디어에서도 1인 가구에 대한 외로움과 쓸쓸함보다는 나 혼자 문화를 적극적으로 향유하고 즐기는 모습을 보여줌으로써 1인 가구에 대한 시각의 폭을 확장하였다. 1인 가구의 생활 양상 등이 주제였던 미디어 문화에서도 혼자 끼니를 해결하기 위해 식탁을 차리거나 간단한 레시피를 제공하는 프로그램 등 다양한 소재로 주제가 전이되는 모습을 볼 수 있다. 2013년(MBC, 나 혼자 산

6) 트렌드 세터(trend setter): 시대의 풍조나 유행 등을 조사하는 사람, 선동하는 사람을 의미한다.

7) 솔로 이코노미(solo economy): 1인 가구의 증대에 따라 기업들이 1인 가구를 겨냥한 제품을 집중 개발해 판매하는 현상을 의미한다.

다), 2016년(SBS, 미운 우리 새끼), 2013년, 2016년, 2020년(tvN, 식샤를 합시다, 혼술남녀, 온앤오프), 2021년(JTBC, 독립만세), 2021년 영화 '혼자 사는 사람들' 등 1인 가구를 소재로 하는 미디어 콘텐츠들은 혼밥(혼자 밥 먹기), 혼술(혼자 술 마시기), 혼놀(혼자서 놀기), 혼행(혼자 여행하기), 혼코노(혼자 코인 노래방 가기), 혼드(혼자 드라이브하기) 등 다양한 1인 가구의 여가문화를 소개하면서 나 홀로 문화의 대중화에 기여하였다.

이러한 미디어 문화들은 1인 가구라는 새로운 가족형태에 집중하면서 프로그램을 통하여 가족 간의 관계, 가족과 사회와의 관계 변화를 보여준다. 이러한 변화는 1인 가구가 더 이상 특별한 형태가 아님을 알 수 있으며 사회적 관계에 대한 시사점을 던져주고 있다(백진주 외, 2018).

➔ 1인 가구 소비키워드 'S.O.L.O'

문화포털에 따르면 대한상공회의소에서 최근 1인 가구 증기가 소비시장에 미치는 영향 조사 결과를 토대로 1인 가구 소비 키워드를 분석했다고 밝혔다.
첫째, 'Self', 나를 위한 자기 지향성 소비이다. 1인 가구는 가장 큰 가계지출을 식생활비로 소비하고 있어 여행, 취미 등 문화생활로 달래고자 하는 성향이 강하기 때문에 취미생활이나 자기계발에 대한 지출을 아끼지 않는다.
둘째, 'Online', 온라인 소비다. 1인 가구 소비자는 주로 '무겁거나 부피가 크고, 구매 빈도가 잦은' 생활필수품을 온라인으로 구매하는 소비패턴을 갖고 있기 때문에 온라인 쇼핑몰들은 1인 가구에게 생수, 물티슈 등을 정기적으로 배송해 주는 '정기배송' 서비스나 24시간 안에 무료로 배송해 주는 서비스 등을 제공하며 성장세를 보이고 있다.
셋째, 'Low-Price', 저가 지향성 소비이다. 이는 할인 기간을 기다려 구매하는 것으로 가격대가 저렴하면서도 효율성을 추구하는 1인 가구의 특성이라고 할 수 있다.
넷째, 'One-stop', 편리성 지향 소비이다. 적은 양을 간편하게 소비하려는 1인 가구의 소비성향을 바탕으로 편의점은 연 매출이 지속적으로 성장하고 있고, 식품업계는 1인 가구를 겨냥한 가정간편식을 쏟아내고 있다.
지난해 산업연구원의 소비 지출 규모를 추정한 결과에 따르면 1인 가구 소비지출 규모는 2010년 60조 원에서 2020년 120조 원으로, 2030년엔 194조 원에 달해 4인 가구 지출 규모인 178조 원을 넘어설 것으로 내다보았다.

출처: 아주경제(2021.04.21).

(5) 건강 및 복지

1인 가구는 신체 · 심리적 건강 상태를 비롯해 안전 및 여가, 사회적 네트워크 등의 영역에서 취약하다. 1인 가구의 경우 상대적으로 고립된 환경에 노출될 가능성이 높으며 우울, 고독 및 심리 · 정서적인 문제, 불규칙한 식습관과 영양섭취의 불균형 등으로 신체적인 건강에도 위협을 받고 있다. 1인 가구는 우울 의심률, 입원율, 만성 질환율, 외래진료 경험률, 자살 생각에 위험도가 높으며, 주로 혼자 식사를 하면서 영양 불균형이나 비만으로 이어지는 경우가 많다(김수환 외, 2017).

혼자 살다 보면 규칙적인 일상생활과 취사 등을 소홀히 함으로써 건강이 악화될 가능성이 높다. 타인과 함께 생활할 경우에는 어느 정도 타인에 의해서 생활양식이 영향을 받을 수 있지만, 1인 가구 스스로 자신의 생활양식을 자율적으로 조절하는 것이 쉽지 않기 때문이다. 따라서 개인적 차원에서 균형 잡힌 식사와 규칙적인 생활을 유지하면서 술과 담배를 절제하는 등 자기통제가 필요하다.

특히 청년 1인 가구의 경우 자율성은 높지만 생활의 패턴이나 리듬의 측면에서 일부 어려움을 겪기도 한다(이민홍 외, 2015; 김석호 외, 2018). 노인 1인 가구는 걷기조차 힘든 경우가 많고 운동도 하기 어려운 상황이 많다. 건강관리 측면에서 음식 조절 정도 수준으로 검사비, 약값 등 비급여 항목이 많아 경제적인 부담이 있으며, 아플 때 도와줄 사람이 없는 경우 간병을 받을 수 있는 지원 제도가 필요하다(부산복지개발원 외, 2017).

➔ 1인을 위한 건강관리: "나 혼자서도 건강하게 산다"

건강 iN 홈페이지(http://hi.nhis.or.kr)에 접속해 개인별로 공동인증서를 통해 로그인한 후 '마이 헬스 뱅크(My Health Bank)' 서비스 이용에 동의하면 자신의 건강검진 결과 및 생활습관(문진표), 진료 및 투약 정보 등 개인 건강기록을 제공받을 수 있다. 이러한 건강 기록을 기반으로 비만 및 대사증후군, 건강나이 알아보기(HRA), 뇌졸중 위험 예측 등 현재의 건강 상태를 진단하고 미래의 건강위험도를 예측할 뿐만 아니라 맞춤형 건강정보까지 통합적으로 제공하는 원스톱 서비스도 마련되어 있다.

출처: 한국경제매거진(2016.08.12).

(6) 사회적 관계망

1인 가구는 근로소득과 취업상태의 변화에 따라 경제적 상황과 위치의 변동성이 크므로 경제적으로 취약하며, 사회적 지지체계 또한 상대적으로 빈약하다. 부부 중심의 사회에서 기혼자들과 사회적 관계를 형성하기 어려우며, 사회적 태도에서도 부정적 시각을 가지기 쉽다.

2020년 전 세계적으로 유행한 코로나19의 확산은 1인 가구의 사회적 관계망 약화 및 생활 행태에도 크게 영향을 미쳤다. 사회적 거리두기 실천으로 외부 활동을 자제하면서 사회관계망이 더욱 약화되었기 때문이다. KB금융지주 경영연구소(2020)가 발표한 '2020 한국 1인 가구 보고서'에 따르면 혼자 살면서 느끼는 외로움을 달래기 위해 여가활동에 적극적인 1인 가구지만, 최근 1년간 집 안에서 하는 활동 비중이 크게 늘고 집 밖에서 하는 활동의 비중이 줄면서 사회적 관계망은 더 좁아졌다(이코노미뉴스, 2020.11.09).

여성가족부에서는 제4차 건강가정기본계획을 발표하였는데 1인 가구 등의 고독 · 고립 방지 등을 위해 청년, 중장년, 노년 등 생애주기별에 따라 사회관계망 지원을 확충한다는 내용이다. 청년들에게는 사회 진입 예정자 대상으로 정서 · 경제 · 생활 유지 등 독립생활 준비교육을 지원하며, 중장년층에게는 홀로서기를 위한 심리상담 및 교육, 자기돌봄 및 일상생활 유지관리 교육, 생애후반기 진입 준비교육 등을 사회적 관계망으로 지원할 예정이다. 또한 고령층에게는 가사, 가정관리 등 일상생활의 돌봄기술 교육, 심리상담, 재산, 인생 되돌아보기, 건강한 노년 준비교육 등의 사회적 돌봄을 확충할 예정이다(여성가족부, 2021).

3. 1인 가구로 살기

1) 1인 가구의 장단점

(1) 장점

대다수의 현대인은 전 생애에 걸쳐 어떤 형태로든 1인 가구로 살게 되는데, 다양한 어려움이 있음에도 불구하고 혼자 살기를 선택하는 것은 나름대로의 장점이 있기 때문이다. 혼자 살기를 선택함으로써 얻어지는 장점은 독립적인 생활방식, 원하는 대로 할 수 있는 자유, 생활방식의 융통성 등을 꼽을 수 있다. 자유롭게 변화하는 생활을 추구하기가 쉽고 자유롭게 여행하고 여유롭고 독립적인 생활과 의사결정이 가능하다.

경제적인 부분에서도 혼자 사는 사람은 자신이 원하는 대로 자신만을 위해 돈을 쓸 수 있고 자립심이 강해진다. 또한 사회적인 경력을 쌓을 수 있고 자신의 경력에 필요한 대로 이동하기가 조금 더 자유로워 직업적 성취를 이룰 수 있는 기회가 용이하다는 장점이 있다. 남성과 여성 모두가 친한 친구로 지내며 다양한 이성관계와 사생활에서도 자유롭다.

(2) 단점

혼자서 살아간다는 것은 여러 상황에서 선택과 결정을 혼자서 해야 함을 의미한다. 혼자 사는 사람의 경우 중요한 의사결정을 내릴 때 함께 의논할 상대가 없거나, 조언해 줄 사람이 없어서 두려움이나 막막함을 느낀다. 안정적인 사회적 지원망 구축이 약해서 경험이 많은 사회적 어른의 역할을 해 줄만한 사람이 부족하다. 또래 친구들의 조언이나 의논이 필요할 때도 친구들 역시 비슷한 상황에 처해 있기 때문에 도움을 받는 것이 어렵다.

여성가족부는 2021년 제4차 가족실태조사에서 1인 가구는 균형 잡힌 식사 어려움, 문제나 걱정거리에 대하여 편하게 이야기할 사람이 없으며, 몸이 아프거나 위급할 때 대처, 식사, 주거 등 가사 관리, 경제적 불안, 외로움을 호소하였다. 여성보다 남성이, 연령이 높을수록 사적 관계망이 미흡하였다(여성가족부, 2021).

2) 혼자 살기를 위한 준비

(1) 정서적 준비

미혼율의 증대, 고령화에 따른 사별, 이혼은 1인 가구의 사회적 고립과 배제를 확산시키면서 사회적 관계의 고립과 배제의 재구조화를 심화시키고 있다. 1인 가구의 고독사, 외로운 자살, 교류단절, 영양불균형, 혼밥, 혼술, 운동부족, 불면증, 스트레스, 우울증, 비만, 만성질환, 병원쇼핑 등의 사회적 고립 현상이 두드러지고 있다(부산가족개발원 외, 2017). 1인 가구는 신체적인 건강의 위험뿐만 아니라 고립된 환경에 노출될 가능성이 높아 우울 및 고독감 등 심리·정서적인 부분에서도 어려움을 겪고 있다. 따라서 1인 가구로서 편하고 익숙한 자유로운 생활방식을 유지하면서 종종 타인과 서로 교류하고 음식을 나누는 등 일상의 시간을 공유하며 정서적 관계를 형성하는 것은 매우 중요하다.

(2) 사회적 준비

1인 가구로 살아가기 위해서는 사회적 관계를 위한 준비가 필요하다. 친구를 사귀고 사회적 활동을 통해 다양한 친교 관계를 맺음으로써 심리적 안정감과 정신건강을 유지하는 것은 매우 중요하다. 1인 가구 자조모임이나 동호회 활동을 통한 사회적 지지체계 참여와 다양한 문화 프로그램 및 사회적 인식 개선 캠페인 참여, 결혼 준비 및 개인 역량 강화 프로그램 등 사회적 지지체계 강화

서비스를 이용할 수 있을 것이다.

1인 가구의 지속 기간이 길어질수록 사회적 네트워크가 축소되고 약화를 경험하게 되므로 자원봉사 활동 기회의 확장이나 지역사회단체 및 시민단체에 적극적으로 참여해 보는 것이 중요하다. 대안 가족, 셰어하우스(share house) 등 새로운 공동체를 통한 다양한 사회참여 네트워크 구축도 필요하다. 그리고 지역사회에서의 사회봉사 활동을 통해 사회적 역할, 개인적 또는 집단적 활동으로 관계를 형성하는 것 또한 건강한 1인 가구로 살아가기 위한 사회적 준비가 될 것이다.

(3) 경제적 준비

1인 가구의 가장 큰 과제는 창조적이고 효율적인 노후 대책이다. 일상생활을 자립적이고 독립적으로 할 수 있도록 하여 삶의 만족도를 높일 필요가 있다. 혼자 사는 사람의 경우 노후에 자신을 돌보아 줄 배우자나 자녀가 없기 때문에 젊었을 때부터 노후 준비를 철저히 하는 것이 중요하다. 보험, 저축, 연금 등 노후 생활을 대비한 경제적 준비를 비롯하여 직업이나 일의 전문성을 위한 평생학습 등 자기관리를 하는 것이 중요하다.

4. 1인 가구를 위한 지원정책

이 절에서는 정부에서 지원하는 1인 가구 관련 정책들인 주거, 취업, 건강, 돌봄, 안전, 생활지원에 대해 살펴보고자 한다.

1) 주거지원

1인 가구를 위한 주거지원은 공공임대주택과 주거비 및 금융관련 지원으로 구분된다. 먼저, 공공임대주택으로 영구임대주택, 국민임대주택, 행복주택, 기존주택 임대주택, 기존주택 전세임대주택 등이 있다. 그리고 주거비 및 금융관련은 주거안정 월세 대출, 주거급여, 공공실버주택, 버팀목 전세자금 대출, 중소기업 청년 전세대출 등이 지원되고 있다.

국토교통부와 한국토지주택공사의 행복주택, 대학생 기숙사형 희망 하우징, 셰어 하우징(share housing) 형태의 임대주택, 1인 가구 창업자, 기업가, 청년 상인을 위한 맞춤형 공공임대주택, 무주택 1~2인 가구 주거 안정을 위한 도시형 생활주택지원 정책이다. 도시의 오래된 노후주택이나 단독 · 다주택을 정부가 매입해 1인 가구용 소형 주택으로 리모델링하여 대학생 및 저소득 독거노인에게 제공하고 있다.

2) 취업지원

1인 가구를 위한 취업지원은 청년, 여성, 중장년, 장애인 등을 대상으로 직접 일자리 사업과 취 · 창업지원 및 고용안정 서비스, 저소득층 및 노인을 대상으로 한 자활근로 사업이 주를 이룬다. 여성에 대한 적극적 고용개선 조치, 경력단절 여성취업지원, 중소기업 탐방 프로그램, 청년 구직활동 지원금, 청년 추가고용 장려금을 지원하는 청년 일자리 사업 등이 지원되고 있다. 그리고 중장년 일자리희망센터, 신중년적합직무고용장려금, 고령자인재은행, 고령자계속고용장려금 등 노인일자리사업 등은 중장년을 위한 취업지원이다.

고용노동부에서는 근로자 직업 능력 향상을 위한 직업 능력 개발, 구직자를 위한 직접 일자리사업으로 중소기업 청년취업인턴제, 공공근로 지원과 청년,

중장년, 여성을 위한 사회적 일자리 창출사업 등으로 세분화된다. 근로조건 개선 및 복지 확충 지원으로 노동시간 단축 현장 안착지원, 일터혁신 컨설팅 지원, 일 · 가정 양립 환경개선과 맞춤형 취업지원으로 구직자 취업지원, 취약계층 취업 촉진 등의 사업이 있다. 또한 2021년 1월부터 취업에 어려움을 겪고 있는 국민에게 생계 및 취업지원을 통한 구직촉진과 생활 안정을 도모하고자 국민취업지원제도를 시행하고 있다.

3) 건강지원

1인 가구를 위한 건강지원은 주로 고령층 1인 가구에 집중되어 있는데 독거노인 · 중증 장애인 응급 안전 알림 서비스와 독거노인 방문 건강관리사업 등이 그 예이다. 고령층 대상 서비스는 노인 장기요양보험을 비롯한 재가 암환자 관리사업, 노인 암 검진 · 개안수술 지원, 노인성 질환 예방관리사업, 치매 치료 관리비 지원, 노인 무릎 인공관절 수술 등을 지원하고 있다.

4) 돌봄지원

1인 가구를 위한 돌봄지원은 주로 노인과 저소득층, 취약계층 대상에 대한 지원이 주를 이룬다. 독거노인 사회관계 활성화 지원과 독거노인 종합지원 운영과 간호 · 간병 통합서비스, 노인 맞춤 돌봄 서비스, 재가급여, 양로 지원, 노인보호전문기관 등을 통한 돌봄이 지원되고 있다.

5) 안전지원

1인 가구를 위한 안전지원으로 법무부 범죄 예방 환경개선과 여성가족부의 여성친화도시가 대표적이다. 여성 및 아동에 대한 성범죄 예방을 위해 '성범죄자 알림 e서비스'를 운영하고 있고, 저녁 시간에 여성과 청소년들의 안전한 귀가를 돕기 위한 '여성 및 학생 안전귀가 지원 서비스'와 '여성 무인택배 보관함' 등이 운영되고 있다. 또한 위급한 상황에서 휴대폰 등을 통한 긴급 상황과 신고자 위치 정보를 제공하는 'SOS 국민안심서비스'가 1인 가구에게 지원되고 있다.

6) 생활지원

생활지원은 1인 가구만을 대상으로 하는 서비스라기보다는 임신 · 출산, 청년, 중년, 노인 등 전 생애 주기별로 이루어지고 있다. 생활 안정자금 융자, 청년 희망 키움 통장, 주택 담보 노후연금 보증, 노후 긴급 자금 대부사업, 기초연금, 장애인 자립자금 등이 있다. 여가와 문화 취미생활을 위한 노후 준비 서비스, 가사도우미 지원, 평생 교육 바우처, 고령층 정보화 교육, 어르신 문화 프로그램, 정보통신 보조기기 등의 보급도 생활지원 서비스에 포함된다. 65세 이상 노인들의 여가를 위한 취미생활 및 친목 도모 등을 할 수 있는 노인복지관, 경로당, 노인교실이 운영되고 있다.

이와 같이 1인 가구를 위한 다양한 지원 정책들이 마련되고 실행 중이지만, 독거노인, 미취업 청년, 여성, 저소득계층 등 특정 집단이나 취약계층에 국한되어 있다. 1인 가구에 대한 보다 종합적이고 체계적인 지원 방안과 성별, 세대별 요구를 고려한 세밀하고 현실적인 지원정책 수립이 필요하다.

2020년 5월 「건강가정기본법」 일부 개정을 통해 현행법상 가족정책의 대상을 1인 가구로 확장했으나, 전반적으로 1인 가구에 대한 법제는 여전히 미흡한 수준이다. 중앙정부 차원에서는 1인 가구만을 대상으로 하는 지원 정책은 거의 없으며, 독거노인, 청년, 여성, 저소득층 등의 집단 및 취약계층을 위한 정책들이 대부분을 차지한다. 이에 정부는 2020년 2월 여성가족부, 보건복지부, 국토

교통부, 산업통상자원부 등 15개 부처와 보건사회연구원, 한국개발연구원(Korea Development Institute: KDI), 국토연구원 등에서 '1인 가구 정책 테스크포스(task force)'를 구성하고, 성별 · 세대별 정책 수요를 고려한 '맞춤형 대응방안'을 마련하여 추진 중에 있다.

2021년 3월 법무부는 1인 가구의 증가에 맞추어 다인 가구 중심의 현행법과 제도들에 대한 법제 개선에 착수하였다. '친양자 입양 조건 완화', '셰어 하우스(share house) 주거지원', '반려동물 법적 지위 개선' 등에 대한 것이다. 1인 가구의 사회적 공존 지원을 위한 법적 개선 방안으로 '사공 일가'(사회적 공존, 1인 가구) TF팀도 발족하였다. 1인 가구 지원을 위한 TF팀은 건축가, 작가, 교수, 다큐멘터리 프로듀서 등 1인 가구의 경험을 가진 위원들이 주축이 되어 친족, 상속, 주거, 보호, 유대 등의 중점 과제에 대한 방안들을 모색 중이다.

다양한 분야에서 1인 가구 지원정책이 시행되고 있지만 이들 정책 간의 연관성과 체계성 확보는 여전히 미흡한 실정이며, 1인 가구가 급증하는 상황 속에서 고독사를 비롯한 1인 가구의 사회적 문제는 더 확산되고 있는 현실이다. 이러한 현실에서 1인 가구를 위한 정책지원은 장기적으로 추진되어야 할 미루어서는 안 되는 시급한 과제이며, 실용성 있는 정책지원을 위한 시민적 공감대가 형성되어야 할 것이다. 장기적 관점에서 체계적으로 1인 가구에 대한 지원이 추진되지 못한다면 더 많은 사회적 비용이 발생할 가능성이 높다(부산복지개발원 외, 2017).

함께 나누기

1. 혼자서 즐길 수 있는 것, 혼자서 가볼만한 곳에 대해 이야기 나누어 봅시다.

2. 혼자서도 건강한 생활을 유지하기 위해 꼭 실천해야 하는 것에 대해 이야기 나누어 봅시다.

3. 성인이 된 비혼 자녀가 노부모를 모시고 살게 된다면 부모에 대한 부양의무에 대해 어떻게 생각하는지 이야기 나누어 봅시다.

관련 동영상

1. KTV 국민방송, 2028년, 1인 가구가 가장 많은 가구 유형.
   http://www.ktv.go.kr/content/view?content_id=589226 (2분 11초)
2. SBS 친절한 경제, 30% 넘은 1인 가구, 남녀로 나눠 보니.
   https://www.youtube.com/watch?v=vXIxCVNY3KI (5분 58초)
3. MBC 뉴스투데이, 1인 가구 600만…10명 중 6명 "결혼 안 해도 돼".
   https://www.youtube.com/watch?v=cTD3E5ryI68 (2분 15초)
4. SBS 스페셜 싱글턴(Singleton), 혼자 살아서 좋다!?
   https://programs.sbs.co.kr/culture/sbsspecial/vod/53591/22000086321 (49초 34)

참고문헌

김석호, 변미리, 구서정 (2018). 인구특성별 1인 가구 가구 현황 및 정책대응 연구. 여성가족부.
김수환, 김유리, 김건우, 김광현 (2017). 제6기 국민건강영양조사 결과를 바탕으로 한 30세 이상 1인 가구 성인의 건강행태. **대한가정의학회지**, 7(3), 330-336.
김영철, 김연수, 김인경 (2011). 가구유형 변화에 대한 대응방안. 한국개발연구원.
김혜영 (2017). 비혼 1인 가구의 가족의식 및 생활실태조사. 한국여성정책연구원.
백진주, 백선기 (2018). 1인 가구 사회 현상, 미디어 재현, 문화적 의미: TV 드라마 〈혼술남녀〉에 대한 기호학적 분석과 담론 분석을 중심으로.
변미리 (2019). 한국의 사회동향: 1인 가구의 삶의 질. 통계청. 통계개발원.

부산복지개발원, 부산여성가족개발원, 부산발전연구원 (2017). 부산지역 1인 가구 증가에 따른 종합정책연구.

여성가족부 (2021). 2025년 세상모든가족함께 - 제4차 건강가정기본계획(2021~2025). 여성가족부.

여운형 (2019). 1인 가구 주거선택 요인 분석. 한양대학교 부동산융합대학원.

우민희, 이명진, 최샛별 (2015). 청년세대 일인 가구의 여가활동 및 가족가치관에 관한 연구: 청년세대 다인가구와 비교를 중심으로. **한국 사회, 16**(1), 201-231.

이민홍, 전용호, 김영선, 김은나 (2015). 1인 가구 증가에 따른 신사회적 위험 대응전략. 보건복지부.

이여봉 (2020). **가족 안의 사회, 사회 안의 가족(3판)**. 양서원.

장임숙 (2020). 1인 가구의 젠더 특성과 정책방안. **지방정부연구**, 24(1), 373-397.

정순희, 양은정 (2014). 청년 1인 가구의 삶에 대한 연구. *Financial Planning Review*, 7(4).

진미정 (2020). 한국의 사회동향: 가족과 가구영역의 동향. 통계청. 통계개발원.

통계청 (2020). 2019년 인구주택총조사. 통계청.

홍승아, 성민정, 최진희, 김진욱, 김수진 (2017). 1인 가구 증가에 따른 가족정책 대응방안 연구. 한국여성정책연구원.

동아일보 (2021.05.31). 20대 절반 "결혼 NO, 동거 OK".
https://www.donga.com/news

머니투데이 (2016.03.04). 혼자라도 외롭지 않아요. 1인 가구 대안은 공동체주택.

아주경제 (2021.04.21). '1인 가구' 라이프 스타일 조명.
https://www.ajunews.com/view/20160523161843053

이코노미뉴스 (2020.11.09). 코로나19 확산에 1인 가구 '사회관계망' 약화.
http://www.1conomynews.co.kr/news/articleView.html?idxno=12956

한겨레신문 (2018.10.14). [아시아미래포럼 기획] 1부 한국형 불평등을 말한다. ③ 주거, 과녁을 벗어난 대책.
http://www.hani.co.kr/arti/economy/economy_general/865776.html

한국경제매거진 (2016.08.12). 1인을 위한 건강관리 - "나 혼자서도 건강하게 산다".
https://magazine.hankyung.com/money/article/202101206049c

SBS 뉴스 (2019.06.08). 236회 소리 없는 위로, 반려식물 '활짝'.

PART 02

관계에 대한 이해

Contents

CHAPTER 04 함께 살기

김명화 집필

현대 사회는 급격한 사회 변화와 가치관의 변화로 결혼을 통해 가족을 형성하고 함께 살아야 한다는 인식에서 벗어나고 있다. 외부적으로는 세계적인 경제위기와 포스트모더니즘 이후의 다양성 존중, 내부적으로는 한국 가족의 가치관 변화로 결혼이 늦어지면서 결혼의 대안으로 비혼이나 동거를 선택하고, 동성 커플, 애정 관계와 무관한 생활 동반자로서의 공동체 가족도 증가하고 있는 추세이다. 이 장에서는 결혼 외의 선택인 비혼과 동거, 동거자의 특성과 동거의 장단점, 외국의 동거문화에 대해 살펴보고자 한다.

1. 결혼 외의 선택: 비혼동거

1) 비혼동거

과거에는 일정한 연령에 이르면 결혼을 하고 가족을 형성하는 것이 성인의 통과의례로 여겨지고 당연한 의무라는 사회적 압력이 있었다. 그러나 최근에는 결혼을 당연한 것으로 인식하지 않고 선택으로 보게 되었다. 결혼보다는 비혼이나 동거를 선택하는 밀레니얼 세대들이 지속적으로 증가하고 있다. 현재 밀레니얼 세대의 결혼과 관련한 키워드는 만혼, 비혼, 동거라고 할 수 있다(어울림경제연구소, 2020).

비혼(非婚)은 자발적으로 결혼 의사가 없어서 결혼하지 않겠다는 것을 의미하는데, 결혼을 전제하지만 아직까지 결혼하지 않은 미혼과는 의미가 다르다. 좀 더 포괄적 의미로 미혼은 비혼에 포함된다고 할 수 있다. 또한 동거(洞居)는 법적으로 부부의 관계를 맺지 않고 남녀가 함께 사는 것을 의미한다. 결혼의 종류로 볼 때 법적 결혼과 동거로 구분되는데, 최근에는 동거에 대해 자발적인 선택을 강조하여 '비혼동거'[8]라는 개념을 제시하고 있다(정현숙, 2019).

밀레니얼 세대가 비혼동거를 선택하는 배경에는 결혼과 가족, 삶에 대한 기존 세대와의 가치관 차이, 급격하게 변화하는 세계적인 경제환경 변화의 영향이 크다. 집단을 우선하던 과거 세대와 대비되는 밀레니얼 세대는 개인의 권리를 우선하는 개인주의 경향을 갖고 있다. 세계적인 경제위기 속에서 취업난과 고용불안으로 연애, 결혼, 출산을 포기하거나 미루게 되었고, 친밀감과 헌신이 결합된 우애적 가족 가치관과 맞벌이의 보편화로 인해 결혼관에도 일·생활 균형에 대한 부담감을 갖게 되었다. 또한 밀레니얼 세대는 학업을 마치고 취업하여 결혼에 이르는 사회의 일반적 기대를 따르지 않는다. '결혼적령기'라는 사회적 기대를 따르기보다는 자기 인생의 진로와 행복을 더 중시하여 개인이 원하는 시기에 결혼을 선택 또는 선택하지 않는다(어울림경영연구소, 2020).

여성가족부(2020) 조사결과 20대 가운데 46.6%가 비혼동거를 동의한 것으로 발표되었다(연합뉴스TV, 2021). 통계청(2018)의 사회지표 보고에서도 우리 사회의 동거에 대한 인식은 전반적으로 허용적 방향으로 변화하고 있다. '남녀가 결혼하지 않더라도 함께 살 수 있다'고 답한 비율이 56.4%로 절반을 넘었다. 그러나 동거에 대한 인식과는 달리 우리 사회의 법률혼 외의 대안적 선택이라고 할 수 있는 동거에 대해 부정적인 시선을 가지고 '동거 커밍아웃'에 대해서는 소극적인 모습을 보인다.

---

8) 여성가족부(2021)는 결혼제도 밖에 있는 '비혼동거' 커플도 친밀과 돌봄을 기반으로 한 대안적 가족형태로 보고 법제도 안의 가족에 포함시키고자 하는 법령 개정을 추진하고 있다(세계일보, 2021.01.25).

밀레니얼 청년층이 결혼을 하지 않는 이유로는 주거 불안정, 일자리 불안정, 독신에 대한 여유로움과 편안함 순으로 나타났다(한국보건사회연구원, 2020. 그림 4-1). 이러한 우리 사회의 주거 불안정과 일자리 불안정, 가족과 결혼에 대한 가치관 및 인식 변화 등에 대한 반작용으로 생활 동반자로서의 동거, 동일한 가치관이나 종교적 신념을 공유하는 공동체 가족이 늘어나고 있다. 또한 많은 나라에서 각자 개인의 생활을 존중하면서 함께 한다는 의미의 '따로 또 같이(Living-Apart-Together: LAT)'라는 비거주동거형태도 증가하고 있다. 외국의 여러 나라와는 달리 우리나라의 결혼제도에서 법적으로 인정받지 못하고 소외되고 있는 동성 커플은 동거를 통해 결혼생활을 영위한다.

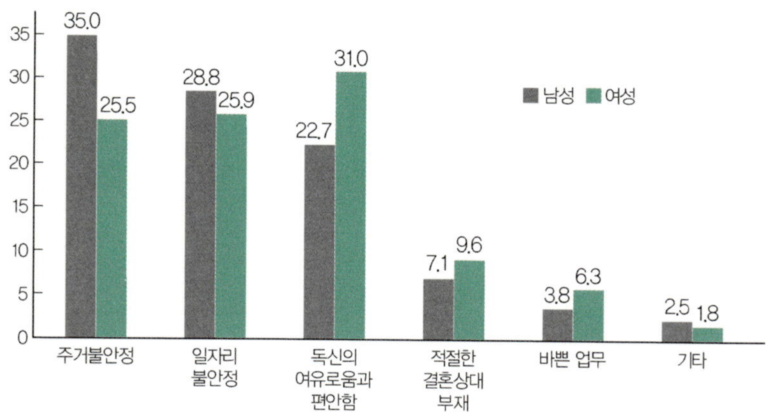

〈그림 4-1〉 청년층이 결혼을 미루거나 하지 않는 이유

출처: 어울림경제연구소(2020)에서 재인용.

2) 동거의 형태

과거에는 동거를 경제적 빈곤, 동성동본과 같은 결혼과 가족제도에서의 혼인 제약으로 불가피하게 선택하였다. 현대사회의 동거는 사회 변화와 가치관 변화 등의 다양한 이유로 인해서 법적 결혼 외의 대안적 선택으로, 법적 범위

내에서의 가족보다 관계로서의 가족을 중시하는 시대 흐름에 따라 여러 가지 형태로 나타나고 있다. 대체로 한 주거공간을 공유해서 가족처럼 사는 것을 말하지만 비거주형태의 동거(예: LAT)도 존재한다. 동거는 결혼은 아니지만 새로운 형태의 생애동반자적 관계로 볼 수 있다.

(1) 동거

동거형태에서의 동거는 협의 개념의 단순한 동거이다. 두 사람이 서로 결혼하지 않은 상태로 경제적 부담을 줄이고 서로 필요에 의해 성생활을 하거나 친밀한 관계를 가지며 한 거주지에서 사는 것을 말한다. 복잡한 법적 절차, 상대 가족이나 자녀에 대한 책임감과 구속 없이 두 사람만이 함께하는 관계를 원할 때 선택하는 삶의 형태로 볼 수 있다. 결혼 전에 시험 삼아 동거해 보거나 결혼의 대안으로, 성적 끌림 등을 이유로 동거를 하기도 한다. 혼인에 대한 의사가 있을 수도 있고 없을 수도 있지만, 가족제도 면에서 결혼으로 인정받지 못하는 경우이다.

(2) 사실혼

사실혼은 혼인신고를 하지 않아 법률상의 혼인으로 인정되지 않고 동거로 인정된다. 사실혼이 단순동거와 다른 점은 당사자들이 혼인 의사가 있고, 사회 통념상의 부부공동생활을 하는지가 판단기준이 된다. 부부공동생활에서 동거 · 부양 · 협조의무, 정조의무가 있다. 사실혼 여부를 법정에서 인정받으면 건강보험 배우자 등록, 가족수당 혜택, 사실혼 종료 시 재산 및 채무 분할, 위자료 등을 보장받을 수 있으나, 현재 국내에서는 동거 커플에 대한 법적 지원이 없다. 고용 및 건강보험 피부양자 등록 불가능, 출산 휴가와 돌봄휴가를 받을 수 없고 심지어 상대방이 사망했을 때 시신 양도조차 받을 수 없다. 이는 '법적인 가족'에 해당하지 않기 때문이다. 여성가족부가 2021년 사실혼이나 비혼동거도 가족으로 인정하는 방안을 추진한다고 계획을 밝혔다(세계일보, 2021).

(3) 퀴어(성 소수자) 커플 동거

퀴어 커플은 이성 커플처럼 애정이나 친밀성, 성생활을 영위하며 동거를 하기도 한다. 현행법상 우리나라는 아직 동성혼을 인정하지 않아서 결혼의 대안으로 동거를 선택하고 있다. 퀴어 커플은 이성 간의 사실혼과 달리 아직은 보호를 받을 수 있는 법적인 제도가 없다. 동성 간의 사실혼은 동거 관계가 두 사람 중 한 사람의 의지나 유책의 사유로 헤어지게 되더라도, 상대는 그 일방에 대해 사실혼 종료로 인한 재산분할, 사실혼 부당파기로 인한 위자료, 가사비송 등을 청구할 수가 없다. 최근 동성 커플의 건강보험 배우자 등록이 인정되었다가 실수였다며 취소되어 행정소송 중이다(프레시안, 2021.02.18).

(4) 공동체 가족

공동체 가족은 혈연과 무관하게 가치관이나 종교적 신념 등이 유사해서 경제적·정서적 지원을 공유하는 소집단형태이다. 생산적 기능, 소비적 기능, 자녀양육 등의 가족기능을 함께 하면서 공동체 생활을 하는 가족형태를 말한다(유영주 외, 2004).

공동체 가족 유형은 합동가족 공동체, 가족모임 공동체, 이웃사랑 공동체, 협동조합 공동체, 사회변혁 공동체 등이다. 한 지붕 아래에 사는 합동가족도 있고, 한자녀가족공동체도 있으며, 공통 주제를 가지고 함께 활동하는 협동조합 모임도 있다(이여봉, 2017). 커플이 아닌 사람들이 모여 사는 형태로 비혼 여성 공동체, 비혼 타운 등도 있다.

(5) 코하우징

코하우징(Co-Housing)은 '따로 살지만, 같은 공간을 공유한다.'라는 의미로 함께 사는 협동주거형태이다. 콜렉티브 하우스(Collective house), 협동조합주택(Cooperative house) 등이 있다. 코하우징은 30가구 안팎의 구성원들이 마을이나 연립주택에 모여 개인공간과 공동공간을 이용하는 것으로, 우리나라에서는 2011년 '소통이 있어 행복한 주택'을 시작으로 빠른 속도로 전국적 확산이 되고 있다. 협동조합주택은 낮은 주거비, 안전성, 커뮤니티를 통한 외로움 극복과 정서적 안정, 자유로운 계약기간 설정 등의 장점이 있다.

3) 동거의 유형

동거는 이혼자뿐만 아니라 대학가를 중심으로 활성화되고 있다. 결혼이 여의치 않거나 결혼을 원하지 않음에도 성욕 충족 및 경제적 기능을 수행하고 공동취사, 공동거주하며 사실상 혼인 관계를 유지하는 경우 동거를 선택하기도 한다. 동거의 형태는 다양하지만 대체로 구혼 과정의 한 부분이거나 시험결혼의 성격을 갖기도 하고, 전통적인 결혼을 대신하기도 한다(김영희 · 김경미, 2020).

〈표 4-1〉 다양한 동거 유형

구분	유형	내용
커플관계 중심 (Ridley, 1978)	라이너스 담요형	만화에 나오는'라이너스'의 안전담요를 비유한 것으로, 강한 사람과 약한 사람이 관계를 맺는 경우를 말한다. 강한 사람은 무조건 자신을 받아들여 주기를 원하고, 약한 사람은 요구하지 못하며 끌려가는 관계로, 대부분 성공적인 관계를 유지하지 못한다. 따라서 헤어질 때 약한 사람은 자존감이 더 떨어지거나 죄책감이 생길 수 있다.
	자유추구형	자신이 원해서 동거를 하지만 자유롭기를 원하기 때문에 조금이라도 간섭받는다고 느끼는 경우 파트너를 바꾸기가 쉽다. 부모의 간섭이나 돌봄에서 벗어나고 싶어 독립하고, 동거하면서 자신의 자유로움을 상대에게 요구하며 상대의 희생을 강요한다. 따라서 관계를 지속하지 못하고 상대에게 고통을 주어 헤어질 수 있다.
	편리 추구형	동거를 통해 서로 이득을 주고받는 관계이다. 주로 남성이 경제적 안정이나 주거공간을 여성에게 제공하고, 여성은 남성에게 그에 대한 대가로 집안일 등을 제공하며 서로에게 편의를 제공해 주는 관계가 형성되는 동거이다.

	실험형	결혼을 실험하기 위해 동거를 선택하는 경우이다. 결혼을 전제로 하기 때문에 함께 사는 것에 대해 책임감을 가지고 동거를 하며, 결혼생활과 어느 정도 유사한 형태를 가진다. 하지만 동거이므로 실제 결혼생활에서 요구되는 헌신은 적은 편이다.
목적 중심 (Macklin, 1986)	일시적 편의형	주거를 공유하는 것이 주는 서로의 편의를 목적으로 하는 동거를 말한다. 계약 동거도 포함한다.
	애정형	서로 함께 있기를 원하고 즐기는 것을 목적으로 서로가 원하는 기간까지 하는 동거이다.
	시험 결혼형	결혼에 대해 확실한 결정을 하기 전에 서로의 관계를 시험해 보기 위한 목적의 동거이다.
	결혼에 대한 일시적 대안형	결혼을 결정했지만, 결혼을 할 수 있는 여건이 갖추어지지 않아서 결혼 전까지 일시적으로 하는 동거이다.
	결혼에 대한 영구적 대안형	결혼과 유사하게 장기적 책임감을 가지고 동거하지만, 혼인신고나 결혼식을 하지 않아서 사실혼과 같은 개념의 동거를 말한다.
기타	돌봄 애정형	돌봄과 보살핌의 관계에서 시작하여 연인의 관계로 발전하는 경우로 서로 사랑하고 함께 있고 싶어서 동거하는 유형이다.
	경제형 또는 생계형	경제적으로 여유가 적은 사람이 부유한 상대에게 생활비를 의존하는 동거로 그 대가를 성관계나 집안 살림을 하는 것으로 대체하는 동거형태이다.
	위락형	결혼 실패 후 이혼자가 비결혼 상태로 서로의 개방적 성생활을 해결하고 함께 즐기면서 살기 위해 동거를 하는 유형이다.
	계약형	개방적 성생활과 비용 분담을 전제로 하며 대학가에 많이 이루어지는 동거의 형태이다. 최근 유학생활 동안 동거를 하는 경우가 늘고 있다.
	퀴어(성 소수자)	동성 커플이나 성 소수자(퀴어)들이 법적으로 결혼을 할 수 없어서 결혼 생활과 유사하게 동거하는 형태이다.
	공동체 또는 공유주택	편의를 위한 동거형태로 식사나 공동공간에서는 공동생활을 하지만 각자 개인의 공간을 가지고 있어서 개인의 사생활과 자유를 누릴 수 있는 주택을 공유하는 동거형태이다.
	친구 및 동호인	같은 취미나 친구들끼리 주거비용 절감과 외로움 해소 등을 위해 함께 동거하는 형태 등이 있다.

출처: 김영희, 김경미(2020); 이기숙 외(2009); 르몽드디플로마티크(2020.02.10)에서 발췌, 수정.

2. 동거자의 특성

최근 동거를 선택하는 이유는 과거와 달리 다양해지고 있으며 동거자의 특성도 변화하고 있다. 동거 계기도 '경제적 이유'에서부터 '사랑의 연장선으로 행복을 지속하기 위해서' 등으로 다양하다. 특히 여성들은 결혼제도에 대한 거부감과 이혼의 부담감을 줄이기 위해 동거를 선택하기도 한다. 동거 커플의 특성과 동거 계기가 학력, 취업 유무, 가치관 변화 등 다양하게 나타나는 것으로 볼 때 동거가 비혼자들의 결혼 대안일 뿐만 아니라, 결혼 외의 또 다른 선택으로 떠오르고 있다.

1) 동거자 특성의 변화

과거 우리 사회의 동거는 경제적 빈곤, 동성동본 등의 혼인에 대한 제약으로 불가피하게 선택하는 경우가 많았다. 또한 2015년까지는 초혼 전 동거보다 이혼 후 동거가 많았고, 학력이 낮을수록 동거 비율이 높게 나타났다. 그러나 최근에는 교육 수준이 높은 젊은 층이 주체적으로 동거를 선택하고 있다. 초혼 전 동거와는 달리 이혼 후 동거에서는 교육 수준에 따른 동거 비율의 차이가 거의 없다. 남성은 취업이나 학력에서 사회경제적 자원이 적을수록 결혼보다는 동거를 선택하는 경향이 높았다(김원정 · 김순남, 2018). 경제력 있는 여성의 동거 관계에서는 상호 동등한 관계를 유지하기 위해 생활비와 가사에서 철저히 역할을 분담하는 태도가 나타나고 있다(홍정희, 2020). 또한 취업, 교육 수준, 사회 경제적 지위가 높은 여성일수록 성역할 반전 혹은 성역할 평등이 잘 이루어지는 편이다(이연주, 2008).

한국보건사회연구원(2016)이 동거 가족을 대상으로 안정적인 동거를 위한 중요한 환경에 대해 조사한 결과 1순위에서 절반 정도가 '서로에 대한 신뢰 및 사랑'이 가장 중요하다고 응답하였고, 그 다음은 '안정된 가정 경제'였다. 2순위에서 상대적으로 높은 비율을 차지하는 항목은 '결혼과 동거에 대한 공통된 가치관'과 '공평한 가사 분담'이었다(어울림경제연구소, 2020). 이러한 동거자의 특성 변화를 살펴보면 과거의 제도적 결혼에서 관계적 결혼으로 변화한 것과 같이 동거생활에서도 친밀한 관계와 성평등한 역할의 추구가 중요한 특성으로 나타난 것이다.

2) 동거 계기

동거자의 동거 이유는 경제적 및 심리적 측면과 관련되며, 자유로움 추구가 크게 작용하는 것으로 나타났다. 한국보건사회연구원(2016)의 조사 결과에 따르면 동거를 경험한 사람 4명 중 1명은 '결혼 의사는 있으나 경제적인 이유'로 동거를 선택했다고 응답하였다. 그 다음으로는 '결혼 계획은 없지만 의지하고 같이 지내고 싶어서'가 높았으며, '데이트 비용, 방값 등 생활비 절약을 위해', '결혼 전 상대에 대한 확신을 갖기 위해', '결혼제도에 얽매이지 않고 자유롭게 살려고' 등의 순으로 나타났다(어울림경제연구소, 2020).

동거를 결정하는 요인으로 '진보적 가족의 가치관일 때, 결혼이 이혼으로 끝났을 때, 부모님이 생존해 계시지 않을 때' 동거의 비율이 높게 나타났다(홍정희, 2020). 동거를 시작하게 된 다양한 배경과 계기가 있으나 자신의 선택에 대한 책임감 있는 태도가 중요하다.

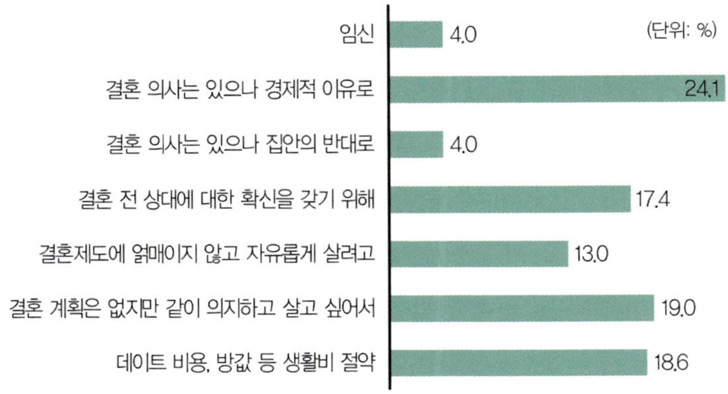

〈그림 4-2〉 동거 선택 이유

출처: 어울림경영연구소(2020)에서 재인용.

➔ 다양한 동거 유형 사례

• **혼전동거형**

연예인 이효리는 결혼 전 남편인 이상순과 2년간 동거를 했다. 한 방송 프로그램에 부부가 함께 출연해서, 동거를 한 사실에 대해 밝혔다. 부부는 서로 동의하에 2년간 동거 후 결혼을 결정했으며, "부모님끼리 서로 인사를 다 하고, 부모님들도 인정하신 관계였다. 크게 반대하지 않으셨다."고 덧붙였다.

• **프랑스 '팍스(PACS)' 제도형**

이승연(34) 씨는 미국에서 대학 졸업 후 파리에서 현재 동거 중인 파트너(36)를 만났다. 이 씨는 같이 생활하던 룸메이트가 떠난 뒤에 자연스레 파트너와 동거를 시작했다. 사귄 지 5년에 동거 3년차. 둘은 '팍스(PACS)'를 맺었다. 프랑스에서는 연인과 사귀는 기간이 길어지면, 자연스럽게 동거를 시작하며 결혼 또는 팍스를 맺는다. 이 씨는 "결혼은 아름다운 일이지만, 관습이나 전통이라는 이유로 당연히 해야 하는 것은 힘들다. 우리의 결정에 가족과 친척이 개입하지 않은 것에서 해방감을 느꼈다."고 하며 자신의 생각을 표현했다.

• **동성 부부형**

윤현석(33, 가명) 씨와 오세인(31, 가명) 씨는 아직 양가 부모님께 인사드리지 못해서 결혼식은 못했지만, 함께 산 지 1년 6개월 된 동성 커플이다. 사람들에겐 자신의 커플을 부부라고 하기보다 '짝꿍'이라 소개한다. 최근 결혼한 사촌 동생이 신혼부부 전세대출을 받아서 보금자리를 구하는 모습을 보고 부러워했다. 한국은 아직 동거하는 커플이나 동성 커플에 대한 법적 지원 제도가 없기 때문이다. 프란치스코 교황이 최근 공개석상에서 "동성애자도 주님의 자녀들이며 가족을 이룰 권리가 있다."라는 이야기에 감명을 받았다고 한다. 새로운 변화가 시작되기를 바라며 윤 씨는 자신들의 미래에 희망이 생겼다고 했다.

• **비혼 공동체형**

비혼 공동체 '에미프(emif)'를 꾸린 강한별(32) 씨는 신혼부부나 4인 '정상 가족'에 맞추어진 주거정책에 대해서 앞으로 어떻게 살지 이들은 함께 고민한다. 노후나 풍족한 비혼 라이프를 즐기기 위해서 함께 재테크 공부를 하기도 한다. 최종목표는 비혼 공동체인 에미프라는 단체가 없어지는 것이다. '비혼이 당연한 사회가 오면 자연스럽게 이런 단체들도 사라지지 않을까.'라는 생각을 말했다.

출처: 중앙일보(2020.11.01); 아시아경제(2020.02.10)에서 부분 발췌.

3. 동거의 장단점

1) 동거의 장점

(1) 경제적 부담 절감

동거생활의 장점은 함께 생활함으로써 생활비를 절감할 수 있다는 것이다. 결혼 의사는 있으나 경제적 어려움의 이유로 동거를 선택한다는 것으로도 알 수 있다. 동거자가 함께 생활하면 생활비는 공동으로 부담하게 되므로 비용을 절감할 수 있다.

(2) 안전성 확보와 심리적 안정감

혼자 살 때는 밤늦게 집에 들어갈 때의 외로움, 갑자기 아플 때, 누군가 침입하거나 스토킹 당하는 등 신변상의 문제가 생길 때 어려움을 겪을 수 있다. 그러나 혼자가 아닌 신뢰하는 친밀한 사람과 함께 사는 경우 안전이 확보됨과 동시에 심리적인 안정감을 가질 수 있다.

(3) 외로움 해소

사람은 본능적으로 감정을 나누고 힘들 때 의지하며 함께 하고자 하는 기본 욕구가 있다. 이런 개인이 혼자 생활하면서 때로는 고립감이나 우울감이 높아지고 외로움을 경험할 수 있다.

외로움을 해소하기 위해서 일부 사람들은 동물이나 식물을 기르기도 한다. 이처럼 누군가와 함께 하는 동거는 고립감이나 외로움을 해소하는 한 방법이 될 수 있다.

(4) 타인과 함께 하는 삶을 통한 성숙

개인 또는 가족과 함께 하던 삶에서 타인과 함께 하는 삶으로의 변화는 익숙하지 않음으로 당연히 불편하다. 그러나 이러한 불편함 속에서도 동거라는 최소한의 틀을 유지하기 위해서는 각자 서로를 배려하고 이해하는 책임감 있는 과정이 필요하다. 이를 통해 자신을 성숙하게 만드는 계기가 될 수 있다.

2) 동거의 단점

(1) 법적 보호를 받지 못함

우리나라의 동거 커플은 문제가 발생하거나 헤어질 때 법적 보호를 받기 어렵다. 재산 상속을 받을 수 없고, 파트너가 아플 때 법적 보호를 받기 어렵다. 국민건강보험도 배우자 혜택을 받지 못하고 지역가입자만 가능하며 복지혜택의 수혜자 또한 되기 어렵다. 법적 보호를 받을 수 있는 경우는 사실혼을 법원에서 입증받으면 재산분할이 가능한 정도이다. 자녀양육에서도 출산 · 육아휴가나 돌봄휴가를 받을 수 없고, 각종 행정 · 금융업무에서도 두 사람의 관계를 입증할 최소한의 근거가 없다.

(2) 함께 생활함에서 오는 불편감

동거생활을 종료하고 헤어지는 가장 큰 이유는 서로를 맞춰가기 어렵다는 것이다. 성장 배경이나 성격, 생활습관이 다른 두 성인이 함께 생활한다는 것은 쉬운 경험은 아니다. 서로가 적응하고 성장하기 위해서 배려와 헌신, 노력이 필요하다. 그러나 결혼생활과 다르게 사적관계를 중시하는 동거는 함께 하는 삶의 방식만큼 개인적 삶의 방식 또한 존중받기를 원한다.

(3) 책임감의 결여

동거생활에서 다투거나 갈등이 생겼을 때 법률혼에 비해 헤어지는 결정을 쉽게 할 수 있다. 동거는 사적관계를 중시하기 때문에 집안의 경조사 참여 의무감이 대부분 없다. 이러한 측면에서 동거는 서로 간에 어려움이 발생할 때 책임감이 적어서 문제를 해결하기보다는 쉽게 헤어지는 경우가 많다.

(4) 임신에 대한 불안

사랑하는 관계에서 애정을 연장하기 위해 시작한 동거일 경우 피임과 합리적인 성생활이 필요하다. 동거에서 임신을 할 경우 자녀출산에 대한 책임으로 사실혼 또는 법률혼을 선택하기도 하지만, 동거가 종료되기도 한다. 임신으로 인해 책임감 없이 동거가 종료될 경우 출산의 책임은 대다수 여성들이 지고 있다.

(5) 부정적 사회의 인식

밀레니얼 세대는 비혼이나 동거에 대해 개방적 인식을 가지고 있는 편이다. 동거에 대한 자신의 생각을 거리낌 없이 이야기하고, 동거를 결정해서 살다가도 쉽게 헤어지며 '가벼운 만남 후 이별'처럼 각자의 삶을 살아가는 경우도 있다. 그러나 자신에게 불이익이 올까 두려워 부모나 직장에서 보수적인 세대에게는 동거 사실을 굳이 드러내지 않는 경향이 있다.

➔ 우리나라 동거 가족에 대한 새로운 도전

• 비혼동거 커플도 법적 가족으로 인정 추진

정부는 결혼하지 않고 사는 '비혼이나 동거' 등도 가족으로 인정하는 방안들을 추진하고 있다. 시대의 흐름에 따라 가족형태가 달라진 만큼 법과 제도적 측면에서 이를 끌어안을 취지로 풀이된다. 25일 여성가족부가 '제4차 건강가정기본계획안(2021~2025년)'을 공개했는데, 결혼제도 테두리 밖에 있는 다양한 가족 구성을 보장하고, 돌봄과 친밀성에 기반을 두고 있는 대안적 가족형태를 법적 제도 안의 '가족'으로 인정하려는 방안이 들어있다. 건강가정기본법 중 가족에 대한 정의 및 건강가정 용어 등에서 다양한 가족을 포용할 수 있도록 개정하고, 민법은 가족에 대한 범위 규정(법 7779조) 또한 개정 필요성을 검토하기로 했다. 가족의 형태에 따른 차별을 금지 및 예방할 수 있도록 '평등 및 차별금지에 관한 법률(가칭)' 제정도 추진한다.

출처: 세계일보(2021.01.25)에서 부분 발췌.

• 사실혼은 인정하지만 부부는 아니라고?

동성 부부라는 이유로 성소수자 부부가 배우자의 건강보험 피부양 자격을 박탈당했다며 국민건강보험공단을 상대로 행정소송을 냈다. 성소수자 부부인 김용민 씨와 소성욱 씨는 2019년 결혼식을 올린 5년 차 부부이다. 법적으로 인정해 주지 않는 현 결혼제도 때문에 혼인 신고를 못 했으나 여느 부부와 다를 것 없이 함께 살아가고 있다.

지난해 2월 이들 부부가 '동성 부부이지만 결혼식을 마친 사실혼 관계'라는 점을 밝히며 피부양자 등록이 가능한지 문의한 데 대한 답으로 국민건강보험공단이 '사실혼 관계의 배우자도 피부양자 자격을 취득할 수 있다'고 하였다. 이에 따라 소 씨는 김 씨의 피부양자로 등록했다. 그러나 공단은 그해 10월, 일방적으로 의견 진술의 기회도 주지 않은 채 소 씨의 피부양자 가입 기록을 삭제했다. 소 씨가 항의하자 공단 측은 '피부양자 인정요건 미충족으로 접수된 서류를 반송한다'는 공문을 보내면서 이전에 인정했던 피부양자 자격을 무효화한 것이다. 소 씨는 김 씨의 피부양자가 아닌 지역보험가입자가 되어 보험료를 부과받았다.

출처: 프레시안(2021.02.18)에서 부분 발췌.

4. 외국의 동거문화

우리나라의 동거에 대한 사회적 인식과 부족한 법적 처우와는 달리 서구사회는 동거자를 위한 사회적 인식과 제도적 장치가 마련되어 있다. 여기에서 소개하는 나라들은 유럽 국가가 많으며, 프랑스의 팍스(PACS), 영국의 시빌 파트너십(Civil Partnership), 네덜란드의 동반자 등록법, 스웨덴의 동거법(Sambolagen) 등 동거 관련법들이 있다. 전통적인 결혼과 가족의 형태가 아니더라도 결혼 외의 선택을 다양한 생활공동체의 삶으로 인정하고 이에 대한 법적 보호와 사회적 혜택을 부여하는 것이다.

1) 미국

미국은 약혼 후 동거로 들어가는 시스템이 보편화되어 있으며 대부분 20개월 정도의 동거 기간을 갖는다. 이후 약 50% 정도의 비율로 결혼과 이별을 선택하는 편인데 결혼 후에도 동거 경험자들의 개방적 진보 성향이 파경의 원인을 제공한다. 미국은 젊은 세대의 동거문화가 활성화되어 있지만, 유럽에 비하면 동거자에 대한 처우가 완전히 확립되지 않아 고급문화나 주류문화에서는 부부 동반이 주축이다(르몽드디플로마티크, 2020). 동거가 법적으로 보호를 받지 못하기 때문에 상속이나 양육에서 불이익이 많고, 동거자가 환자일 경우에 동거인은 가족으로 인정을 받지 못하기 때문에 환자 간병도 쉽지 않다.

2) 프랑스

프랑스의 '팍스(PACS, 시민연대계약)'는 1999년에 동성 커플의 법적인 지위를 보장하기 위해 톨레랑스(tolerance, 관용) 정신을 기반으로 도입된 제도이다. 현재 팍스제도는 동성 또는 다른 성의 성인 두 사람이 공동생활을 맺기 위해 체결하는 계약이며, 계약 해지 후 법적 기록이 남지 않으며, 파트너 간 부양의무가 있고, 사회보장제도, 세액 공제, 팍스 비자 등의 혜택을 보장한다. 출생한 자녀는 혼외자로 표기되는데, 프랑스는 출생아의 약 60%가 혼외자이다. 소득은 개인의 재산이며 상속은 되지 않는다.

팍스는 동성 커플의 법적 결합을 인정하기 위해 도입되었지만, PACS를 선택한 커플 중 대다수가 이성애자 커플이어서 2013년부터는 인정된 동성혼과 별도로 유지되고 있다(pmg지식엔진연구소, 2018).

3) 영국

영국은 동거가 결혼 전의 당연한 코스처럼 결혼과 대등한 형태이다. 영국은 2004년에 '시빌 파트너십(Civil Partnership, 시민 파트너)'을 통해 동성 간의 혼인관계를 인정하여 결혼과 비슷한 법적 권리를 허용했다. 이후 2018년에 이성애자의 동거까지 확대되어 동거자에 대해 법적 배우자와 유사한 혜택을 주고 있다(르몽드디플로마티크, 2020). 시빌 파트너십은 결혼식을 거치지 않고 서명만으로도 법률상 부부와 동일한 대우를 받게 되는데, 특히 자녀를 낳고 키우는데 전혀 법적 차별이 없다는 점이 특징이다. 따라서 이성 커플의 동반자 관계 허용으로 인해 법적 결혼제도에서 동거문화로 점차 확대 변화하고 있다.

4) 독일

독일은 2001년 제정된 '파트너 등록법(생활동반자법)'으로 동성 간의 동거 커플을 위한 권리를 보장하고 있고 동성 커플 간에도 자녀를 입양할 수 있게 되었다. 독일에서는 동거가 흔한 형태이고 동거 커플은 사망 시 부양과 상속권리가 없어진다. 동거하던 커플이 헤어지는 경우에 여성에게 아이의 양육권이 우선으로 주어지며 남성도 공동양육권을 신청할 수 있다. 커플이 헤어진 후에도 아이의 교육과 양육에 대한 복지제도는 유지된다.

5) 오스트리아

오스트리아는 대다수 동거를 하고 있을 정도로 세계에서 최고로 자유로운 동거문화가 이루어지고 있다. 오스트리아인 커플의 90%가 현재 동거 중이고, 동거 중이 아니어도 과거 동거 경험들이 대부분 있다고 한다. 자신의 원가족이나 상대의 원가족 등 어른들과의 관계에서도 비교적 어려움이 적고, 온 가족과 잘 어울려 지낸다. 결혼 없이 아이를 낳아 키우는 커플도 많으며 헤어지는 것에 제약이 없는 동거라서 책임감 없이 가볍게 살다 헤어지는 경우가 많다. 동거 중에는 생활비를 반반 분담한다.

6) 네덜란드

네덜란드의 '동반자 등록법(National Registered Partnership)'은 1998년에 도입되어 동성애자 커플도 결혼한 부부와 동일한 법적 의무와 권리를 인정하고 있다. 이후 2001년에 '혼인제도 개방법'을 승인하여 결혼하지 않은 동거 커플의 사실혼 관계를 인정해 주었다. 이 법은 결혼한 부부와 동일한 수준의 법적 의무와 권리를 가지고 있다. 이 제도는 사실혼 관계보다 결합 정도가 더 낮은 '동거계약'이라는 옵션도 있다. 2명의 여성 또는 남성끼리의 동성 결혼도 시청에서 혼인식을 할 수 있게 되었다. 네덜란드 내에서는 동성결혼이라도 아이를 입양할 수 있고 법적으로 이혼도 할 수 있다. 그리고 기존 '동반자' 관계로 등록된 커플은 '혼인'으로 변경할 수도 있다(권영길, 2007).

7) 덴마크

덴마크는 동성 커플의 법적 관계를 세계 최초로 인정하는 '동반자 등록법(Lov om registreret partnerskab)'이 1989년에 본격 시행되었다. 기존 혼인법률과 거의 유사하게 만들어졌지만 몇 가지 점에서 차이가 있다. 동성 커플의 결혼을 교회에서 인정하지 않는 것, 최근 2년 동안 덴마크에 거주한 사람, 혼인증명서(marriage license)가 아닌 파트너십증명서(partnership certificate)가 발급된다는 것이다. 2000년도에 동성애자 부부에게도 해외 입양을 제외한 아동의 양육권을 허용하여 이성 간의 결혼과 거의 유사하게 접근하였다(권영길, 2007).

8) 스웨덴

스웨덴은 1988년에 '삼보(SAMBO, 비혼동거)'라는 동거법이 도입되었다. 1970년대 결혼비율의 감소와 동거비율의 급증이 동시에 일어나면서 1988년에 공식적으로 제도화되었고, 2003년에 내용이 보강되어 '2003년 동거인법'이 되었다. 삼보는 동거 커플의 파트너십 제도로서 세무서에 파트너와 동일한 주소를 등록하고 일정 기간이 지나면 삼보 커플이 된다. 삼보 커플의 경우 외국인도 가능하다. 스웨덴의 파트너가 초청장을 보내면 비자 신청 당사자는 자국에서 인터뷰를 진행한다. 이후 삼보 비자를 받고 파트너와 스웨덴에서 살아갈 수 있다. 삼보를 맺은 관계는 상대가 주소를 변경하거나 재산을 분할 신청하는 경우에 종료된다. 팍스처럼 서로의 재산과 유산을 상속받을 수 없지만, 아이가 있다면 자녀수당 등의 혜택을 받을 수 있다(어울림경제연구소, 2020).

➔ 동거와 관련된 상담 사례

동거 중인 두 사람은 동호회에서 여러 번 만나게 되어 자연스럽게 사귀게 되었다. 여성은 이혼하며 데려온 자녀가 있어서 재혼에 대한 의사가 없었고, 남성은 이혼했지만 전처가 어린 자녀를 양육 중이라 혼자 생활하는 것이 힘들고 외로워서 함께 동거를 결정했다. 여성의 집으로 들어간 남성은 두 자녀에 대한 불만을 갖게 되어 두 사람은 갈등이 시작되었다. 남성은 매달 생활비 150만원은 주었지만, 가사분담을 회피하고 아이들에게 소리 지르는 행동이 반복되었다. 여성은 혼자 가사를 전담하면서 직장을 다니고 자녀들 양육까지 책임지느라 힘들어서 성생활을 점차 거부하게 되었다. 두 사람 모두 결혼을 전제로 대화를 나눈 적은 없었지만, 동거를 해소하기 전에 마지막 노력을 하기 위해 상담을 의뢰하게 되었다.
상담을 통해 남성은 자신의 딸보다 나이가 많은 남자아이들이 처음이라 아이에 대한 이해나 양육에 대해 잘 몰랐다는 것을 인식하게 되었다. 더불어 성생활을 거부당할 때 받는 마음의 상처에 대해 여성에게 알려주면서, 서툴고 귀찮아서 가사를 전부 여성에게 의존한 것에 대해 인정하며 사과를 했다. 또한 자신의 행동 때문에 아이들이 많이 두려워할 수 있다는 것을 이해하여, 아이들에게 미안함을 표현하게 되었다. 여성은 돌봄 받거나 애정을 원했지만, 자신에 대한 배려가 부족하다고 인식하면서 거리감을 느끼게 되고 많은 역할들로 피로가 누적되어 성욕이 없음을 남성에게 알려주었다. 이렇게 서로의 입장에 대해 알게 되면서 자신과 상대의 기대나 욕구들을 채우는 방법들을 찾아나갔다. 서로 이해하고 노력을 하면서 애정이 돈독해지는 변화를 보였으며 상담을 종결하게 되었다.

함께 나누기

1. 만일 여러분이 동거를 선택한다면, 그 이유나 기대, 목적은 무엇인지 이야기 나누어 봅시다.
2. 여러분이 누군가와 동거하기 위해 계약서를 작성한다면, 반드시 계약서에 넣고 싶은 내용 세 가지와 그 이유를 이야기 나누어 봅시다.
3. 여러분이 생각하는 동거의 정점과 단점은 무엇인지 이야기 나누어 봅시다.

관련 동영상

1. EBS 다큐프라임 〈결혼의 진화 3부 새로운 가족이 온다〉
   https://youtu.be/ZLLVXQV-v4s (16분 08초)

2. SBS 스페셜 [결혼 말고 비혼 Ep.05] "미성숙한 철부지가 아니에요" 동거 중인 비혼주의자가 하고 싶은 말
https://youtu.be/wdYBhrvtyE0 (2분 01초)
3. EBS 다큐프라임 〈행복한 주거 2부 : 당신의 마지막 집은 어디입니까?〉
https://youtu.be/Vz2mFQu2uYw (21분 30초) : 노년에 공동체 아파트
4. EBS 도시 청년들과 동물 가족이 뭉쳤다! 촌(村)스러운 사람들의 지속 가능한 삶
https://youtu.be/1UW5T18RfmI (9분 08초)

참고문헌

김영희, 김경미 (2020). **결혼과 가족**. 파워북.
김용섭 (2019). **느슨한 연대**. 부키.
김원정, 김순남 (2018). 동거 가구의 변화와 한국의 결혼 · 가족제도: 1995-2015 혼인신고자료 분석을 중심으로. **가족과 문화, 30**(4).
여성가족부, 한국여성정책연구원 (2019). 가족다양성에 대한 국민여론조사.
이기숙, 김득성, 공미혜, 김은경, 전영주, 손태홍, 오경희 (2020). **결혼의 기술(2판)**. 신정.
이여봉 (2020). **가족 안의 사회, 사회 안의 가족**. 양서원.
이연주 (2008). 동거와 한국 가족: 전국조사에서 나타난 동거자의 특성. **한국인구사회학회, 31**(2), 7-100.
정현숙 (2019). **가족관계**. 신정.
최효미, 유혜미, 김지현, 김태우 (2016). 청년층의 비혼에 대한 인식과 저출산 대응 방안. 육아정책연구소.
통계청 (2018.02.03). 결혼에 대한 태도 변화.
홍정희 (2020). 동거커플의 일상경험과 젠더 관계. **융복합지식학회논문지, 8**(3), 123-132.
어울림경영연구소 (2020). **밀레니얼 세대의 결혼과 가족**. 시그마프레스.
유영주 외 (2004). **새로운 가족학**. 신정.
세계일보 (2021.01.25). 비혼동거커플도 법적 가족으로 인정 추진.
https://www.segye.com/newsView/20210125514026
아시아경제 (2020.02.10). 이효리 "이상순과 결혼 전 2년 동안 동거".
https://www.asiae.co.kr/article/2020021014245044660&mobile=Y
연합뉴스TV (2021.05.30). 20대 절반, 비혼동거 동의··· 1인가구 30% 차지.
https://www.yonhapnewstv.co.kr/news/MYH20210530004800038?did=1825m

중앙일보 (2020.11.01). "동성애자 가족 왜 안돼"…교황이 지지한 '시민결합법' 뭐길래.
https://news.joins.com/article/23908756
프레시안 (2021.02.18). 사실혼은 인정하지만 부부는 아니라고?
https://www.pressian.com/pages/articles/2021021816554080842#0DKU
권영길 (2007.11.23). 다양한 가족형태를 인정하는 '동반자등록법' 도입해야 합니다.
Daum 블로그. http://blog.daum.net/kwondlp/5355175
르몽드디플로마티크 (2020.02.10). [서곡숙의 문화톡톡] 계약동거 로맨스 웹툰 - 동거문화의 확산과 섹슈얼리티의 부상.
http://www.ilemonde.com/news/articleView.html?idxno=12110
pmg지식엔진연구소 (2018.12.06). 시민연대계약. 시사상식사전.
https://terms.naver.com/entry.nhn?docId=5701639&cid=43667&categoryId=43667

CHAPTER 05 사랑의 기술

황경란 집필

'사랑이 무엇인가?' 또는 '왜 우리는 사랑을 할까?'에 대해 정확한 답을 말하기는 어렵다. 왜냐하면 사랑은 어떤 실체를 가지고 있는 것이 아니라 경험 그 자체이기 때문이다. 부모의 자녀에 대한 사랑부터 동물에 대한 사랑까지 다양한 형태로 나타난다. 현대사회에서는 이성 간의 사랑뿐만 아니라 동성 간의 사랑의 형태도 존재한다. 사랑의 수준도 가벼운 호의에서 강렬한 애정까지 다양한 모습으로 나타나므로 하나의 단어나 문장으로 정의하는 것은 어렵다. 이 장에서는 성별에 관계없이 두 사람이 하나의 커플이 되어 사랑하는 경우에 대해 다루고자 한다.

1. 사랑의 의미와 진화

1) 사랑의 의미

사랑의 사전적 의미는 사람 또는 존재를 매우 아끼고 귀중하게 여기는 마음으로 특히 남녀 간에 좋아하고 그리워하며 성적인 매력에 이끌리는 마음이다(국립국어원 표준국어대사전, 2021). 사랑은 우리 인생에서 매우 중요한 관계의 기초이며 친밀감이나 헌신과 같은 상호 관계를 통해 형성되고 유지된다. 사랑은 인간의 가장 강렬한 욕구 중의 하나로 사랑의 과정에서 기쁨과 슬픔, 환희와 좌절 같은 다양한 감정 변화를 경험한다.

루딘(Rudin)은 사랑은 상대를 간절히 원하는 애착, 상대가 원하는 대로 편안하게 해주고 싶은 배려, 상대를 믿는 신뢰와 자기 개방으로 구성되어 있다고 하였다(한덕웅 외, 2005에서 재인용). 소설 『왜 나는 너를 사랑하는가』(2013)에서 알랭 드 보통(Alain de Botton)은 사랑을 하는 이유는 사랑을 통해 우리 자신이 어떤 사람임을 알게 되고 온전한 삶을 살아갈 수 있기 때문이라고 하였다. 에리히 프롬(Erich Fromm, 1956)은 이러한 사랑의 능력은 선천적인 것이 아니라 서로 배우고 만들어 나가는 기술이라고 주장하였다(황문숙, 2019에서 재인용).

2) 사랑의 진화

사랑은 사회 및 문화적 환경에 의해 학습되고 표현방법도 다르며 시간에 따라 변화한다. 부족시대에는 사랑이라는 관념보다는 생존을 위한 짝짓기 활동이었다. 서양의 중세시대에는 기독교의 영향으로 이타적이고 비성애적 사랑을 강요하였다. 이 시대에는 결혼의 목적이 자녀출산에 있었다. 사랑과 결혼의 통합을 모색하며 성에 대해 자유롭게 표현하기 시작한 것은 14세기에서 16세기에 일어난 르네상스 시대가 되어서 가능해졌다.

(1) 낭만적 사랑

낭만주의 관점에서 사랑이란 독립적이고 주체적인 인간이 자신에게 가장 중요한 영혼의 단짝을 찾는 자유로운 선택이라고 본다(Branden, 2008, 임정은 역, 2019). 낭만적 사랑의 개념이 문화적 가치로 인정받고 이상적인 결혼의 기준으로 존중받게 된 것은 서양에서도 19세기부터 가능해졌다. 이러한 문화는 낭만주의와 산업화에 따른 자본주의와 함께 발달하였다. 18세기 후반부터 19세기 초반까지 번성한 서양의 낭만주의 운동은 인간을 '존재 그 자체'로 바라보며 자신의 삶을 결정하는 주체로 보았다.

19세기부터 시작된 산업화로 인해 자본주의가 발달하면서 사람들은 물질적 풍요를 경험하게 되었다. 이를 통해 여성은 자기 힘만으로도 생활할 수 있는 경제적 능력을 갖게 되었고 그 결과 사회적, 법적으로 독립할 수 있게 되었다. 이에 따라 남녀 관계에도 평등한 관계의 가능성이 커졌다(Branden, 2008, 임정은 역, 2019).

20세기의 낭만적 사랑은 연애를 통해 자신의 운명공동체를 찾고 결혼으로 완성하는 것이었다. 그러므로 커플 간에 순결성과 헌신은 중요한 덕목으로 인정받고 결혼과 가정은 사회적 안정을 위한 필수 단위로 이상화되었다. 그러나 많은 사람들이 결혼을 통해 낭만적 사랑을 지키려고 노력하였지만 실망과 위기를 경험하게 되었다. 더 이상 연애와 결혼을 통한 안정적인 삶만이 전부가 아니고, 자기성장 및 자기실현이 불안정한 현대사회의 주요한 생존 전략으로 등장하게 된 것이다(이정옥, 2020).

➔ 낭만적 사랑에 대한 비합리적 신념

사랑에 대한 비합리적 신념은 친밀한 커플관계를 해치고 불행한 결과에 이르게 하는 미성숙한 사랑의 주요 원인이다. 엘리스(Ellis, 1960)가 말한 낭만적 사랑에 대한 주요한 비합리적 신념은 다음과 같다.

- 사랑은 열정적으로 뜨거워야 한다. 강렬한 낭만적 사랑을 하지 못한다면 무의미하다.
- 진짜 사랑은 한 사람뿐이다. 진정한 사랑은 평생 한 번만 할 수 있다.
- 낭만적 사랑은 영원히 지속될 것이다. 낭만적 사랑은 행복한 결혼생활을 보장한다.
- 내가 사랑받고 있다는 것을 항상 느낄 수 있어야 한다. 내가 사랑받고 있다는 느낌을 느낄 수 없는 사랑은 사랑이 아니다.
- 사랑에 실패하면 다시는 사랑할 수 없다. 사랑하는 사람을 잃는다면 극심한 고통에서 벗어날 수 없을 것이며 다시는 사랑에 빠질 수 없을 것이다.
- 낭만적 사랑을 해야만 결혼을 하거나 성행위를 할 수 있다. 낭만적 사랑과 성행위는 항상 함께 따라다니는 것이다.

출처: 권석만(2019)에서 재인용.

낭만적 사랑은 아름다운 심리적 체험인 정상적 측면과 신경증적이고 불안한 비정상적 측면의 양면성을 갖고 있다. 정상적 측면에서는 인간의 원초적인 애정의 욕구를 표현하고 충족하는 상태라고 할 수 있다. 비정상적 측면에서는 사랑에 몰두하면서 일상생활의 기능이 저하되고 의존성, 자기조절능력의 부족, 질투심, 거부에 대한 두려움 등 부정적 심리가 활성화되어 신경증적 상태가 되기도 한다. 이러한 관점에서 낭만적 사랑은 완전한 사랑이 아니다(이기숙 외, 2018).

(2) 21세기 사랑

21세기 밀레니얼 시대는 인터넷을 기반으로 하는 정보화 사회의 출현과 더불어 새로운 희망으로 출발하였다. 전 세계 사람들에게 경제적 자유와 풍요를 보장한다는 세계화와 신자유주의는 새로운 세계에 대한 기대를 더욱 갖게 하였다. 그러나 2007년 미국의 금융 위기를 시작으로 세계 여러 나라들은 대량실업과 양극화로 인한 경제적 위기를 맞고 있다. 종교 갈등으로 인한 영토와 영해, 자원 확보를 위한 전쟁도 계속되고 있다(전국지리교사연합회, 2011). 또한 조류독감, 신종플루, 코로나19와 같은 감염병은 인류 전체를 위협하고 있어 현대인들은 경제적 빈곤과 정신적 불안을 경험하고 있다.

이처럼 사회적, 경제적으로 힘든 21세기를 살아가는 현대인들에게는 사랑이나 연애보다는 척박한 현실에서 살아남을 수 있는 생존 전략이 더 중요하게 되었다. 21세기 청년들을 사회, 경제적 상황으로 인해 연애, 결혼, 출산, 즉 세 가지를 포기한 '삼포세대'라고 부르는 이유이다. 그 결과 낭만적 사랑에 대한 위상은 흔들리고 다채로운 사랑이 등장하기 시작했다. 능동적이고 평등한 관계를 지향하는 합류적 사랑, 친밀성과 열정은 받아들이지만 서로 간의 현실적 거리를 유지하는 실용적 사랑, 정서적 유대감은 유지하지만 멀리 떨어져 지내는 장거리 사랑, 친구와 연인의 중간 관계를 유지하는 모호한 관계인 썸 등이 등장하였다(이정옥, 2020).

폴란드의 사회학자인 바우만(Bauman, 2015)은 21세기의 사랑을 '개인화에 의한 액체 사랑'이라고 하였다. 개인화란 현대사회에서는 개인의 선택을 보장하지만 그 결과에 대해서도 그 개인에게 전적으로 책임을 부과한다는 의미이다. 이처럼 사회적 안정 장치가 부족한 현대사회에서 개인이 느끼는 불안은 마치 액체처럼 예측 불가능하고 유동적이다. 액체 사랑은 연애와 결혼을 통한 헌신과 출산을 통한 안정화가 아닌 불안에 휩싸여 연애감정이나 섹스 욕구에 몰두하는 인스턴트 사랑을 의미한다. 현대인들은 사랑에 의한 상처나 헤어짐에 대한 두려움과 혼자 감당해야 한다는 부담감 때문에 가볍고 쉬운 사랑을 선택하게 된 것이다.

그러나 바우만(Bauman)은 현대의 사랑 방법 또한 배우고 노력하며 조정하는 과정이 필요함을 강조하였다. 21세기 사랑법에 대한 바우만의 이야기를 정리하면 다음과 같다(안희경, 2017).

첫째, 사랑하는 대상은 의지를 갖는 주체이므로 갈등이 생길 수밖에 없다. 사랑은 단순히 빠지거나 발견되는 대상이 아니다. 그러므로 사랑을 하기 위해서는 늘 다시 창조하고 버리고 조정해야 하는 노력을 해야 한다.

둘째, 사랑은 두 주체가 하나의 객체가 되는 것이다. 자신의 관점이나 감정 등을 타인과 공유하는 것은 중요하지만 강요해서는 안 된다. 애무와 폭력의 차이는 미미하다. 한 사람은 애무라 생각하는 행동이 상대방 입장에서는 폭력으로 받아들여질 수 있음을 명심해야 한다.

셋째, 부모 세대와는 다른 자신들만의 사랑 방식을 협상하고 창조하려고 노력해야 한다. 사랑을 지키기 위해서는 시대와 문화에 맞게 사랑도 변해야 한다. 21세기 사랑에서 가장 중요한 가치는 사랑하는 관계일지라도 서로의 개별성과 자유를 존중하는 것이다. 무관심과 부담감 사이를 항상 조정할 필요가 있다.

그러므로 사랑에 대한 환상이나 편견으로 인한 어려움이나 불행한 인간관계에 빠지지 않도록 사랑의 전제 조건인 애착, 사랑에 대한 이론적 관점, 그리고 실연 등에 대한 올바른 이해가 필요하다.

2. 사랑과 애착

자신이 사랑받는 느낌을 경험하며 성장한 사람은 자신은 물론 타인에 대해서도 긍정적인 정서를 느끼며 관계한다. 그리고 자신이 사랑받는 존재라는 믿음을 바탕으로 부모뿐만 아니라 다른 사람과의 친밀한 관계에서도 자신감을 가지고 안정적이고 유연한 대인관계를 할 수 있다.

이처럼 타인과 친밀한 관계 맺기에 토대가 되는 것은 어린 시절에 주요 양육자와 관계 경험에서 형성된 애착이다. 애착은 유아가 생후 6개월 전후에 자신을 돌봐주는 중요한 양육자와 맺는 특별한 정서적 유대감이다. 태어나 혼자서는 생존능력이 없는 유아가 주요 양육자의 보호를 통해 생존 확률을 높이려는 동기에서 애착행동이 진화되었다(이기숙 외, 2018).

보울비(Bowlby, 1969)는 유아의 이러한 애착 욕구에 대한 주요 양육자의 반응방식에 따라 유아 자신과 타인에 대한 개념과 인식이 달라진다고 하였다(Wallin, 2007, 김진숙 외 역, 2020에서 재인용). 즉, 어린 시절 형성된 애착은 대인관계의 원형으로 성인기까지 지속적인 영향을 준다는 것이다.

중요한 것은 애착을 일반적이고 고정적인 특질(trait)을 가진 개념이 아니라 특정한 조건이나 상황에 따라 변화 가능한 상태(state)의 개념으로 이해하는 것이다(박명준 외, 2017). 즉, 주요 양육자와의 관계에서 형성된 애착이 친구나 연인, 배우자와 같은 관계에서 영향을 주기도 하지만 청년기 이후의 그런 관계 경험에서 수정되거나 변화되기도 한다는 것이다(최미지, 2018). 그러므로 청년기에 자신의 대인관계 원형인 애착 유형을 살펴보고 보다 현실적이고 건강한 관계를 위해 어떤 노력을 해야 할지 살펴보는 것이 필요하다.

〈표 5-1〉 유아의 낯선 상황에 대한 반응과 부모의 성인애착 면접 유형 간의 관계

낯선 상황에서 유아가 보여준 행동	애착에 대한 성인(부모)의 마음 상태
안정형 (secure attachment) 어머니와 분리 전에는 방과 장난감에 관심을 보임. 낯선 사람보다 부모를 더 좋아함. 어머니와 분리가 되면 보고 싶어하며 울기도 함. 재회를 한 이후에는 어머니를 적극적으로 맞이하여 신체접촉을 먼저 함. 이를 통해 안정감을 얻고 놀이에 다시 집중함.	자율적/안정형 (secure/autonomous attachment) 애착과 관련된 경험을 말할 때 긍정적이든 부정적인 경험이든 간에 일관성 있고 협력적으로 이야기함. 자녀와의 애착에 대해서 중요하게 생각하고, 과거의 특정한 사건이나 관계에 대해서 객관적임.
회피형 (avoidant insecure attachment) 어머니와 분리되어도 울지 않음. 재회할 때 일부러 어머니를 피하고 못 본 척함. 어머니에게 가까이 가려고 하거나 접촉하려는 행동은 거의 하지 않음. 어머니에게 감정 반응이 거의 없으며 화도 내지 않음. 실험하는 동안 장난감이나 주변 환경에 집중함.	거부형 (dismissing insecure attachment) 애착관련 경험을 잘 못 떠올림. 애착 관련 경험과 관계를 최소화하고 일관되지 못함. 과거사를 이야기할 때 일반화된 표현을 많이 사용함. 대화 시간이 짧고 대화 질이 떨어짐.
양가형 (ambivalent insecure attachment) 어머니와 분리되기 전부터 경계하거나 힘들어함. 주변 탐색을 거의 하지 않음. 실험하는 동안 어머니에게 집착함. 어머니와 재회를 하여도 위안을 받지 못하고 오히려 밀쳐내는 행동을 하며 진정이 안 됨. 재회 후 놀이를 다시 하지 않음.	집착형 (preoccupied insecure attachment) 과거의 애착 관계나 경험에 대해 집착하거나 그 일에 마음을 집중함. 말하는 동안에 화를 내거나 두려워하는 것 같음. 말을 많이 하고 문법에 맞지 않거나 모호한 표현을 많이 사용함.
혼란형 (disoriented insecure attachment) 어머니와 함께 있을 때 혼란스럽고 어리둥절한 표정을 지음. 재회할 때는 일어났다가 다시 바닥에 주저앉으며 웅크리거나 심하게 울면서 시선은 돌린 채 부모에게 매달리는 모습도 보임. 어머니와의 관계에서 비전형적이고 비일관적 태도를 보임.	미해결된/혼란형 (unresolved/disoriented insecure attachment) 상실이나 학대에 관한 이야기를 하는 동안 비합리적인 이야기를 함. 예를 들어 자신이 어떤 사람을 미워해서 그 사람이 죽었다는 식으로 말함. 말을 안 하고 침묵하거나 갑자기 칭찬이나 찬사와 같은 이야기를 하기도 함.

출처: Hesse(1999); 김진숙 외(2020)에서 재인용 및 수정.

1) 애착 유형

애착 유형은 에인즈워스(Ainsworth, 1978)의 유아를 대상으로 한 낯선 상황 실험과 그 제자인 메리 메인(Mary Main)의 유아기와 아동기, 그리고 성장 이후를 추적하는 종단 연구를 토대로 만들어졌다. 이 과정에서 메리 메인은 실험대상인 유아의 부모를 평가하기 위해 성인애착 면접방법을 만들었다.

메인은 낯선 상황에서 관찰된 유아의 애착 유형을 통해 그 부모의 성인애착 면접의 결과를 예측할 수 있었다. 반대로 부모의 성인애착 면접결과를 통해 낯선 상황에서의 자녀의 애착 유형의 결과 또한 역으로 예측할 수도 있었다(Wallin, 2007, 김진숙 외 역, 2020). 그 연구를 통해 나타난 자녀의 애착 유형과 부모의 성인애착 유형 간에 나타난 연관성은 〈표 5-1〉과 같다.

2) 성인애착 유형

개인의 성격 특성은 오랜 시간을 두고 형성된 경험의 결과이다. 애착 이론은 유아 초기 부모와의 애착 관계 경험이 이후 성격 발달과 대인관계에 영향을 미친다고 설명한다. 바솔로와 호로위츠(Bartholomew & Horowitz, 1991)는 성인 애착을 2개의 차원을 가진 네 가지 범주로 개념화하였다(김성현, 2004에서 재인용).

2개의 차원은 자기(self)와 타인(others)에 대한 인식을 나타낸다. 첫 번째 차원은 자기에 대한 인식이다. 자신을 긍정적으로 인식하는 사람은 타인도 자신을 존중해 줄 것이라고 믿는다. 그래서 대인관계에서 불안(anxiety)을 느끼지 않고 타인에게 과도하게 의존하지도 않는다. 두 번째 차원은 타인에 대한 인식이다. 타인에 대한 긍정성이 높은 사람은 대인관계에서 회피(avoidance)를 하지 않고 친밀한 관계를 추구한다.

바솔로와 호로위츠(Bartholomew & Horowitz, 1991)가 제안한 네 가지 애착 유형의 모형과 그 특징은 〈표 5-2〉와 같다.

〈표 5-2〉 성인애착 유형의 분류

구분		자기	
		긍정적	부정적
타인	긍정적	안정형(secure)	집착형(preoccupied)
	부정적	거부형(dismissing)	두려움형(fearful)

출처: 김성현(2004)에서 발췌 및 수정.

브렌나(Brenna, 2000)은 친밀한 관계 경험 검사를 토대로 성인애착 유형 척도(Experiences in Close Relationship: ECR)를 개발하였다. 이 검사는 자기 인식과 타인 인식이 아닌 두 가지 애착행동 전략인 애착불안과 애착회피의 조합에 따라 애착 유형을 분류한 것이다. 기준점을 평균으로 하여 애착불안과 애착회피가 모두 평균보다 낮으면 안정형, 애착불안이 평균보다 높고 애착회피가 평균보다 낮으면 집착형, 애착회피가 평균보다 높고 애착불안이 평균보다 낮으면 거부형, 애착불안과 애착회피가 평균보다 모두 낮으면 두려움형으로 분류한다(김명숙, 2008).

(1) 안정형

안정형(secure)은 자기와 타인에 대해 긍정적이며, 대인관계에서 애착불안이 낮고 애착회피도 하지 않는다. 심리적으로 일관성이 있으며 자아존중감이 높다. 대인관계에서 정이 많고 온화하며 친밀감을 추구한다. 혼자 지내거나 타인과 함께 지내는 것도 편안하게 생각한다. 타인이 자신을 받아들이지 않는다고 해서 불안해하지 않는다.

(2) 집착형

집착형(preoccupied)은 자기에 대해서는 부정적이고 타인에 대해서는 긍정적이며, 애착불안이 높고 애착회피는 낮은 편이다. 대인관계에서 타인의 인정을 갈망하므로 관계를 이상화하고 의존하며, 관계에 과도하게 몰입하고 집착한다. 또한 대인관계에서 정서적 고통을 많이 호소하고 관심을 끌기 위한 갈등 유발 행동도 많이 한다.

(3) 거부형

거부형(dismissing)은 자기에게는 긍정적이고 타인에 대해서는 부정적이며, 애착불안이 낮고 애착회피는 높은 경우이다. 친밀한 대인관계를 회피하고 타인의 중요성을 무시하며 자신을 더 믿기 때문에 혼자 있는 것을 선호한다. 스트레스 상황에서는 타인과 심리적 거리를 두고 방어적이고 회피적인 대처반응을 한다.

(4) 두려움형

두려움형(fearful)은 자기와 타인에 대해 모두 부정적이며 대인관계에서 애착불안과 애착회피가 높은 편이다. 자아존중감이 낮고 친밀한 관계를 원하면서도 자신이 상처받을까봐 친밀한 관계를 회피하는 혼란스러운 태도를 보인다. 타인을 신뢰하거나 전적으로 의지하는 것을 어려워한다. 스트레스 상황에 대처하는 일관적인 방어기제나 대처양식이 없다.

3) 성인애착 유형과 커플관계

하잔과 쉐이버(Hazan & Shaver, 1987)는 성인 간의 친밀한 이성관계방식이 유아와 주요 양육자 간의 애착관계방식과 유사한 특성이 있음을 발견하였다. 성격 특성으로써 성인애착은 커플관계의 친밀성과 의사소통방식, 관계 만족도에 중요한 영향을 미치는 것으로 나타났다. 그러므로 자신의 성인애착 유형을 탐색하고 이를 통해 현재의 주요 대인관계에 미치는 영향을 살펴보는 것은 의미

있는 일이다. 성인애착 유형별 조합에 따른 커플관계를 정리하면 다음과 같다(김광은 · 이위갑, 2005; 김명숙, 2008; 김희경, 2012; 노유진 외, 2006; 이정희 · 심혜숙, 2007; 최미지, 2018).

(1) 안정형과 커플관계

안정형과 안정형이 커플관계를 이룰 때 관계 만족도가 가장 높다. 다른 사람들과 정서적으로 쉽게 다가갈 수 있고 서로 간에 신뢰를 바탕으로 의지를 할 수 있다. 그러므로 반대 의견을 말하거나 듣는 경우에도 불안하거나 두려워하지 않는다.

한 사람만이 안정형인 경우인 경우에도 불안정한 상대방의 역기능적 특성을 보완해 주는 것으로 나타났다. 여성만 안정형인 경우가 남성만 안정형인 경우보다 관계 만족도가 더 높은 것으로 나타났다. 그 이유는 사회에서 안정형이 보여주는 대인관계의 특성을 여성에게 더 기대하고 긍정적으로 평가하기 때문이다.

(2) 집착형과 커플관계

집착형과 집착형 커플의 경우는 정서적 의사소통에 어려움을 겪는 것으로 나타났다. 왜냐하면 서로 관계가 멀어지는 것을 극도로 불안해하며 만약 관계가 멀어지면 관계 회복을 위해 서로의 경계를 침범하게 되면서 오히려 관계의 어려움을 심화시키기 때문이다.

성별 구분에서는 집착형인 남성이 커플관계에서 더 부정적인 영향을 끼치는 것으로 나타났다. 특히 남성이 집착형이고 여성은 거부형이거나 두려움형인 경우 전반적인 불만족, 의사소통, 공유시간 등에서 갈등이 심한 것으로 나타났다. 남성이 지나치게 관계를 주도하고 여성이 거부하는 패턴으로 관계 회복을 위한 접점을 찾기 힘들기 때문이다.

(3) 거부형과 커플관계

거부형과 거부형 커플은 관계 어려움이 생기면 원인을 찾기보다는 문제를 회피하려고 한다. 그러나 어떤 연구에서는 거부형 커플이 안정형 커플 수준의 안정을 보인다는 연구 결과도 있다. 거부형은 자신의 독립심을 유지하며 혼자 지내는 것을 선호하는데 서로 이러한 성향을 수용해 주는 것이 관계 안정성에 도움을 준 것으로 보인다.

거부형 여성의 커플관계에서 만족도가 낮은 것으로 나타났다. 특히 여성이 거부형이고 남성이 두려움형인 경우에 관계 불만족이 높았다. 서로 회피하는 공통적 특성이 작용할 때 안정성이 유지될 수 있지만 두려움형인 남성의 감정에 따른 비일관적인 태도로 인해 갈등이 심화되는 것으로 보인다.

(4) 두려움형과 커플관계

두려움형과 두려움형이 커플을 이루는 경우 다른 커플들에 비해 불만족 점수가 가장 높게 나타났다. 두려움형은 친밀한 관계를 원하면서도 상대방이 거부할 것에 대한 두려움 때문에 친밀한 관계를 회피하는 특성이 있다. 서로 간에 이러한 특성 때문에 관계 철회나 헤어짐 등을 반복하는 경향이 높았다.

한 사람이라도 안정형인 경우 불안정 유형인 상대방의 역기능적 특성을 보완해 줄 수 있지만, 두려움형에게는 영향이 적은 것으로 나타났다. 두려움형이 관계에 더 부정적 영향을 끼치는 것으로 해석될 수 있다.

➔ 당신은 어떤 사랑을 하고 있나요?

1. "나쁜 사람에게 자꾸 빠져요."

20대 '시련(가명)'은 끊임없이 연애를 하지만 대부분 일방적인 통보로 실연을 당한다. '시련'의 연애는 자신의 마음보다는 상대방이 호감을 보이면 시작된다. 자신을 가치 없는 사람이라고 생각하는 '시련'은 누군가 호감을 보이면 즉시 연애 감정에 빠지고 그 관계에 전적으로 매달린다. 처음에는 상대방이 더 좋아해서 시작한 연애이지만 시간이 지날수록 상대방은 '시련'에게 부당하게 대하고 심지어 경제적인 부분까지 피해를 주기도 한다. 그렇지만 '시련'은 혼자 외롭게 지내는 것보다는 부당한 관계라도 있는 것이 더 낫다고 생각하기 때문에 그 관계를 스스로 끊어내지는 못한다. 왜냐하면 '시련'은 집착형 애착 유형을 가지고 있기 때문이다. 상대방은 '시련'으로부터 자신이 원하는 것을 다 성취하고 나면 호감이 떨어지고 이별을 통보한다. 타인과의 관계에서 충족감을 느끼는 것이 중요한 '시련'이 또 다른 나쁜 사랑에 쉽게 빠지게 되는 이유이다.

2. "짝사랑이 좋아요."

20대 '금사빠(가명)'는 항상 운명의 짝을 만날 수 있을 것이라 기대한다. 그러나 정작 누군가 소개를 해준다고 하면 만날 자신이 없어서 거절한다. 심지어 몇 년 동안 짝사랑하던 사람이 그 자신도 '금사빠'에게 호감을 갖고 있었다고 고백하자, 자신의 마음이 급격히 식는 것을 경험한 적도 있다. 그래서 '금사빠'는 자신과 거리를 유지할 수 있는 연예인에 대해 열광하지만, 그 연예인이 너무 인기가 많아지면 자신만이 온전히 사랑할 수 없다는 좌절감에 또 다른 연예인을 찾는다. 왜냐하면 '금사빠'는 타인과 친밀하게 지내고자 하는 마음도 있지만 동시에 자신이 정한 기준선 안에서만 관계하고 싶어하는 두려움 애착 유형을 가지고 있기 때문이다.

3. 사랑의 삼각형 이론

사랑에 대한 연구에서 사랑을 측정하는 방법이나 분류의 기준은 매우 다양하다. 그에 따른 사랑에 대한 이론과 유형 또한 다양하다. 이 장에서는 사랑의 유형에 관한 대표적인 이론인 스턴버그(Sternberg)의 사랑의 삼각형 이론을 설명하고자 한다.

스턴버그(Sternberg, 1988)는 「사랑의 본질」이라는 연구 논문에서 사랑의 기본 구성 요소를 친밀감, 열정, 헌신의 3요소로 분류하며 사랑의 삼각형 이론을 만들었다. 그리고 사랑의 구성 요소에 따라 사랑 유형을 분류하였고 삼각형의 크기와 형태에 따라 사랑의 깊이와 균형이 다름을 설명하였다. 사랑의 3요소가 균형을 이룬 사랑은 정삼각형으로 완전하고 성숙한 사랑을 의미한다(김양희 외, 2015; 김영희 외, 2013; 이기숙 외, 2018).

1) 사랑의 3요소

(1) 친밀감

친밀감은 사랑하는 두 사람이 서로 가깝게 연결되어 있고 편안하다고 느끼는 정서적 일체감이다. 친밀감을 나타내는 특성은 상호 이해, 함께 있을 때 느끼는 행복감, 자기와 자신의 소유물을 사랑하는 사람과 함께 나누고 싶은 마음 등이 포함된다. 친밀감은 처음에는 꾸준히 상승하다가 점차 상대방에 대해 알게 되고 익숙해지면 감소한다.

(2) 열정

열정은 사랑하는 관계에서 신체적 매력, 낭만적 감정, 성적 관계 및 접촉과 관련된 측면이다. 친밀감과 달리 열정은 매우 빠르게 달아오르다가 곧 식어버린다. 학자들은 1년이 지나면 열정이 50% 감소한다고 보았다. 따라서 1년 이상 사랑하는 관계라면 친밀감 또는 헌신과 같은 다른 사랑의 요소가 더 추가되어야 이별을 예방할 수 있다.

(3) 헌신

헌신은 결심과 책임감이라는 두 가지 측면으로 구성되어 있다. 결심은 어떤 사람을 사랑하기로 결심하는 단기적 측면이다. 반면에 책임감은 그 사랑을 지속하고자 행동하는 장기적 측면을 말한다. 이 두 측면은 반드시 함께 나타나는 것은 아니다. 헌신은 시간의 경과에 따라 증가하다가 한계점에 도달한 이후 감소한다.

2) 사랑의 8가지 형태

사랑의 3요소인 친밀감, 열정, 헌신의 유무에 따라 사랑을 8개의 형태로 조합할 수 있다. 이것은 다양한 형태의 사랑이 존재함을 의미한다.

〈표 5-3〉 사랑의 다양한 형태

번호	사랑의 종류	친밀감	열정	헌신
1	사랑의 부재: 사랑이 아님	×	×	×
2	우정: 좋아함	○	×	×
3	도취적 사랑: 짝사랑	×	○	×
4	공허한 사랑	×	×	○
5	낭만적 사랑	○	○	×
6	허구적 사랑: 얼빠진 사랑	×	○	○
7	우애적 사랑: 동료적 사랑	○	×	○
8	성숙한 사랑: 완전한 사랑	○	○	○

주: ○는 존재함, ×는 존재하지 않음.
출처: Sternberg(1999), 류소, 이상원 역(2002)에서 재인용.

① 사랑의 부재: 사랑이 아님

친밀감, 열정, 헌신의 감정 중에 어느 하나도 없이 무의미한 인간관계를 하고 있음을 의미한다.

② 우정: 좋아함

서로 좋아하고 가까운 사이여서 친밀감이 있으나 열정과 헌신은 없다. 친구 간에 우정과 같은 관계로, 슬프거나 힘이 들 때 서로 위로와 지지를 보내고 의지 상대가 된다.

③ 도취적 사랑: 짝사랑

열정만 존재하는 사랑이다. 첫눈에 반한 사랑 또는 혼자 가슴앓이를 하는 경우이다. 도취적 사랑은 친밀감이나 헌신이 이루어질 기회가 없고 혼자 망상에 치우칠 가능성도 있다.

④ 공허한 사랑

열정과 친밀감은 없고 헌신만 존재하는 사랑이다. 애정 없이 결혼을 한 부부나 잦은 갈등과 다툼으로 인해 열정과 친밀감은 사라졌지만 그 관계를 유지하려는 사랑의 형태이다. 자녀들 때문에 결혼생활을 유지하며 쇼윈도 부부로 지내는 부부의 모습이 여기에 속한다.

⑤ 낭만적 사랑

서로에게 감정적, 육체적으로 매력을 느끼고 친밀감과 열정으로 연결된 사랑이다. 그러나 관계의 지속성을 위한 헌신은 없다. 영화나 드라마에서 자주 다루는 여행에서 만나 며칠 동안 뜨거운 사랑을 나누고 헤어지는 커플이 여기에 속한다.

⑥ 허구적 사랑: 얼빠진 사랑

친밀감은 없고 열정과 헌신만 존재하는 사랑이다. 흔히 할리우드식 사랑이라고 하는데 열정에 빠져서 헌신을 약속하며 갑작스럽게 결혼을 하는 경우이다. 열정이 사라지면 상대에 대한 실망감과 좌절감을 느끼고 헌신의 정도도 약해져서 단기간에 관계가 정리되기도 한다.

⑦ 우애적 사랑: 동료적 사랑

낭만적 사랑에서 열정은 점차 사라지고 친밀감은 남아서 헌신이 추가되어 장기적이고 깊은 애정으로 대체되는 사랑을 말한다. 어떤 커플은 평온한 우애적 사랑을 기반으로 동반자적 관계로 정착하고 또 다른 커플은 새로운 낭만적 사랑을 찾아 떠나기도 한다.

⑧ 성숙한 사랑: 완전한 사랑

사랑의 세 요소를 모두 가지고 있는 완벽하고 이상적인 사랑이다. 낭만적인 관계에 있는 사람들이 도달하려고 노력하는 사랑이지만 실제 이루기도 힘들고 그 사랑을 지키는 것 또한 많은 노력이 요구된다.

4. 사랑의 종결

성숙한 사랑을 위해 지속적인 노력을 하지만 다양한 원인으로 인해 사랑이 종결되기도 한다. 사랑하는 사람을 잃는다는 것은 우울함과 불안과 같은 다양한 감정을 느끼게 한다. 프로이트(Freud)는 『애도와 우울증』(1917)에서 실연과 같은 대상을 상실할 때 그 아픔을 견뎌내는 개인의 능력에 따라 우울증의 여부가 결정된다고 하였다(최영민, 2013에서 재인용). 그러므로 실연의 과정을 잘 살펴보고 건강한 극복방법을 찾아보는 것이 필요하다.

1) 사랑이 종결되는 이유

사랑은 시작하는 것만큼 지속하는 것도 어렵다. 사람들은 영원한 사랑을 약속하지만 많은 이유로 이별을 맞이한다. 서로에게 관심을 느끼고 애정 관계로 진입하여 사랑하는 관계를 유지하다가도 다양한 이유로 사랑을 종결한다(권석만, 2019).

첫째, 호감과 매력의 상실이다. 사랑의 시작 요인인 호감과 매력은 시간이 지나면서 감소하거나 퇴색해 버리는 경우가 있다. 특히 사랑의 중요한 요소인 열정은 시간이 지나면서 사라지는 경향이 강하므로 그러한 실망감과 더불어 관계도 종결하게 된다.

둘째, 갈등 해결의 실패이다. 사소한 일로 오해가 큰 싸움으로 번지기도 하고 자존심 때문에 마음을 표현하지 못하고 버티다가 불만과 갈등이 더 심해지기도 한다. 갈등을 해결하려는 노력이 점차 실패하고 감정적 상처가 증폭되면서 사랑의 관계가 끝이 난다.

셋째, 현재 사귀고 있는 대상에 대한 호감과 매력, 열정이 줄어든 상태에서 새로운 사람에게 빠지는 것이다. 다른 연인으로 인해 사랑의 관계가 종결되는 경우, 실연 그 자체의 관계 종결에 따른 상처뿐만 아니라 배신감과 분노의 감정도 경험하게 된다.

넷째, 다양한 환경적 제약 때문이다. 몸이 멀어지면 마음도 멀어진다는 말이 있듯이 장거리 연애나 서로의 일, 부모의 반대 등으로 인해 점차 멀어지는 경우이다. 이 경우 실연으로 인한 그리움, 아쉬움, 슬픈 감정이 더 강하다.

다섯째, 투자에 비해 사랑에 대한 만족(보상)이 낮은 경우이다. 사회교환이론에서는 인간관계가 유지되고 종결되는 과정을 투자와 보상으로 설명한다. 즉, 사랑의 과정에서 투자하는 심리적 물질적 에너지보다 그에 따른 만족(보상)이 더 낮은 경우 그 관계는 종결된다.

➔ 실연의 고통이 더 큰 경우

어떤 경우이든 실연은 서로에게 상처를 남기고 고통스럽다. 그런데 다음의 경우는 실연의 고통이 더 크다.

- 일방적으로 헤어짐을 통보받은 경우
- 갑자기 헤어지게 된 경우
- 정신적, 물질적 투자를 많이 한 경우
- 다른 연인을 선택하며 버림받은 경우
- 헤어진 이유가 자신과 관련이 있는 경우
- 첫사랑인 경우
- 두 사람의 관계를 주변 사람들이 많이 알고 있는 경우
- 실연으로 인한 상처를 함께 나눌 주변의 사람이 없는 경우

출처: 권석만(2019).

2) 실연의 후유증

사랑의 대상을 상실한 것이 실연이다. 따라서 실연을 하면 여러 가지 마음의 상처와 후유증이 생긴다. 실연에 따른 일반적인 심리적 반응으로는 우울, 슬픔, 분노, 미련, 후회 등 다양하고 복잡한 감정들이 있다. 특히 상대방의 거부로 인해 실연을 하는 경우에는 배신감과 분노의 감정까지 추가되어 더 힘들어진다.

실연을 하게 되면 우울과 슬픔 등으로 인한 비관적 생각뿐만 아니라 자신에 대한 부정적 생각까지 하게 된다. 이러한 감정과 생각은 인지능력에도 영향을 주어 주의가 산만해지고 집중력이 저하되는 등 학업이나 직장 등 일상생활에서도 곤란을 느낀다. 다른 대인관계에서도 위축감을 느끼고 회피하거나 과도한 음주나 무절제한 생활을 통해 실연의 상처에서 벗어나려고 하는 행동적 특성이 나타나기도 한다. 또한 식욕저하, 두통, 소화불량과 같은 신체적 불편함을 느끼기도 한다(이기숙 외, 2018).

실연으로 인한 여러 가지 심리적, 신체적 반응은 정상적이고 자연스러운 반응이다. 실연 반응은 일정한 시간이 지나면 정상적인 상태로 회복되는 경우가 많다. 그러나 어떤 사람은 실연에 따른 자신의 상태를 부정하거나 지나치게 예민하게 반응한다. 그렇기 때문에 실연에 따른 고통을 피하고 줄이기 위해 여러 가지 방어적 수단을 찾는다. 이러한 실연에 대한 대처방식들은 의식적으로도 이루어지지만 대부분 무의식적으로 일어난다(권석만, 2019).

첫째, 상대방이 헤어짐을 말하는 듯한 조짐이 보이면 자신이 먼저 실연을 선언하는 것이다. 거부당한 실연보다 거부한 실연이 덜 고통스럽기 때문에 상대방에게 먼저 절교를 선언하고 실연의 고통을 피하는 것이다. 둘째, 한때 사랑했던 사람의 가치를 평가절하함으로써 자신의 실연을 합리화하고 아픔을 감소시키려고 한다. 상대방을 결점과 문제가 많은 사람이라고 부정적으로 평가하면서 실연의 아픔을 회피하려고 한다. 셋째, 헤어진 사람을 자신이 진정 사랑하지 않았다고 왜곡하는 경우이다. 자신은 그저 좋아했을 뿐 사랑이 아니라고 말하며 자신의 심리적 투자량을 축소함으로써 실연의 고통을 줄이는 방법이다. 넷째, 실연하자마자 재빠르게 다시 다른 상대와 사랑에 빠지는 것이다. 때로는 새로운 상대를 사랑하지 않지만 혼자라는 외로움이 실연의 고통보다 낫다고 생각하여 아무 상대나 선택하기도 한다.

3) 실연의 극복

실연의 상처는 고통스럽고 상처 치유에는 시간이 필요하다. 때로는 주변의 사람들로부터 위로와 조언을 구하기도 하지만 실연의 상처를 치유하기에는 역부족이다. 시간이 지나면 실연의 상처가 자연스럽게 회복되는 경우가 많지만 그 회복 과정은 더디고 힘이 들기도 한다. 그렇지만 실연으로 인한 고통과 후유증이 장기화되어 일상생활에 지장을 주지 않도록 유의해야 한다. 일반적으로 실연 극복을 위한 방법을 소개하면 다음과 같다(권석만, 2019; Neal, 2018, 김소정 역, 2018).

첫째, 관계가 끝났다는 것을 인정하라. 실연을 통해 느껴지는 슬픔, 우울, 분노, 배신감 등은 자연스러운 감정이며 반응임을 수용하는 것이다. 그리고 지금은 이러한 감정들로 고통스럽지만 시간이 지나면 상처가 아물고 회복될 수 있음을 믿을 필요가 있다.

둘째, 충분히 아파하고 슬퍼하는 애도의 시간을 가져라. 상처는 아픔의 과정을 통해 회복할 수 있다. 할 수 있다면 1~2주 정도 일상생활에서 벗어나 여행이나 기분전환을 할 수 있는 시간을 갖는 것이 도움이 된다.

셋째, 실연의 원인과 과정을 되돌아보라. 사랑하는 관계에 대한 자신의 기대나 욕구, 환상 등을 반성적 사고로 탐색해 보는 것이다. 사랑의 과정에서 나는 어떤 모습이었는지, 또는 자신과 상대방은 서로 어떤 사랑의 유형을 하는 커플이었는지, 또는 사랑이 종결되는 주요 이유는 무엇인지 등에 대해 자신의 사랑 과정과 방식에 대한 성찰의 시간이 필요하다.

넷째, 일상생활로 돌아오라. 실연으로 인해 잠시 벗어났던 학업이나 사회생활로 복귀하고 기존의 주요 대인관계를 다시 시작하는 것이다. 잠시 비워 두었던 일상의 공백을 메꾸는 과정에서 실연의 상처도 회복될 수 있다.

다섯째, 자신을 소중하게 대하라. 진흙 속에서 연꽃이 피어나듯이 실연의 고통 속에서도 자기 연민, 내면의 강인함을 통해 성장할 수 있다. 자신의 내면 깊은 곳에 회복력이 있음을 분명히 알아야 한다. 그리고 자신이 사랑받을 가치가 있음을 기억할 필요가 있다.

함께 나누기

1. 아래 관련 동영상(1번, 성인애착 유형검사) 사이트를 방문하여 성인애착 유형 척도를 검사하고 이와 관련하여 이야기 나누어 봅시다.
   1) 자신의 성인애착 유형 결과는 어떠합니까?
   2) 자신의 성인애착 유형 결과와 어린 시절 애착 유형의 관계를 비교해 봅시다.
   3) 커플관계 또는 대인관계에서 이러한 결과는 어떤 영향을 주고받았을까요?

2. 누군가와 이별을 할 때, 자신은 어떤 방식으로 이별의 경험에 대처했는지에 대해 이야기 나누어 봅시다.
   1) 이별 후 자신이 느낀 주요 감정이나 행동방식은 무엇이었습니까?
   2) 이별 후 상처를 극복하는 과정에서 주로 사용한 대처방식은 무엇이었습니까?
   3) 이러한 이별 경험을 통해 자신이나 관계방식에 대해 알게 된 것은 무엇입니까?

관련 동영상

1. 성인애착 유형 검사
   http://aiselftest.com/selflove (36문항)
2. TED 〈실연의 상처를 치유하는 법〉
   https://www.youtube.com/watch?v=-sOBrU5hhDU (12분 29초)
3. MBC 미스터리 서프라이즈 〈사물을 사랑하는 사람들〉
   https://www.youtube.com/watch?v=X1IPnSky7Ps (11분 32초)

참고문헌

권석만 (2019). **젊은이를 위한 인간관계의 심리학**. 학지사.

김광은, 이위갑 (2005). 연애관계에서 성인애착 유형 및 요인에 따른 관계만족. **한국심리학회지: 상담 및 심리치료, 17**(1), 233-248.

김명숙 (2008). 성인애착 유형에 따른 이성교제 커플들의 관계 만족. **한국심리학회지: 사회와 성격, 22**(2), 59-74.

김성현 (2004). 친밀관계 경험 검사 개정판 타당화 연구: 확증적 요인분석과 문항 반응 이론을 중심으로. 서울대학교 교육학 석사학위논문.

김양희, 전세경, 문영소, 이영세, 김예리, 김진희, 장온정, 박정윤, 김효민, 안진경, 백선아, 최은주 (2015). **결혼과 가족**. 양서원.

김영희, 김경미, 조주영, 황종귀 (2013). **결혼과 가족**. 양서원.

김희경 (2012). 대학생의 성인애착이 이성관계 만족도에 미치는 영향에서 정서인식 명확성과 정서표현 억제의 매개효과. 부산대학교 석사학위논문.

노유진, 박정윤, 김양희 (2006). 성인애착 유형과 미혼남녀의 사랑유형 및 이성교제의 관계. **대한가정학회지, 44**(12), 31-42.

박명준, 김윤희, 신성만 (2017). 슈퍼바이지의 애착전략과 슈퍼비전 만족도 간의 관계: 슈퍼비전 작업동맹의 매개효과 검증. **상담학 연구, 18**(6), 81-99.

안희경 (2017). **사피엔스의 마음**. 위즈덤하우스.

이기숙, 김득성, 공미혜, 김은경, 전영주, 손태홍, 오경희 (2018). **결혼의 기술**. 신정.

이정희, 심혜숙 (2007). 성인애착이 대인관계에 미치는 영향에 관한 공변량 구조분석. **상담학 연구, 8**(3), 899-915.

정옥분 (2007). **전생애 인간발달의 이론**. 서울: 학지사.

정옥분, 정순화, 홍계옥 (2010). **결혼과 가족의 이해.** 시그마프레스.

최미지 (2018). 성인애착이 이성관계 만족도에 미치는 영향에서 정서조절 관란의 매개효과. 신라대학교 교육대학원 석사학위논문.

최영민 (2013). **대상관계이론을 중심으로 쉽게 쓴 정신분석이론.** 학지사.

한덕웅, 성한기, 강혜자, 이경성, 최훈석, 박군석, 김금미, 장은영 (2005). **사회심리학.** 학지사.

Branden, N. (2008). **낭만적 사랑의 심리학.** 임정은 역 (2019). 교양인.

Fromm, E. (1956). **사랑의 기술.** 황문숙 역 (2019). 문예출판사.

Neal, A. (2018). **그 남자는 절대 변하지 않는다.** 김소정 역 (2018). 갈매나무.

Sternberg, R. J. (1999). **사랑은 어떻게 시작하여 사라지는가.** 류소, 이상원 역 (2002). 사군자.

Wallin, D. J. (2007). **애착과 심리치료.** 김진숙, 이지연, 윤숙경 역 (2020). 학지사.

이정옥 (2020). 개인화 사회의 액체 사랑. 이정옥의 문화 톡톡, 르몽드 디플로마티크. https://www.ilemonde.com

전국지리교사연합회 (2011). 새로운 세계와의 만남. 살아 있는 지리교과서. https://blog.aladin.co.kr/793708143/10789358.

CHAPTER 06 젠더와 성

김명화 집필

여성과 남성은 신체적 특성이 다르다. 전통적으로 여성과 남성이라는 성별은 이러한 신체적 다름에 근거하여 이분화되고 한쪽 성에 더 적합한 성역할이 있다고 생각하였다. 그러나 현대사회에서는 성별에 따라 다른 점도 있지만 같은 점도 많음을 받아들인다. 또한 성별의 차이를 선천적으로 '태어난다'라는 관점이 아니라 후천적으로 '길러진다'라는 관점으로 설명하는 것이 더 타당하다고 보는 경향이다. 이 장에서는 생물학적 차이에서 이분화된 성(sex)이 아닌 사회·문화적 차이에서 구분하는 성별인 젠더(gender)와 성(sexuality)에 대해 살펴보고자 한다.

1. 젠더

1) 젠더의 개념

젠더(gender)는 인간이 성장하면서 여성과 남성의 특성을 학습과 사회화를 통해 내재화하여 나타내는 사회적·심리적 성을 의미한다(어울림경영연구소, 2020). 젠더에 의해 규정된 여성과 남성의 역할은 사회적인 특성과 구조 그리고 문화에 따라 변하기도 한다.

전통적으로 여성과 남성을 구분하는 용어인 성(sex) 또는 성별은 신체적 차이를 근거로 사용되었다. 그러나 제4차 북경여성대회(1995)에서 성별 구분을 나타내는 개념으로 사회문화적 성을 의미하는 젠더(gender)가 더 적합하다고 합의한 후 젠더(gender)를 보편적으로 사용하고 있다(이기숙 외, 2020).

생물학적 성별과 젠더는 일치하지 않을 수도 있다. 남성이 여성의 옷을 입고 여성처럼 생활하는 경우에 성(sex)은 남성이지만 젠더는 여성으로 간주한다. 반대로 여성이 남성의 옷을 입고 남성처럼 생활하는 경우에 성은 여성이지만 젠더는 남성이다. 즉, 젠더 개념에서는 자신의 성별을 남성 또는 여성으로 인식하는 '성정체성(gender identity)'을 중요하게 생각한다.

젠더 개념에서 여성과 남성의 구분은 생물학적 성차에서 비롯된 사회적 불평등과 차별에 대해 비판적 분석을 내포하고 있다. 많은 성소수자 단체들은 오랫동안 여성과 남성이라는 이분법적인 관념을 버려야 한다고 주장했다. 생물학적인 여성과 남성 이외에도 제3의 성을 가지고 태어나는 경우와 성별을 전환한 트랜스젠더의 경우가 있기 때문이다. 제3의 성 또는 간성(間性, intersex)은 여성과 남성에 속하지 않는 성염색체를 가지고 태어나거나 외부생식기와 다른 신체 특성을 가지고 태어나 남성이나 여성으로 규정할 수 없는 사람을 말한다. 성염색체 관련 증후군으로 남성은 클라인펠터증후군, 여성은 터너증후군이 있다(pmg지식엔진연구소, 2019).

국가인권위원회(2019)는 '지정되지 않은 성별'인 '제3의 성'을 진정서 양식에 기재할 수 있도록 양식을 바꾼다고 발표하였다. 여성과 남성을 넘어서 다양한 성소수자를 포용하겠다는 취지에서, 공공기관으로는 처음으로 공문서에 지정되지 않는 성별을 표시할 수 있도록 변경한 것이다. 다른 여러 나라에서도 공문서에 여성(F), 남성(M) 외에 제3의 성(X)을 표기하는 변화를 보이고 있다. 호주, 독일, 캐나다, 뉴질랜드, 인도, 파키스탄, 네팔, 방글라데시, 몰타, 미국(캘리포니아·뉴욕 등 일부 주) 등은 정부의 공식 문서에 제3의 성을 표기하도록 한다(경향신문, 2019).

➔ 성 또는 성별 관련 용어 정리

- **성정체감**(gender identity): 자신의 성별을 남성, 여성, 혹은 남성과 여성의 특징이 섞여 있는 사람으로 일관되게 지각하는 것이다.
- **성역할**(gender-role): 자신의 성정체성에 따라 적합하다고 생각되는 특성, 태도, 행동 등을 규정하는 것이다. 여성에게 적합하다 생각되는 성역할은 여성성(femininity), 남성에게 적합하다고 생각되는 성역할은 남성성(masculinity)이라고 한다.
- **성역할 정체감**(gender-role identity): 여성과 남성에게 전통적으로 주어진 성역할을 습득하여 내면화하는 정도를 말하는 것으로 반드시 남성이 남성성을, 여성이 여성성을 나타내는 것은 아니다.
- **성역할 고정관념**(gender-role stereotype): 여성과 남성에게 전통적으로 주어진 성역할에 대해 올바른 것이라고 인식하는 믿음 체계를 말한다.
- **성역할 사회화**(gender-role socialization): 여성과 남성에게 적합하다고 인식되는 행동, 태도, 작업 과제, 특성 등을 습득하는 과정을 말한다. 가족, 친구, 교사, 매스미디어 등에 의해 촉진된다.
- **성지향성**(sexual orientaion): 섹스 파트너로서 이성, 동성, 또는 양성에 대한 개인의 선호를 의미한다.
- **성평등**(gender equality): 인간의 성별 고정관념이나 고정된 성역할에 구속되지 않고 자신의 능력을 자유롭게 개발하고 선택할 수 있는 권리를 가지는 것을 의미한다.

출처: 이기숙 외(2020)에서 발췌 및 수정.

2) 젠더의 종류

젠더의 개념은 단순히 여성이나 남성과 같은 성별 구분을 넘어서 성정체성과 성지향성 등의 개념과 연합하여 다양한 성소수자를 설명한다. '성소수자'라는 말의 영어 동의어는 'LGBTQ+'이다. 이는 여러 단어의 첫 글자를 조합한 것으로 여성동성애자(L), 남성동성애자(G), 양성애자(B), 성전환자(T), 성정체성이 고정되지 않은 사람(Q) 그리고 그 외의 여러 가지 성정체성을 가지고 있는 사람(+) 등으로 통칭한다(Jlipsstudio, 2020).

전통적인 남성과 여성이라는 성별 구분을 넘어서 성정체성 혼란이 일어나는 원인에 대해 선천적 원인인지 아니면 후천적으로 선택한 결과인지에 대해서 여전히 논란 중이다. 분명한 것은 그 어떤 방법으로든 고쳐지지 않는 경우가 많다는 것이다. 따라서 성소수자라고 해서 비정상적인 사람으로 규정하기보다 다양한 성정체성을 가진 사람들을 수용하고 함께 살아가는 방법을 모색하는 것이 필요하다.

다음은 개인의 생물학적 성별과 젠더의 성정체성과의 일치 또는 불일치 여부에 따라 젠더를 구분하는 방법에 대해 살펴보고자 한다.

(1) 시스젠더

시스젠더(cisgender)는 생물학적 성과 심리적인 성인 젠더가 서로 일치하는 경우를 말하고 대다수의 사람들이 여기에 속한다.

(2) 트렌스젠더

트랜스젠더(transgender)는 성과 젠더가 일치하지 않는 경우로 시스젠더를 제외한 나머지가 모두 포함된다. 트랜스젠더는 생물학적 성역할과 반대되는 성역할을 수행하고 자신을 반대의 성으로 인식한다. 그러나 모든 트랜스젠더가 성전환 수술을 받거나 수술을 원하는 것은 아니다.

(3) 젠더퀴어

젠더퀴어(genderqueer)는 젠더를 기존의 이분법적인 성별로 구분하는 것을 넘어 다양한 성소수자를 설명하는 것으로, 트랜스젠더를 더 세분화한 것으로 볼 수 있다. 젠더퀴어의 종류는 다양하며 〈표 6-1〉과 같다.

〈표 6-1〉 젠더퀴어의 종류

종류	설명
중성젠더 (안드로진, Androgyne)	중성적, 양성적 젠더 정체성을 가진 것을 말한다. 여성의 특성과 남성의 특성이 결합되어 공존하는 것이다. 상황에 따라 남성적 행동과 여성적 행동으로 유연하고 빠르게 변화한다.
양성젠더 (바이젠더, Bigender)	남성 정체성과 여성 정체성, 개별적인 두 가지 정체성을 동시에 가진 것을 말한다. 상황에 따라 여성젠더, 남성젠더 둘 중 하나만 드러나는데, 이는 무의식적 혹은 의식적으로 전환된다.
트라이젠더 (Trigender)	양성젠더뿐만 아니라 제3의 성별 젠더까지 가지고 있는 경우를 말한다. 상황이나 분위기, 심리상태에 따라 한 젠더에서 다른 젠더로 완전한 전환이 이루어진다.
무성젠더 (에이젠더, Agender)	어떠한 성별에도 속하지 않는 경우로, 특정한 성 정체성을 가지지 않는 것으로 젠더가 없는 상태를 말한다. 때로는 젠더리스와 혼용하여 사용하기도 한다.
젠더리스 (Genderless)	젠더 자체가 아예 없는 경우로, 자신의 성별에 대한 의식이나 관념 자체가 없다. 젠더리스는 성과 나이를 짐작할 수 없는 옷차림을 즐긴다.
제3의 젠더 (뉴트로이스, Neutrois)	남성도 여성도 아니라고 느끼며 제3의 젠더로 인식하는 것을 말한다. 여성 또는 남성의 특성을 나타내는 자신의 몸에 불쾌감을 느껴 스스로 중성화 수술을 하는 경우도 있다.
유동적 젠더 (젠더플루이드, Genderfluid)	성정체성이 고정되지 않고 심리상태나 상황에 따라 물과 같이 유동적으로 한 젠더에서 다른 젠더로 변화는 경우이다.
팬젠더 (Pangender)	남성, 여성, 안드로진, 에이젠더, 바이젠더, 트라이젠더 등 모든 젠더의 정체성을 가진 경우이다.

출처: jlipsstudio(2019.08.29).

3) 성역할

성역할은 여성과 남성을 그 성별에 따라 기대하는 행동, 태도, 이성, 특성 등을 포함하는 일련의 생각을 의미한다(김은영, 2014). 개인은 사회화를 통해 여성과 남성에게 적합하다고 생각되는 특성, 행동, 태도 등을 습득한다. 반두라(Bandura, 1977)에 의하면 아동은 같은 성의 부모의 행동을 모방하는 과정을 통해 부모와 사회가 기대하는 행동을 배운다. 반면에 인지발달모델에서는 아동이 삶의 경험에서 성정체감의 형성과 성역할이 확립한다고 하였다(김영희 · 김경미, 2020에서 재인용). 따라서 성역할은 생물학적 요인에 의해 영향을 받기도 하지만 사회 · 문화적 요인에 의해 더 많은 영향을 받고 변화함을 알 수 있다.

(1) 성역할 고정관념

사회화를 통해서 개인의 성역할이 고정적으로 정형화되면 성역할 고정관념이 형성된다. 성역할 고정관념은 여성과 남성을 성별로 구분하고 '여성답다'나 '남성답다'와 같은 이분법적인 생각을 강요한다. 여자는 다정하고 친절하며 사랑스럽고 희생적인 태도를 가져야 여성답다고 여긴다. 독립적이거나 주장이 강한 여성은 여성답지 못하다고 평가절하한다. 반면에 남성은 독립적이고 진취적이며 용감하고 주도적이어야 한다고 강요한다. 남성이 약한 모습을 보이거나 감정적이면 남성답지 못하다고 평가한다.

성역할 고정관념은 과도한 여성화와 남성화의 결과를 초래한다. 여성이 과도하게 여성화를 강요당하면 부정적 자아개념을 가질 수 있다. 여자로서 아내와 어머니 역할을 잘 수행해야만 한다는 압박감과 개인적 성공과 성취에 대한 기대감 간에 충돌을 경험하기도 한다. 남성도 지나치게 남성화되면 직업적 성공이나 경제활동에 과도한 압박감을 느껴 스트레스를 받게 된다. 이를 잘 수행하지 못하면 위축되고 자존감이 저하되어 남성 역시 부정적 자아개념의 형성에 영향을 받는다(김영희 · 김경미, 2020).

여성과 남성이 살아가는 사회와 문화는 고정적인 것이 아니라 변화한다. 그러므로 성역할 고정관념은 사회의 변화된 가치와 충돌하면서 다양한 형태의 콤플렉스로 나타나기도 한다. 콤플렉스는 무의식적으로 인간의 성격 형성과 행동에 영향을 주기 때문에 스스로 인식하기는 어렵다(이기숙 외, 2020). 우리 사회에서 자주 나타나는 여성과 남성의 콤플렉스는 〈표 6-2〉와 같다.

〈표 6-2〉 성별 콤플렉스 종류

여 성	남 성
• 신데렐라 콤플렉스 • 착한 여자 콤플렉스 • 성 콤플렉스 • 외모 콤플렉스 • 맏딸 콤플렉스 • 지적 콤플렉스 • 슈퍼우먼 콤플렉스	• 사내대장부 콤플렉스 • 성 콤플렉스 • 온달 콤플렉스 • 외모 콤플렉스 • 장남 콤플렉스 • 지적 콤플렉스 • 만능인 콤플렉스

출처: 김영희, 김경미(2020).

(2) 평등한 성역할

현대사회가 급속히 변화하면서 남녀의 성역할에도 변화가 나타났다. 여성은 높은 교육 수준과 경제활동 참여로 인해 이전과는 다른 사회적 지위를 갖게 되었다. 또한 피임과 수유방법의 개발로 여성 자신을 아내와 어머니의 역할에만 한정하지 않게 되었다. 이러한 변화는 남성에게도 영향을 주어 평등한 성역할에 관심을 갖게 하였다(이기숙 외, 2020).

바람직한 성역할을 위해서는 성평등적인 인식을 가져야 한다. 변화하는 성역할 개념의 필요성에 의해 '양성성(androgyny)'이라는 개념이 등장했다. 벰(Bem, 1974)은 양성성을 바람직한 여성적 특성과 남성적 특징이 통합되어 공존하는 것이라 하였다(김영희 · 김경미, 2020에서 재인용). 밀레니얼 세대가 살아가는 현대사회에서 소수의 성을 수용하는 것에 대해 반대 의견도 있지만 양성평등의 차원을 넘어서 성평등의 사회로 진화하고 있다.

남녀의 성별과는 별도로 서로를 보완하고 지지해 주는 상호보완적인 성평등적 행동의 장점은 다음과 같다. 첫째, 남성적 행동과 여성적 행동을 모두 할 수 있어서 다양한 행동 수행이 가능하다. 둘째, 다양한 행동 수행이 가능하므로 어떤 상황에서든 문제에 적절하게 대처할 수 있다. 셋째, 상황의 요구에 따라 유연한 반응을 보여서 환경에 효과적으로 대처할 수 있다(이성희 · 한희선,

2011). 그러므로 사회 모든 영역에서 성평등적 가치관을 가지고 그것에 따른 성 역할을 추구하기 위해서는 서로가 존중, 배려하며, 이해하는 태도가 필요하다.

➔ 생활 속 편견과 양성평등 사례

- 왜 산부인과에서 여자아기는 분홍색으로 남자아기는 파란색으로 구분할까요?
- 왜 출석부에서 여자아이의 번호는 남자아이 번호 뒤에 있을까요?
- 왜 여자는 화장을 해야 한다고 강요받고 남자는 화장을 하면 비난받을까요?
- 왜 무거운 짐은 항상 남자가 들어야만 할까요?

2005년 국가인권위원회에서는 남학생에게 출석번호를 먼저 부여하는 학교 출석 시스템은 성차별이라는 판단을 내렸다. 현재 학교에서는 남녀 구분 없이 이름의 가나다 또는 생년월일의 순서로 출석번호를 부여하고 있다.
최근 들어 아동을 대상으로 하는 미국 기업에서 아동 장난감이나 옷차림에 대한 성적인 불평등을 해소하기 위해 젠더프리(gender free) 제품을 출시하고 있다. 젠더프리란 여자아이는 분홍, 남자아이는 파란색처럼 색깔로 성별을 나타내는 상품이 아닌 초록색과 같은 중성적 색깔로 제품을 표현하는 것을 말한다. 할로윈 파티를 위한 의상도 성별에 관계없이 모두 입을 수 있는 중립적인 제품을 판매하고 있다.

출처: 와이즈교육(2020.05.11).

2. 성

1) 성의 개념

성(性, sexuality)이란 마음(心)과 몸(生)이 합쳐진 합성어로 마음과 몸의 조화를 필요로 한다. 우리의 마음과 몸은 분리된 것이 아니고 서로 연결되어 있다. 성은 생물학적 측면과 정서적 측면을 포함하고 있으며, 성적인 쾌락과 성에 대한 가치관 모두를 포함한 전체적인 인간 그 자체를 의미한다(김영희 · 김경미, 2020). 성은 '누구를 어떻게 사랑하는가', '누구와 어떠한 친밀한 관계를 맺고자 하는가' 등을 느끼고, 생각하고, 원하고, 표현하며, 행동하는 모든 성적인 것을 포함하는 섹슈얼리티(sexuality)와 관련이 있다(정치학대사전편찬위원회, 2021).

섹슈얼리티는 성교, 성관계 등의 구체적 성행위, 개인의 성욕, 성애, 성적 취향, 성적 행동, 성적 가치관을 모두 포함한다. 섹슈얼리티는 성별에 따라 그 기대하는 바가 다르고 제도나 관습 등의 사회문화적 영향을 받는다(어울림경영연구소, 2020).

섹슈얼리티에는 세 가지 요소가 있다. 첫째, '생명의 성'은 종족 번식의 성을 말하며 인류 사회를 유지시키고 발전시키는 원동력이 되는 생식에 관한 성의 요소이다. 둘째, '사랑의 성'은 상호 간에 동등한 위치에서 공감하며 의사소통하고, 보살핌과 관심, 존중을 통해 아름다운 관계를 만들어 가는 성의 요소이다. 셋째, '쾌락의 성'은 사랑의 요소 중에서 열정에 해당하는 것으로 성적 매력에 사로잡혀 신체적 접촉을 통해 만드는 성적 즐거움을 말한다. '생명의 성과 사랑의 성, 쾌락의 성' 세 가지 요소가 모두 갖추어진 종합적인 하나의 성을 만들어갈 때 진정한 아름다움과 행복함을 누릴 수 있다(함승애, 2020).

2) 성지향성

성지향성(sexual orientation)은 특정 대상에 대해 성적으로나 감정적 끌림을 느끼는 것을 말한다. 성지향성은 개인이 가진 젠더와 성역할에 의해 선택되고 결정되기 때문에 개인의 젠더와 성역할은 성지향성과 밀접한 연관이 있다. 성지향성에 따른 분류는 〈표 6-3〉과 같다.

〈표 6-3〉 성지향성의 분류

분류	내용 설명
이성애자 (Heterosexuality)	이성에게 성적으로나 감정적으로 끌림을 경험한다.
동성애자 (Homosexuality)	동성에게 성적으로나 감정적 끌림을 경험한다.
양성애자 (Bisexuality)	두 가지 이상의 성별에 대해 성적으로나 감정적으로 끌림을 경험한다.
무성애자 (Asexuality)	어떤 성별에게도 성적으로나 감정적으로 끌림을 경험하지 않는다. 또는 성생활에 대한 관심이 매우 적거나 완전히 없는 것을 말한다.
범성애자 (Pansexual)	모든 성별 또는 성별에 관계없이 성적으로나 감정적으로 끌림을 경험한다. 사람 그 자체를 사랑하는 것을 말한다.
다성애자 (polyamory)	두 가지 이상의 성별을 동시에 사랑하는 것을 가리키는 말로, 서로를 독점하지 않으면서 다자간 연애를 의미한다. 흔히 다자연애라고도 부른다.

출처: jlipsstudio(2019.08.29).

3) 성행동

행복한 성행동은 육체적 관계만이 아니라 마음과 몸의 조화와 균형이 이루어진 상태를 말한다. 그러므로 서로 간의 성적 의사소통이 필수 요소이다. 상대방의 의사를 존중하고 배려하며 정확한 성지식을 습득하고, 성별 고정관념은 낮추고 성적 자기주장을 높이는 것이 필요하다. 또한 서로가 원하는 성행동에 대한 의견을 말하고 협의하는 '성적 동의'라는 예의범절이 필요하다. 성적 동의에는 임신이 이루어지지 않도록 준비하는 피임계획도 포함된다(러브플랜, 2020; 어울림경영연구소, 2020).

성에 대해 올바른 관념을 형성하는 것은 성에 대한 잘못된 정보로부터 자신을 보호하고 과도한 성적 집착에서 벗어나 정상적인 삶을 살도록 도와준다. 이를 위해서는 성인지 감수성과 성평등 의식, 성적 자기결정권에 대한 이해와 존중이 토대가 되어야 한다.

➔ 성적 자기결정권

모든 개인에게는 성적 자기결정권이 있다. 여기에서 '성적'이란 단어는 성적인 행위 또는 대화를 모두 포함하고, '자기'는 결정할 수 있는 대상을 이야기한다. '내가 누구와' 또는 '내가 어떻게'라는 것을 이야기하는 것이다. '결정권'은 무엇을 할 것인가에 대해 결정하는 권리로,. 단순히 성관계를 할지 말지를 결정하는 권리만이 아니라, 인간의 존엄성을 존중하는 권리이다. 이것은 타인으로부터 침해받지 않아야 하는 권리이고, 자신 또한 타인에게 침해하지 말아야 할 권리이다. 타인에 의해 강요받거나 지배받지 않고 자신의 의지나 판단으로 결정하며, 자율적으로 책임 있게 자신의 성적인 행동을 결정하고 선택하며 책임지는 권리를 말한다.

성적 자기결정권이 존중받지 못하는 관계가 있다. 강한 위력이 있는 권력관계에서는 성행동에 대한 거부 의사를 표현하지 못하거나 표현해도 수용되지 못하는 경우가 있다. 이러한 관계는 선생님과 제자, 직장 상사와 신입사원, 사장과 직원, 선배와 후배 등에서 종종 나타난다.

서로 사랑하는 연인관계에서도 권력관계가 아니지만 위력이 발생하기도 한다. 상대방을 사랑하지만 성적 행위는 싫을 수 있다. 그러나 상대방에게 거절하는 경우 연인관계에서 갈등이 생기거나 관계 단절이 생기는 것에 대한 두려움으로 성적 자기결정권을 사용하지 못하는 경우도 있다.

상대방의 성적 거절 행동을 한번 튕기는 행동으로 받아들이거나 거절을 하지 못하고 침묵하는 것을 동의로 생각해서는 안 된다. 우리는 경계를 존중할 줄 알아야 한다. 만약 상대방의 경계를 침범하는 경우에는 반드시 허락이나 동의를 구해야 한다. 그리고 성적 행동에서 상대방의 의견이나 경계 표현을 그대로 수용해야만 한다.

출처: 진주시여성회(2020)에서 발췌 및 수정.

(1) 성의 기능

모리스(Morris)는 인간의 성행위에 따른 기능을 분류하였다. 여러 성행위의 기능을 생식의 기능, 짝짓기의 기능, 유대감 강화의 기능, 긴장 완화의 기능, 호기심 충족의 기능, 마음 안정의 기능으로 나누고 있다(장선철, 2008에서 재인용).

① 생식의 기능: 성이 가지고 있는 가장 기본적인 기능으로 종족본능과 관련 있다.

② 짝짓기의 기능: 배우자가 될 가능성이 있는 한 쌍이 성행위를 통해 짝을 짓는다.

③ 유대감 강화의 기능: 유대감 강화기능 있어서 짝짓기가 끝나도 그 행위는 유지된다.

④ 긴장 완화의 기능: 성행위를 통해 해소되지 않은 성적 긴장감을 발산하게 된다.

⑤ 호기심 충족의 기능: 동작, 소리, 접촉 등을 통해 새로운 자극방법 탐구로 호기심을 충족한다.

⑥ 마음 안정의 기능: 육체적 긴장과 과도한 자극 상황에서 마음을 안정시켜 준다.

(2) 혼전 성관계

개인은 혼전 성관계에 대하여 자신의 가치 기준에 따라 찬성과 반대의 입장을 취한다. 반대하는 입장에서는 첫 경험에 대한 두려움과 피임에 대한 걱정, 종교적 이유나 혼전 성관계를 꺼리는 사회적 통념 등을 이유로 내세운다. 찬성하는 입장은 연인 간에 서로 매력을 느끼고 사랑하는 사이인 경우에는 혼전 성관계를 허용할 수 있다고 말한다(함승애, 2020).

과거 '혼전순결'을 여성의 덕목으로 내세우던 시절과 달리 현대사회에서는 결혼과 관계없이 모든 사람의 성에 대한 자기결정권을 존중하며 자기 책임을 강조하고 있다. 듀오휴먼라이프연구소(2021)가 25세 이상 39세 이하 미혼남녀 1,000명을 대상으로 2020년 말에 진행한 '연애와 행복' 인식보고서를 발표하였다. 혼전 성관계에 대하여 '연애 시작 1개월 아내도 무방하다'는 의견이 남성 52.6%, 여성 34.4%로 가장 높았고, '결혼식 전에는 불가'라는 의견은 4.1%에 그쳤다(톱스타뉴스, 2021.03.27).

대부분의 어른들은 혼전 성관계에 대해 여전히 불편한 마음을 가지고 있지만 우리 사회에서 혼전 성관계는 연인들의 관계에서 자연스러운 한 부분이 되고 있다. 여기에서 중요한 것은 자신의 행동과 결정에 대해 스스로 책임지고 상대에 대한 존중과 배려가 있어야 하며 성적 자기결정권과 자아정체감, 자기존중감을 가지고 있어야 한다는 것이다. 상대방을 사랑하기 때문에 혼전 성관계에 찬성하는 입장이라도 그 전에 자신을 보호할 수 있는 자기점검 행동이 필요하다.

(3) 피임

피임이란 성관계를 하여도 임신이 되지 않도록 하는 것이다. 계획하고 준비되지 않은 상태의 임신은 무거운 책임을 수반한다. 피임의 방법으로는 여성이 정자세포를 죽이는 물질을 사용하는 방법, 정자세포가 자궁에 도달하지 못하도록 벽을 쌓아 막는 방법, 호르몬을 이용하는 방법, 자궁 내 장치를 삽입하는 방법 등이 있다(윤가현 · 양동옥, 2019).

가장 이상적인 피임방법은 피임 효과가 확실해야 하고, 사용이 간편해야 하며 비용이 경제적이어야 한다. 그리고 성생활에 지장이 없어야 하며 사용자의 체질에 맞고 몸에 해롭지 않아야 한다(김영희 · 김경미, 2020). 건강하고 바람직한 성관계는 상호 간의 정서적 교류를 기본으로 하며 서로에 대한 애정과 배려가 있어야 한다. 두 사람은 성관계 과정 안에는 피임에 대한 협의와 준비, 피임방법의 결정 등을 포함시켜야 한다.

〈표 6-4〉 다양한 피임 방법들

분류	방법
정자세포를 죽이는 물질 사용 방법	거품형, 젤리형, 좌약형 등 살정제(성교 반복 시 다시 삽입 혹은 주입해야 함)
정자세포를 벽을 쌓아 막는 방법	남성용은 콘돔, 여성용은 여성콘돔, 다이어프램 및 서비컬 캡, 스펀지(다이어프램과 서비컬 캡은 살정제와 같이 사용함)
호르몬 이용 방법	여성이 복용하는 경구 피임약, 패치형 피임법, 질링, 주사용 피임제, 피하 이식제
자궁 내 장치 삽입 방법	루프
수술적 방법	남성은 거세술, 정관절제술, 여성은 나팔관결찰술, 자궁절제술
기타 피임방법	질 외 사정, 자연주기법, 점액관찰법, 기초체온법 등

출처: 러브플랜(2020)에서 발췌 및 수정.

(4) 자위행위

자위(masturbation)행위는 성적 상대와 접촉이나 직접적인 성적 행위 없이 스스로 자신의 성기를 자극하여 성적 흥분과 절정감을 경험하며 혼자서 성욕을 해소하는 방법이다. 자위는 성적 상대가 없이 쉽게 사용할 수 있는 성욕 해소 방법이지만, 과도할 경우에는 중독으로 건강상의 문제가 생길 수 있다(김춘경 외, 2016). 자위는 사랑하는 상대와 교류하는 마음으로 혼자 있는 장소에서 청결하고 안전하게 음란물은 보지 않는 것이 기본조건이다.

일반적으로 남성들은 음란물을 보면서 자위를 하는 경우가 높다. 음란물 자위는 시각적 자극으로 강하고 빠르게 쾌감을 준다. 단점으로는 건강한 성적 가치관을 가지기 전에 왜곡된 성 가치관을 가질 수 있고 성적 자극에 무뎌지게 되어 더 강한 자극으로만 반응하게 된다. 음란물에서 보여지는 잘못된 여성관으로 인해 여성을 인간이 아닌 하나의 대상으로 바라보는 부정적 시각을 가질 수도 있다.

여성은 남성과 비교하여 자위행위의 빈도가 높지 않은 편인데, 과거와 비교했을 때 여성들의 자위행위도 증가하고 있다. 킨제이(Kinsey)는 여성의 성 경험이 풍부해지면서 자위행위도 실제 성교에서와 같은 효과를 얻을 수 있다고 보고하였다(윤가현 · 양동옥, 2019).

3. 일그러진 성 문화

1) 성폭력

성폭력은 물리적, 사회적 폭력 및 위협을 통해 육체적, 심리적 또는 경제적으로 압력을 가하고, 성적 자기결정권을 침해하는 행위다. 성폭력은 강간을 비롯한 성희롱, 성추행, 강간, 강간미수 등이 모두 포함되어 있다. 성폭행은 주로 폭력이나 협박이 매개가 되어 발생하는 강간을 일컫는 말이다(조아미 외, 2013).

신체적 성폭력에는 강간, 강간미수, 성추행 등이 포함되고, 정서적 성폭력에는 성희롱, 성기 노출 등이 있다. 매체에 의한 성폭력은 디지털 성범죄로 사이버 폭력, 음란전화, 인터넷 성매매 알선 및 홍보, 동영상 및 사진 강제 촬영 및 유포, 유포 협박, 매매, 사진 합성, 디지털을 통한 성적 괴롭힘, 몸캠피싱 등이 있다. 사회적 성폭력은 성 상품화, 성매매, 성폭력에 대한 막연한 불안감과 공포를 주며 행동에 제약을 준다(진주시여성회, 2020; 시각의 알고리즘, 2021). 성폭력을 세분화하면 〈표 6-5〉와 같다.

〈표 6-5〉 성폭력 유형

유형	설명
성희롱	성적 언행으로 상대에게 성적 수치감과 굴욕감을 느끼게 하는 행동을 말한다. 육체적 행위와 더불어 언어·시각적 행위까지 포함한다. 욕설, 스토킹, 만지기, 시선 등이 여기에 속한다.
성추행	강간까지는 아니지만, 성적 수치심을 느낄 정도로 강제로 신체접촉을 하는 형법상 강제추행을 뜻한다. 성폭행보다는 가볍고 성희롱보다는 무거운 범죄행위이다. 강제로 상대의 은밀한 부위를 만지거나 옷을 마구 벗기는 등의 행동이 여기에 속한다.
강간	상대의 동의 없이 폭행 또는 협박 등으로 강제 성관계를 맺는 행위로 성폭행을 말한다. 2013년 5월 대법원판결을 통해, 부부간에도 폭력, 협박으로 가진 성관계를 강간죄로 인정한다.
유사강간	폭행 또는 협박으로 사람에 대하여 구강, 항문 등 신체의 내부에 성기를 넣거나 성기, 항문에 손가락 등 신체(성기는 제외)의 일부 또는 도구를 넣는 행위를 하는 경우가 여기에 속한다.
준강간	폭행 또는 협박은 없지만 상대가 동의를 할 수 없는 심신상실, 저항불능 상태를 이용하여 사람을 간음하는 행위를 말한다.
사이버 성폭력	정보통신망의 채팅, 이메일, 쪽지 등을 이용하여 음란한 이야기와 장면을 보게 함으로써 성적 수치심과 위협을 느끼게 하는 행위이다.
그루밍	가해자가 피해자와 친밀한 관계를 형성해 신뢰를 쌓은 후 심리적으로 지배를 한 후에 성적인 가해행위를 하는 경우이다. 피해 당시에 그루밍 성폭력 피해자들은 자신이 성범죄 피해 대상이라는 인식조차 하지 못하는 경우가 많다.

성폭력 피해자를 돕기 위해 상담 및 지원을 해주는 기관들로 여성긴급전화(1366), 직장내성희롱근절종합지원센터, 한국성폭력상담소, 한국사이버성폭력대응센터 등이 있다. 최근에는 성폭력 피해자 통합지원센터(1899-3075)에서 원스톱으로 의료, 간병, 돌봄, 치료회복 지원과 무료법률 지원을 받을 수 있다. 성폭력 피해를 당한 경우에는 증거를 보존하기 위해 옷을 갈아입거나 씻지 않은 상태를 유지한 채로 도움을 청해야 한다.

2) 디지털 성범죄와 음란물

현대사회는 디지털 미디어를 기반으로 디지털 영상·음성 정보통신기술이 발전되었다. 음란물의 형태에는 음란사진, 음란만화, 음란소설, 음란동영상, 음란채팅 등이 있다. 음란물은 성욕을 자극 또는 흥분시키고 보통 사람들에게 성적 수치심을 느끼게 하여 건전한 성적 관념을 방해하는 것이 문제이다. 정보통신망 이용촉진 및 정보보호 등에 관한 법률 제74조 제1항 제2호는 사이버상의 인터넷 음란물에 대해서 '정보통신망을 통하여 유통되는 음란한 부호, 문언, 음향, 화상 또는 영상'으로 규정하고 있다(조아미 외, 2013).

➔ 나체男 영상 유포 '제2의 N번방' 서울청서 직접 수사…청원 10만명

1000명이 넘는 남성의 나체 영상과 사진이 인터넷상에서 불법으로 유통되고 있다는 의혹에 대해 서울경찰청 사이버수사대가 수사에 나섰다. 서울경찰청 사이버수사대는 지난해 '박사방' 수사를 통해서 '박사' 조주빈 등을 검거한 바 있다.

A씨는 소개팅 앱을 통해 알게 된 한 여성과 대화를 나누다가 영상통화를 했고, A씨에게 이 여성은 음란행위를 요구했다. 이후에는 '신체의 특정 부위를 보여달라'는 등 요구범위가 점점 이상해져서 '몸캠 피싱'을 의심하고, 온라인상에서 이 여성의 목소리와 요구사항 등이 담긴 영상들을 발견하게 되었다. 미성년자, 군인 등 다양한 남성들이 피해를 입었다.

한편 불법 촬영한 나체 영상 유포 사건과 관련해 청와대 국민청원 게시판에는 제2의 N번방 사건이라며 철저한 수사와 관련자의 처벌, 신상 공개를 요구한다는 청원이 올라와서 현재까지 10만명 이상이 동의했다.

출처: 뉴스1(2021.04.27)에서 부분 발췌.

정보통신망의 발달로 인해 인터넷, 스마트폰 등을 통해 음란물 접근이 쉬워지면서 이와 관련된 문제는 증가하고 있다. 2018년 하반기부터 텔레그램 박사방과 N번방에서 자행된 성 착취 사건이 그 예이다. 박사방과 N번방을 개설·운영했던 가해자들은 미성년자를 포함한 일반 여성 대상으로 성 착취 영상을 찍도록 협박하였고, 해당 영상을 텔레그램 비밀대화방에서 판매하는 잔인한 행각을 저질렀다. 디지털 음란물은 찍어서 유포한 사람과 그것을 구매하고 소비한 사람도 처벌을 받는다.

3) 변태성욕장애

비정상적인 성행동인 변태성욕장애(Paraphilic Disorders)는 의학적 기준으로 분류하고 있다. 변태성욕장애는 비정상적인 대상에 대해 강한 성적 충동과 성적 환상을 느끼고 반복적인 성적 행동을 하는 것이 특징이다. 변태성욕장애를 가지고 있는 경우 직업적·사회적 또는 기타 중요한 기능 영역에서 심각한 고통이나 장애를 일으킨다. 더불어 범죄행위와 연결되기도 한다.

DSM-5에서 진단하는 변태성욕장애의 종류에는 여러 가지가 있다. 노출증, 물품음란증(패티시즘), 접촉도착증(프로투어리즘), 소아성애장애, 성적피학장애(마조히즘), 성적가학장애(사디즘), 복장도착증, 관음증(보여리즘), 기타 달리 분류되지 않는 변태성욕을 포함한다(APA, 2013, 김준수 역, 2015). 이런 변태성욕은 성폭력 범죄 증가에 영향을 미치기 때문에 적극적 치료가 필요하다.

4) 성매매

성매매는 성을 사고파는 행위로 불특정인을 대상으로 일정한 대가를 주고 성관계 혹은 유사 성행위하는 것을 통칭한다. 성매매라는 용어 이전에는 매춘

(賣春), 매매춘(賣賣春), 윤락(淪落)이라는 용어를 사용하였다. 2004년 '성매매방지법'이 제정된 이후 '성매매'는 기존의 윤락과 매춘을 대체하는 공식 용어로 사용되고 있다(한국학중앙연구원, 2017).

우리 사회는 잘못된 접대문화와 가부장적 문화 등으로 성매매에 관대한 인식이 팽배하다. 전통적 유형의 성매매뿐만 아니라 산업형(겸업형) 성매매, 인터넷·스마트폰을 통해 이루어지는 성매매, 신·변종 성매매 등 다양한 유형의 성매매 시장이 활성화되어 있다.

개인의 성적 자기결정권이 중요하지만 건전한 사회의 성 문화를 해칠 때는 법률의 규제를 받아야 한다. 성매매는 그 자체로 착취적, 폭력적 성격을 가지고 있다. 2004년 「성매매 알선 등 행위의 처벌에 관한 법률」과 「성매매 방지 및 피해자 보호 등에 관한 법률」 제정으로 성매매를 공식적으로 금지하는 정책을 시행하였다(한국학중앙연구원, 2017). 사회적·정책적으로 건전한 성 문화와 성 도덕성을 확립하고자 하는 의지를 보여주고 있다.

함께 나누기

1. 아래 관련 동영상 1번 사이트를 방문하여 '성적 자기결정권 테스트'를 하고 이와 관련하여 이야기 나누어 봅시다.
   1) 혼전 성관계에 대해 어떻게 생각하고 있는지, 찬성 또는 반대의 입장에서 이야기 나누어 봅시다.
   2) 일그러진 성 문화가 많아진 이유가 무엇 때문인지 이야기 나누어 봅시다.
   3) 상대가 나의 신체 사진을 요구할 때 여러분은 어떻게 하겠습니까?
   4) 상대가 피임을 거부할 때 여러분은 어떻게 하겠습니까?

2. 성평등의 장점과 단점에 대한 자신의 생각을 이야기 나누어 봅시다.

관련 동영상

1. 〈서울시립대학교 인권센터〉 성적 자기결정권 자가진단 테스트
   https://hrc.uos.ac.kr/counsel/test/testSelf_10.do?epTicket=LOG
2. EBS 다큐프라임 〈'부모와 다른 아이들' 나는 내 자식이 자랑스럽습니다〉
   https://youtu.be/YyNZ-MTp-j4 (14분 23초)
3. [러브플랜] 나에게 맞는 피임법, 과연 무엇일까?
   http://www.loveplan.kr/bbs1/bbs1_movie.html?type=&page=1&position=1 (1분 25초)
4. 〈젠더온〉 도오전! 차별언어퀴즈
   https://genderon.kigepe.or.kr/geme/brd/selectContentBoardArticle.do?bbsId=BBSMSTR_000000000001&nttId=2&isMore=&moreType=&dataObj=&frstRegistPnttmBgn=2017-01-01&frstRegistPnttmEnd=2020-06-23&nttAll=%ED%80%B4%EC%A6%88

참고문헌

김영희, 김경미 (2020). **결혼과 가족**. 파워북.

김요완 (2015). **현장 중심의 성상담과 성교육**. 교문사.

김춘경, 이수연, 이윤주, 정종진, 최웅용 (2016). **상담학 사전**. 학지사.

윤가현, 양동옥 (2019). **성 문화와 심리(3판)**. 학지사.

어울림경영연구소 (2020). **밀레니얼 세대의 결혼과 가족**. 시그마프레스.

이기숙, 김득성, 공미혜, 김은경, 전영주, 손태홍, 오경희 (2020). **결혼의 기술(2판)**. 신정.

이성희, 한희선 (2011). **결혼과 가족**. 파란마음.

장선철 (2008). **21세기 현대사회와 정신건강**. 동문사.

조아미, 한영희, 지수연, 조승희, 조선경 (2013). **성교육의 이론과 실제**. 정민사.

진주시여성회 (2020). '성폭력예방교육' 자료.

한희선, 김영주, 이경하, 임우연, 태희원 (2020). **여성·젠더·사회**. 공동체.

함승애 (2020). **예비부모교육을 위한 결혼과 가족**. 양서원.

APA (2013). **DSM-V 정신질환의 진단 및 통계 편람**. 김준수 역 (2015). 학지사.

경향신문(2019.03.29). 인권위, 국내 최초 공문서에 '제3의 성' 인정.
http://news.khan.co.kr/kh_news/khan_art_view.html?art_id=201903291448001

김은영 (2014.4). 성-역할 고정관념. 심리학용어사전.
https://terms.naver.com/entry.naver?docId=2094184&cid=41991&categoryId=41991

뉴스1 (2021.04.27). 나체男 영상유포 '제2의 N번방' 서울청서 직접 수사…청원 10만명.
https://www.news1.kr/articles/?4288081

러브플랜 (2020.06.22). (대학생용)알아두면 쓸모 있는 신사랑법 '알쓸신사'
http://www.loveplan.kr/ebook/index.html?fwhere=list&fno=18

시각의 알고리즘 (2021). 성폭력의 종류.
https://allego.tistory.com/79

와이즈교육 (2020.05.11). 생활속의 편견과 양성평등 사례.
https://blog.naver.com/thewiseclub1/221948593452

정치학대사전편찬위원회 (2021.02.12). 성. 네이버 지식백과 '21세기 정치학대사전'.
https://terms.naver.com/entry.nhn?docId=728211&cid=42140&categoryId=42140

톱스타뉴스 (2021.03.27). 2030 미혼남녀 4.1%, 결혼식 전에 혼전 성관계 불가
http://www.topstarnews.net/news/articleView.html?idxno=868157

한국학중앙연구원 (2017). 성매매. 한국민족문화대백과.
https://terms.naver.com/entry.naver?docId=5144335&cid=46634&categoryId=46634

jlipsstudio (2019.08.29). 마성의 게이 퀴어 교육용 이미지.
https://blog.naver.com/queerdigger/221631725722

jlipsstudio (2020). 젠더란 무엇인가?
https://jlipsstudio.com

pmg지식엔진연구소 (2019.01.14). 간성. 시사상식사전.
https://terms.naver.com/entry.naver?docId=5714656&cid=43667&categoryId=43667

PART 03

결혼에 대한 이해

Contents

CHAPTER 07

연애와 배우자 선택

송정숙 집필

우리 사회에서 연애는 필수, 결혼은 선택의 시대라는 인식이 높아지고 있다. 밀레니얼 세대는 결혼과는 별개로 연애를 생각하며 특별히 연애를 기획해야 할 정도로 연애 자체에 대한 의미가 점차 커지고 있다. 따라서 연애에 따르는 책임감과 비용도 만만하지 않다. 그러나 이러한 시대적 담론과 사회적 인식 내에서도 일반적으로는 연애와 구애과정을 통해 배우자 선택을 하고 있다. 때로는 현실 문제로 연애를 포기하거나 연애에 따르는 어려움을 겪다가 헤어지기도 한다. 이 장에서는 젊은 세대에게 중요한 생애과정이라고 볼 수 있는 연애와 배우자 선택에 대해서 알아보고자 한다.

1. 연애

연애(戀愛)는 두 사람이 서로 사랑하여 사귀는 것으로 일반적으로 데이트(date)를 통해 이루어진다. 우리 사회에는 여전히 배우자 선택 시 가족의 영향을 무시하지 못하는 가족주의 경향이 존재한다. 그러나 현재는 두 사람 간의 사랑이 기초가 되고 동료애를 중시하며 생을 함께 할 동반자를 찾는 경우가 더 많아지고 있다. 에릭슨(Erikson, 1968)은 청년기는 타인과 친밀감을 형성하는 시기로, 친밀감은 자신의 정체감과 다른 사람의 정체감을 융합시킬 수 있는 능력이며 다른 사람을 사랑할 수 있는 능력에서 나온다고 하였다(정옥분 · 정순화, 2007에서 재인용). 또한 성적 성숙이 이루어지면서 친밀함을 추구하기 위한 사랑의 대상을 찾는 욕구도 강하게 나타난다.

밀레니얼 세대는 연애와 결혼을 분리하여 생각하고 있기 때문에 친밀성에 초점을 두는 연애 자체로서의 의미가 점차 커지고 있다. 기든스(Giddens, 2003)는 현대사회의 연애는 영원한 지속성보다는 우발적이고 적극적이며 보다 평등한 관계를 지향한다고 하면서 이를 '합류적 사랑(confluent love)'이라고 개념화하였다(양동옥 · 김경례, 2017에서 재인용).

결혼에 대한 선택은 비혼과 비혼동거, 결혼 등으로 개인화되고 확장되는 추세이며, 이혼의 증가로 인해 영원하고 지속적인 결혼관계를 기대하지도 않는다. 그럼에도 연애는 여전히 배우자 선택의 선행단계로서의 역할을 하고 있다. 연애는 데이트를 통해 친밀한 애정관계를 형성하도록 기능하고 성인으로서의 관계에 대한 역할을 배우도록 사회화하며, 배우자를 선택할 기회를 갖도록 한다.

1) 연애의 기능

연애는 두 사람이 데이트를 통해 단순히 즐거움을 얻을 수도 있고, 연애를 이어가며 배우자 선택을 위한 실질적인 준비과정으로서의 다양한 기능을 하기도 한다. 연애관계가 발전해 나아가는 과정은 연인들에 따라 다양하며 연애가 종결된다고 하더라도 이후의 연애관계 형성에 중요한 의미와 영향을 줄 수 있다.

(1) 친밀감 충족

사람은 다른 사람과 네트워크를 형성하고, 친밀한 관계를 만들어서 혼자라는 외로움을 해소하려고 한다. 현대사회에서의 개인은 다른 사람과 연결하여 관계성을 형성하는 한 방법으로 사랑에 빠지는 것을 선택하는 경향이 있다. 이는 개인이 사랑에 대한 찬미를 통해 자기 존재의 의미를 찾으려고 하기 때문이다(Beck & Beck-Gernsheim, 1990; 김은정, 2015에서 재인용). 즉, 낭만적인 연애관계에서 친밀한 사랑의 충족을 통해 외로움을 해소하고 자기 존재의 의미를 찾아 동반자적 관계로 나아갈 수 있다.

(2) 사회적 자아 확인

연애는 가족관계처럼 친밀성을 바탕으로 하는데, 가족이 아닌 연인과의 관계에서 자기 존재를 증명받고 자아정체성을 인정받는 의미가 있다. 연애과정을 통해 자신이 다른 사람에게 어떠한 영향을 주는지를 인식하게 되어 사회적 상황에서 자신의 행동을 조절하게 된다. 이러한 관계 형성과정을 통해 사회가 기대하는 인격을 기르고 자신의 장단점을 파악한다. 또한 자기반성의 자아의식과 정서적 안정을 발달시켜 나가면서, 사회적 자아를 확인하는 계기를 갖는다(김영희 · 김경미, 2019).

(3) 사회화 기능과 사회적 지위 획득의 기능

연애는 사회화 기능을 갖는데, 연애를 통해 다른 사람과 어울려서 잘 지낼 수 있는 사회적 기술을 배운다. 연인들은 데이트를 통해 다른 사람과 자연스럽고 편안한 관계를 맺는 기술을 습득한다. 타인의 감정을 인식하고 반응하는 사회적 기술을 익혀 사회인으로서 기대되는 성인 남녀의 역할 수행할 수 있다. 또한 연애는 결혼과 마찬가지로 다른 사람들이 사회적으로 기대하는 바람직한 성인이라는 인식을 주기 때문에 사회적 지위 획득의 기능이 있다.

(4) 오락의 기능

연애는 연인과의 만남을 기대하면서 설레는 마음을 갖게 하며, 직접적인 만남에서는 즐거운 경험을 제공해 준다. 그러므로 연애는 오락적 욕구를 충족시켜 주며 여가를 즐길 수 있는 기능을 한다. 특히 청년기 초반의 연애는 오락적 기능의 비중이 크다고 볼 수 있다.

(5) 배우자 선택의 기능

연애는 일반적으로 배우자 선택의 선행단계 역할을 한다. 결혼은 그 사람이 없으면 살 수 없다는 생각이 드는 사람을 찾아서, 사랑하는 사람과 모든 것을 함께하고 싶다는 이유로 결정하는 경우가 많다. 데이트를 통해 평생을 함께 사는 동반자를 찾는 것은 연애의 궁극적인 목적은 아니지만 중요한 기능이다.

2) 연애의 요소

연애는 대중매체에서 중요한 소재이며, 이를 통해 우연한 만남이나 강한 운명적인 만남을 기대하기도 하고 실제로 배우자 선택이 이루어지는 경우도 많다. 그러나 사람들은 어떤 사람들과 사귈 것인지에 대한 자기 나름의 기준이 있다. 대인관계의 형성에서 매력, 호감 혹은 좋은 인상은 중요한 요소이다. 벨과 대일리(Bell & Daly, 1984)는 사람들이 연애를 시작하기 전에 호감 추구 전략과 구애 전략을 쓴다고 하였다. 호감 추구(affinity-seeking)는 다른 사람이 나를 좋아하고 긍정적인 느낌을 갖게 하는 적극적인 사회 소통과정이며, 연인뿐 아니라 대인관계 형성과 발전에서 중요한 커뮤니케이션 기술이다(이은순, 2001에서 재인용). 연애에서는 신체적 · 성격적 매력, 두 사람 간의 근접성이나 유사성, 애착 유형 등 다음과 같은 매력의 요소와 원칙이 적용된다(김영희 · 김경미, 2019; 정옥분 · 정순화, 2020).

(1) 신체적(외모) 매력과 성격적 매력

신체적 매력은 처음 만난 상대방을 가장 판단하기 쉬운 방법으로 매력의 요소가 된다. 사람을 처음 만났을 때 긍정적인 특성이나 자질을 파악하기는 어렵다. 그러나 그 사람의 생김새는 확인할 수 있으므로 신체적 매력이 만남의 기준으로 작용하기도 한다. 사람들은 대체로 외모가 뛰어난 사람은 긍정적 성품을 지니고 있다고 생각하기 쉬운데, 이는 후광효과가 작용하는 것으로 외모가 뛰어난 사람과 사귀면 자신의 사회적 가치가 높아진다고 생각한다(김영희 · 김경미, 2019).

사람들은 자신이 바람직하다고 여기는 성격 특성을 가진 사람이나 긍정적인 사람에게 매력을 느낀다. 행복한 연인들은 두 사람 모두 긍정적인 성격 특성을 가진 것은 아니며 서로 보완할 수 있는 성격 특성을 가지고 있다고 한다. 벨과 대일리(Bell & Daly, 1984)는 인간관계에서 매력을 어필하고 호감을 사기 위해 다양하고 보편적인 호감 추구 전략을 쓴다고 하였다(이은순, 2015에서 재인용). 호감 추구 전략은 비교적 변하기 어려운 타고난 외모와 배경 같은 매력의 조건과 비교하여, 자신의 노력으로 충분히 변화시킬 수 있는 매력 요소들의 추구를 통해 연애관계 발전의 원동력이 될 수 있다.

(2) 근접성

사람들은 가까운 곳에 있어서 자주 만나는 사람에게 매력을 느낀다. 연애 감정은 대체로 만나는 횟수나 빈도에 따라 깊어진다. 즉 같은 학교에 다니고 있거나, 같은 직장에 다니거나, 이웃에 살거나, 종교활동을 같이 하는, 보다 근접성이 있는 사람에게서 매력을 발견하기가 쉽다. 또한 익숙한 자극을 주는 사람에게 매력을 느끼는데, 만나는 횟수, 빈도가 높아짐에 따라 익숙해지고 친밀감을 갖게 되는 '단순접촉 효과' 때문이다. 따라서 자신이 좋아하는 사람과 가능한 한 만나는 기회를 늘려 친밀감을 높인다면 자신을 좋아하게 할 가능성이 높아질 것이다(정옥분 · 정순화, 2020).

근접성의 원리는 정보화 사회에서도 그대로 접목이 되어 소셜 데이팅앱들이 많이 생겨나고 있다. 인터넷은 근접성을 보장해 주는 중요한 매개체로, 지리적으로는 멀리 떨어져 있어도 언제든지 상호교류가 가능하게 한다. 이러한 인터넷상에서의 근접성과 세계화의 영향으로 장거리 연애, 국제 연애가 증가하고 있다. 온라인상에서는 짧은 시간 이내에 상대방에 대한 이상적인 이미지를 형성하고, 정서적 친밀감을 형성한다. 그러나 빠른 관계 형성만큼이나 빠른 속도로 와해될 수 있으므로 친밀한 관계 형성을 위한 지식을 더 많이 필요로 한다(정옥분 · 정순화, 2020). 특히 코로나19 대유행의 영향으로 록다운과 사회적 거리두기가 장기화되어 대면 만남이 어려워지면서 온라인 데이팅앱 사용이 폭발적으로 증가하였다(KOTRA 해외시장뉴스, 2021.04.06).

➔ '랜선연애'가 짜릿하다는데…MZ세대 사랑법 '데이팅앱'

요즘 데이팅앱에 가장 열광하는 사람들은 현재 연애를 가장 많이 할 법한 MZ세대(1980~2004년생)다. MZ세대 특징을 살펴보면 데이팅앱이 인기 있는 이유를 유추할 수 있다. MZ세대는 대체로 부담스러운 관계를 싫어하는 경향이 있다. 결혼은 물론 연애도 귀찮다고 느끼는 이가 많다. 심지어 소개팅조차 부담스럽다는 경우도 있다. 소개를 받는 입장이면 소개팅 상대방뿐 아니라 주선자와 관계도 신경 써야 된다는 점 때문이다. 소개팅이 부담스럽다지만 그렇다고 평생 누군가를 안 만나고 살 수는 없다. 이들은 만날 수 있는 기회를 확대하기 위해 미디어를 이용한다. 사이버 공간에서 관계를 형성해 주는 데이팅앱이 성행하는 이유다.

출처: 매경뉴스(2021.03.24)에서 부분 발췌.

뉴노멀 시대에도 데이팅앱 통한 만남 이어갈 것으로 전망

코로나19가 미국 싱글 남녀 만남의 방식도 바꿔놨다. 지난해 전국적 록다운과 사회적 거리두기로 대면 만남이 어려워지면서 온라인 데이팅앱 이용자가 폭발적으로 증가했다. 업계 관계자들은 데이팅앱을 이용한 파트너 찾기 트렌드가 뉴노멀 시대에도 이어질 것으로 내다봤다. 코로나19로 자유로운 모임은 물론 외출도 제한된 상황에서 온라인 데이팅앱은 로맨틱 파트너를 찾고 외로움을 달래기 위한 수단으로 급부상했다. 온라인으로 파트너를 찾고 비디오 채팅으로 첫 만남을 갖는 팬데믹 시대 데이트 방식은 포스트 코로나 시대에도 이어질 것이라는 전망이다.

출처: KOTRA 해외시장뉴스(2021.04.06)에서 부분 발췌.

(3) 유사성

사람들은 상대방에게서 자신과 유사한 모습을 발견할 때 더 많은 매력을 느끼고, 만남을 시도하고 친밀감을 형성하며 더 깊은 관계로 발전한다. 유사성이 매력의 요소가 되는 이유는 자신의 태도나 가치, 신념에 정당성을 부여해 주기 때문이다. 사람들의 태도와 가치, 사회적 배경이 서로 유사한 경우가 성격 특성의 유사성보다 더 매력을 느끼게 한다고 한다(정옥분 · 정순화, 2010).

하이더(Heider, 1958)는 균형이론(balance theory)을 통해 가치나 태도의 유사성이 친밀한 관계 형성에 유리하다고 하였다(정옥분 · 정순화, 2020에서 재인용). 즉, 사람들은 균형 상태에서는 긍정 정서를 느끼고, 불균형 상태에서는 부정 정서를 경험하게 된다는 것이다. 중요한 문제에서 다른 사람이 자신과 유사한 견해를 보이면 자신을 좋아하는 것으로 생각하고, 자신과 의견이 다른 경우에는 자신을 싫어하는 것으로 생각하는 경향이 있다고 한다. 유사한 태도나 가치관을 공유할 수 있으면 사회적 배경이나 인종이 다르더라도 차이는 극복할 수 있다. 그러나 유사성의 원칙이 모든 영역에 적용되는 것은 아니다.

(4) 화학적 반응

화학적 반응은 첫눈에 반하는 것을 말하는 것으로, 첫눈에 반해 사랑에 빠지거나 결혼하는 사람이 의외로 많다. 첫눈에 반한다고 해도 처음 보는 바로 그 순간 상대방에게서 무조건 사랑을 느끼는 것은 아니다. 학자들은 첫눈에 반한 사랑에 대해 평소에 자신이 마음속에 가지고 있는 매력의 원칙이 작동했기 때문이라고 설명한다(김영희 · 김경미, 2019).

사람들은 자신을 능력 있고 매력적이고 가치 있다고 생각하게 하는 사람에게 매력을 느낀다. 또한 자신이 원하는 특별한 욕구를 충족시켜 주거나 매력의 원천을 많이 가지고 있는 사람에게 매력을 느낀다. 그러나 매력의 원칙보다 더 중요한 것은 자신이 누구인가, 함께 할 때 어떤 사람이고 싶은가, 상대방과의 관계에서 자신이 진정으로 원하는 것이 무엇인가에 대해 아는 것이라고 할 수 있다(최규련, 2007; 김영희 · 김경미, 2019에서 재인용).

➔ 호감 추구 전략

다음은 여러분이 호감을 얻고자 하는 행위 방식에 대한 질문입니다.
다음의 질문 항목에 대해 여러분이 빈번히 사용하는지 점수에 표시해 보세요.

번호	문항	매우 드물게	⟷					매우 빈번히
1	두 사람의 공통점을 강조한다.	①	②	③	④	⑤	⑥	⑦
2	상대방을 동등한 사람으로 대한다. (존엄성, 권리 등 사회적 측면)	①	②	③	④	⑤	⑥	⑦
3	편안하고 안정된 행동으로 무난한 사람임을 강조한다.	①	②	③	④	⑤	⑥	⑦
4	가능한 한 잘 차려입고 매력적인 외모로 보이려고 노력한다.	①	②	③	④	⑤	⑥	⑦
5	선물 등으로 보상할 줄 아는 사람으로 표현한다. (예: 사귄다면 상대방에게 득이 될 것을 강조)	①	②	③	④	⑤	⑥	⑦
6	상대방의 얘기를 능동적이고 주의깊게 들어준다.	①	②	③	④	⑤	⑥	⑦
7	대화 중 상대방의 의견에 대해 적극적인 지지를 한다.(예: 맞아! 맞아!)	①	②	③	④	⑤	⑥	⑦
8	상대방의 자아가 스스로에 대해 긍정적인 느낌을 갖도록 도와준다.(예: 칭찬)	①	②	③	④	⑤	⑥	⑦
9	감정이입적으로 듣고 다정하게 대화한다.	①	②	③	④	⑤	⑥	⑦
10	상대방이 그 자신에 대해 말하도록 유도한다.	①	②	③	④	⑤	⑥	⑦
11	상대방이 나에 대해 더 알고 싶어지도록 내가 흥미 있는 사람임을 보여준다.	①	②	③	④	⑤	⑥	⑦
12	대화를 즐겁고 유쾌하게 한다.	①	②	③	④	⑤	⑥	⑦
13	대화를 정중하고 협동적으로 예의바르게 하는 문화적 규칙을 따른다.	①	②	③	④	⑤	⑥	⑦
14	다른 사람을 돕는 모습을 보여준다.	①	②	③	④	⑤	⑥	⑦
15	활발하고 생기 있게 행동한다.	①	②	③	④	⑤	⑥	⑦
16	정직하고 믿을만한 사람임을 보여준다.	①	②	③	④	⑤	⑥	⑦
17	나의 사적인 정보를 알려준다.	①	②	③	④	⑤	⑥	⑦
18	책임을 떠맡고 관리하는 지도자의 모습을 보여준다.	①	②	③	④	⑤	⑥	⑦
19	독립적이고 자율적으로 생각하는 사람으로 표출한다.	①	②	③	④	⑤	⑥	⑦

20	상대방이 앞으로 나의 활동에 간섭할 수 있도록 통제권을 준다.	①	②	③	④	⑤	⑥	⑦
21	상대방을 나의 사회적 모임에 데려간다. (예: 클럽활동, 행사, 친구결혼식 등)	①	②	③	④	⑤	⑥	⑦
22	돌발적 행동, 쇼맨십 등으로 다른 사람들의 관심을 불러일으킨다.	①	②	③	④	⑤	⑥	⑦
23	상대방과의 친밀함을 환기시킨다. (별명을 부르거나, 다른 사람 앞에서 우리의 친밀함에 대해 얘기함)	①	②	③	④	⑤	⑥	⑦
24	약속을 잡거나 이벤트를 연이어 만들어 친밀한 상황을 지속적으로 만든다.	①	②	③	④	⑤	⑥	⑦

※ 채점결과

- 체크한 문항의 점수가 4점 이상이면 빈도수가 높은 전략
- 각 문항의 점수를 합산÷문항 수=평균 4점 이상이면 호감 추구 전략을 적절히 쓰고 있다고 할 수 있음.

출처: 이은순(2001)에서 발췌 및 수정.

3) 연애의 단계

연애는 앞에서 기술한 여러 가지 기능뿐만 아니라 데이트를 통하여 자신에게 맞는 상대를 발견해 나가는 과정이기도 하다. 연인관계도 대체로 다른 대인관계와 마찬가지로 단계적으로 발전, 형성되어 나가며 단계적으로 쇠퇴, 해체된다고 볼 수 있다. 즉, 여러 단계를 거쳐 발전해 나가면서 배우자 선택과정이 되기도 하고, 연애의 종결을 맞게 되기도 한다.

(1) 그룹 데이트 단계

그룹 데이트는 데이트 경험이 없어서 이성 교제에 익숙하지 않은 사람들이 선호하는 데이트 단계로 혼자서는 자신이 없어서 여러 명이 함께 만나는 형태이다. 이 단계는 흔히 '미팅'이라고 불리는데, 연인관계로 넘어가는 과도기적

기능을 하기도 한다. 현세대에서는 주로 대학교에서 '과팅' 형태로 이루어지는데, 학과가 다른 남녀 학생들이 단체로 하는 미팅으로 나타나고 있다.

(2) 임의교제 단계

임의교제 단계는 한 사람만 정해놓고 만나는 것이 아니라 자유롭게 여러 사람을 만날 수 있는 단계이다(이기숙 외, 2018). 연인관계가 친밀한 관계로 나아가기 위해서는 중요한 전환점을 넘어서야 한다. 최근 문화적 트렌드가 된 '썸' 타는 단계도 이 단계에 포함된다고 볼 수 있다. 아직 연인관계로 진행되기 전에 서로 사귀듯 가까이 지내면서 서로를 알아가는 관계이다. 이 과정을 통해서 서로에 대한 이해와 개성을 확인하는 기회를 얻게 되고, 연인관계로서의 판단 능력이 생기는 단계이다. 데이트 상대의 선택은 가까운 친구들의 의견이 중요하게 반영된다. 이 시기에는 또래 집단의 인정이 중요하므로 이를 통해 선택에 대한 안도감을 갖게 되고, 데이트에 관한 결정이나 능력에 자기 확신을 가질 수 있기 때문이다.

(3) 고정된 데이트

이 단계는 자신이 가장 매력을 느끼는 한 사람에게 열중하게 되는 단계이다. 임의적인 데이트 단계보다 더 강렬하고 친밀한 감정을 느끼게 된다. 또한 서로에 대해 잘 알게 되기 때문에 두 사람의 관계가 너무 빨리 전개될 가능성도 있으므로 신중한 태도가 중요하다. 이 시기에 서로에게 속하는 상징적인 선물이나 반지 등을 주고받으며 결혼을 약속하기도 한다(김영희 · 김경미, 2019).

➔ 썸 문화

'썸'은 최근 일상적으로 사용되는 용어로, '썸 탄다', '썸남 썸녀' 등의 신조어가 등장하고 '썸'을 주제로 한 미디어 소재가 많이 소개되면서 새로운 문화적 트렌드로 대중화, 보편화되었다. 젊은 층을 중심으로 일반적인 친구 관계보다는 가깝고 그렇다고 연인은 아닌 모호한 관계를 가리키는 말로 통용되고 있다. 젊은 세대가 연애를 포기하면서 어쩔 수 없이 선택하거나 책임감 없이 관계 맺음을 나타내는 현상으로 보는 부정적 시각도 있지만, 사랑과 연애 문화를 주체적으로 만들어가는 전략적 협상과 실험과정으로 보는 시각도 있다. 즉, 썸을 빨리 끝내고 연인관계로 나아가거나, 아니면 관계를 단절하려는 욕구도 강하게 나타난다고 하였다.

출처: 양동옥, 김경례(2017)에서 발췌 및 수정.

4) 연애의 문제점

연애는 다양한 긍정적 기능을 수행하고 있으나 긍정적인 기능만 있는 것은 아니다. 연애의 목표가 결혼은 아니지만, 연애를 통해서 서로 어울리는 상대를 찾고 그 사람과 안정된 관계를 발달시켜 성공적인 결혼에 도달하고자 한다. 그러나 이런 목표를 가로막는 다음과 같은 몇 가지 문제에 당면할 수 있다.

(1) 연애 자체의 문제점

연애는 연인과의 사랑을 키워나가고 이해의 폭을 넓혀가는 과정이지만 이 과정에서 현실적인 어려움이 따른다. 데이트 과정에서 가장 대표적인 문제는 성적 행동에 대한 통제 문제이다. 연애가 배우자 선택에 도움을 주기는 하지만 심층적인 관계이기보다는 아직 피상적인 관계이다. 사랑의 감정이 개입되고 성행위가 이루어지기 시작하면 상대에 대한 이성적인 판단이 어렵게 된다. 따라서 두 사람이 충분한 대화를 통해서 상대를 탐색하고 자신과 어울리는 상대라고 판단이 될 때 관계를 진전시켜야 한다.

오늘날은 낭만적 사랑과 연애가 일반화되었다. 이에 따라 각종 로맨스 사업이 결합하여 각종 기념일이 넘쳐나고 사랑이 환상적으로 재현됨으로써, 사랑 자체가 애써 추구해야 하는 일종의 기획이 되어버렸다(권오현, 2019). 따라서 연인들의 과다한 데이트 비용도 문제점으로 지적되고 있으며 최근에 연인들은 '데이트 통장'을 통해서 반반씩 부담하려는 노력도 하고 있다.

➔ 낭만적 사랑의 기념문화와 친밀성의 상업화

오늘날 한국 사회는 밸런타인데이와 화이트데이, OO일 기념 등 매달 연인들의 기념일이 있어서 가히 '-데이' 전성시대라고도 할 정도로 곳곳에서 사랑이 메아리치고 있다(엠블레인, 2009). 그만큼 연인들의 로맨스가 넘쳐나고 낭만적 사랑이 폭발적으로 추구된다고 볼 수 있다. 각종 이벤트와 판매매장은 동화 속 나라처럼 변신하고 대중매체들도 밸런타인데이 이야기로 바람을 잡고, 재빠르게 화이트데이로 가슴을 설레게 만든다.

굳이 연인이 아니어도 좋다. 이미 사랑의 두근거림이 아득해진 부부들은 물론, 가족 간에도 선물을 마련하고 더 나아가 학교마다, 직장마다 의례 초콜릿과 사탕을 준비하여 이성 동료에게 나누어 준다. 이제 이 같은 진풍경은 한국 사회에서 '익숙한' 모습이 되었다. 그 어떤 기념일이나 세시풍속보다도 대중의 적극적인 참여가 이루어지고 있어서 한국인의 '심성 캘린더'에는 확고히 자리잡았다고 볼 수 있다.

낭만적 사랑과 연애혼의 일반화는 개인의 선택과 가능성을 증가시켰는데, 이는 각종 로맨스 산업의 개입을 가져왔다. 거기에 이들 기념일은 데이트를 상품화 영역으로 유도하여 자본주의 시장체제로 연인들을 편입시켰고, 이는 다시금 로맨스 산업과 이들 기념일을 단단히 결합하도록 만들었다. 그 결과 각종 사랑의 기념일로 넘쳐나고 이들을 통해 사랑이 환상적으로 재현됨으로써, 사랑 자체가 애써 추구해야 하는 일종의 기획이 되었다.

출처: 권오현(2019)에서 발췌 및 수정.

(2) 데이트폭력

최근 빈번하게 발생하고 있는 데이트폭력(dating violence)도 데이트의 문제점으로 대두되고 있다. 일반적으로 데이트폭력은 데이트 관계에서 통제를 획득하기 위한 수단으로 심리적, 신체적 학대를 행하는 것으로 정의할 수 있다. 여기에는 심리적, 신체적, 성적 폭력이 포함된다. 데이트폭력은 주로 욕설이나 협박, 물리적인 폭력, 성희롱, 성폭행 등의 형태로 나타날 수 있다.

데이트폭력에 대한 많은 연구에서 데이트폭력의 가해자는 성차가 없는 것으로 나타났다. 그러나 심각한 신체적 공격은 남성이 더 많이 하고, 여성은 방어차원의 물리적 공격을 더 많이 하는 것으로 나타났다(서경현, 2009). 데이트폭력은 심리적, 신체적 손상뿐만 아니라 우울증과 외상 후 스트레스 증상의 정신적 후유증까지도 동반하게 되어 이후에 대인관계나 사회적응에 부정적인 영향을 끼치게 된다.

폭력은 결혼관계에서보다 미혼 연인의 사적인 데이트 관계에서 오히려 더 많이 발생한다. 친밀한 관계에서 발생하는 폭력의 영향력은 개인적으로도, 사회적으로도 매우 심각한 문제이다. 데이트폭력은 가정폭력에 비해서 심각성이 상대적으로 잘 알려져 있지 않으며, 가정폭력과 달리 법적 보호의 테두리 밖에 존재하기 때문에 더욱 심각한 문제라고 할 수 있다. 또한 데이트폭력이 연인관계에서 시작될 때 근절되지 않는다면 결혼 후에도 만성적으로 지속되는 특성이 있다. 이처럼 심각한 데이트폭력은 연인 모두 피해자가 될 수도 있고 심각한 후유증을 동반한다. 사적 영역의 문제로만 보지 말고 공적 영역의 개입을 요청해서라도 사전에 미리 예방하고 공동으로 해결하기 위해 노력하는 자세가 필요하다.

➔ 데이트폭력 유형

- **괴로운 데이트폭력, '가스라이팅'**

가스라이팅(Gaslighting, 타인의 심리나 상황을 교묘하게 조작해 지배력을 강화하는 행위)은 피해자가 가해자의 무리한 요구를 인지하지 못하게 만든다는 점에서 위험하다. 송란희 한국여성의전화 사무처장은 "데이트폭력은 전 연인 상대를 거론하거나 '밤늦게 다니면 위험하다'는 식의 안전 명목 등으로 행동을 통제한다는 공통점이 있다"며 "이렇게 해야 사람을 마음대로 움직일 수 있기 때문"이라고 설명했다. 또 "가스라이팅의 큰 문제는 폭력을 폭력으로 생각하지 못하게 만들어 외부에 도움을 요청하기 어렵게 만든다는 점이다"라며 "무엇보다 폭력을 관심이나 사랑으로 이해하도록 유도한다"고 강조했다.

출처: 중앙일보(2020.10.15).

- **그루밍 피해자에게 '문란' 낙인찍는 사회**

그루밍(Grooming)은 '길들이기'라는 의미로, 가해자가 성 착취를 할 의도로 자신보다 경험이 부족하거나 미숙한 사람에게 접근해 신뢰 관계를 형성하는 것을 말한다. 가해자가 아동・청소년에게 SNS・채팅앱 등을 통해 접근한 다음 관계를 쌓고, 더 나아가 연인관계인 것처럼 속인다. 다음 단계는 성 착취로 이어진다. 전형적인 성범죄는 가해자와 피해자가 명확하다. 그러나 그루밍은 피해자가 길들여져 있기 때문에 성 착취 관계인 것을 인지하지 못한다. 그루밍이 적발된 후에도 오히려 피해자가 가해자 편을 든다. 가해자와의 관계를 떼어놓으려는 사람들을 오히려 적대시한다. 더 큰 문제는 '사회적 낙인'이다. 피해자가 '자발적'으로 가해자와 대화를 했기 때문에, '자발적'으로 촬영물을 보냈기 때문에 가해의 '여지'를 스스로 제공했다는 것이다.

출처: 시사저널(2021.03.24).

- **디지털 폭력–연인 간 영상이 SNS에… "성폭력 범죄입니다"**

디지털 성폭력은 주로 관계가 틀어질 때 영상을 이용해 상대방에게 요구를 강요하는 형태로 나타난다. 전문가들은 이를 '삐뚤어진 소유욕'이 만들어낸 범죄라고 지적한다. 서울대 곽금주 교수는 "연인관계가 어긋나면 영상은 가해 수단으로 활용된다", "사랑의 감정이 증오, 배신감으로 바뀌면 상대방에게 치명적인 상처를 주고 싶은 마음이 들기 시작한다"며 "앙갚음 수단으로 상대에게 가장 큰 아픔을 줄 수 있는 영상 유포를 선택하는 것"이라고 설명했다.

출처: 머니투데이(2018.10.15).

5) 연애의 종결: 헤어짐

만남이 있다면 헤어짐도 있다. 사람들은 일반적으로 몇 차례의 연애와 헤어짐을 경험하게 되는 경우가 많다. 연인은 헤어지기 전에 다시 관계 회복의 가능성이 있는지 심사숙고하고, 회복될 가능성이 낮다고 판단되면 교제는 종결되어야 한다. 그러나 헤어짐은 거절을 당한 사람에게는 삶의 의미를 상실할 정도의 충격적인 경험일 수 있다. 위의 사례에서도 볼 수 있는 것처럼 연애에서 헤어지는 과정은 중요하며 충격을 최소화하기 위한 애도의 시간이 필요할 수도 있다.

연애의 종결은 다음과 같은 단계를 거친다(Duck, 1982; 정옥분 · 정순화, 2020에서 재인용). 1단계는 개인 내적인 관계이다. 상대방에 대한 불만스러운 점을 개인적으로 평가하고, 관계가 종결되었을 때의 부정적 측면과 새로운 관계를 시작했을 때의 긍정적 측면을 고려하게 된다. 2단계인 상호적 단계에서는 상대방과 관계를 종결하는 문제에 대해 논의하고, 자신들의 관계에 대한 재협상을 시도하게 된다. 3단계인 사회적 단계에서는 상대방에게 관계의 종결을 통고하고 이별 후의 상황에 대해 협상한다. 마지막 4단계는 다시 개인 내적인 단계로서, 이별의 경험을 극복하기 위해 여러 가지 활동에 참여하게 되면서 종결하게 된다.

2. 배우자 선택

사람들은 삶에서 다양한 선택과 결정을 하지만 그 중에서도 배우자 선택은 일생일대의 가장 중요한 선택 중 하나이다. 사람들이 결혼생활을 통해 배운 교훈은 절대 다른 사람을 변화시킬 수 없다는 것, 바꿀 수 있는 것은 오직 자신뿐이라는 것이다(김영희 · 김경미, 2019). 그러므로 배우자를 선택할 때 가장 중요한 원칙은 상대방의 부정적인 성격 특성이나 사는 방식, 가치관 등이 맞지 않는다면 평생을 함께 할 수 있는지에 대해 깊이 생각해 보아야 한다.

1) 배우자 선택 유형

배우자를 선택하는 방법은 각 나라와 문화마다 다양하다. 우리나라의 가장 보편적인 배우자 선택 유형으로 자유혼, 중매혼, 절충혼이 있다.

첫째, 자유혼은 결혼하는 당사자가 상대방을 자유롭게 선택하고 결정짓는 유형이다. 이 유형의 경우 처음부터 결혼을 목적으로 만난 것이 아니라 친구, 집단, 학교, 직장, 사회단체, 종교단체에서 함께 생활하다가 사랑하게 되어 결혼으로 이어지는 경우가 많다. 그러므로 배우자를 선택하는 기준도 서로 사랑하는 것, 서로에게 만족할 수 있느냐에 더 중점을 둔다. 둘째, 중매혼은 결혼 당사자의 의견이나 조건보다는 가문이나 사회경제적 지위를 중요시한다. 우리 전통사회의 배우자 선택 유형으로 중매인이 결혼과정에서 중요한 역할을 하는 결혼 유형이다. 현대사회에서는 정보화 사회의 특성으로 등장한 결혼정보회사나 중매앱이 많이 생겨나 인터넷 중매방식이 성행하고 있다(정옥분 · 정순화, 2020). 셋째, 절충혼은 당사자가 자유로운 교제를 통해 상대방을 선택한 후에 부모에게 소개하여 동의를 얻는 유형이 있고, 부모가 상대방을 선택하여 자녀의 동의를 얻는 방법이 있다.

2) 배우자 선택 이론

배우자를 선택한다는 것은 어떤 기준으로 어떤 과정을 거쳐 어떤 사람을 선택해서 결혼하느냐 하는 복잡하고 어려운 과정이다. 특히, 오늘날에는 배우자 선택과정에 대한 중요성이 부각되고 있다. 현재 어느 사회에서든 자신이 선택한 결혼이 많음에도 불구하고 배우자 간의 갈등은 표면화되어 있고, 별거나 이혼하는 커플이 늘어나고 있기 때문이다.

우리 사회에서 결혼은 생애과정의 가장 많은 부분을 차지하는 삶의 과정임이 분명하다(정현숙, 2019). 남성과 여성 모두 미혼이거나 비혼을 결정하는 비율이 지속적으로 증가하는 패턴을 보이며 비혼동거도 증가하고 있다. 그러나 사람들의 생애과정에서 남성은 79%, 여성은 85%로 남녀 모두 결혼관계를 경험하는 비율이 여전히 높다. 또한 2010년 기준 결혼 지속기간은 남성은 35.1년, 여성은 34.2년으로 상당히 장기간이라고 할 수 있다. 따라서 행복한 결혼생활을 영위하기 위해서는 배우자 선택과정에서 결혼생활을 위한 적당한 조건들을 충분히 고려하는 것이 좋을 것이다. 학자들의 다양한 배우자 선택 이론들을 〈표 7-1〉에 간단히 정리하였다(정현숙, 2019에서 재인용).

〈표 7-1〉 배우자 선택 이론

이론	특징	중요학자
부모 이미지 이론	• 프로이트의 정신분석이론을 배우자 선택에 적용함 • 오이디푸스 콤플렉스와 엘렉트라 콤플렉스에 의해 아들과 딸이 각각 동성 부모의 이미지와 유사한 배우자를 선택함	머스테인(Murstein, 1986)
교환 이론	• 경제학 이론에 기초하여 배우자 선택 상황에서 비용보다는 더 많은 이득을 얻을 수 있는 다양한 대안들 중 가장 많은 보상을 줄 최선의 대안을 선택함 • 비용과 보상에 대한 평가는 시대, 사회마다 다르지만, 경제적 조건, 사회적 계층, 신분, 사랑, 성, 신체적 매력, 직업, 학벌, 가문 등이 대안으로 인식됨	
공평 이론	• 공평은 공정성을 의미하는 것으로 이익이 되는 교환보다는 공정한 거래에 더 매력을 느끼고 이러한 특징이 배우자 선택에서도 작용한다고 보는 관점 • 상대방은 서로 자원을 교환하는 과정에서 제공되는 자원의 질과 양의 상호 형평성 등을 고려하고 동등한 결합(공정교환)을 원하며 상대방의 가치 인정에 대한 판단이 서로 유사할 때 평가가 쉬움	센터스(Centers, 1975)
상보적 욕구 이론	• 사람들은 서로 비슷한 사람보다는 서로를 보완해 줄 수 있는 요인이 있을 때 매력을 느끼고 이러한 특성이 배우자 선택에서도 작용한다고 보는 관점 • 유형1: 특정 분야에 높은 욕구를 가지고 있는 사람이 그 분야를 가진 사람에게 매력을 느낌 • 유형2: 만족하려는 욕구 분야가 서로 다를 때 매력을 느낌 • 색스톤(Saxton, 1968)은 지배-순종 욕구, 양육-의존 욕구, 성취-대리성취 욕구, 적의-비하 욕구들이 상보적으로 작용한다고 함	윈치(Winch, 1958)
여과망 이론	• 시간적 순서에 따라 관계가 진전되는 배우자 선택과정에 초점을 맞춘 이론 • 시간에 따라 각기 다른 여과망에 의해 배우자가 걸러진다고 가정함. 초기에는 근접성, 매력, 사회적 배경, 의견일치 등의 동질적 측면이 중요하게 작용하고, 이후 관계의 발전에는 상호보완적 측면이 중요하게 작용함	커코프와 데이비스(Kerckhoff & Davis, 1962)
자극-가치-역할(SVR) 이론	• 배우자 선택이 시간에 따라 중요하게 여기는 가치가 변화하는데, 자극(stimulus)-가치(value)-역할(role)의 단계로 변화한다고 가정함 • 자극(S)단계: 최소한의 상호작용만 존재하는 단계로, 외적으로 나타나는 특성에 상호매력을 느끼는 총체적 매력이 균형을 이루면 다음 단계로 진전됨 • 가치(V)평가단계: 인생관이나 성, 결혼생활에 대한 가치나 태도 등이 서로 공존하고 양립 가능한가에 따른 상호유사성이 평가 기준 • 역할(R)평가단계: 두 사람이 함께 부부로서 수행할 다양한 역할에 대해 서로 얼마나 적합한지 평가하는 단계	머스테인(Murstein, 1970)

출처: 정현숙(2019)에서 재인용.

3) 배우자 선택 시 고려할 점

사람들은 당연히 행복한 결혼생활을 꿈꾸며 배우자를 선택한다. 배우자 선택을 지혜롭고 신중하게 하기 위해서는 어떤 점을 고려해야 할까? 스티넷과 동료들(Stinnett et al., 1984)은 성공적인 결혼을 위한 배우자 선택 시 고려해야 할 사항을 다음과 같이 제시하였다(정옥분 · 정순화, 2020에서 재인용). 또한 결혼생활에 도움이 되는 배우자 간의 유사성에 대해서는 〈표 7-2〉를 참고하기 바란다.

첫째, 자신에 대한 이해가 높아야 한다. 자신의 성격이나 가치관, 욕구나 기대 등이 무엇인지 알아야 한다. 자신의 결혼 동기가 무엇이며 어떤 상대를 원하는지, 결혼을 통해 무엇을 얻고자 하는지 알아야 한다. 자신의 성장환경, 주양육자와의 관계에서 경험했던 여러 가지 문제들은 배우자 선택이나 결혼생활 내내 영향을 미칠 수 있다. 따라서 충분한 탐색을 통한 자기 이해가 있어야 한다.

둘째, 결혼상대자에 대해 알아야 한다. 상대방에 대해 얼마나 정확하게 알고 있는가에 따라 배우자를 지혜롭게 선택할 수 있는지가 결정된다. 자신에 대해 아는 것과 마찬가지로 상대방의 성격이나 가치관, 상대방의 결혼에 대한 동기나 기대, 욕구 등을 알아야 한다. 결혼 후에 겪는 어려움을 예방하기 위해서는 결혼 준비 교육을 미리 받아서 자신과 결혼상대자에 대해 충분히 알아본다면 좋을 것이다.

셋째, 배우자와의 관계가 가족이나 친구 관계에 어떤 영향을 미칠 수 있는지를 고려해야 한다. 현재 우리 사회에서 배우자 선택은 개인의 자유의지에 의해 결정되고 있지만, 가족 간의 결합이라는 특성도 혼재하므로 부모나 친구의 지지도 고려해야 할 요인이다. 낭만적인 감정에 빠져 있는 연인들은 정확한 판단을 하기 어려울 수 있다. 한편으로는 부모의 지나친 도움과 간섭에 대해 한계를 설정하는 것도 필요하다.

〈표 7-2〉 결혼생활에 도움이 되는 배우자 간의 유사성

1. 가족의 사회경제적 배경	26. 가족이 영적 활동에 참여하는 정도
2. 지능	27. 취미와 관심
3. 교육 수준	28. 즐기는 음악의 종류
4. 언어능력	29. 신체활동을 위한 에너지 수준
5. 결혼생활에서 기대하는 역할	30. 성 충동과 성적 관심
6. 권력 분담에 대한 견해	31. 소비 수준과 저축 수준
7. 바라는 자녀수	32. 금전 할당방식(의복, 휴가 등)
8. 가족생활 시작 시점	33. 기부금의 정도와 기부대상
9. 아동양육에 대한 견해	34. 투자에 거는 위험부담의 정도
10. 정치철학	35. (집, 의복, 신체 등의) 청결에 대한 태도
11. 흡연, 음주, 약물복용에 대한 견해	36. 아픈 것을 다루는 방식
12. 친정(처가)이나 시댁(본가)과 어울리는 정도	37. 건강에 대한 표준-의사를 보러 가는 시점
13. 유머 감각	38. 사람을 대하거나 어울리는 기술
14. 시간약속 등을 잘 지키는 것	39. 선호하는 사회활동의 양과 유형
15. 신뢰할 수 있는 정도	40. 사는 장소
16. 언어적 친밀성에 대한 기대와 친밀해지는 능력	41. 집의 크기와 양식
17. 갈등에 대한 태도와 해결방법	42. 가구나 장식의 유형
18. 분노를 다루는 방식	43. 여행 정도와 유형
19. 이성과의 우정을 처리하는 방식	44. 휴가를 보내는 방식
20. 기대하는 프라이버시 정도와 이를 다루는 규칙	45. 명절 등을 쇠는 방식
21. 야망 수준	46. 함께 보내는 시간의 양
22. 인생 목표	47. 취침시간과 기상시간
23. 체중에 대한 태도	48. 주야간 집안의 실내온도
24. 종교적·영적 신념과 선호	49. 식사시간 동안의 활동(대화, TV시청 등)
25. 교회 참여 정도	50. 선호하는 TV 프로그램

출처: 정현숙(2019)에서 재인용.

넷째, 연인 상호 간의 일치성을 고려해야 한다. 만족한 결혼생활을 영위하기 위해서는 결혼생활의 여러 측면에서 자신과 어울리는 사람과 결혼하는 것이 매우 중요하다.

다섯째, 사랑이 있어야 한다. 현대사회에서 사랑은 배우자 선택의 가장 중요한 요인이다. 결혼생활에는 사랑과 성을 포함해서 지속적인 사랑의 감정이 있어야 한다. 또한 결혼을 결정하기 전에 열정적 사랑이 무르익는 것은 좋으나 이성적으로는 신중하게 행동하는 것이 필요하다.

여섯째, 결혼의 지속성을 고려해야 한다. 결혼 선택이 당사자에게 있는 것과 마찬가지로 결혼 유지에 대한 책임 또한 당사자에게 있다. 사랑하는 감정에 몰입한 나머지 경제적 능력이나 학력 등 사회·문화적인 차이를 간과한다면 결혼생활 유지에 부정적인 영향을 줄 수 있다. 당사자들이 서로에 대한 공통적인 요소가 많을수록 사랑이라는 감정이 사라졌을 때 서로에 대한 관심을 유지시켜 나가는 데 도움이 된다.

함께 나누기

1. 자신의 호감 추구 전략을 확인해 보고 자신의 연애 이상형에 대해 이야기를 나눠 봅시다.

2. 현대사회를 연애 기획의 시대라고 한다. 밸런타인데이, 화이트데이, 'OO일 기념' 등 연인들의 기념일이 넘쳐나 데이트 비용 부담이 문제가 되고 있다. 이러한 사회현상에 대해 논의해 봅시다.

3. 밀레니얼 세대의 연인들은 '데이트 통장'을 만들어서 사용한다고 한다. '데이트 통장'의 장단점에 대해 논의해 봅시다.

관련 동영상

1. EBS 〈다큐프라임-사랑의 과학 1부 매력 #002〉
   https://youtu.be/mhrh4bY2rZU (17분07초)
2. EBS 〈다큐프라임-사랑의 과학 1부 매력 #003〉
   https://youtu.be/9FOYbpVo3ek (18분24초)

참고문헌

권오현 (2019). 낭만적 사랑의 기념문화와 친밀성의 상업화: 밸런타인데이와 화이트데이를 중심으로. **사회사상과 문화**, 22(2).

김영희, 김경미 (2018). **결혼과 가족**. 파워북.

김은정 (2016). 성인모색기 20대 여성의 이성교제 및 성행동을 통한 자아정체성 형성에 관한 일 연구. **한국여성학, 32**(2).

서경현 (2009). 이성관계에서 행해지는 데이트폭력에 관한 연구의 개관. **한국심리학회지: 건강, 14**(4).

양동옥, 김경례 (2017). 대학생들의 '썸 문화'에서 나타나는 전략적 선택과 양가적 행위성. **젠더와 문화, 10**(1).

이기숙, 김득성, 공미혜, 김은경, 전영주, 손태홍, 오경희 (2018). **결혼의 기술**. 신정.

이은순 (2001). 대인커뮤티게이션에서 호감추구전략과 구애전략에 관한 연구: 연인관계 시작 전 단계를 중심으로. 연세대학교 대학원 신문방송학과 학위논문.

정옥분, 정순화 (2020). **결혼과 가족**. 학지사.

정현숙 (2019). **가족관계**. 신정.

매경뉴스 (2021.03.24). '랜선연애'가 짜릿하다는데…MZ세대 사랑법 '데이팅앱'. https://news.mk.co.kr/v2/economy/view.php?year=2021&no=281053

중앙일보 (2020.10.15). 괴로운 데이트폭력, '가스라이팅'. https://news.joins.com/article/23894717

시사저널 (2021.03.21). 그루밍 피해자에게 '문란' 낙인찍는 사회. http://www.sisajournal.com/news/articleView.html?idxno=212613

KOTRA & KOTRA 해외시장뉴스 (2021.04.06). '온라인으로 만남' 코로나19로 날개단 미국 데이팅앱 산업 https://news.kotra.or.kr/user/globalBbs/kotranews/782/globalBbsDataView.do?setIdx=243&dataIdx=187768

머니투데이 (2018.10.15). 디지털 폭력-연인 간 영상이 SNS에… "성폭력 범죄입니다". https://news.mt.co.kr/mtview.php?no=2018101415232891340

CHAPTER 08 결혼하기

송정숙 집필

과거 우리 사회에서 결혼은 남녀가 일정한 나이에 도달하면 당연히 거쳐야 하는 삶의 통과의례로 여겨졌으나, 현대사회에서는 결혼이 필수적인 과정이 아니라 다양한 선택과정 중 하나로 여겨지고 있다. 필수가 아닌 선택과정이 되었음에도 대다수의 사람들은 사랑의 실현과 같은 다양한 동기를 가지고 결혼을 선택하고 있다. 그러나 결혼은 현실이라는 말이 있을 정도로 실제 결혼생활은 녹록하지 않다. 따라서 이 장에서는 결혼의 정의와 유형을 살펴보고, 결혼 문화와 실태, 실제 결혼생활에서 맞닥뜨리는 일과 가족생활에 대해서 알아보고자 한다.

1. 결혼의 정의와 유형

1) 결혼의 정의

결혼에 대한 정의는 각 문화권에 따라, 사람들 각자가 가지고 있는 관점에 따라 다양하게 말할 수 있을 것이다. 결혼의 사전적 정의는 '남녀가 정식으로 부부관계를 맺음'(표준국어사전)이다. 결혼은 사회적으로 인정된 파트너 관계(Williams, Sawyer, & Wahlstrom, 2006, 정현숙, 2019에서 재인용)이며, 일반적으로 남성과 여성의 결합을 의미한다. 많은 문화권에서 동성애를 사회적·법적으로 합법적인 파트너 관계로 인정하지만, 우리나라에서는 일반적으로 한 명의 남성과 한 명의 여성의 법적인 관계만으로 인식된다(정현숙, 2019).

올슨 등(Olson, DeFrain & Skogrand)은 결혼을 '정서적 · 육체적 친밀감과 다양한 과업, 경제적 자원 및 가치를 공유하기 위한 두 사람의 정서적 · 법적 책임 관계'라고 정의하였다(정옥분 · 정순화, 2020에서 재인용). 결혼을 하게 되면 상대방에 대해 독점적인 성관계와 출산의 권리를 지니게 되며, 서로를 보살피고 의지하는 정서적 관계를 갖게 된다. 또한 결혼식을 통해 혼인을 사회적으로 공표하며, 혼인신고를 통해 서로 법적인 책임의 관계가 되고, 서로의 재산을 공유할 수 있게 된다. 부부간의 의무에 대해 우리나라의 민법에서도 '부부는 동거하며 서로 부양하고 협조하여야 한다'라고 명시하여 강조하고 있다.

2) 결혼의 유형

결혼 유형은 파트너에 대한 사회적 규정에 따라 다양하게 구분된다. 결혼과 동거 및 새로운 파트너십(unions, marriage, partnership)을 모두 포함하는 개념에 따른 결혼 유형을 적용하면 법적인 승인 여부에 따라 법적 결혼과 동거로 구분되며, 동거에 대한 자발적인 선택을 강조하여 '비혼동거'라고 하는 개념도 제시되고 있다. 또한 많은 나라에서 LAT(Living-Apart-Together)라는 비거주동거형태도 증가하고 있다(정현숙, 2019). 최근 우리나라도 결혼제도 밖에 있는 '비혼동거' 커플을 대안적 가족형태로 보고 법제도 안의 가족에 포함시키려는 노력을 하고 있다(세계일보, 2021.01.25).

결혼 유형은 배우자의 수에 따라 일부일처제(단혼제)와 복혼제로 나눌 수 있다. 일부일처제는 일반적으로 한 남자와 한 여자가 결혼하는 것으로, 전 세계에서 가장 보편적이고 압도적으로 많은 형태의 결혼 유형이다. 일부일처제는 소비지향적인 사회의 경제구조나 성 비율로 볼 때 가장 적합한 형태라고 할 수 있다. 또한 최근의 결혼제도에서 보편적으로 큰 가치를 부여하는 심리적 친밀감을 제공하고, 복혼제보다 더욱 강한 양성평등을 수반한다. 현대사회는 연속적 일부일처제(serial monogamy)형태가 증가하고 있는데, 이혼과 재혼의 증가로 인해 성적 배타성을 유지하면서 연속적으로 두 번 이상의 일부일처제를 경험하게 된다(Ingoldsby & Smith, 2006, 천혜정 외 역, 2009). 한편, 복혼제는 한 명의 남성과 여러 명의 여성이 결합하는 일부다처제(polygyny)와 한 명의 여성과 여러 명의 남성이 결합하는 일처다부제(polyandry)로 구분된다.

〈표 8-1〉 결혼 유형

분류기준	대분류	세부분류	
법적 승인 여부	법적 결혼(legal marriage)		
	동거 (cohabitation, common in law)	비혼동거	비거주동거 (living apart together)
파트너의 수	단혼제, 일부일처제(monogamy)	연속적 단혼제 (serial monogamy)	
	복혼제(polygamy)	일부다처제(polygyny)	
		일처다부제(polyandry)	동양식 축첩제
			아랍식 다처제
	집단결혼(group marriage)		
파트너의 국적·인종	국제결혼(international marriage)		
	인종 간 결혼(interracial marriage)		

출처: 정현숙(2019).

2. 결혼 문화와 실태

결혼은 나라와 문화에 따라 그 형식과 절차가 다양하게 나타난다. 우리 사회에서 결혼은 일반적으로 두 사람이 연애나 중매를 거쳐 결혼하기로 선택한 후 결혼식이라는 공적인 의식을 통해 부모, 가족과 친지, 친구들 앞에서 서로 헌신할 것을 사회적으로 알리고, 혼인신고를 통해 법적으로 인정받는다. 결혼을 선택하는 사람들은 결혼에 대한 동기가 높으며 행복한 결혼에 대한 환상을 가지고 결혼생활을 시작하지만 다양한 현실에 부딪히게 된다.

1) 결혼에 대한 동기

우리 사회는 결혼하는 비율이 감소하고 만혼이 증가하고 있으며 대안적인 삶으로서 동거와 비혼이 증가하고 있다. 그러나 사람들은 대부분 성인기 삶의 한 유형으로 결혼을 선택하여, 사랑하는 사람과 심리적 친밀감과 애정이나 헌신 등을 공유한다. 결혼을 하는 이유에는 친밀한 정서적 관계를 영원히 보장받기 위함이나 합법적으로 성적 욕구를 충족하기 위함도 있을 것이다. 대다수의 사람들이 결혼을 선택하는 주된 동기를 살펴보면 다음과 같다(이기숙 외, 2018).

(1) 사랑의 실현

사람들이 결혼을 하려는 가장 큰 이유는 사랑하는 사람과 함께 지내고 싶기 때문이다. 사랑하는 두 사람은 결혼을 통해 정서적으로 연결되며, 사랑을 주고받으며, 돌봄과 성행위를 포함하는 친밀감을 공유한다. 오늘날 대부분의 젊은 미국인들은 그들의 가장 깊은 감정을 공유할 수 있는 '소울 메이트'와 결혼하는 동료애를 원한다(Ingoldsby & Smith, 2006; 천혜정 외, 2009에서 재인용).

(2) 성적 욕구의 충족

남녀가 성인이 되면 성적 욕구를 갖게 되는데, 결혼은 합법적으로 성적 욕구를 충족시킬 수 있는 수단이다. 성적 욕구는 결혼 이외의 관계에서도 충족될 수 있으나 우리나라뿐만 아니라 대부분의 문화권에서는 결혼관계 내에서만 성관계를 허용하는 성적 배타성을 사회적으로 인정하고 있다.

(3) 정서적 · 경제적 안정

사람들은 대부분 결혼을 통해 정서적 안정감과 경제적 안정을 획득하게 된다. 인생의 동반자인 배우자로부터 자신을 이해하고 수용해 주는 정서적 안정감과 가정의 재정을 관리하는 경제적 공동체로서 재산 증식과 소비활동을 통해 안정을 얻을 수 있게 된다.

(4) 부모됨의 성취

자녀를 낳고 부모가 된다는 것은 자기 보존은 물론 종족을 계승하는 일이기 때문에 사람들에게 중요한 인생의 목표가 되기도 한다. 결혼을 하지 않고도 자녀를 가질 수 있지만 대다수의 사람들은 결혼을 통하여 자녀를 갖고 양육하기를 원한다. 비혼 상태에서 자녀를 갖게 되었을 때 법적으로 안정적인 환경에서 자녀를 양육하고자 결혼을 선택하기도 한다.

(5) 성인으로서의 신분 획득

결혼을 통해 사회적으로 성인으로 인정받을 수 있을 뿐만 아니라 부모로부터 독립된 생활을 영위할 수 있다. 예를 들어, 우리나라는 법적으로 만 19세 이상이 된 사람을 성인으로 인정하지만, 만 18세라 할지라도 부모의 동의가 있으면 결혼을 할 수 있다. 따라서 부모가 혼인한 미성년자의 법정대리인 역할을 하지 않을 수 있도록 하고 있다(어울림 경영연구소, 2020).

(6) 사회적 기대의 부합

결혼을 통해 성인으로서의 신분을 획득하고, 성인이 되면 결혼을 하는 것이 정상적이라고 간주하는 사회적 기대에 부합하려고 결혼을 하기도 한다. 결혼적령기와 같은 개념은 성인기에 도달한 남녀, 특히 여성들에게 사회적 압력으로 작용하게 된다.

2) 결혼에 대한 환상

결혼을 선택한 사람들은 막연하게 자신의 결혼생활은 행복할 것이라는 환상을 가지고 있으며 행복한 삶을 위하여 상대방에 대한 높은 기대를 갖게 된다. 그러나 결혼은 연애나 동거와 달라서 양가 가족 간의 관계 형성과 갈등, 자녀 출산과 양육, 부부 갈등, 경제 문제 등의 많은 현실적인 책임감이 따르는 삶, 그 자체이다. 결혼에 대한 환상은 결혼생활에 부딪히면서 실망하고 깨지게 되는데 그 이유 중 하나는 결혼생활의 실체에 대한 인식이 부족하기 때문이다. 녹스와 샤흐트(Knox & Schacht, 1990)는 사회가 결혼에 대한 비현실적인 환상을 지속시키고 있다고 주장하고, 〈표 8-2〉와 같은 현실적 사고가 필요하다고 보았다(이기숙 외, 2018에서 재인용).

〈표 8-2〉 결혼에 대한 환상과 현실적 사고

결혼에 대한 환상	결혼에 대한 현실적 사고
우리의 결혼은 다를 것이다.	우리의 결혼은 다른 사람들의 결혼과 다를 수 있다. 다른 사람의 결혼과 다르게 만들기 위해 노력해야 한다.
우리는 상대방을 행복하게 만들 것이다.	우리는 배우자의 행복에 중요한 영향을 미치는 사람이 될 수 있다. 배우자 역할 외에 다양한 역할에서의 관계, 상황이 중요한 영향을 미치게 된다.
우리의 갈등은 심각하지 않다.	우리의 갈등은 심각하지 않을 수도 있다. 만일 심각하면 우리는 그것을 해결하기 위한 기술을 발전시킬 것이다.
배우자가 내가 원하는 모든 것을 충족시켜 줄 것이다.	배우자는 나의 여러 가지 욕구를 충족시킬 것이다.
사랑이 깊을수록 갈등은 적을 것이다.	사랑과 갈등은 불가분의 관계이다. 높은 수준의 사랑이 시간이 지남에 따라 갈등을 증가시킨다.

출처: 이기숙 외(2018)에서 재인용.

3) 결혼 준비와 결혼

(1) 결혼 결정과 시기

연인들이 서로를 결혼상대자로 생각하고 있다고 해도 결혼 시기에는 차이가 있다. 과거에는 일정한 나이가 되면 당연히 결혼해야 한다는 결혼적령기라는 인식이 있었다. 그러나 최근 들어 나이에 맞춰 결혼하기보다는 정서적, 사회적 성숙과 경제적으로 준비가 되어 있을 때 결혼을 하려는 인식이 높아지고 있다. 결혼 준비가 여러 가지로 되어 있지 않거나, 결혼을 가족 간의 결합으로 보는 부모의 영향력이 큰 한국 사회에서 양가의 가족 상황과 부모 의견 및 경제 상황 등은 결혼 결정과 시기에 중요한 역할을 한다. 예를 들어, 집안에서 결혼하라는 압박이 크거나 부모로부터 독립하고자 하는 욕구가 큰 경우에는 결혼을 서두르게 된다.

현대사회에서는 교육 기간이 연장되고, 취업 후 경제적으로 안정된 후에 결혼하려는 경향과 여성의 취업 기회가 많아지며, 비혼 선택 등의 가치관 변화 등으로 인해 초혼 연령이 점차 늦어지고 있다. 통계청(2020)에 따르면 지난해 평균 초혼 연령은 남성 33.4세, 여성 30.6세로 남녀 모두 10년 전에 비하면 남성은 1.8세, 여성은 1.9세 각각 상승했다. 20년 전에 비하면 남녀 모두 각각 4.3세씩 상승했다.

(2) 약혼

약혼은 자신에게 적합한 배우자를 선택하고 적절한 시기에 결혼할 것을 약속하는 것이다. 약혼은 시대와 문화에 따라 다양하지만, 우리 사회에서도 연애결혼이 당연시되고 혼전동거가 증가하면서 약혼식이라는 공식적 절차는 거의 생략되고 있고 중요하게 생각하지 않는다. 상대방에게 혼인을 청하는 프로포즈(propose)를 통하여 결혼 약속을 하는 경우가 대다수이고, 양가의 가족이 상견례를 함으로써 약혼식으로 대치되는 경우가 많다. 약혼은 결혼에 앞서서 마지막으로 시험해 보는 기간의 기능과 상대방 가족과의 관계 형성, 결혼 계획과 준비기간의 기능을 한다(정옥분 · 정순화, 2020).

(3) 결혼식

결혼식은 두 사람이 부부임을 여러 사람 앞에 공표함으로써 사회적으로 승인받는 통과의례이다. 우리나라의 현대식 결혼식은 전통혼례와 서구의 결혼식 문화가 혼합된 형태로 행해지고 있다. 최근에는 결혼식에서도 특정하게 정해진 절차나 형식에 따르기보다는 개성을 중시하는 경향으로 보다 다양한 양식이 나타나고 있다. 또한 결혼 당사자가 뚜렷한 가치관을 가지고 각자의 분수에 맞추어 결혼식을 기획하는 스몰웨딩(small wedding), 하우스웨딩, 야외결혼식 등 다양하게 나타나고 있다.

결혼을 약속한 후에는 결혼식 준비뿐만 아니라 결혼생활에 적응하기 위해 서로를 충분히 이해하고, 앞으로의 결혼생활에 대한 여러 가지 문제를 계획하고 함께 의논하여야 한다. 결혼식 준비를 위한 일반적인 절차는 〈표 8-3〉과 같다. 우리나라는 법률혼주의이므로 혼인신고를 해야 법적으로 혼인을 인정받을 수 있다. 혼인신고는 당사자 쌍방과 성년자인 증인 2인이 연서한 서면에 의하여 한다. 신고장소는 신고지(접수지)처리 원칙에 의하여 제한이 없다. 외국에 있는 우리나라 국민 사이의 혼인은 그 외국에 주재하는 대사, 공사 또는 영사에게 신고할 수 있다. 한국인과 외국인 사이의 혼인신고는 한국에서 신고하는 것과 외국에서 신고하는 것에 따라 절차가 다르다(대한민국법원, 2021).

〈표 8-3〉 결혼식 준비를 위한 일반적 절차

준비 절차	내용
결혼 준비 설계	결혼식 날짜를 정하고 결혼 총예산과 혼수용품 예산 등을 세우고 결혼식장 및 피로연 장소를 정하는 시기이다. 과거에는 신부 측에서 택일을 하였으나, 근래에는 결혼할 두 사람이 협의하여 정하는 것이 일반적이다.
예식장소 예약	전통혼례에서는 신부집 대청마루나 마당에서 혼례를 올렸으나 근래에는 예식장이나 호텔, 회관, 야외, 사찰, 교회, 성당 등을 이용하며, 예식장에서 결혼식을 올리는 경우가 많다. 결혼식 날짜에 맞춰 시간을 두고 여유 있게 예약하여야 원하는 날짜에 맞추기가 쉬우며 교통이 편리한 곳으로 선정하는 것이 좋다. 비용은 양가에서 공동으로 부담하는 것이 일반적이다.
신혼집 준비와 신혼여행지 선정	결혼 날짜가 정해진 후 신혼집을 알아보고 내부 수리나 인테리어 등의 계획을 세운다. 신혼여행지를 선택하고, 외국으로 신혼여행을 가는 경우 여권 및 비자 등을 미리 준비한다.
주례위촉	주례는 친분이 있고 존경하던 분으로 정하고 주례가 결정되면 직접 찾아 뵙고 부탁을 드리는 것이 예의이다. 최근에는 주례를 정하지 않고 부모 중에서 축사나 덕담을 하는 경우 등 다양해지고 있다. 결혼식 사회자를 결정하고 사진 촬영이나 웨딩드레스, 신부 화장도 예약한다.
청첩장	결혼식에 참석하여야 할 하객 명단을 작성하고 청첩장을 준비한다. 청첩장은 늦어도 결혼식 1주일 전에는 도착하도록 하여야 한다. 최근에는 인터넷을 통한 모바일 청첩장을 선호하고 있다.
혼수, 예물 준비	신혼살림에 필요한 가구, 가전제품이나 침구, 그릇 등을 구입하고 신혼집에 들여서 배치한다. 예단이나 예물을 예산에 맞게 준비하고 예복과 혼례 당일 사용할 자동차를 준비한다. 결혼식과 관련된 제반 사항이나 신혼여행지에 대한 최종점검이 필요하다.
함	전통혼례에서 납폐에 해당하는 함(函)은 신랑 측에서 신부 측에 혼인 허락에 대한 감사의 표시로 보내던 것으로 일반적으로 결혼식 1주일 전쯤에 보낸다. 과거에는 신랑 친구들이 함을 파는 것을 볼 수 있었으나 최근에는 신랑이 직접 들고 가는 등 보다 간략하게 변화하고 있다.
결혼식	결혼식 진행의 일반적인 절차는 개식-신랑 입장-신부 입장-신랑신부 맞절-혼인 서약-예물 증정-성혼선언-주례사-내빈께 인사-행진-폐식의 순서로 진행된다. 신랑과 신부가 동시에 입장하거나 종교적 의미의 행사, 축하공연 등의 특별한 절차가 추가되기도 한다. 식이 끝나면 기념 촬영이 있고, 폐백실에서 폐백을 드린 후 피로연 장소에 나가 하객들에게 인사를 올리고 신혼여행을 떠남으로써 결혼식은 끝나게 된다.
신혼여행	신혼여행은 두 사람이 공동생활을 하기 전에 심리적, 신체적으로 적응하기 위해 다른 번잡한 활동에서 벗어나 두 사람만의 공간과 시간을 갖고 휴식을 취하는 기간이다. 이를 통해 앞으로의 결혼생활에 대한 계획도 세우게 된다.

출처: 정옥분, 정순화(2020)에서 발췌 및 수정.

4) 결혼 실태

(1) 결혼에 대한 인식 변화

우리 사회의 결혼에 대한 인식은 연령, 결혼 여부, 남성과 여성의 성차에 따라 미세하게 차이가 있다. 남성이 여성에 비해 꼭 결혼을 해야 한다고 생각하는 비율이 높다. 그러나 통계청 추이를 보면 2010년대에 비해, 결혼을 반드시 해야만 한다고 생각하는 비율이 남성과 여성 모두 큰 폭으로 감소하고 있으며, 특히 남성과 여성의 결혼에 대한 인식에 성차가 큰 것으로 나타났다(통계청, 2020). 비혼을 선택하거나 결혼하지 않아야 한다는 비율은 남성에 비해 여성이 상당히 높게 나타나는데, 이는 여성이 결혼제도를 더 부정적으로 바라보기 때문으로 보인다.

결혼 건수는 1970년 통계 작성 이후 해마다 큰 폭으로 감소하고 있고, 2019년만 해도 통계 작성 이후 최저치였다. 이러한 결과는 최근 우리나라의 경제성장 둔화와 '비혼주의'를 선택하는 밀레니얼 세대로 대변되는 혼인 연령층의 혼인율 감소로 인한 것으로 보인다. 특히, 2020년은 코로나19 바이러스의 대유행으로 혼인율이 21만쌍이나 감소한 것으로 나타났다(통계청, 2020).

혼인율 감소는 물론이고 초혼 남녀의 평균 연령도 해마다 모두 점차적으로 높아지고 있다. 혼인 건수가 줄어들고 혼인 연령이 높아지고 있는 것은 청년층의 학업 기간이 길어지고 취업, 결혼에 대한 인식과 가치관 변화 등의 영향으로 나타나고 있다. 특히, 밀레니얼 세대로 불리는 청년층들은 자신에 대한 투자를 아끼지 않으면서 결혼을 하지 않는 비혼주의, 결혼은 선택이라는 인식으로 개인의 권리와 행복을 우선시하고 있기 때문에 더욱 혼인 건수가 줄어들고 혼인 연령대가 높아지고 있다. 서울시(2019) 실태조사에서 청년세대의 경우 인생에서 가장 중요한 것에 대한 질문에 '원하는 일자리를 갖는 것, 내 집 마련 등 원하는 주거에서 사는 것'이라고 답한 비율은 높은 반면 '원하는 연애 및 결혼, 아이를 낳고 키우는 것'이라는 답변은 상대적으로 낮게 나타났다.

(2) 국제결혼의 증가

빠른 세계화의 진행과 개방화 영향으로 결혼 풍속도가 달라지고 있다. 전체 혼인 건수 중 국제결혼 건수가 상대적으로 늘어나고 있으며 전체 결혼의 약 10%를 차지하고 있다(통계청, 2019). 우리 사회의 급격한 경제 변화와 결혼에 대한 가치관 변화 등으로 한국인 절반이 결혼을 굳이 하지 않아도 된다고 생각하고 있다. 그중에서도 여성의 결혼에 대한 부정적 시각이 더 높아서 결혼적령기 남녀 성비 불균형이 크고, 1990년대 초부터 '농촌 총각 장가 보내기' 운동과 함께 국제결혼 중개업체의 증가 등이 급격한 국제결혼의 증가 이유라고 볼 수 있다.

외국인과의 혼인 추이 분포를 보면 한국인 남성과 결혼한 외국인 여성이 외국인 남성과 결혼한 한국인 여성보다 3배 정도 많다. 결혼 시장에서 상대적으로 취약한 도시 중하류층과 농촌의 남성들은 한국보다 경제 수준이 낮은 국가의 외국인 신부를 맞이하는 국제결혼을 통해 가족 재생산을 도모한 것이다. 한국인과 결혼하기 위해 국내로 이주한 결혼이민자 대부분이 여성으로, 주로 가난한 국가 출신의 여성들이 보다 잘사는 국가로 결혼 이주를 하는 글로벌 상향혼(global hypergamy) 경향을 보인다(한국민족문화대백과사전, 2011). 최근의 여성가족부(2019) 조사에 따르면 대졸 남성과 외국인 여성과의 결혼도 크게 증가하고 있다(파이낸셜뉴스, 2021.04.01).

세계화가 진행되면서 유학과 여행 및 취업 등으로 외국인과의 접촉이 활발해짐에 따라 교육 수준이 높은 여성들이 사회계층 면에서 자신과 유사한 지위의 외국인 남성과 결혼하는 사례도 일부 증가하고 있다. 또한 외국인 노동자들의 유입이 많아지면서, 동남아 남성과 한국 여성이 결혼하는 추세도 많아지고 있다. 이는 결혼이 개인화, 선택화되면서 국적이나 인종보다는 개인 간 친밀감이 중요 요소로 부각되는 데 따른 결과라고 할 수 있다.

➔ 다양한 결혼 사례

• 프랑스 대통령 24세 연상 부인과의 '러브스토리' 화제

에마뉘엘 마크롱(39)이 프랑스 새 대통령에 오르면서 24세 연상 아내와의 러브스토리도 큰 화제로 떠올랐다. (중략). 마크롱은 프랑스 북부 도시 아미앵에서 고등학교를 다니던 시절 문학과 라틴어 선생님이었던 트로뉴를 처음 만났다. 당시 마크롱은 15세이고, 트로뉴는 3명의 자녀를 두고 있는 평범한 유부녀였다. (중략) 결국 트로뉴는 2006년 남편과 이혼하고 마크롱과 결혼했다. 당시 마크롱이 29세였고, 트로뉴는 54세였다. (중략) 마크롱 역시 "우리가 전형적인 가족(classic family)이 아니라는 것은 부인할 수 없다"라며 "하지만 그렇다고 해서 우리 가족의 사랑이 부족하지 않으며, 오히려 더 강하다고 생각한다"라고 덧붙였다.

출처: 오마이뉴스(2017.05.08).

• 국제결혼 대졸 이상 한국인 배우자 43.8%... 7년새 14%P 급증

국제결혼에서 대졸 이상 학력을 지닌 한국인 배우자 비율이 43.8%로 7년 새 14%포인트 급증했다. (중략) 한국인 배우자는 '온라인 광고(50.5%)'를 통해 결혼중개업체를 알게 됐으며, 외국인 배우자는 '현지중개업 직원(61.1%)'을 통해 맞선 주선자를 알게 됐다고 응답했다. (중략). 한국인 배우자와 외국인 배우자는 필수제공 신상정보(혼인, 건강, 범죄, 직업)에 대해 90% 이상이 '제공받았다'고 응답했다. 필수제공 서류가 아닌 '학력', '가족관계' 등도 90% 이상이 상호 교환하는 것으로 조사됐다.

출처: 파이낸셜뉴스(2021.04.01).

3. 일과 가족

1) 역할 분담

(1) 역할 분담 인식

결혼하여 함께 살기 시작한 부부관계에서 가장 먼저 직면하는 문제는 누가 어떤 역할을 수행하여야 하는지, 역할을 어떻게 분담해야 하는지의 문제이다. 역할은 주어진 사회적 위치나 지위에 따라 한 개인에게 기대되는 행동으로, 개인차나 성차에 따라 이를 수용하는 정도가 다를 수 있다. 부부간의 역할 분담은 주로 성역할 사회화 과정에서 습득하게 되는데, 각자 성장과정에서 학습한 역할 규칙과 기대를 가지고 결혼생활을 시작한다. 결혼하는 부부들의 대부분은 결혼 전에 서로의 역할 분담과 기대를 조율하지 않고 결혼하여 실제 결혼생활에서 의견충돌이 일어날 수 있다. 예를 들어, 식생활과 가사 분담, 자녀양육 등의 역할에 대한 서로 간의 기대에 따라 실제로 분담하는 정도가 다르면 부부 갈등이 일어날 수 있다.

전통적인 가족에서는 남편은 돈을 벌고 아내는 집안일을 도맡아 하면서 자녀양육을 위해 헌신하는 모습을 이상적이고 정상적인 가족으로 생각하였다. 그러나 가족의 유형이 다양해지고 맞벌이부부가 보편화된 오늘날은 남편에게 경제적 역할, 아내에게 가사와 육아 등의 전통적인 성역할 분담은 결혼 선택의 걸림돌로 작용하고 있을 뿐만 아니라 결혼한 부부에게도 큰 갈등 요인이 되고 있다. 그러나 역할 분담에 대한 인식에서 남녀의 차이가 좁혀지고 있는 것과 달리 성역할 분담에서는 평등한 분담이 이뤄지지 않는 실정이다.

(2) 역할 분담 실태

생활시간 조사 결과에 따르면 가정관리 및 가구원 돌보기에 대한 가사노동 참여 시간은 맞벌이부부의 경우에 아내 3시간 7분, 남편 54분으로 아내가 남편보다 약 3.5배 더 많은 것으로 나타나고 있다(통계청, 2018). 아내 혼자 외벌이하는 부부의 경우에 가사노동 참여 시간은 아내 2시간 36분, 남편 1시간 59분으로 아내가 훨씬 더 많다. 가사노동을 부부가 공동으로 분담해야 한다는 인식은 10년 전에 비교해 크게 높아졌으나 실제로 가사 분담에서 성역할이 평등하지 않음을 보여주고 있다. 우리나라 남성의 가사노동 참여 분담률은 OECD 국가 평균인 33.6%에 크게 못 미치는 16.5%로 OECD 국가 중 가장 낮게 나타나고 있다(고용노동부, 2017).

맞벌이가구에 자녀가 있는 경우에 여성은 가정에서 또다시 이중교대를 하는 경우가 많고, 원가족과의 관계에서도 명절, 제사, 돌봄 등의 역할을 아내에게 전담하게 하는 경우가 높아서 부부 갈등이 증폭될 수 있다. 부부간의 역할 분담에 대한 인식이 점차 성평등으로 나아가고 있기는 하지만 건강한 가정생활을 영위하기 위해서는 공평한 역할에 대한 인식을 높이는 것이 무엇보다 필요하다. 따라서 실제 역할 분담에서 가사노동을 공평하게 분담하여야 한다. 그리고 가사노동의 부담을 줄이는 방법으로는 가사노동의 기계화와 함께 스마트홈 시스템을 활용하고, 밀키트 같은 반가공품, 가공품, 배달 음식, 외식, 가정부 고용 등의 가사노동의 산업화가 필요하다. 요즈음 사회적으로도 '워라밸(Work and Life Balance)'을 중요시하고 있으므로 가족 내에서의 가사노동과 자녀양육 등에서 공평한 역할 분담이 일·생활 균형을 이루는 데 특히 필요하다.

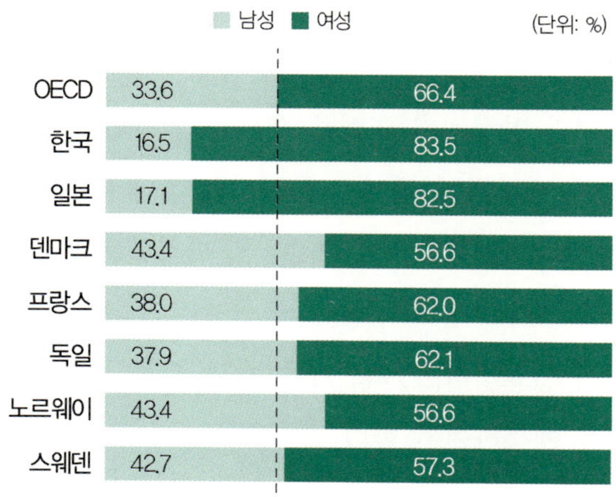

〈그림 8-1〉 OECD 국가별 성별 가사분담(무급노동시간 비중)

출처: 고용노동부(2017).

2) 재정관리

(1) 밀레니얼 세대의 재정관리

재정관리(financial management)란 앞으로의 재정 운영에 대하여 중장기적인 재정 전망을 세우고 관리하는 것이다. 결혼한 부부는 서로 협력하여 가정의 재정적 기초를 이루는 것이 중요하다. 결혼하여 공동생활을 시작하면 의류비, 주거비 등 소비생활을 위한 재원이 필요하고 자녀가 태어날 경우, 교육비, 주택 마련 자금, 노후 자금 등을 마련하기 위한 저축 및 투자가 필요하다. 현명한 재정관리를 위해서는 부부가 함께 가정경제 생활에 대해 방향을 설정하고 어떤 재정관리방식을 선택할지, 어떤 배우자가 주요한 재정결정을 할 것인지 등의 의사결정과 일치된 생각을 가져야 한다. 젊은 맞벌이가족에서는 부부의 소득을 공동으로 관리하거나, 공동생활비를 내고 각자가 돈을 관리하는 형태가 많은 것으로 보아 재정 부담의 공평성에 매우 민감한 태도를 보인다.

가정의 재정관리가 필요한 이유는 다음과 같다(어울림 경영연구소, 2020). 첫째, 가정의 경제적 안정과 안정적인 의식주 생활이 건강한 가정의 기본이기 때문이다. 건강한 가정을 이루기 위해서는 물적자원 등에 대한 합리적인 재정관리는 필수이다. 둘째, 유한한 자원으로 가족원의 다양한 욕구를 충족하기 위해서는 체계적 관리가 필요하고 중요하다. 욕구 충족은 최소의 투입으로 최대의 산출을 내는 효율성이 중요하다. 셋째, 가족의 재정관리는 특히 가족생활주기에 따라 투입과 지출을 예측하여야 한다. 신혼기부터 미리 준비해야 전 가족생활주기에 만족한 생활을 할 수 있다. 넷째, 개인 및 가족은 예기치 못한 질병, 사고, 실업, 화재 등의 사건, 사고에 직면할 수 있다. 예기치 못한 사건, 사고에 대비하기 위해 평소 생활비나 비상 자금을 예비비로 마련하고, 보험에 가입하여 재정적 대비를 할 필요가 있다. 다섯째, 세계화와 글로벌시대에 대비하고 국내외의 경기상황, 물가 변동, 부동산 경기의 변화, 주가 변동, 금리 변동 등 경기 흐름을 파악하고, 대응하여 재무 손실을 최소화하거나 자산을 증대시키는 것이 필요하다.

밀레니얼 세대가 결혼하여 형성한 밀레니얼 가족은 기성세대와 다르게 가격 대비 성능이 좋은 가성비, 가격 대비 마음의 만족을 주는 가심비가 높은 소비 생활을 한다. 예를 들어 패션에서는 다른 사람의 시선보다 '나를 위한 소비', 내가 입었을 때 편안함을 중시하는 모습을 보인다. 그리고 과거 부유층의 전유물로 여겨지던 명품소비가 밀레니얼 세대에게는 자산 및 소득에 상관없이 자기표현과 자기만족을 위한 수단으로 여겨진다. 또한 맞벌이부부의 보편화로 인해 식재료 구매부터 손질과 조리과정을 거치던 식생활에서 탈피하여 시간 절약과 가사노동의 감소가 가능한 식생활을 선택하고 있다. 주거생활에서도 개인의 독립적 취향과 재충전을 더 중시하고, 스마트홈 지향성도 강하게 나타나고 있다. 한편으로 주택마련에서도 주택의 '소유' 개념에서 벗어나 '내가 살 집'의 의미를 찾고 추구하고 있다. 즉, 주택마련 대출의 부담으로 삶과 마음에 여유가 없는 '하우스푸어(house poor)'가 되기보다는, 자가 소유는 아니더라도 자신의 라이프 스타일에 맞춘 인테리어로 편안하고, 살고 싶은 공간을 만드는 주거 소비 패턴을 보이고 있다(어울림 경영연구소, 2020).

➔ MZ세대가 궁금하다!

"결혼은 선택 취업은 필수"… MZ세대가 말하다.

"전문가들도 MZ세대를 한 마디로 정의할 순 없다고 말합니다. 그만큼 이들은 예측하기가 힘들고, 저마다 다양한 삶의 방식과 가치를 추구하고 있는데요. 정치·경제·사회 전반에 영향력을 넓히고 있는 2030 청년들을 직접 만나보겠습니다."

이들을 관통하는 첫 번째 키워드는 '다양성'입니다. 이전 세대와 달리 편견 없이 다양한 생활방식을 존중합니다. (중략)

결혼을 꼭 해야 하냐는 질문에, '안 해도 된다'는 응답자가 약 76%를 차지했습니다. 반면 10명 중 8명 이상이 취업은 필수라고 봤습니다. 연애를 할 때나 친구를 사귈 때도, 이들에겐 '다양한 만남'이 중요합니다. (중략) 주관이 뚜렷해서 자신의 취향을 밝히는 데 거리낌이 없고, 이 때문에 소비도 '소신껏' 합니다. 이른바 '가치 소비', '취향 소비'입니다. (중략) '욜로', '플렉스'

로 마냥 현실을 즐기는 것처럼 보이지만, 그 어느 때보다 뛰어난 스펙으로도 취업이 되지 않는, 고단한 세대이기도 합니다. 이들은 기성세대를 향해, 하나의 단면만 부각할 게 아니라 자신들의 감수성과 문화를 있는 그대로 이해해 달라고 입을 모았습니다.

출처: 연합뉴스TV(2021.04.10).

(2) 생애주기별 재정목표

가정을 꾸려 나가기 위한 가계(家計)는 전 생애 동안 일정한 소비수준을 유지하기 위하여 평생 소득을 고려하게 된다. 가계의 생애주기에 따른 소득수준을 살펴보면 자녀양육기나 교육기, 중년기에 도달할 때 높다고 볼 수 있다. 전 생애에 걸쳐 소비수준을 일정하게 유지하는 것이 가족의 만족을 높일 수 있다는 점을 고려할 때 전 생애에 걸쳐 소득을 적절하게 배분하는 것이 더 효율적이라고 볼 수 있다. 다음의 표는 생애주기에 따른 공통적인 재정목표를 정리한 것이다(서지원 · 성영애, 2020).

〈표 8-4〉 생애주기별 재정목표

구분	내용
미혼 성인기	결혼자금 및 신혼주거자금
신혼기	출산 및 양육준비자금, 주택마련자금 시작
자녀양육 및 교육기	자녀교육자금 및 사교육비 마련, 주택마련자금, 자산증식, 노후자금설계
중년기	자녀교육자금, 자녀결혼준비자금 마련, 노후자금 마련
노년기	노후자금관리

출처: 서지원, 성영애(2020)에서 발췌 및 수정.

➔ "육아휴직하면 내 돈으로 먹고 살잖아"… 반반 결혼의 최후

A씨는 30대 여성으로 동갑내기 남편과 결혼 전부터 반반 부담하는 데이트 통장에 돈을 채워 놓고 연애를 했다. 이후 결혼할 때에도 똑같이 1억 원씩 모아 공동 명의로 집을 마련하고 가구와 가전제품 등을 구비했다. 같은 직장에 다니고 연차도 비슷해서 연봉도 같았기에 가능한 일이었다.

A씨는 "반반 결혼을 했지만 결혼 후 첫 명절에 전날 오전부터 가서 음식을 하고, 밥상을 차리고, 설거지를 하면서 보냈다"며 "다음날 아침상을 정리하고 친정에 가려는데, 시모는 '고모님이 오시니 가지 말라'는 식으로 말하더라. 남편을 쳐다보니 모르는 척해서 '저도 맏딸인데 가봐야 하지 않겠냐'고 말하고 데리고 나왔다"고 말했다. (중략)
여기에 노후 준비가 돼 있던 A씨 부모와 달리 아무런 준비도 돼 있지 않은 시부모를 위해 남편이 "나중에 합가하자"고 제안하면서 쌓여온 불만이 폭발했다. (중략) A씨는 남편의 이중적인 태도에 크게 실망했다고 토로했다. 뿐만 아니라 A씨 남편은 "임신 후 육아휴직을 하면 내가 버는 돈으로 생활할 거 아니냐"며 "이제 결혼했으니 내 말 좀 들으면 그때 생색내지 않겠다"고 제안해 A씨를 충격에 빠뜨렸다.
"데이트 비용이 남자에게 과도하다"는 의견들이 나오면서 더치페이, 데이트 통장 문화가 낯설지 않게 됐다. 또한 최근엔 결혼으로 집값이 치솟으면서 '남자는 집, 여자는 혼수'라는 전통적인 관념에서 벗어나 "함께 집값을 부담하겠다"는 여성들도 늘어나고 있다. (중략) 함께 일하고, 집에 대한 부담도 함께 하는 등 변화에도 불구하고, 가부장적인 의식을 갖고 있는 일부 남편들로 인해 부부 갈등이 일어난다는 분석이다.

출처: 한경닷컴(2019.05.27).

3) 자녀출산 및 양육

(1) 자녀출산과 양육 계획

결혼과 가족의 기능 중 하나는 재생산(출산)과 사회화의 기능으로, 자녀출산은 결혼한 성인의 사회적 의무로 여겨지는 경향이 있다. 과거에는 결혼하면 자녀를 낳는 것을 당연하다고 생각하였으나 오늘날은 자녀양육에 대한 책임감이나 직업성취 등의 여러 가지 이유로 자발적으로 무자녀를 선택하는 경우도 많아지고 있다. 그러나 결혼한 많은 부부들은 자녀를 낳는 것을 선택하고 자녀와 사랑을 주고받음으로써 기쁨을 느끼기도 하고, 자녀가 성인이 될 때까지 양육할 책임을 갖게 된다.

결혼을 결정하거나 결혼한 부부는 먼저 협의하여 자녀계획을 세워야 한다. 부부 모두 자녀를 원하는가? 원한다면 부모가 될 경제적, 심리적, 신체적 준비가 되었는가? 만약에 자녀를 출산하기를 결정한다면 언제쯤 갖기를 희망하는

가? 부부의 일과 직업을 고려해서 누가 출산휴가를 받아 주로 양육을 할 것인가? 양가의 부모 또는 민간육아도우미, 공공기관의 어린이집 같은 양육지원을 받을 수 있는 사회자원을 활용할 수 있는가? 등을 고려해야 한다. 한편 정부와 각 지자체에서는 임신과 출산 지원을 하고 있고, 자녀를 갖고 싶어도 갖기 어려운 부부를 위한 난임 지원을 하고 있다.

(2) 성평등한 자녀양육

'행복한 지옥'이라는 말이 있을 정도로, 자녀는 부모에게 큰 기쁨을 주는 존재이지만 동시에 자녀양육으로 인한 높은 강도의 스트레스를 받는다. 통계청(2018) 자료에 따르면 '아이는 아버지보다 어머니가 더 잘 키울 수 있다'라고 생각하는 견해에는 부모 모두 찬성하는 비율이 높다. 그러나 '2살 미만 자녀는 어머니가 직접 키우는 것이 좋다'라는 견해에서는 배우자가 있는 취업 여성이든, 비취업 여성이든 거의 대다수가 찬성하고 있는 것을 볼 때 자녀가 어릴수록 어머니가 키우는 것이 좋다는 인식이 높은 것을 알 수 있다. 실제 육아 행동을 하는 육아시간은 남성의 육아시간보다 여성의 육아시간이 월등히 높은 것으로 나타나는 것을 볼 때 남성의 실제 육아 인식에 비교해 육아 행동은 여성에 비해 훨씬 낮은 것으로 보인다.

우리 사회의 기업들이 정부 시책에 발맞춰 출산·육아휴직, 육아기 근로시간 단축 등 가족친화정책을 펴고 있다. 이에 따라 육아휴직자 4명 중 한 명이 남성으로 육아의 주체가 되어 적극적으로 자녀돌봄에 참여하고 있다(고용노동부, 2020; 베이비타임즈, 2020 재인용). 그러나 취업 여성의 경우 개인 양육지원 제공자는 조부모가 80% 이상으로 민간육아도우미나 공공아이돌보미를 이용하는 것에 비해 월등히 높게 나타난다(보건복지부, 2018). 자녀양육에서 부모역할에 대한 부담을 줄일 수 있도록 사회적으로 더 효율적인 가족친화정책이 만들어지고 이를 적극적으로 활용하는 것이 필요해 보인다.

➔ '라떼 파파' 자녀돌봄 늘어나는 남성들

변화하는 가족의 모습, 육아 휴직 4명 중 1명이 남성,
남성의 아이 돌봄은 여성의 경제활동과 출산율까지 영향

고용노동부에 따르면 올 상반기 전체 육아휴직자 6만206명 중 남성은 24.6%인 1만4857명으로 이제는 전체 육아휴직자 4명 중 한 명이 남성이며, 이들이 육아의 주체가 돼 적극적으로 자녀돌봄에 참여하고 있다.

실제로 남성들이 육아휴직에 참여한 후 부부의 가사 분담 갈등과 육아 부담이 줄었으며 일과 삶의 유지가 원활해졌다고 평가한다. 그러나 한편으로는 인사상 불이익, 경력 공백, 고용 불안, 육아 휴직 급여의 비현실성 등은 여전히 육아휴직 사용을 꺼리게 하는 장애물로 작용하고 있다. 남성 직장인들이 육아휴직을 결심하기까지 이 같은 사회적 인식 혹은 제도적 문제로 마음 놓고 아이를 돌보기란 쉽지 않은 상황이다. (중략)

유럽 주요 국가들은 남성 육아휴직 할당제를 실시하고 있다. 할당된 기간을 사용하지 않으면 소멸 되는 방식이라 남성의 참여가 높다. 이렇게 남성의 육아휴직 참여율이 높아진 국가들은 여성의 경제활동 참가율도 높다.

출처: 베이비타임즈(2020.09.08).

함께 나누기

1. 다음은 결혼을 선택할 때 도움이 되는 체크리스트입니다. 여러분 자신은 다음의 각 항목에 대해 생각해본 적이 있는지 확인해 보고, 조별로 생각을 나눠 봅시다.

분류	항목	여부
경제	상대방의 급여, 재정과 신용상태를 정확하게 알고 있는가?	
	통장관리와 재테크 등은 누가 주관할 것인가?	
	상대방의 평소 소비 습관에 대해 만족하는가?	
	각자 지출을 할 때 금액이 얼마 이상이면 상대방과 협의할 것인가?	
원가족	배우자와 가족들은 서로 화목한가? 아니라면 그 이유가 이해되는가?	
	배우자의 부모를 모셔야 할 상황이 온다면 모실 수 있는가?	
	양가 부모에게 각각 얼마의 용돈을 드릴 계획인가?	
	우리 부부관계에 양가 부모가 개입할 가능성이 있는가?	

	서로의 가족문화(종교, 제사 등)을 받아들일 수 있는가?	
	원가족 방문 시 순서와 횟수에 대한 원칙을 정했는가?	
대화와 갈등	올바른 대화의 기술과 갈등 해결능력이 있는가?	
자녀	원하는 자녀수는?	
	영아기 때 어떻게 보육할 것인가?	
	상대방이 어떤 부모가 되기를 바라는가?	
가사	아침식사 준비 등 가사분담은 어떻게 할 것인가?	
여가	휴일과 여가시간을 어떻게 보낼 것인가?	
	각자의 취미생활을 존중하는가?	
건강	건강진단서를 서로 교환했는가?	
	갑작스러운 임신에 대비한 검진과 치료를 마쳤는가?	
성(性)	피임은 누가, 어떻게 할 것인가?	
	성관계를 원할 때와 원하지 않을 때 주고받는 신호는?	
	상대방이 어떻게 해주는 것이 좋고, 어떤 것이 싫은가?	

출처: 어울림 경영연구소(2020)에서 재인용.

2. 여러분의 결혼에 대한 이미지를 상징적인 단어로 표현해 보고 이유에 대해 이야기 나누어 봅시다.

관련 동영상

1. EBS 〈다큐프라임-부부는 무엇으로 사는가 1부 부부의 탄생 #003〉
   https://youtu.be/lX2hOZI6bKU (22분 22초)
2. EBS 〈다큐시선-결혼파업 #002〉
   https://youtu.be/t5aYgInqd2w (20분 50초)

참고문헌

고용노동부 (2017). OECD 국가별 성별 가사분담.
서울시 (2019). 서울시 실태조사.
서지원, 성영애 (2020). **가계재무관리**. 한국방송통신대학교 출판문화원.

어울림 경영연구소 (2020). **밀레니얼 세대의 결혼과 가족**. 시그마프레스.

이기숙, 김득성, 공미혜, 김은경, 전영주, 손태홍, 오경희 (2018). **결혼의 기술(2판)**. 신정.

정옥분, 정순화 (2020). **결혼과 가족**. 학지사.

정현숙 (2019). **가족관계**. 신정.

통계청 (2018). 보건복지부 유배우 여성(15~49세) 부부 역할 관련 견해에 대한 태도.

통계청 (2019). 청년사회·경제 실태조사: 결혼 시기 및 필요성. 한국 청소년 정책 연구원.

통계청 (2020). 2019년 결혼·이혼통계.

통계청 (2020). 2020 한국의 사회지표.

Ingoldsby, B. B. & Smith, S. D. (2006). **다문화적 관점에서 바라본 세계의 가족(제2판)**. 천혜정, 강진경, 권영인, 신수진, 유계숙, 전혜정 공역. (2009). 시그마프레스.

네이버사전 (2021.01.01). https://ko.dict.naver.com/#/search?query=%EA%B2%B0%ED%98%BC

대한민국법원 전자민원센터 (2021.04.06). https://www.scourt.go.kr/nm/min_17/min_17_3/min_17_3f/index.html

베이비타임즈 (2020.09.08). '라떼 파파' 자녀돌봄 늘어나는 남성들. http://www.babytimes.co.kr/news/articleView.html?idxno=39236

세계일보 (2021.01.25). 비혼동거커플도 법적 가족으로 인정 추진. https://www.segye.com/newsView/20210125514026

연합뉴스TV (2021.04.10). MZ세대가 궁금하다! https://www.yna.co.kr/view/MYH20210409004800038

오마이뉴스 (2017.05.08). 프랑스 대통령 24세 연상 부인과의 '러브스토리' 화제. http://www.ohmynews.com/NWS_Web/View/at_pg.aspx?CNTN_CD=A0002323821

파이낸셜뉴스 (2021.04.01) 국제결혼 대졸 이상 한국인 배우자 43.8%...7년새 14%P 급증. https://www.fnnews.com/news/202104011044338103

한국민족문화대백과사전 (2011). http://encykorea.aks.ac.kr/Contents/Item/E0068865

한경닷컴 (2019.05.27). "육아 휴직하면 내 돈으로 먹고 살잖아"··· 반반 결혼의 최후. https://www.hankyung.com/life/article/2019052413347

CHAPTER 09

의사소통과 갈등 해결

배윤민 집필

정서적으로 불안정한 누군가에게 안정감을 유지할 수 있게 하는 것은 작은 공감과 차분함이다. 신경생물학에서는 공감과 차분함이 반응적 편도체에서 감정통제를 상실한 상대방을 진정시킬 수 있게 한다고 말한다. 안전함을 바탕으로 하는 공감은 타인에 대한 신뢰, 관대함, 돌봄 등을 활성화시킨다. 공감은 옥시토신에 의해 조절되며, 옥시토신은 우리가 경계심을 내려놓고 함께 어울려 유대관계를 맺고 협력하게 한다. 이 장에서는 공감을 바탕으로 한 의사소통과 갈등 해결을 다루어 친밀함을 높이는 데 도움이 되고자 한다.

1. 의사소통

의사소통은 관계에서 생각과 감정을 교환하는 총체적인 행위를 의미한다. 사람들과의 관계에서 의사소통을 하지 않는 것은 불가능하다. 관계가 존재하는 한 상호작용은 계속되고 변화하며, 말과 행동을 통해 메시지가 전달된다.

의사소통에는 말과 글의 언어적인 면과 표정이나 자세, 눈 맞춤, 목소리, 억양 등의 비언어적인 면이 동시에 일어난다. 다른 언어를 사용하는 다양한 문화권 사람들과의 관계에서는 비언어적인 면이 자연스럽게 소통되는 특징을 가지고 있다. 또한 같은 언어를 사용하더라도 개인의 삶의 역사와 가족의 문화, 사회적 경험, 성별의 차이에 따라 의미가 조금씩 다를 수 있으며, 다른 의미를 이해하고 수용하면서 관계적으로는 더 친밀해질 기회를 얻게 된다.

다윈(Darwin)은 인간이 지닌 가장 중요한 감정은 '공감'이라고 하였으며, 켈트너(Keltner, 2009)는 '가장 다정한 사람이 생존한다'라고 표현하였다(Mona, 2013; 박수룡 외 역, 2019에서 재인용). 다정함은 단순히 친절한 것이 아니라, 타인의 감정과 욕구를 정확하게 지각하는 능력, 그리고 본인의 의제를 타인과 조정하는 능력까지 포함한다. 의사소통의 비언어적인 면에서 어떤 태도를 갖느냐는 원활한 의사소통의 장을 여는 중요한 바탕이 될 것이다.

1) 의사소통의 기능

월시(Walsh, 1998)는 의사소통의 기능에 실제적인 정보나 의견, 감정을 전달하는 면과 관계의 본질로서 정의되는 면이 동시에 일어난다고 하였다(양옥경 외 역, 2006). 관계의 본질을 구체적으로 살펴보면 "청소해라!"라는 말은 순종에 대한 기대를 가진 명령이며 권위의 위계질서를 반영하고 있다. "책을 저기에 가져다줄 수 있을까요?"라는 말은 존중을 담고 있는 부탁이며 평등의 관계를 함축하고 있다. 침묵은 언어적, 비언어적 메시지를 전달하며, 관계의 본질을 직간접적으로 표현하는 것이다. 때론 침묵이 "나는 그것을 좋아하지 않아!"(의견), "나는 당신에게 복종하지 않겠어."(관계) 등으로 관계의 본질을 확고히 하거나 도전하기도 한다.

의사소통은 일상생활에서 즐거움과 의미를 부여해 주고, 다른 사람을 알고 이해하여 관계를 맺는 데 중요한 역할을 한다. 다른 사람과의 의사소통을 통해 자신의 욕구를 정확하게 파악하기도 하고 상대방에게 전달할 기회를 가질 수 있다. 그리고 의사소통은 서로를 이해하고 정서적 교류를 활성화해 친밀한 인간관계를 형성할 수 있으며, 의사소통을 통해 관계에서 생긴 갈등이나 문제를 해결할 수도 있다(김영희 · 김경미, 2019).

의사소통이 원활하게 이루어지지 않았을 때는 오해와 갈등이 생길 수도 있다. 상대방의 감정이나 입장을 고려하지 않고 너무 솔직하게 이야기를 하거나 지나치게 많은 말을 하면 친밀한 관계로 나아가지 못할 수도 있다. 그러므로 효과적인 의사소통은 저절로 이루어지는 것이 아니며, 경험을 통한 발달과 지속적인 노력이 병행되어야 한다.

➔ 단톡방, 소통인가 단절인가

대한민국 성인남녀 10명 중 8명이 단체카톡방 때문에 스트레스를 받는 것으로 나타났으며, 시간과 장소의 구애 없이 활발하게 의사소통이 이루어지는 사회관계망 서비스가 현대인의 스트레스로 지목받고 있다.

성인남녀 835명을 대상으로 단체 카톡방 관련 설문조사를 실시한 결과, 단톡방에 참여 중인 응답자는 전체의 94%이며 소속된 단톡방은 평균 5.9개인 것으로 파악됐다. 유형별로는 친목·정보교류 성격이 26%, 회사(소속팀, 부서) 18%, 동기(학교, 회사) 18%, 가족 14%, 동아리·스터디·팀플 11%, 오픈채팅방 7%의 순서로 나타났다.

단톡방 스트레스를 경험한 응답자의 82%는 알람이 쉬지 않고 울릴 때(23%) 가장 높은 스트레스를 받았다. 답장을 기다리거나 요구받을 때(13%), 퇴장하기가 곤란할 때(13%), 과잉 친목 도모가 부담스러울 때(12%), 단톡방에서 나가면 왕따가 될까봐(11%), 친한 멤버들끼리 편을 가르거나 그들만의 대화에 소외감 느낄 때(9%), 추측성 찌라시나 음란성 메시지, 동영상 등을 공유받았을 때(3%) 스트레스를 받는다고 드러났다. 그리고 사람들을 가장 괴롭히는 건 회사 단톡방이었으며, 퇴근 후 메신저로 업무 지시를 받은 경험이 85.5%로 높게 나타났다.

출처: 메트로신문(2019.05.30)에서 부분 발췌.

"엄마, 친구가 카톡 감옥서 울어요"… 실제론 자녀의 SOS일수도

초등학생 A양(12세)은 같은 반 친구 4명과 다툰 뒤, 학급 친구들이 모두 참여한 단톡방에 자신을 비방하는 글과 함께 돼지 몸에 A양의 얼굴을 합성한 사진이 올라왔다. A양은 단체대화방(단톡방)이 가장 무섭다고 느꼈고, 2주 동안 심리 상담을 받았다.

B양(14세)은 춤 동아리에서 활동했던 공연 영상을 자신의 페이스북에 올렸다. 그러자 평소에 친하게 지내던 친구 C양이 예쁜 척한다는 댓글을 달았고, 이후 다른 친구들도 조롱하는 댓글을 달았다. 급기야 영상이 인터넷 사이트에 퍼져 성희롱 댓글이 달리기도 했다. 모욕감을 느낀 B양은 C양에게 조롱하는 글에 대해 따졌더니 장난으로 했는데 범죄자 취급을 한다면서 화를 냈다고 한다. 결국 B양은 학교에 알렸고 법적 분쟁 끝에 C양은 소년법상 보호처분(2호 수강명령)을 받았다.

지난해 신종 코로나바이러스 감염증(코로나19) 확산 이후 사이버 학교폭력에 시달리는 학생이 2년 전인 2018년(10.7%)에 비해 2배 이상으로 늘어났고, 지난해 전체 학교폭력 피해자 중 온라인에서 학교폭력을 당한 학생 비율이 26.7%에 달했다.

출처: 동아일보(2021.04.03)에서 부분 발췌.

2) 효과적인 의사소통

의사소통이 원활하려면 말하기 전에 듣기가 선행되어야 하며, 상대방의 이야기를 귀담아 들어주는 경청에서 출발해야 한다. 경청은 상대방의 의견을 무조건 따르는 것이 아니라 상대방의 의견을 존중하는 것이다. 상대방의 말을 집중해서 듣고 공감 가는 부분에 대해서는 적절하게 반응하는 것이 중요하다. 경청이란 상대방의 이야기를 끊지 않고 끝까지 듣기, 진심 어린 마음으로 상대방에게 집중하기, 적절하게 반응하기(눈 맞춤, 고개 끄덕이기, 듣고 있음을 표현하는 작은 추임새 등), 내가 이해한 내용이 맞는지 확인하기, 상대방의 이야기를 충분히 숙지한 후에 자신의 의견을 표현하기 등이다. 특히 친밀한 관계에서 경청을 통한 상호작용이 활성화된다면 심리적 안정감 향상에 긍정적인 영향을 미칠 수 있다.

말하기는 자신이 원하는 것을 정확하게 알고 있어야 상대방에게 더 분명하게 표현할 수 있고, 상대방도 내가 원하는 것을 충족시켜 줄 수 있다. 자신이 원하는 것을 명확하게 알지 못하면 자신의 욕구에 대한 상대방의 반응도 불분명해지고 명확한 의사소통을 하기가 어렵다. 말하기 기술을 구체적으로 살펴보면 아래와 같다(최규련, 2018).

① 자신이 말하는 주인이 되어 말한다.

② 자신이 보고 들은 구체적 사실을 말한다.

③ 자신의 생각을 말한다.

④ 자신의 감정을 말한다.

⑤ 자신의 소망에 대해 말한다.

⑥ 자신의 행동에 대해 말한다.

3) 주의가 필요한 의사소통

커플관계에서의 활발한 의사소통은 친밀한 관계를 유지할 수 있는 통로이며 삶의 활력소가 될 수 있다. 그러나 친밀함을 바탕으로 한 커플관계에서 상대방을 많이 안다고 생각하고 단정지어 말하거나 강요, 명령, 위협, 훈계, 욕설, 비난 등이 일어나면 의사소통의 걸림돌이 된다. 가트만(Gottman, 1994)은 비난, 방어, 경멸, 냉담의 4가지로 의사소통이 이루어지면 심리적으로는 많은 상처를 입기도 하고, 긴장이 점점 고조되어 커플관계에 치명적일 수 있다고 하였다(이기숙 외, 2006에서 재인용). 그렇다면 커플관계에서 어떻게 의사소통을 해야 행복감을 느끼고 삶의 활력소가 될까? 먼저 주의가 필요한 의사소통방식과 그에 따른 욕구와 의미가 무엇인지 탐색하고, 어떻게 표현해야 상대방에게 잘 전달될 수 있을지 살펴보자.

(1) 비난

상대방의 성격이나 인격을 전면적으로 공격하는 것이다. 대화 중에 "당신은 항상~", "당신은 한 번도~", "게으르다", "이기적이다", "생각이 없다", "부주의하다" 등의 표현이 자주 나타난다면 비난하고 있는 것이다. 비난의 해독제는 불편함을 말하는 것이며, 주체는 "나는 ~"으로 시작해서 요청해야 한다.

비난	비난의 해독제
"당신은 도대체 잘하는 게 뭐야?"	"내가 요즘 힘들어서 쉬고 싶어."
"당신은 한 번도 내 생일을 챙겨주지 않았어."	"나는 내 생일날 밥도 같이 먹고 선물도 받고 싶어!"

(2) 방어

자신에게 잘못이 없음과 문제의 책임을 회피하기 위해 방어를 사용한다. 그리고 상대방이 비난이나 경멸할 때 자연스럽게 방어를 하게 된다. 방어가 지속되면 대화가 어렵고 커플관계를 더욱 힘들게 만든다. 방어하는 태도는 갈등을 해결하기보다 아무것도 책임지지 않는 것이다. 만약 습관적으로 방어하거나 자신의 입장이 전적으로 옳다고만 느낀다면 자기 점검이 필요하다. 방어의 해독제는 일을 그르치거나 부정적인 감정을 불러일으킨 자신의 영향을 솔직하게 인정하거나 미안함을 표현하는 것이다.

방어	방어의 해독제
"내가 늦긴 했지만, 당신은 아이들 돌보는 것도 형편없잖아"	"내가 늦어서 아이들 보느라 힘들었지? 미안해."
"난 아무 잘못이 없어!"	"내가 화를 내서 당신도 억울했지? 내가 좀 예민했어."

(3) 경멸

경멸은 조롱, 빈정거림, 욕설 등이 포함되며 비난에 모욕이 더해져 상대방을 심리적으로 학대하는 것이다. 경멸은 코웃음 치기, 눈동자 돌리기, 입 삐죽거리기, 눈을 위로 치켜뜨기 등 얼굴 근육의 빠른 변화로 미묘하게 전달된다. 경멸은 관계, 자존감 그리고 신체의 면역체계도 파괴한다.

경멸의 해독제는 서로의 가치를 인정하고 감사함을 전하는 것이다. 일상에서의 돌봄은 저절로 이루어지는 것이 아니라 매일매일의 작은 노고들이 모여 생활을 만들어 간다. 진심 어린 감사와 존중을 표현하는 것은 행복한 커플 생활을 만드는 촉진제이다.

경멸	경멸의 해독제
"이것도 못 해? 바보 멍청이!"	"당신의 노력하는 모습이 사랑스러워."
"바보같이 왜 맨날 멍청하게 쓰레기통 비우는 걸 잊어버리는 거야?"	"쓰레기통을 매일 비워줘서 고마워."

(4) 냉담

냉담(벽 쌓기)은 상대방의 말을 듣기만 할 뿐 대화에는 동참하지 않고 아무 반응도 보이지 않는 경우이다. 냉담자가 차가운 돌처럼 침묵으로 일관하면서 자기 진정을 위해 외부에서 들어오는 모든 자극을 제거하려고 행동한다. 그럴 때 상대방은 신체적으로 불편한 상태가 되고 냉담으로 인해 화가 날 수 있다. 상대방은 냉담자로부터 문밖으로 밀쳐진 느낌이 들고 다시 대화를 시도하여 냉담의 벽을 허물려고 하나 냉담자는 이러한 행동과 관계가 고통스럽다고 생각하여 다시 벽 쌓기를 유발하고 돌처럼 굳어지게 된다.

냉담의 해독제는 잠시 휴식을 취하여 진정된 후 적당한 시간 내에 다시 상대방에게 돌아가거나 상대방에게 처음부터 차분하게 말하거나 상대방의 말에 고개를 끄덕이며 눈을 바라보기만 해도 관계가 변화될 수 있다. 그리고 냉담이 아닌 다른 방식으로 대화하려는 노력을 통해 상대방과의 관계가 고통스럽다는 생각을 변화시킬 필요가 있다.

냉담	냉담의 해독제
상대방에게 차가운 돌처럼 침묵으로 일관하면서 아무 반응도 보이지 않는다.	잠시 휴식 후에 상대방의 눈을 바라보며 차분하게 말하기. 상대방의 말에 고개를 끄덕이기.

➔ 분노는 자기보호 감정이다

분노는 우리가 경험하는 다양한 감정의 하나이며, 나의 존재를 보호하라는 메시지를 담고 있다. 슬픔, 분노의 감정도 생명 에너지에서 흘러나오는 귀중한 감정이며, 분노의 감정을 억압하는 것은 자기를 억압하고 생명 에너지를 차단하는 것이 된다. 분노를 느끼는 것이 문제가 아니라 표현하는 방법이 문제가 될 수 있다. 분노를 억압하거나 약물이나 술로 회피하거나 약한 대상에게 쏟아 붓는 방법은 적절하지 않다. 분노를 느낀다고 분노에 압도되어 폭발하면 '자기(중심-나)'가 주인이 아니라 분노가 주인이 되어 자신과 타인, 상황 등 어느 것도 보호되지 않는 피해 상황이 유발될 수 있다.
분노의 감정을 다루기 위해서는 자신의 감정을 자각할 수 있어야 하고, 분노를 표현하는 방법도 스스로 결정할 수 있어야 한다. 분노를 조절하는 능력은 자존감에서 비롯되는데 자존감이 높으면 상황으로부터 상처를 덜 받고 조율도 잘 할 수 있다. 그 과정을 살펴보면 다음과 같다.
(1) 자신의 분노가 상처로부터 비롯되었다는 것을 자각한다.
(2) 자신의 기대가 채워지지 못해 상처를 입었다는 것을 인정한다.
(3) 나의 기대는 나의 기대임을 인정한다.
(4) 상대방이 나의 기대를 채워주어야 할 의무가 없다는 사실을 수용한다.
(5) 내적 과정을 거쳐 분노를 적절하게 표현한 뒤에 내 기대를 내려놓는다.
(6) 나와 상대방의 심리적 경계선과 신체적 경계선을 설정하고, 상대방에게 서로를 보호하는 선(경계선)을 분명하게 표현한다.
(7) 그러나 상대방이 분노를 폭력적으로 표출하는 상황이 된다면 우선 안전한 곳으로 피신하고 외부에 도움을 요청한다.

출처: 김영애(2019)에서 발췌 및 수정.

4) 의사소통 유형

의사소통을 잘하기 위해서는 서로 마음을 열고 말하고 듣는 것이 중요하다. 의사소통방식은 개인의 성격적 특징과 부모와 가족으로부터 가장 많은 영향을 받는다. 그리고 자존감이 높으면 자기의 내면을 솔직하고 정직하게, 그리고 두 사람의 관계와 상황에 어울리게 표현할 힘이 있고, 자존감이 낮으면 외부의 압력에 존재 전체가 흔들리면서 불안한 상태에 놓여 자기를 방어하려 한다. 그래서 경험하는 것을 솔직하게 표현하지 못하고 의사소통을 통해 마음과 마음이 연결되지 못한다. 사티어(Satir)는 의사소통의 특징에 따라 4가지 유형의 비일치적 의사소통과 일치적 의사소통으로 나누어 설명하고 있다(김영애, 2019; 김영희 · 김경미, 2019).

(1) 회유형

회유형 사람은 모든 잘못의 원인이 자기에게 있다고 믿으며, 인정받기 위해 상대방의 요구를 거절하지 못한다. 사정하는 말, 약한 신체적 자세, 우울과 불안, 슬픔과 버려짐에 대한 두려운 감정, 너무 착한 행동, 칭찬받기를 원하면서도 칭찬을 받아들이지 않는 이중적 태도 등의 특징을 보일 수 있다. 심리적으로는 신경과민과 우울증에 영향을 주고, 신체적으로는 소화기관의 고통, 위 장애, 당뇨, 편두통, 변비 등에 영향을 줄 수 있다. 회유형의 장점은 상황과 상대방의 욕구를 민감하게 파악하여 돌보는 능력이 뛰어나다.

(2) 비난형

비난형의 사람은 자신이 옳다고 판단하기 때문에 다른 사람의 입장을 받아들이지 않는다. 자기중심적이기 때문에 다른 사람이 자기와 다른 생각이나 감정, 기대를 가지고 있다는 사실을 받아들이지 못한다. 가부장적이고 권위주의적인 사람들에게서 많이 드러나며, 이분법적 사고체계가 강하다. 행동으로는 공격적, 심판, 명령, 약점 캐는 행동 등이 나타나며, 내적으로는 '나는 외롭고 실패자다'라고 생각하여 소외감을 느낀다. 심리적으로는 편집증이나 이탈행동이 나타날 수 있고, 신체적으로는 근육긴장, 혈액순환의 문제, 고혈압, 관절염, 변비, 천식 등에 영향을 줄 수 있다. 비난형의 장점은 강한 주장, 추진력, 리더십 등이 있다.

(3) 초이성형

초이성형은 내면을 차단하여 감정을 느끼지 못하거나 자신과 다른 사람을 무시한다. 관계 욕구가 적고 거리감을 유지하기를 바란다. 조직사회에서는 냉철한 사람으로 사심 없이 일을 처리한다고 평가받기도 하나, '어떤 감정도 표현할 수 없다'고 생각하여 상처받기 쉽고 고립감을 느낄 수 있다. 심리적으로는 강박 증상, 반사회적 심리, 위축과 긴장 등이 나타나며, 신체적으로는 암, 심장마비, 허리 통증 등에 영향을 줄 수 있다. 초이성형은 지적인 일을 중요시하여 그런 분야에서 성공하기도 하며, 감정에 휘둘리지 않고 문제를 해결하려는 의지가 강하다.

(4) 산만형

산만형은 현실도피의 특징을 가지고 있으며, 생각이 자주 바뀌면서 변화무쌍하게 움직인다. 주위 사람들에게 자발적이고 재미있는 사람으로 보이지만 아무도 자기를 진심으로 걱정하거나 받아들이지 않는다고 생각한다. 내면 깊은 곳에는 불안, 외로움, 혼돈감, 부적절한 느낌 등을 가질 때가 많다. 신체적으로는 중앙 신경계통 장애, 위 장애, 매스꺼움, 당뇨병, 편두통, 변비 등에 영향을 주며, 자기와 다른 사람, 상황 모두를 무시한다. 산만형의 장점은 즐거움, 자유의지, 창의성이 높으며, 유머감각이 뛰어나 모임에서 분위기를 주도한다.

(5) 일치형

일치형 사람은 일관성 있게 말하고, 표현의 흐름이 분명하다. 외부의 허락에 매달리지 않고 원하는 것을 요구하며, 자신과 다른 사람들을 기꺼이 신뢰한다. 활발한, 창조적, 독특한, 유능한 행동으로 조화로움, 균형, 높은 자존감 등이 특징이다. 일치형은 자유롭고 충만한 삶을 살아가는 데 익숙하지 않은 새로운 가능성에 도전하여 새로운 것을 더한다. 자신과 다른 사람을 편안하게 수용하여 심리적으로 건강하며, 변화에 대해 융통성이 있고 개방적이다. 그러나 어떤 사람도 온전한 일치적 상태에 있다고 말하기는 어려우며, 단지 일치적 상태를 향해 나아가는 과정에 있을 뿐이다. 그 과정은 내면의 자동화된 것을 자각하여 점차 무의식과 의식의 사이를 좁혀 '자기'와 가까워지는 것을 말한다.

➔ 의사소통 유형 검사지

다음 글을 읽고 자신에게 해당하는 문항에 O표 하시오.

	문 항	유형
1.	나는 상대방이 불편하게 보이면 비위를 맞추려고 한다.	A
2.	나는 일이 잘못되었을 때 자주 상대방의 탓으로 돌린다.	B
3.	나는 무슨 일이든지 조목조목 따지는 편이다.	C
4.	나는 생각이 자주 바뀌고 동시에 여러 가지 행동을 하는 편이다.	D
5.	나는 타인의 평가에 구애받지 않고 내 의견을 말한다.	E
6.	나는 관계나 일이 잘못되었을 때 자주 내 탓으로 돌린다.	A
7.	나는 다른 사람들의 의견을 무시하고 내 의견을 주장하는 편이다.	B
8.	나는 이성적이고 차분하며 냉정하게 생각한다.	C
9.	나는 다른 사람들로부터 정신이 없거나 산만하다는 소리를 듣는다.	D
10.	나는 부정적인 감정도 솔직하게 표현한다.	E
11.	나는 지나치게 남을 의식해서 내 생각과 감정을 표현하는 것을 두려워한다.	A
12.	나는 내 의견이 받아들여지지 않으면 화가 나서 언성을 높인다.	B
13.	나는 나의 의견을 분명하게 표현하기 위해 객관적인 자료를 자주 인용한다.	C
14.	나는 상황에 적절하지 못한 말이나 행동을 자주 하고 딴전을 피우는 편이다.	D
15.	나는 다른 사람이 내게 부탁을 할 때 내가 원하지 않으면 거절한다.	E
16.	나는 사람들의 얼굴 표정, 감정, 말투에 신경을 많이 쓴다.	A
17.	나는 타인의 결점이나 잘못을 잘 찾아내어 비판한다.	B
18.	나는 실수하지 않으려고 애를 쓰는 편이다.	C
19.	나는 곤란하거나 난처할 때 농담이나 유머로 그 상황을 바꾸려 하는 편이다.	D
20.	나는 나 자신에 대해 편안하게 느낀다.	E
21.	나는 타인을 배려하고 잘 돌보아주는 편이다.	A
22.	나는 명령적이고 지시적인 말투를 자주 사용하기 때문에 상대가 공격받았다는 느낌을 받을 때가 있다.	B
23.	나는 불편한 상황을 그대로 넘기지 못하고 시시비비를 따지는 편이다.	C
24.	나는 불편한 상황에서는 안절부절못하거나 가만히 있지를 못한다.	D
25.	나는 모험하는 것을 두려워하지 않는다.	E
26.	나는 다른 사람들이 나를 싫어할까 두려워서 위축되거나 불안을 느낄 때가 많다.	A
27.	나는 사소한 일에도 잘 흥분하거나 화를 낸다.	B
28.	나는 현명하고 침착하지만 냉정하다는 말을 자주 듣는다.	C
29.	나는 한 주제에 집중하기보다는 화제를 자주 바꾼다.	D
30.	나는 다양한 경험에 개방적이다.	E

31.	나는 타인의 요청을 거절하지 못하는 편이다.	A
32.	나는 자주 근육이 긴장되고 목이 뻣뻣하며 혈압이 오르는 것을 느끼곤 한다.	B
33.	나는 나의 감정을 표현하는 것이 힘들고, 혼자인 느낌이 들 때가 많다.	C
34.	나는 분위기가 침체되거나 지루해지면 분위기를 바꾸려 한다.	D
35.	나는 나만의 독특한 개성을 존중한다.	E
36.	나는 나 자신이 가치가 없는 것 같아 우울하게 느껴질 때가 많다.	A
37.	나는 타인으로부터 비판적이거나 융통성이 없다는 말을 자주 듣기도 한다.	B
38.	나는 목소리가 단조롭고 무표정하며 경직된 자세를 취하는 편이다.	C
39.	나는 불안하면 호흡이 고르지 못하고 머리가 어지러운 경험을 하기도 한다.	D
40.	나는 누가 나의 의견에 반대해도 감정이 상하지 않는다.	E

※ 유형별로 합산하여 높은 점수가 나올수록 그 사람이 주로 사용하는 의사소통방식이다.

합계	A	B	C	D	E
점수					
유형	회유형	비난형	초이성형	산만형	일치형

출처: 김영애(2019).

2. 갈등 해결

1) 갈등을 바라보는 관점

관계에서 일어나는 갈등은 자연스러운 현상이다. 그렇다면 갈등을 어떻게 해야 할까? 과연 갈등은 부정적인 측면만 있을까? 긍정적인 측면이 있다면 무엇일까? 먼저 갈등을 다루기 전에 갈등을 어떤 관점으로 보고 있는지 자신의 관점을 점검하는 것이 필요하다. 왜냐하면 갈등에 대한 관점은 갈등을 어떻게 다루고 해결할 것인지 방향을 결정하기 때문이다.

만약 갈등을 부정적인 측면으로만 본다면 없애거나 회피하려고 할 것이고,

지나치게 긍정적인 측면으로만 본다면 그 또한 문제를 인식하지 못하고 회피하는 결과를 초래할 수 있다. 그러므로 갈등을 바라보는 관점은 긍정적인 측면과 함께 부정적인 측면을 통합적으로 바라보는 관점이 필요하다. 갈등에 대한 통합적인 관점은 문제에 집중하여 새로운 해결방법을 찾는 기회로 나아갈 수 있을 것이다.

(1) 갈등의 긍정적인 측면

갈등의 긍정적인 측면은 갈등을 표현함으로써 긴장이나 불쾌감을 감소시킬 수 있고, 적절한 갈등 표현은 스트레스를 완화할 수 있다. 우리는 자신이 원하는 대로 이루어지기를 바라는데 원하는 대로 되지 않았을 때 좌절하고 분노한다. 분노를 적절하게 표현하면 내면에 쌓이지 않고, 분노로 인한 비합리적 행동에서 벗어날 수 있다(김영애, 2019).

갈등은 나와 상대방을 더 깊이 이해할 기회를 제공한다. 서로의 문제를 분명하게 해주고 자신과 상대방이 어떤 사람인지 깨닫게 되어 성숙할 수 있게 해준다. 커플이라도 나와 같지 않고 다를 수 있다는 것을 받아들이고, 서로 다른 선호와 특성, 가치관 등을 이해하는 장을 열 수 있다. 그리고 행복한 커플은 싸운 뒤에도 애정이 변하지 않는다는 것을 인식하게 되어 관계가 더욱 돈독해지고, 신뢰를 쌓을 수 있다(김영희 · 김경미, 2019).

갈등 경험을 통해 갈등에 대처하는 능력이 향상될 수 있다. 가까운 관계일수록 서로 같기를 바라고 '다름'을 인정하지 않는 경향이 있으나 '다름'을 같게 만들려고 하지 않고 '다름'을 수용하고 적응해 가면 갈등에 대처하는 능력을 키워갈 수 있다.

(2) 갈등의 부정적인 측면

갈등의 부정적인 측면은 관계에서 긴장이 높아지고, 축적된 긴장은 신체적,

정신적 질병의 원인으로 작용한다. 갈등이 해결되지 못하고 쌓이면 자존감이 저하되어 개인의 능력 향상에 부정적인 영향을 미친다. 자존감이 저하되면 친밀한 관계에서 내가 원하는 것이 받아들여지지 않았기 때문에 거부당한 것이고 존중받지 못한 것으로 생각할 수도 있고, 갈등 상황에서 일어난 비난이나 공격으로 인해 정서적으로 위축될 수 있다. 그리고 갈등을 해결되지 못한 상태가 지속되면 커플관계는 매우 형식적이고 최소한의 기능만을 수행하거나 비난, 잔소리, 불평불만, 술, 약물중독 등 파괴적인 행동을 할 수도 있다(김영희 · 김경미, 2019).

갈등을 부정적인 관점으로만 바라보고 갈등에 대해 회피적인 태도를 취하거나 상대방을 좌절시키지 않으려고 과잉보호를 할 수도 있다. 그러면 상대방은 갈등을 경험하지 못하고 갈등대처능력이 향상될 기회를 상실하게 되어, 갈등으로 인한 좌절감을 견딜 힘이 약해질 수도 있다.

(3) 갈등에 대한 통합적 관점

건강한 관계는 '갈등이 일어난 것'을 문제로 보는 것이 아니라 일어난 '문제'에 초점을 둔다. 건강한 관계는 갈등을 잘 다루고 갈등 경험을 통해 친밀감이 향상되는 과정으로 나아간다. 갈등을 긍정적인 측면과 부정적인 측면의 통합적인 관점으로 바라보고 진심 어린 마음으로 서로의 다른 차이를 이해하려고 할 때, 갈등은 상처가 아니라 성장의 기회로 만들 수 있을 것이다.

➔ 갈등 회복력이 높은 사람들의 특징

- 가까운 인간관계에서는 갈등이 있을 수밖에 없다고 생각한다.
- 갈등을 일방적으로 상대의 인격 문제라기보다 어떤 관계에서나 나타날 수 있는 소통방식, 관점, 문화의 차이 등 쌍방적인 문제로 본다.
- 갈등을 풀어냄으로써 더 깊은 인간관계를 만들어본 경험이 있다.
- 감정적으로 폭발하거나 서둘러 사과하거나 달래기보다 왜 갈등이 생겼는지 이해하려고 한다.
- 시시비비나 사실관계를 따지기보다 서로의 감정과 좌절된 욕구에 주목한다.

- 자신의 실수나 잘못일 경우 반성하고 구체적으로 사과할 줄 안다.
- 상대에게 잘못을 시인하게 하거나 사과를 강요하지 않는다.
- 다툼 뒤에 '회복 대화'를 이어감으로써 갈등을 풀려고 노력한다.
- 자신이 원하는 것을 말하지 않아도 상대가 알아주기를 바라는 것이 아니라 이를 표현할 줄 안다.
- 갈등 상황에서도 상대와의 관계에서 자신의 역할을 수행한다.
- 갈등 회복력은 개인적인 인간관계뿐 아니라 회사나 조직 내의 인간관계에서도 똑같은 힘을 발휘한다.

출처: 문요한(2018).

2) 갈등의 원인

(1) 커플관계에서의 갈등 원인

다른 사람들과 더불어 살아가는 관계 속에서 갈등이 일어나는 것은 자연스러운 일이다. 커플관계에서도 일상적인 문제로 끊임없이 갈등이 발생한다. 커플관계에서 갈등이 일어난 것이 문제가 아니라 갈등 해결방법을 찾아가는 과정이 중요하다. 커플관계에서의 갈등이 해결되지 않고 지속되면 상대방의 행동이나 선택을 편안하게 받아들이지 못하고 이해받지 못해 무시당한다고 느낄 수 있다.

행복한 커플 사이에서도 갈등이 일어난다. 행복한 커플과 불행한 커플의 차이는 갈등을 어떻게 해결하느냐에 달려 있으며, 만족스러운 커플관계를 유지하기 위해서는 갈등 해결을 위한 지속적인 노력이 필요하다. 커플 간에 갈등을 일으키는 원인을 살펴보면 다음과 같다(김영희 · 김경미, 2019).

① 돈 문제: 돈을 얼마나 버느냐 혹은 어떻게 쓰느냐 하는 문제로 갈등이 생긴다.

② 자녀 문제: 자녀출산 여부, 자녀 낳는 시기와 자녀수, 훈육방법에 대한 갈등이 생긴다.

③ 의사결정 문제: 무엇을 할 것인가, 어디에서 살 것인가, 혼자 보내는 시간과 커플이 함께 보내는 시간을 어떻게 할당할 것인가 등의 의사결정 불일치로 갈등이 생긴다.

④ 관심과 보살핌의 부족: 애정의 부족, 부적절한 애정 표현, 서로를 인정하지 않고 서로에게 도움을 주지 않음으로써 갈등이 생긴다.

⑤ 집안일의 분담과 수행: 경제적 책임성의 부족과 집안일의 분담이 불공평할 때 갈등이 생긴다.

⑥ 개인의 특성: 게으르고, 충동적이고, 부주의한 행동으로 갈등이 생긴다.

(2) 가족관계에서의 갈등 원인

갈등은 '가족 내 두 사람 이상의 구성원들이 자신의 욕구가 상대방과 상충된다고 생각하는 과정'이라고 한다(이기숙 외, 2006). 우리가 태어나 처음 경험하는 갈등은 가족 속에서 일어나며, 성장하면서 끊임없이 갈등을 경험하고 관계가 깊을수록 갈등의 내용은 더 넓어진다. 가족들이 겪는 갈등은 친숙한 것에서부터 독특한 것, 일상적인 것부터 이례적인 것까지 내용과 범위가 다양하며, 갈등 대처방법이나 갈등 해결과정도 가정마다 다르다.

가족구성원들은 서로 다른 성별, 연령, 신체적 조건, 심리적 특성, 경험, 선호경향성 등을 가진 존재이기 때문에 갈등을 피할 수가 없다. 그리고 가족구성원들은 서로에 대해 다른 역할기대와 서로 상반되는 목표를 갖고 있으며, 서로 자신의 목표를 성취하려고 노력하기에 갈등은 필연적이다.

가족 내 갈등의 원인을 구체적으로 살펴보면 다음과 같다. 여유진과 이봉주(2019)는 가족 내에서 발생한 근심이나 갈등을 초래하는 문제들을 조사한 결과, '특별한 어려움이 없다'고 응답한 가구 48.3%를 제외하고 1순위로 제시된 가족 갈등 원인은 '가족구성원의 건강'이 47.6%로 가장 높게 나타났고 그 다음으로는 '경제적 어려움'이 21.6%로 나타났다. 가족구성원의 건강은 평균수명이 길어지고 의료기술이 향상되면서 치료비용, 돌봄 시간 부족, 정서적 어려움 등이 가족 갈등에 영향을 미칠 수 있을 것이다.

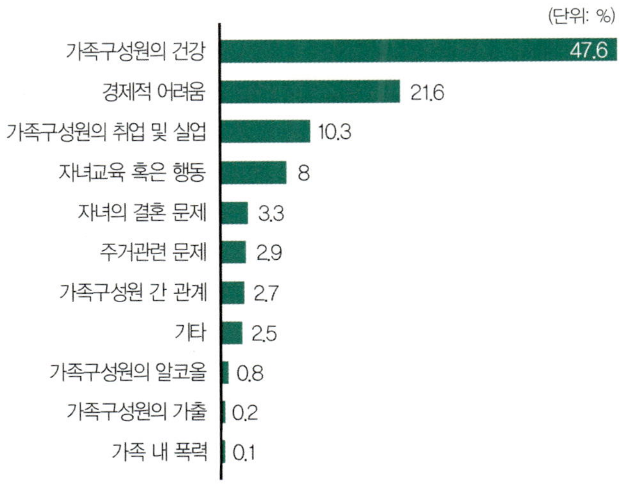

〈그림 9-1〉 가족 갈등의 원인

출처: 여유진, 이봉주(2019)에서 발췌 및 수정.

3) 갈등 대처 패턴

커플은 가족생활주기에서 예측되는 문제뿐만 아니라 사고나 재해처럼 예측하기 어려운 문제와도 마주한다. 이러한 다양한 문제를 해결할 때 커플관계에서 갈등이 유발될 수 있다. 올슨과 스티븐스(Olsen & Stephens, 2001)는 커플의 상호작용이나 싸움은 익숙한 관계방식으로 패턴을 만들며, 고정화된 관계 패턴은 긍정적일 수도 있고 부정적일 수도 있다고 하였다(신희천 외 역, 2009). 커플관계는 두 사람이 만나 서로 균형을 이루는 상보성을 가지고 있다. 그러므로 커플관계에서 반복되는 갈등 패턴을 지각하고 있다면 갈등으로 인한 부정적인 영향을 낮출 수 있을 것이다. 4가지 갈등 패턴은 다음과 같다.

(1) 쫓기/거리두기 패턴

한 사람은 거리를 두려는 반면에 다른 사람은 쫓아간다. 이야기를 하자고 요구하면 귀찮다며 혼자 있게 해 달라고 반응한다. 쫓아가는 사람은 계속 쫓아가는 행동으로 다가가고, 거리를 두려는 사람은 계속 거리를 두기 위해 도망간다. 커플은 서로를 강화하고 바뀌기 힘든 패턴을 함께 만들면서 고정화를 이룬다.

(2) 과대기능/과소기능 패턴

한 사람은 과도하게 일을 하는 과대기능을 하고, 다른 한 사람은 거의 일을 하지 않는 과소기능을 한다. 과대기능을 하는 사람은 점점 좌절하고 억울하고 불만이 쌓여가고 상대방이 자기 역할을 다하지 않는다고 생각한다. 과대기능을 하는 사람은 과소기능을 하는 사람이 일을 제대로 하지 못한다며 비난하고 더 많은 일을 해서 고정화시킨다. 서로 상대방을 비난하고 행동을 변화시키기 어렵다고 확신하면서 패턴을 강화한다.

(3) 지배적/복종적 패턴

성 고정관념과 관련이 있는 이 패턴은 지배적인 사람은 관계를 통제하기를 원하고, 복종적인 사람은 뒤로 물러나 지배적인 사람이 하려는 대로 그냥 둔다. 겉으로 보기에는 지배적인 사람이 뜻대로 하는 것처럼 보이지만, 안을 들여다보면 잘 드러나지 않는 영역에서는 복종적인 사람이 통제력을 지니고 있다. 지배적인 사람이 가족구성원에게 고함을 지르면서 명령하면 복종적인 사람은 권위에 도전하지 않고 순종하는 것처럼 보인다. 하지만 주변 사람들은 뭔가 필요하거나 조언을 구할 때는 복종적인 사람을 찾게 되므로 지배적인 사람은 가족 사이에서 소외감을 느끼고 실제적인 발언권도 없게 된다.

(4) 싸움/도주 패턴

도주하는 사람은 조용하고 고상한 태도를 취하면서 싸움을 피하고, 싸움을 거는 사람은 모든 것에 대해 상대방과 언쟁하려 하면서 커플관계에서의 정서적 친밀감 향상을 방해한다. 이렇게 강화된 관계 패턴은 고정화되어 진정한 변화가 일어날 수 없다. 점점 시간이 흐르면서 관계 패턴이 굳어지고 각자의 문제를 넘어서 더 큰 패턴을 만들 가능성이 커진다.

4) 갈등 해결방법

(1) 자기 변화에 초점 두기

갈등을 해결하는 방법은 서로 협력적인 관계를 이루려는 긍정적인 의도가 확인되어야 한다. 그 뒤에 상대방을 변화시키는 것에 초점을 맞추는 것이 아니라 자신의 변화에 초점을 두고 출발한다면 친밀한 커플관계의 변화로 연결할 수 있을 것이다(Olsen, 2001, 신희천 외 역, 2009). 다음은 커플관계에서 갈등 해결방법을 단계별로 살펴보고자 한다.

- 1단계: 커플 생활에서의 문제 영역을 확인하고, 가장 시급하고 중요한 문제를 3가지 정도로 영역을 정하고 구체화한다.
- 2단계: 커플 생활의 문제 영역에서 커플이 문제를 해결하려고 할 때, 어떤 패턴이 나타나는지 볼 수 있어야 한다. 제3자의 입장에서 바라보면서 갈등 해결과정을 기술해 보는 것도 도움이 될 것이다.
- 3단계: 갈등 해결과정에서는 자신의 반응에 집중해서 관찰하고 상대방에게 어떤 영향을 미치는지 지각한다.
- 4단계: 커플의 상호작용 패턴을 이해하고 자신이 어떻게 기여하고 있는지 아는 것이다. 이 단계에서 패턴에 영향을 미친 자기의 역할을 이해할 때 책임감을 지니게 된다.

예전에 했던 반응대로 하지 않고 이전과 다르게 반응하면 상대방은 혼란을 느끼게 되는데, 이것을 건설적 혼란(constructive confusion)이라고 한다. 건설적 혼란은 이전과 다른 변화를 만들어 갈 수 있고, 고정화되었던 패턴에 균열이 일어날 수 있다. 건설적 혼란의 기술에는 질문하기, 바꾸어 말하기, 주제에 머무르기, 잠시 중단하기가 있다.

항상 상대방을 쫓고 요구하던 사람이 자신의 취미활동에 시간을 더 많이 들인다면 거리를 두려던 사람은 다른 반응을 할 가능성이 커진다. 여기서 중요한 부분은 상대방을 바꾸려는 조정의 의미보다 자신의 변화에 초점을 두는 것이 무엇보다 중요하다. 그리고 자기 초점과 자신을 변화시키려는 노력에는 많은 에너지가 필요하나 문제를 악화시키는 만성적인 고통 속에서 살면서 견디는 에너지보다 적게 든다.

(2) 자신의 소망 알아차리기

커플은 오랫동안 함께 지낸 만큼 서로에 대해 잘 알고 있다고 착각하는 경향이 높다. 이로 인해 상대방의 이야기에 집중하여 귀를 기울이기보다 자기 생각대로 단정짓고 방어적인 태도를 취하기 쉽다.

갈등을 해결하려고 할 때 중요한 것은 커플이 서로의 대화에 경청하는 태도를 유지하는 것이고 커플이 함께 싸워 이겨야 할 상대를 '주의가 필요한 의사소통 유형'으로 보는 것이다. 상대방의 비언어적 태도나 말투에 감정적으로 반응하기보다 서로의 소망을 알아차리고 협력적인 문제 해결에 초점을 맞춘다면 한 팀으로서 친밀감이 향상될 기회를 가질 수 있을 것이다. 상대방과 나의 불만족 표현 뒤에 있는 소망을 알아차리는 예시를 살펴보면 〈표 9-1〉과 같다.

〈표 9-1〉 자신의 소망 알아차리기

불만족 표현	소망 알아차리기
당신은 항상 쓰레기를 쌓아놓고 정리할 생각을 왜 안 해요?	집안일을 할 때 우리가 한 팀처럼 느껴졌으면 좋겠어요.
당신은 하루 종일 내게 전화를 한 통도 하지 않았어요.	우리가 떨어져 있어도 가까이 있는 느낌이 들면 좋겠어요.
당신이 꼼짝하지 않고 누워 있는 것이 너무 짜증이 나고 싫다.	함께 집안일을 하고 같이 쉬고 싶다.
당신과 함께 있는 것이 불편하고 거슬려서 집중하기가 힘들다.	서로 뭐가 불편하고 힘든지 대화를 나누고 관계를 회복하고 싶다.

출처: 이기숙 외(2006).

(3) 자기표현 연습하기

커플관계에서 서로 존중받고 자기의사를 표현하는 것은 행복으로 나아가기 위한 밑바탕이 된다. 이러한 관계를 맺기 위해서는 어린 시절부터 몸에 배어 있는 습관적인 반응이 아니라 자신의 욕구를 파악하여 상대의 마음을 헤아리면서 솔직하게 표현하는 의식적 반응이 많아져야 한다. 자기표현을 통해 서로가 원하는 것을 나누고 이해하여 협력한다면 갈등을 해결하는 진정한 목적이 될 것이다. 문요한(2018)은 상황에 맞는 자기표현을 4단계로 나누어 설명하였고, 구체적으로 살펴보면 다음과 같다.

첫째, 습관적인 자동반응을 멈추는 것이다. 습관적인 자동반응은 권위적인 집단주의 문화의 영향으로 인해 자기의 감정이나 상황을 고려하지 않고 상대방의 부탁이나 지시에 "알았다"라고 대답하거나 상대방의 관심인지 간섭인지 구별하지 않고 "싫어"라고 하거나 상대방의 입장을 고려하지 않고 자기주장을 강요하는 것이다. 이러한 자동반응을 줄이려면 먼저 멈춰서 자신이 무엇을 원하는지, 자신이 느끼는 것이 사실인지, 상대방이 나를 무시한 것인지 아닌지, 상대방에게 도움이 필요한지 등을 확인해야 한다.

둘째, 자신의 감정과 욕구, 책임을 알아차리는 것이다. 자신의 감정과 욕구를 알아차리기 위해서는 신체감각(몸의 열감, 심장박동, 호흡, 어지러움, 통증, 근육의 경직 등)에 주의를 기울이며 탐색을 한다. 그런 후에 자신의 몸의 반응과 감정 경험을 관찰하여 이름을 붙인다. 감정에 이름을 붙였다면 그 감정에 휩쓸리지 않고 자신의 감정을 바라보는 힘을 키우는 감정 조절력을 기르는 것이 필요하다. 감정이 일어난 이유와 욕구가 명확하면 뒤를 이어 해야 할 행동이 뚜렷해지고, 자신의 감정을 스스로 조절하여 책임질 수 있게 된다.

셋째, 상황과 상대에 따라 자신의 반응을 조절하는 것이다. 인간관계에서는 같은 상황이라도 시기나 상태에 따라 다르게 반응할 수 있고, 우리의 반응도 그때그때 달라야 한다. 나와 상대, 상황에 따라 자신의 반응을 조절해야 하며, 자신의 상황이나 상태에 따라 한계를 설정해야 한다. 친밀한 관계라도 허용해서는 안 되는 최소한의 한계가 필요하며, 최소한의 한계는 상황이나 상태에 따라 달라지지 않는 일관성 있는 기준이어야 한다.

넷째, 자기표현을 솔직하면서도 정중하게 하는 것이다. 자기표현은 감정을 표출하는 것이 아니라 감정에 담긴 욕구, 즉 자신이 원하는 것을 알아차리고 표현하는 데 있다. 그 표현은 '솔직하게 그러나 정중하게'라는 마음가짐과 함께 상대의 행동이 자신에게 어떤 영향을 끼치는지 이야기하는 것이 필요하다. 그 후에 자신이 원하는 것을 이야기한다. 상대방에게 자신의 감정과 욕구를 표현하지 않으면 상대방은 알지 못한다. 그리고 두 사람 관계에서 일어나는 일은 함께 책임을 져야 한다.

5) 갈등 해결과 관계 향상 기술

커플관계에서의 의사소통은 친밀감을 높이고 행복한 커플 생활의 초석이 된다. 함께하는 시간이 길다고 해서 서로에 대해 잘 아는 것이 아니라 함께하는 시간에 대화를 통해 서로에 대해 더 많이 알아가고, 있는 그대로의 자신을 노출하고 수용 받으면서 친밀감을 쌓아가는 것이다. 서로 다른 차이에 의해 일어날 수밖에 없는 갈등을 해결하기 위해서는 관계 향상 기술이 무엇보다 중요하며, 지속적인 노력이 요구된다. 갈등을 해결하기 위한 관계 향상 기술을 구체적으로 살펴보면 다음과 같다(이기숙 외, 2009).

(1) 부드러운 말로 시작하기

거칠게 말을 시작하면 상대방은 방어적 태도를 보이거나 거리감이 생겨 외로움을 느낄 수 있다. 먼저 정중한 태도, 이야기를 꺼낼 적절한 시기, 안전한 장소 등을 선택하는 것이 필요하다. 그 다음에는 '나'로 시작하여 문제를 중립적으로 말하고 그 상황에 따른 자신의 느낌(감정)을 표현한다. 마지막으로 자신이 원하는 것을 말하면 상대방에게 자신의 의사를 효과적으로 전달할 수 있다.

(2) 상대에게 말 걸기와 호응하기

평소에 커플은 수많은 '말 걸기'를 통해 친밀감을 높여가는데, 이럴 때 상대방에게 호응하는 것이 중요하다. 말 걸기에 습관적으로 외면하거나 반발할 경우 상대방은 마음의 상처를 입거나 소심해져서 더 이상 시도를 하지 않거나 관계가 소원해질 수 있다. 말 걸기는 상대방과 가까워지려고 질문, 표정, 몸짓으로 무언가를 요청하는 것이며, 지속해서 호응한다면 서로 더 가까워지고 우정과 로맨스가 강화된다.

(3) 커플관계에서 갈등이 생겼을 때 회복을 시도하기

회복을 시도하는 것은 관계에서의 긴장 완화와 상대방의 입장을 배려하지 못한 것에 대한 진심 어린 마음, '미안해'라는 말, 실수를 반복하지 않으려는 행동 변화의 의지가 있어야 한다. 상대방이 회복을 시도를 할 때 가능하면 수용되어야 하며, 서로 노력하여 행동 변화의 성공을 향해 나아갈 수 있어야 한다.

(4) 커플관계에서 열린 마음으로 상대방의 영향력을 받아들이기

커플관계에서 긍정적인 영향은 수용하고 부정적인 영향은 조절하면서 서로의 성장을 향해 나아갈 수 있는 지지적인 관계를 만들어 가야 한다. 상대방이 긍정적인 의도를 가지고 설득하려는 것을 받아들인다면 커플관계가 더욱 친밀해지고 행복해지는 데 도움이 될 것이다.

(5) 커플관계에서 지속적으로 친밀감을 만들고 유지하기 위해 노력하기

친밀감은 저절로 만들어지는 것이 아니며 함께 하면서 즐거움을 느낄 수 있는 취미활동이나 여행, 데이트 등이 병행되어야 가능하다. 커플들이 친밀감을 매우 소중히 다룰 때 행복한 커플 생활로 나아갈 수 있다.

함께 나누기

1. 사티어의 의사소통 유형 검사를 하고, 이와 관련하여 이야기 나누어 봅시다.
   1) 의사소통 유형 검사 결과가 자신이 생각했던 것과 같은지 살펴보고, 자신의 의사소통 유형의 특징에 대해 알게 된 것은 무엇입니까?
   2) 커플관계에서 자신의 의사소통 유형이 상대방에게 어떤 영향을 미쳤다고 생각합니까?
   3) 자신의 의사소통 유형에서 변화가 필요한 부분이 있다면 무엇입니까?

2. 갈등 상황에서 자신은 어떤 패턴을 많이 사용하는지 살펴보고, 갈등 해결을 위해서는 어떤 노력이 필요한지 2가지 이상 찾아보고 소집단별로 의견을 나누어 봅시다.(갈등대처 패턴 참고)

3. 소통이나 관계가 어려운 주요 타인(가족, 커플, 친구 등)과 친밀한 신체활동(포옹, 스킨십, 어깨 두드리기, 악수 등)을 나누고, 그때 자신의 감정을 관찰하여 기록해 봅시다.

관련 동영상

1. 세바시 〈사랑이 오래 가는 비밀: 상대방의 방어기제를 파악하라〉
   https://www.youtube.com/watch?v=3CN9DdATYk0&list=PLTqML1Jf5lZ9DaZBad_B9EVfiXzsRbtF0&index=2 (18분21초)
2. 미래수업 〈참는 게 능사는 아니다!〉
   https://www.youtube.com/watch?v=NjBTqxUb9GE (19분55초)
3. 세바시 〈이혼하지 않으려면 알아야 할 소통의 기술〉
   https://www.youtube.com/watch?v=dGgtfT-ZkaI (17분29초)

참고문헌

김영애 (2019). **사티어 빙산의사소통**. 김영애가족치료연구소.

김영희, 김경미 (2019). **결혼과 가족**. 파워북.

문요한 (2018). **관계를 읽는 시간**. 더 퀘스트.

여유진, 이봉주 (2019). 2019년 한국복지패널 기초분석 보고서. 한국보건사회연구원.

이기숙, 고정자, 권희경, 김득성, 김은경, 김향은, 옥경희 (2006). **현대 가족관계론**. 파란마음.

이기숙, 김득성, 공미혜, 김은경, 전영주 (2009). **결혼의 기술**. 신정.

최규련 (2018). **가족관계론**. 공동체.

Mona, D. (2013). **커플상담과 신경생물학**. 박수룡, 전영주, 서미아, 김현수, 최지원, 김수지, 안혜상 역 (2019). 학지사.

Olsen, D., & Stephens, D. (2001). **부부, 연인보다 아름답게 사는 법**. 신희천, 한소영, 윤미혜, 배병훈, 박혜영 역 (2009). 학지사.

Walsh, F. (1998). **가족과 레질리언스**. 양옥경, 김미옥, 최영민 역 (2006). 나남출판.

동아일보 (2021.04.03). "엄마, 친구가 카톡감옥서 울어요"… 실제론 자녀의 SOS일수도. https://www.donga.com/news/article/all/20210403/106223569/1

메트로신문 (2019.05.30). 단톡방, 소통인가 단절인가. https://m.metroseoul.co.kr/article/2019053000106

PART 04

부모됨과 가족생활에 대한 이해

Contents

CHAPTER 10

부모되기

염은선 집필

결혼과 부모됨이 선택이라는 말조차 식상한 시대가 되었다. 비혼을 선택하는 젊은 세대도 갈수록 증가하여 혼인건수와 혼인율도 줄어들고 있고 결혼 후 자발적 무자녀(No-Kids)가족도 증가 추세이다. 출산율은 갈수록 감소하고 있고 결혼과 부모됨 모두 자신이 원하는 대로 자유롭게 선택할 수 있는 시대이다. 자녀를 가지는 것에 대한 선택과 결정은 개인적인 문제이지만 그만큼 자신의 선택에 대한 책임은 더 강조된다. 인류의 역사가 지속되는 한 가족은 어떠한 형태로든 존재할 것이고 부모자녀관계도 이어질 것이다. 이 장에서는 이러한 사회 변화 속에서 부모됨의 의미와 부모역할의 변화 및 부모양육 태도에 대해 살펴보고자 한다.

1. 부모됨

1) 부모됨의 의미 변화

현대사회에서 결혼 및 출산 그리고 부모가 된다는 것의 의미는 과거와 많이 다르다. 부모가 생각하는 자녀의 의미와 기대가 달라졌고 그 어느 때보다도 부모역할에 대한 부담은 과중해졌다. 과거 전통사회에서 부모가 된다는 것은 생물학적 측면으로는 자녀출산, 사회문화적 측면에서는 가계 계승의 의미, 그리고 농경사회에서는 노동력 충원이라는 측면에 초점을 두었다. 그러나 오늘날 부모됨의 의미는 개개인의 다양한 가치관 및 각자 주어진 환경이나 상황에 따라 커다란 차이가 있다. 현대사회에서 부모됨은 자녀양육을 위해 신체적, 심리적, 경제적, 사회적으로 매우 다양한 차원의 준비가 필요함을 의미하는 것으로 변화하고 있다.

(1) 의무에서 선택으로

오늘날 부모됨은 성인기 역할로 당연하게 여겨지기보다 점점 개인적 선택이 되고 있으며, 과거보다 부모가 되는 시기도 갈수록 늦어지고 있고 적은 수의 자녀를 가진다. 자녀의 수는 줄었지만 아동발달에 대한 지식들이 많아진 예비부모들은 자녀출산과 양육에 대해 이전보다 더 많은 부담과 책임을 지게 되었다. 결혼을 해야만 부모가 된다는 전제가 흔들리면서 결혼제도에 진입하지 않고도 부모됨을 선택하는 경우도 많아지고 있다. 또한 맞벌이부부의 증가로 공동양육이 불가피해지면서 오늘날의 부모됨은 이전보다 훨씬 더 선택적이며 자율적이고 아동 중심적으로 변화하고 있다(정현숙 외, 2020).

(2) 부모자녀관계의 변화

과거의 부모자녀관계는 가부장적이고 수직적인 규범에 근거해 부모는 자녀를 돌보고, 장성한 자녀는 당연히 노부모를 돌보는 효의 주체로 이해되었다. 하지만 현대사회의 핵가족에서는 규범보다 정서적 유대가 부모자녀관계에서 더 중요한 가치로 여겨지고 있다. 저출산 시대에 아버지와 어머니는 자녀에게 부모인 동시에 친구와 형제자매의 역할도 해주어야 한다. 전통적이고 가부장적이었던 부모자녀관계에 비해 현대사회의 부모자녀관계는 상호 독립성과 자율성을 가진 덜 권위적이며 보다 더 민주적이고 양성평등한 관계로 바뀌고 있다(정현숙 외, 2020; 최혜순, 2017).

(3) 양육자의 다양화

부모가 되면 자녀를 출산하고 양육하는 과정 속 관련된 모든 책임과 활동을 의미하는 부모역할을 갖게 된다. 부모들은 자녀들에게 기본적인 의식주를 제공해야 하고 더불어 애정 어린 보살핌을 통해 충분한 정서적 지원을 해야 한다. 또한 그들이 속한 사회의 규범 및 가치 등을 가르쳐 자녀들이 사회에서 잘 적응할 수 있도록 도와야 하며 더 나은 성장을 위한 학교 교육 및 필요한 지원 등을 제공해야 한다. 과거의 부모역할은 자녀를 출산하고 양육하며 돌보는 주 양육자로서 어머니 역할을 중요하게 여겼지만, 현대사회에서는 기혼여성의 취업 증가, 다양한 가족형태의 출현으로 양육자도 다양화되고 있다. 맞벌이 부모를 위해 조부모나 친인척이 양육자의 역할을 감당하기도 하고 신생아 돌보미나 보육교사의 지원을 받기도 한다.

(4) 부모의 영향력 변화

과거의 대가족적 전통이나 친족공동체 문화와 달리 현대사회에서는 가족 규모가 축소되어 자녀에 대한 부모의 영향력이 상대적으로 커진 듯 여겨진다. 그러나 급변하는 사회 속에서 조부모 등 가족의 영향력은 줄어들고, 학교나 또래들로부터의 영향력은 증가되고 있다. 반면, 소자녀 시대에 부모가 자녀의 성취와 자신의 지위를 동일시하는 경향은 더 강해져 자녀의 사회적 지휘 획득을 위한 기반 제공자로서 부모의 책임감과 부담감은 더 커졌다(이여봉, 2020).

2) 부모됨의 동기와 준비

(1) 부모됨의 동기

성인이 되어 결혼을 하고 부모가 되는 것은 자연스런 사회화 과정이지만 부모가 되는 것에는 다양한 동기가 존재한다. 대부분의 사람들은 결혼을 하면 자녀를 출산하고 양육하는 것을 자연스럽고 숙명적인 것으로 받아들인다. 또한 자녀를 출산하고 사랑을 베풀고 싶은 발달적 욕구를 통해 부모가 되기도 한다. 전통사회에서는 자녀출산을 통해 가계를 계승해야 한다는 사회적 압력도 부모됨의 중요한 동기가 되었다. 각 개인이 갖는 부모됨의 동기는 이후 부모역할을 수행함에 있어서 부모의 행동적인 방향성에 영향을 미치기에 부모됨의 동기를 살펴보는 것은 중요하다. 라빈과 그린(Rabin & Greene, 1968)은 부모됨의 동기를 다음의 네 가지 유형으로 설명하고 있다(박성연 외, 2017에서 재인용).

① 가계 계승 및 숙명적 이유

자녀를 갖는 것을 자신들의 존재 이유로 믿기 때문에 자녀를 갖는 사람들이 있다. 자녀를 통해 자신의 존재가 지속적으로 이어지면서 가계가 계승된다고 생각하기에 부모가 되려고 한다. 또한 인간이 생명을 창조하는 것은 신의 뜻을 따르는 것이라고 생각하며 종교적 신념에 따라 부모됨을 선택하기도 한다.

② 이타주의적 이유

이 동기를 가진 사람들은 부모로서 자녀와의 상호작용을 통해 서로 사랑하고 사랑받고자 하는 애정욕구를 충족하기 위해 부모가 된다. 부모가 되어 자녀를 보살피고 관심과 애정을 주고자 하는 이타적인 바람과 욕구에 의한 것이라고 볼 수 있다.

③ 자기만족적 이유

자녀를 낳음으로써 성인대열에 속했다는 심리적인 안정감을 가질 수 있어 부모됨을 선택하기도 한다. 자녀를 가짐으로써 자신의 선함을 나타내 보일 수 있고, 자녀를 갖기에 충분한 성인으로서 성숙했음을 나타내준다고 기대하는 점에서 자기도취적이라고 설명할 수 있다.

④ 도구적 이유

자녀를 통해 자신의 과제나 계획이 실현되고 확장된다는 느낌, 즉 대리만족(보상)을 위해 부모됨을 선택한다는 것이 도구적 이유이다. 이 동기를 가진 부모들은 무의식적으로 자녀가 자신의 어린 시절 실수들을 만회해 주고 부모를 대신해서 어떤 목적을 이루어 주기를 기대한다.

이 외에도 자신의 부모에게 만족감을 주고 부부 유대와 가족의 결속력 강화를 위해, 자녀출산 및 양육을 통한 성취감이나 다양한 경험을 자녀와 공유하면서 인생을 풍요롭게 살고 싶어 부모가 되기도 한다. 또한 자녀 문제 해결을 통해 자기를 완성하고 자아실현을 할 수 있을 것이라 기대하며 부모됨을 선택하는 등의 다양한 동기들이 있다.

(2) 부모됨의 준비

부모가 된다는 것은 개인에게 놀라운 성장 기회를 제공하지만, 현실적으로 부모기로의 전환은 부부관계의 변화, 경제적인 압박감 및 양육의 어려움 등 수많은 문제에 맞닥뜨리게 되면서 많은 부담을 갖게 되는 시기이다. 성공적인 부모가 되고 건강한 가정을 만들기 위해서는 부모기를 이해하고, 부모가 되는 것에 대한 긍정적인 동기와 기대를 가지고 부모역할에 대한 개념을 명확히 하는 것이 필요하다(박응임 외, 2017).

➔ 예비부모의 자가진단

1. 부모가 된다는 것이 무엇을 의미하는지를 생각해 보았는가?
2. 부모역할을 잘할 수 있다고 생각하는가?
3. 부모가 됨으로써 나의 생활에 어떤 변화가 올 것이라고 생각하는가?
4. 아이를 기르는 데 필요한 경제력이 있는가?
5. 자녀를 갖기 전에 건강한 몸을 만들기 위해 노력하려고 하는가?
6. 아이를 기를 때 어떤 부모관을 가지고 기르려고 하는가?

출처: 여성가족부(2017)에서 재인용.

2. 부모발달과정

자녀가 출생하여 발달하며 성장하고 자라듯이 부모도 발달해 간다. 갈린스키(Galinsky, 1987)는 부모발달과정에 대해 가장 체계적인 이론을 제시하고 있는데, 그가 상정한 부모발달단계는 인간발달에서 다루는 생애주기(life cycle)와는 구분되는 개념이다. 자녀가 성장하며 발달해 가는 변화에 따라 부모도 성장해야 하고, 그와 동시에 자녀양육과정에서 도전받는 과업을 인식하고 대처해 나가는 과정에서 적응적이고 효율적인 부모가 될 수 있다는 것이 이 이론의 핵심적인 내용이다. 갈린스키(Galinsky, 1987)는 자녀 성장과정에 따른 부모역할과 주요 과업을 부모발달단계로 설명하고 있다(한국부모교육학회, 1997; Galinsky, 1987, 김세희 외 역, 1993).

〈표 10-1〉 Galinsky의 발달단계별 부모역할

단계	연령	부모역할	주요 과업
1	임신기	보호자 / 이미지 형성 단계	태교
2	영아기	보호, 양육자 / 양육 단계	애착 형성
3	유아, 학령전기	훈육자 / 권위형성 단계	자기조절, 자존감
4	학령기(아동기)	격려자 / 설명하는 단계	책임감
5	청소년기	상담자 / 상호의존 단계	진로
6	청년기	동반자 / 떠나보내는 단계	독립

출처: 남유희, 이지은, 정성경(2018)에서 재인용.

1) 이미지 형성단계

부모가 임신을 통해 부부관계에서 예비 엄마, 아빠로서 출산과 부모 이미지를 구체적으로 형상화하기 시작하는 '이미지 형성단계'이다. 여기서 이야기하는 부모 이미지는 태아와의 관계뿐만 아니라, 부모로서의 부부관계, 원가족에서 부모와의 관계 및 중요한 주위 사람들과의 관계 등을 함께 고려하면서 다양한 상상을 통해 형성된다. 부모로서의 이미지 형성은 이후 부모역할에 중요한 영향을 미치게 되며 이 단계에서의 주요 과업은 태교이다(염은선, 2020).

2) 양육단계

자녀 출생 후 영아기 단계로 부모가 보호자와 양육자 역할을 하게 되는 '양육단계'이다. 상상 속의 아기를 현실에서 만나게 되는 이 시기에는 자녀와의 신뢰감 및 애착 형성이 가장 중요한 발달과업이다. 영아기는 온몸으로 세상을 알아가는 시기이므로 부모와의 신체접촉과 안전한 애착 형성을 통해 자녀가 충분한 정서적 안정감을 갖도록 해주어야 한다.

3) 권위 형성단계

'권위 형성단계'는 유아기에 접어든 자녀가 학령기 전 발달 시기와 맞물리게 되면서 부모가 훈육자의 역할을 하며 자녀의 사회화 과정을 책임져야 하는 시기이다. 이 단계에서 자녀들은 가정에서 나와 또래 집단과 어울려 놀게 되며 어린이집이나 유치원 등 유아교육 기관에 다니기 시작하면서 새로운 사회관계를 맺게 된다. 이러한 관계 속에서 아이는 적절한 사회적 행동을 요구받게 되므로, 자녀의 행동에 대해 적절히 통제하고 중재하면서 자기 조절력과 자존감을 길러주는 것이 부모의 주요 과업이다. 이 단계에서 중요한 과제는 부모로서의 권위의 범위 및 자녀 행동의 한계를 설정해 주고 자녀가 잘 따를 수 있도록 하는 것으로써, 부모의 권위는 자녀의 성장발달과정을 통해 자연스럽게 형성

될 수 있어야 한다(염은선, 2020).

4) 설명하는 단계

'설명하는 단계'는 자녀의 초등학교 입학 후 학령기(아동기)로 접어드는 시기이다. 부모는 자녀의 격려자 역할을 하면서 자녀가 유치원이나 초등학교에 입학한 후 부모기에 대한 이미지를 검토하며, 자녀들의 질문에 답하고 훈육하면서 어떻게 가르칠지를 생각하게 된다. 부모는 자녀가 당면하게 되는 다양한 문제나 과업에 대해 설명해 주고 일깨워 주면서 자녀 스스로 독립적으로 성장할 수 있도록 돕는 책임감의 과업을 갖게 된다.

5) 상호의존단계

'상호의존단계'는 청소년기 자녀가 있는 시기로서 부모는 상담자의 역할을 감당하며 자녀를 독립적인 인격체로서 인정하고 서로 소통해 나가야 한다. 이 시기에 부모는 애정을 바탕으로 한 합리적이고 이성적인 새로운 권위를 확보해야 한다. 청소년기에는 자주 감정에 휩싸이게 되어 합리적인 판단이 어렵고 주관적 감정으로 행동하기 쉽다. 따라서 부모는 상담자와 격려자로서 이성과 감정이 조화된 높은 권위를 가지고 청소년기 자녀의 정체감 발달의 조력자 역할을 해야 한다.

6) 떠나보내는 단계

'떠나보내는 단계'는 자녀들이 10대 시기를 지나 독립하게 되면서 부모의 곁을 떠나는 시기이다. 이 단계에서 부모는 자녀와의 헤어짐을 준비하고 자녀를 독립시킨 후 새로운 삶에 대한 기대를 갖게 된다. 부모로서의 자신이 아니라

한 인간이자 개인으로서의 자기 자신에 대하여 생각해 보고 새로운 독립을 준비해야 하는 과업을 가진다.

갈린스키(Galinsky, 1987)는 부모발달과정이 자녀가 부모 곁을 떠나 독립하게 되는 시기까지만 지속된다고 가정하고 있으나, 실제로 부모의 역할은 자녀의 독립이나 결혼으로 끝나는 것은 아니다. 다만 그 역할의 형태가 바뀔 뿐 부모역할은 자녀가 성인이 된 후에도 지속적으로 이어진다. 중·노년기에 들어서도 부모는 자신이 그려왔던 자녀 이미지와 실제 경험하는 부모자녀관계 속 갈등을 해결해 나가는 과정들을 통해 성장하고 변화한다. 따라서 부모역할은 자녀의 성장과 함께 변화하고 발전하는 성장의 과정이며, 효과적인 부모역할을 위해서 자녀의 발달적 요구와 부모의 발달적 요구를 조화시키면서 그 역할을 수행할 수 있도록 준비하는 것이 필요하다(Galinsky, 1987, 김세희 외 역, 1993).

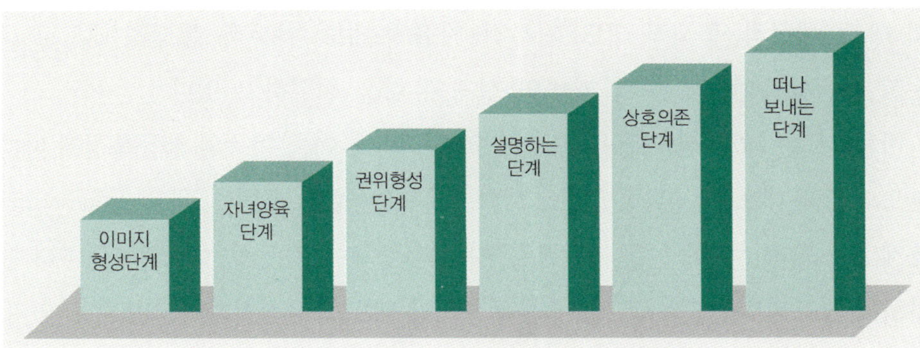

〈그림 10-1〉 생애주기에 따른 부모발달단계

출처: 여성가족부(2017)에서 재인용.

3. 부모의 양육태도

부모들이 어떤 방식으로 자녀를 양육하는가는 자녀가 어떤 특성을 지닌 인간으로 자라는가와 직접적으로 연결된다. 자녀양육에도 효과적인 방식과 비효과적인 방식이 있으며 부모의 다양한 양육방식이 가져오는 효과에 대한 연구는 많은 인간발달학자들의 주요 연구주제 중 하나였다(이기숙 외, 2009).

부모의 양육태도를 최초로 체계화한 학자는 시먼즈(Symonds, 1949)로 거부적이거나 과보호적, 우세적이거나 복종적이라는 두 차원으로 부모의 양육태도를 구분하면서 부모양육방식을 부정적인 측면에서만 설명하였다. 이후 쉐퍼(Schaefer, 1959)와 바움린드(Baumrind, 1971)에 의해 부모양육태도에 대한 연구가 이루어져 왔고 현재까지 활용되고 있다. 쉐퍼는 부모 양육태도를 애정적-자율적 태도, 애정적-통제적 태도, 거부적-자율적 태도, 거부적-통제적 태도로 나누고 부모양육태도에 따른 자녀의 성격 유형을 설명하고 있다.

바움린드는 학령 전 아동을 세 집단으로 구분해 이들 아동의 행동특성에 따른 부모의 양육태도를 분류하였다. 그녀는 부모의 양육 유형을 애정(responsive)과 통제(demanding) 두 요인을 기준으로 자녀의 행동에 지속적으로 영향을 미치는 부모의 양육태도를 민주적, 권위적, 허용적인 태도로 유형화하여 설명하고 있다. 맥코비와 마틴(Maccoby & Martin, 1983)은 바움린드의 허용적인 양육태도를 방임적 양육으로 명명하고 애정과 통제 수준이 모두 낮은 무관심한 양육태도를 포함하여 부모 양육태도를 4가지 모형으로 제시하였다(신용주 · 김혜수, 2017에서 재인용).

1) 민주적 양육태도

민주적 양육태도(Authoritative parenting)를 가진 부모들은 애정적이고 수용적인 태도로 자녀를 대하며 제한된 범위 속에서 자녀가 적절한 자율성을 가지고 행동하도록 격려하고 지지한다. 일관성 있는 분명하고 명확한 규칙을 통해 자녀가 책임감을 가지고 자율적으로 행동하도록 격려한다. 이러한 부모 밑에서 자란 아이들은 자신감, 책임감, 자제력이 높고 배려와 이해로 타인을 대하면서 협동하는 친사회적인 행동을 보인다. 이러한 부모들은 자녀와의 소통을 가장 중요한 원칙으로 여기면서 자녀가 자신의 생각이나 감정, 욕구 등을 자연스럽게 표현할 수 있도록 격려하며 가정의 의사결정에도 자녀를 참여시킨다.

2) 권위주의적 양육태도

권위주의적 양육태도(Authoritarian parenting)를 가진 부모들은 자신들의 규칙이나 결정을 절대적으로 따르도록 강요하면서 자녀의 행동을 체벌이나 강압적인 방법으로 통제한다. 자녀의 요구에는 관심이 없고 지나친 억압과 간섭으로 자녀를 대한다. 애정이나 지지를 보여주는 경우가 적어 자녀들은 쉽게 불안정해지면서 자존감과 자기 신뢰감에서 낮은 수준을 보인다. 이러한 부모들은 자녀에 대한 통제력을 가지는 것이 중요하다고 생각하며 그것을 위해 자녀를 억압하거나 야단치면서 지시하며 비난하는 특징이 있다. 부모의 욕구가 지배적이며 자녀의 자율성은 인정되지 않아 자녀의 자기표현과 독립성은 제한된다. 부모와 자녀의 의사소통 또한 경직되어 있고 자녀들은 사회성이 낮고 지나치게 공격적인 성향을 보일 수 있다.

3) 허용적 양육태도

허용적 양육태도(Permissive parenting)를 가진 부모들은 지나치게 허용적이고 비지시적이면서 자유분방하다. 자녀의 행동을 규제하거나 억압하지도 않지만 올바른 행동에 대한 기준도 제시하지 못해 자녀에 대한 행동적인 기대 수준이나 통제 수준이 매우 낮은 것이 특징이다. 자녀양육에 대한 자신감이 부족하고 자신의 영향력에 대한 확신도 부족하다. 애정 수준은 높지만 자녀양육에 대한 책임감이 낮은 경우가 많아 자녀들은 자기조절 및 자아존중감이 낮고, 사회성이 낮으며 절제력이 부족해 비행이나 반사회적 행동을 할 경향이 높다.

4) 방임적 양육태도

방임적 양육태도(Indulgent parenting)를 가진 무관심한 부모들은 애정과 통제 수준이 모두 낮고 자녀양육에 관여하지 않으려는 태도를 보인다. 자녀들의 의견을 수용하지도 그렇다고 통제하지도 않으면서 최소한의 관심만 보이고 양육에 대한 의지도 희박하다. 이러한 유형의 부모들은 부모 자신의 삶 속에서 스트레스가 많고 지나친 압박감 등으로 우울감에 빠져 있는 경우들이 많다. 자녀와도 정서적으로 단절되어 있고 자녀의 요구에 마지못해 응하나 자녀의 감정이나 의견에 부정적이고 자녀양육에 관심이 없는 특성을 보인다. 자녀에 대한 어떠한 요구와 책임도 지지 않으려 하고 심할 경우 자녀를 거부하기도 한다. 무관심한 양육태도를 가진 부모 밑에서 성장한 자녀들은 우울, 분노, 그리고 충동적이고 화를 잘 내는 등 정서적으로 고립된 특성을 보이면서 낮은 학업 성취도와 반사회적인 행동을 보인다는 특징이 있다.

살펴본 네 가지 유형의 양육태도 중 애정적이고 수용적인 태도를 바탕으로 자녀에게 적절한 통제를 가하면서도 부모로서의 권위가 있는 양육태도가 가장 바람직한 유형이라고 할 것이다. 자녀가 보이는 문제행동을 전적으로 부모 양육태도와 연관시켜 설명하는 것에는 한계가 있다. 하지만 분명한 것은 부모의 양육태도가 자녀의 건강한 성장과 발달에 중요한 영향을 미치기에 부모들은 책임감을 가지고 자녀를 잘 양육해야 한다.

〈표 10-2〉 바움린드의 부모 양육태도 유형

부모의 유형	특성	아동의 사회적 행동
민주적 부모	애정적, 반응적 대화 자녀의 독립심 격려 논리적 설명	책임감, 자신감, 사회성 높음
권위주의적 부모	엄격한 통제, 규율 강요 체벌 사용, 논리적 설명 없음	비효율적 대인관계, 사회성 부족, 의존적, 복종적, 반항적 성격
허용적 부모	애정적, 반응적이나 통제가 없고 일관성 결여	자신감 있고 적응을 잘하나 규율을 무시하고 제멋대로일 수 있음
무관심한 부모	애정이 없고, 냉담하고 엄격하지도 않고 무관심	독립심, 자기통제력이 없고 문제행동을 보임

출처: 여성가족부(2017)에서 재인용.

➔ 역기능적 양육태도: 아동학대(child abuse)

아이들은 굳지 않은 시멘트…학대 흔적은 굳어 평생 간다.

아동학대는 예방이 가장 중요하다. 처벌만이 능사가 아니다. 아동학대 발생의 주원인은 부모가 어린 시절 학대받은 경험, 부모의 성격적 특성, 부적절한 부모역할이다. 그런 점에서 부모의 아동양육기술을 포함한 부모교육과 산전산후 예비부모교육, 공교육기관의 부모교육 활성화가 철저하게 이뤄져야 한다. 또한 빈곤과 실직 등 위기 가정에 대한 공적 부조의 확대와 지역사회의 아동 돌봄지원을 늘려야 한다.

출처: UPI 뉴스(2021.02.17).

➔ 젊은 부모 아동학대 급증…전문가 "10대 · 20대에 예비부모교육 필요"

• **10대 예비부모교육 필요해…"자신의 부모를 돌아보는 것부터"**

전문가들은 예비부모교육 시기를 청소년기로 앞당겨야 한다는 입장을 내놓고 있다. 10대에게 부모교육이란 '부모가 되면 어떻게 하라'가 아니라 '어떤 행동이 아이에게 특정 영향을 줄 수 있다'는 주제로 진행돼야 한다.

• **20대에는 더욱 구체적 교육 필요… "관심 있는 주제로 접근해야"**

20대 초반에는 양육의 즐거움이나 가정 · 출산에 대한 인식 재고에 초점을 맞춘다면, 20대 중후반 대상으로는 양육과정에서 겪는 어려움을 극복할 수 있는 구체적 방안을 가르쳐야 한다.

또한 10대 미혼모의 경우 가출 후 부모가 되는 사례가 많기 때문에, '학교 밖 청소년에게 성교육과 예비부모교육을 함께하는 게 매우 중요하다'고 전했다.

출처: 조선에듀(2018.01.26).

4. 부모역할

부모가 되길 바라는 사람들은 누구나 좋은 부모가 되길 바라지만 준비 없이 본능적으로 좋은 부모가 되는 것은 쉬운 일이 아니다. 자녀를 둔 부모는 사회가 기대하는 적절한 부모역할의 책임을 가진다. 그러나 대부분은 부모역할에 대한 교육이나 훈련을 받지 않고 부모가 되기에 많은 부모들은 양육과정에서의 어려움을 호소하며 혼란을 경험한다. 지금까지 보편적인 관점에서의 부모역할은 부모가 자녀에게 영향을 주는 일방적인 특성을 지닌 것으로 생각되어 왔다. 하지만 부모와 자녀관계에 대한 수많은 연구결과에서는 부모역할이 부모가 자녀에게 일방적인 영향을 끼치는 것이라기보다는 자녀의 성장에 따라 부모와 자녀 간의 상호작용 속에서 변화하는 양방향적인 것으로 개념화되고 있다.

부모역할이란 보편적으로 자녀를 양육하는 것으로 자녀가 성인이 되어 건강하게 잘 독립할 수 있도록 돌보는 것을 의미하며, 더불어 부모의 행동에 대한 하나의 기술로 역할, 기대, 태도 등을 포함하는 개념이다. 부모가 함께 수행하는 팀 리더십이자 자녀의 최초 교사로서 부모에게 가장 중요한 역할이 부모역할이며, 보통은 임신으로부터 시작되어 부모의 죽음으로 끝난다. 또한 부모역할은 자녀의 성장에 따라 다양한 형태로 변화하면서 부모자녀관계에서 상호작용하며 수행되어야 한다(신용주 · 김혜수, 2017).

1) 부모역할의 목표

특정한 지위를 가진 사람들에게 부여되는 권리 및 의무를 역할이라고 정의한다면, 부모역할은 부모라는 지위를 가진 개인에게 주어지는 권리와 의무라고 개념화할 수 있을 것이다. 각 사회의 문화에 따라 부모에게 주어지는 권리나 의무는 상이할 수 있지만, 대부분의 문화에서 지향하는 부모역할의 공통적인 목표는 유사하다.

다양한 문화권의 자녀양육에 대해 연구한 레빈(LeVine, 1988)은 보편적으로 기대되는 부모역할의 공통적인 목표를 생존의 목표, 경제적 목표, 자아실현의 목표로 설명하고 있다. 자녀가 성인이 될 때까지 신체적 생존과 건강을 잘 유지할 수 있도록 도와주는 것이 부모역할의 일차적인 생존의 목표이며, 성인이 되어 경제적인 독립을 이루고 부양자로서의 능력을 갖추도록 기술과 행동을 가르치는 것이 경제적 목표이다. 또한 정신적으로 독립적이고 자유의지를 가진 한 개인으로서 자아실현의 가치를 추구하도록 가르치는 것이 부모역할의 중요한 목표이다(정옥분 · 정순화, 2019에서 재인용).

2) 부모역할의 특성

태아기에서 청년기까지 전통적인 자녀양육방법이 가계에서 자연스럽게 전승되고 실천되어왔으나 본격적인 산업화와 도시화를 거치면서 부모역할은 혼란스러워졌다. 부모로서의 막중한 책임과 부담은 부모됨도 선택하게 하고 있지만, 일단 부모됨을 선택한 이상 효율적인 부모역할 수행을 위해 부모역할의 특성이나 발달단계별 부모역할에 대한 지식의 습득이 전제가 되어야 한다(정옥분 · 정순화, 2019).

부모역할은 사망할 때까지 장시간 수행해야 하는 역할이며, 자녀가 성장함에 따라 다양한 형태로 변화된 부모자녀관계 속에서 상호작용하며 수행되어야 한다. 부모역할의 일반적인 특성은 다음과 같다(신용주 · 김혜수, 2017).

➔ 부모역할의 특성

1. 부모는 자녀의 성장발달에 가장 큰 영향을 미친다.
2. 부모역할은 자녀가 성장함에 따라서 변화를 필요로 한다.
3. 같은 부모 밑에서 자라도 자녀가 경험하는 것이 다르기 때문에 부모의 역할은 아동에 따라서 달라진다.
4. 대부분의 부모들은 준비과정이나 훈련 없이 부모가 되고 부모역할이 부여되며 아동발달에 관해서도 잘 모르고 있다.
5. 부모는 도중에 그만둘 수 없다.

출처: 여성가족부(2017)에서 재인용.

3) 부모역할

전통적인 부모역할에서 아버지는 도구적 역할, 어머니는 표현적인 역할을 감당하는 것으로 구분되어왔지만, 급격한 현대 산업사회 속 다양한 변화들은 가정 내 부모역할 및 자녀에 대한 가치관, 부모자녀관계에서도 많은 변화를 가져오고 있다. 어머니와 아버지의 역할이 어떠해야 한다는 성별화된 부모역할은 가족 안에서 자녀들에게 경직된 성역할을 전수하게 되고 자녀들은 이러한 고정화된 성역할을 자신에게 내면화하게 된다.

고정화된 성역할에서 벗어나 경제적인 부양과 육아 및 가사를 부모가 함께 공유하는 모습이 자연스러워질 때 자녀들은 생물학적 성에 관계없이 양성적인 인성을 갖추고 더욱더 풍성한 삶을 살아갈 수 있다. 일반적으로 두 사람의 선택으로 출산의 과정이 주어지며 부모라는 역할도 맡게 된다. 양육의 주요 과정은 돌봄이기에 돌봄 또한 부와 모가 함께 공유할 때 진정한 의미를 지닌다.

(1) 어머니 역할

부모역할이라고 하면 보통 어머니를 떠올릴 정도로 부모역할에 대한 많은 연구들은 어머니 역할을 강조해왔다. '모성박탈' 개념을 발표한 발달심리학자 보울비(Bolby, 1951)는 아동발달에서의 어머니 역할을 절대적으로 강조하면서 어머니와 자녀 간의 애착을 그 어떤 관계의 애착과도 비교할 수 없는 것으로 주장한다. 그러나 최근의 많은 연구들은 임신과 출산, 수유의 능력을 제외하고 아버지와 어머니의 양육능력엔 차이가 없음을 밝히고 있다(정현숙 외, 2020에서 재인용).

임신으로부터 시작되는 어머니 역할은 자녀의 생존이나 신체발달, 태내에서부터 영향을 주는 정서발달, 어머니와의 애착 형성을 통한 사회성 발달 등에 큰 영향을 미친다. 자녀가 태어나면서 가장 먼저 만나게 되는 대상인 어머니와의 애착은 자녀의 인격 형성의 기초를 이룬다. 더불어 여성의 존재를 알게 하는 여성의 성역할 모델이 되며, 자녀를 사랑으로 돌보고 양육하면서 최초의 교사 역할까지도 감당하게 된다.

(2) 아버지 역할

전통적인 사회에서 아버지는 어머니에 비해 최소한의 역할만 수행한다고 여겨져 이차적인 역할로 설명되었다. 과거에는 아동의 성장에 미치는 아버지의 역할들이 무시되어 왔지만 이제는 양육자로서 아버지의 역할이 강조되고 있다. 사회 변화와 더불어 나타난 다양한 가족구조 속에서 아버지는 더 이상 물질적 도움만을 주는 부양자로서의 존재가 아니다. 이제는 아버지들도 생계부양자로서의 역할을 넘어서 가족 안에서 자녀양육자로서의 역할을 수행해 나가면서 양육에 적극적으로 동참하고 있다(정옥분 · 정순화, 2019).

아버지는 자녀가 태어나서 처음 만나게 되는 남성으로서 어머니와 더불어 교육자로서의 역할과 성역할 모델을 함께 수행한다. 어머니는 주로 자녀의 신체적 · 정서적 · 언어적인 발달에 영향을 미치는 데 반해, 아버지는 자녀의 사회성 발달, 인지적 발달, 성취동기, 도덕성 발달 등에 영향을 미친다. 아버지는 자녀에게 남성성과 여성성의 문화적 개념을 일차적으로 전달하는 사람으로서 아들뿐만 아니라 딸의 성역할 행동에도 많은 영향을 미친다.

자녀양육에 적극적으로 참여하는 아버지를 통해 자녀들은 이타주의와 관대함 등을 배우고 사회성을 발달시켜 나간다. 어머니에 비해 상대적으로 역동적인 아버지들은 어린 자녀의 놀이상대가 되어주고 칭찬, 격려, 자극 등을 제공함으로써 자녀의 인지발달을 촉진시킨다. 더불어 학업, 직업, 경제적 생활 등의 영역에서 자녀에게 성취동기를 부여하는 데 결정적인 역할을 한다(신용주·김혜수, 2017).

➔ 아빠 관련 신조어

- **홈대디:** home+daddy 가정적인 아빠를 의미하는 합성어
- **프렌디:** friend+daddy 친구 같은 아빠를 의미하는 합성어
- **스칸디 대디:** 북유럽 스칸디나비아 국가에서는 아버지의 육아휴직이 제도적으로 보장되고, 아버지가 육아에 적극 참여하고 자녀와 최대한 많은 시간을 보내는 것이 보편화되어 있어 북유럽 아빠들을 통칭하여 '스칸디 대디'라 함
- **라테파파:** 한 손에 라테를 들고 유모차를 끌며 산책하는 아빠를 뜻하는 신조어로 육아에 적극적으로 참여하는 스웨덴 아빠들을 말함

출처: 여성가족부(2017).

(3) 부모역할 신화와 주체적 부모되기

우리 사회에서 남성보다 여성이 양육에 있어 뛰어나다거나 모성애는 본능적이라는 '모성신화'들은 자녀에 대한 어머니의 무조건적인 희생을 강요하여 과도한 부담을 준다. 또한 자녀양육의 주체가 어머니이며 아버지는 보조적이고 이차적인 역할로 경제적 역할만 충실하면 된다는 오해를 만든다. 어머니의 역할만 강조하는 모성신화는 결국 부모의 역할 갈등을 양산하고 오늘날 가정에서 점점 아버지를 소외시키게 한다(어울림경영연구소, 2020).

산업화 이후 아버지 역할은 가계부양자의 역할에 집중하면서 자녀와의 정서적이고 관계적인 의미보다 기능적이고 의무적인 성격으로 이해되었다. 남성은 아이들을 양육하고 돌보는 본능이 없다거나 아버지가 자녀를 직접 양육하는 것은 바람직하지 못하다 또는 사회에서 인정받는 훌륭한 남성이 되면 훌륭한 아버지가 될 것이라는 등의 '부성신화'들은 가족 안에서 아버지를 소외시키고 있다. 그러나 최근 아버지가 자녀양육에 참여할 경우 자녀에게 긍정적인 영향을 미친다는 '아버지 효과(father effect)'가 알려지면서 많은 아버지들이 자녀양육에 관심을 가지고 다양한 아버지 교육 및 프로그램들을 통해 부성을 회복하려는 노력들이 늘어나고 있다(여성가족부, 2017).

자녀들은 가족 속에서 부모들을 통해 전수받은 경직된 성역할을 내면화하게 된다. 그러나 오늘날 현대사회에서는 각 개인의 자질과 개성이 젠더에 기초한 성유형화된 양식보다 더 중요하다고 여겨진다. 따라서 자녀가 타고난 특정한 성역할을 넘어 자신의 개성과 자질에 따라 성장할 수 있도록 양성적인 돌봄을 제공하고 양육하여 세상에서 주체적으로 살아갈 수 있도록 격려하는 것도 중요한 부모역할이다(염은선, 2020). 부모들도 사회적으로 기대되는 부모역할에 지나치게 속박되기보다는 스스로 자유롭게 부모역할을 고민하고 선택하면서 주체적인 부모됨을 향해 나아가야 할 것이다(정현숙 외, 2020).

무조건 희생이 모성? 엄마들의 반격이 시작됐다

모성신화에 반기 든 책 봇물… 페미니즘 열풍 타고 엄마 역할 재조명

"태어나서 가장 많이 참고, 일하고, 배우며, 해내고 있는데 엄마라는 경력은 왜 스펙 한 줄 되지 않는 걸까?"

한 TV 광고에 나오는 이 내레이션은 '모성신화'의 단면을 보여준다. 모성신화란 모성(母性)은 본능이라 엄마는 아이를 위해 무조건적 헌신한다는 통념. '태어나서 가장 많이 참고…'란 대목이 그렇다. 과연 모든 여성이 이 신화를 믿고 있을까? 갈수록 뜨거워지는 페미니즘 열풍을 타고 요즘 서점가에 모성신화에 반기를 든 엄마들의 출간이 잇따르고 있다. (중략) 모성에 대한 성찰은 젊은 엄마들이 스스로를 '엄마이기 전에 한 인간이자 여성'이라 여긴다는 방증이다.

출판평론가 한미화 씨는 "결혼해 아이 낳는 일을 당연하게 여기지 않는 세대가 등장하고, '모성 결핍'을 죄책감으로 여기지 않게 되면서 이런 책들이 쏟아지는 것 같다"고 했다. (중략)

출처: 조선일보(2018.06.13).

4) 현대사회의 부모역할

(1) 부모 공동양육

20세기 가족구조 및 가족 내 분업에 대한 인식의 변화는 부모역할에도 변화를 가져왔다. 특히 자녀가 있는 가정에서는 부모 한 사람이 주 양육자 역할을 하던 것에서 양육은 부모의 공동책임이라는 인식으로 확대되고 양육에서의 아버지 역할이 강조되고 있는 추세이다. 자녀가 양성적인 인성을 가질 수 있도록 돕기 위해서는 부모가 함께 경제적인 부양역할과 육아 및 가사의 책임을 공유하는 형태가 가장 바람직하다. 이러한 과정에서 대두된 개념이 공동양육(co-parenting)이다. 부모 공동양육이란 양육에 대한 가치관, 신념 및 부모가 가지고 있는 각자의 정서를 존중하고, 자녀양육과 관련된 행동, 생각들을 공유하고 지지하며 부부가 함께 자녀를 양육하는 것이다(박선진 · 강민주, 2020).

부부가 한 팀이 되어서 양육에 대한 신념 및 가치를 서로 지지하고 공유하며 자녀를 함께 양육한다는 것은 자녀와의 관계를 부모 중 한 명과의 관계로 보는 것에서 나아가 전체의 가족체계로 이해하는 것이다. 부모가 부모로 한 팀을 이루어 자녀를 양육한다는 의미는 매우 중요하다. 즉, 부부 상호 간 협력과 자녀에 대한 일관된 양육행동을 보여야 한다는 것이다. 부모님께 허락을 구해야 할 때 엄마는 된다고 하고 아빠는 안 된다고 한다면 자녀는 혼란을 경험할 수밖에 없다. 또 어제는 되었지만 오늘은 안 되는 상황을 만들지 않도록 부모는 일관적인 양육태도로 자녀를 대해야 한다.

(2) 다양한 양육형태의 출현

급격한 사회의 변화는 가족형태의 변화를 가져오고 있다. 가족의 모습은 점차 다양해지고 있고 다양한 형태의 가족에서 가족구성원의 지위와 역할은 전통적인 가족의 모습과는 많은 것에서 차이가 있다. 현대 의학의 발달로 전통적인 남녀 파트너 관계나 동성애 관계 속에서도 출산과 양육은 이루어진다(정현숙 외, 2020). 한부모가정이나 조손가정 등의 출현으로 아버지 양육이나 조부모 양육도 자연스러운 현상이 되고 있고, 자녀양육을 돕기 위한 환경들이 각 직장 내에서도 제공되고 있다. 이제는 더 이상 아버지와 어머니, 그리고 그들의 자녀로 이루어진 전통적인 가족만을 정상적인 가족이라 주장할 수 없다. 우리 사회에서 이미 수많은 자녀들이 한부모가정이나 부모의 재혼으로 인해 혼합가정에서 살고 있고, 조부모, 양부모 및 동성애자 부모의 가정에서도 살아가게 될 것이다.

부모역할은 출산과 자녀돌봄으로 연결되는 양육과정 속에서 사회와 가족, 그리고 개인의 삶의 변화에 따라 새롭게 정의될 필요가 있다. 자녀가 있다면 어떤 유형의 가정에서든 부모역할을 감당하는 대상이 필요하며, 그 역할은 단순히 아버지 역할이나 어머니 역할로 구분지을 수는 없다. 자녀가 성장하고 발달함에 따라 부모역할이 변해가야 하듯이, 가족형태의 변화에 따라서도 부모역할은 변해가야 한다. 이러한 현실 속에서 좀 더 다양하고 적응적인 부모역할에 대해 심도 깊은 논의 및 준비들이 필요할 것이다.

➔ 다양한 양육형태

1. 조부모 양육

"못다한 가족사랑 실천… '할빠는 멋지다' 인식 퍼졌으면"
– 손주를 하나, 둘도 아닌 넷을 길러낸 '슈퍼 할빠(할아버지+아빠)' 박재율 씨의 육아일기

출처: 세계일보(2019.02.19).

2. 외(홀)부모-비혼 출산

"비혼 출산 열광하는 청년 세대에게 가족이란?"
- 정자 기증을 통해 비혼 출산 후 엄마가 된 일본 출신의 방송인 후지타 사유리

출처: 시사 인(2020.12.07).

3. 입양부모

"집사부일체 신애라 두 딸 입양…버려진 아이 아닌 지켜진 아이이다."
- 두 딸을 공개 입양한 배우 신애라 "입양아는 버려진 아이가 아닌 지켜진 아이이다. 아이를 세상에 태어날 수 있도록 끝까지 지킨 것이다."

출처: 뉴시스1(2018.09.30).

4. 위탁부모

"큰아빠 찾던 창녕 학대아동 3년 만에 그리던 위탁부모 품으로…"
- 5월 29일 친모·계부 학대로부터 탈출한 아동 최근 위탁부모 품에 돌아간 것으로 확인됐다.

출처: 헤럴드경제(2020.08.28).

5. 미혼모/부

"3살 아이 둔 미혼모입니다. 대학서 뱉은 자기소개 첫 마디"
- 당당한 미혼모 김명지(22, 여) 씨는 지난해 대학에 입학해 사회복지사의 꿈을 키워나가고 있다.

출처: News1(2020.11.08).

"미혼부 사랑이 아빠 눈물 닦아준다…출생신고 전이라도 양육수당 지원"
- 엄마 아니면 출생신고 쉽지 않아
- 유전자검사 결과로 수당 신청 허용
  - 정부는 대법원 판결 이후 '미혼부 자녀 출생신고 및 지원 개선방안'을 마련했다.

출처: 중앙일보(2020.10.19).

6. 동성애 부모

"동성애자 부모를 둔 아이, 불쌍하다고요?"
- 동성애자, 평범한 가족이 될 수 있음을 보여준 여성인권영화제 출품작 〈My Tree〉

출처: 오 마이 뉴스(2012.09.21).

7. 펫팸족

"늘어나는 세계 '펫팸족'… '반려동물' 넘어 가족으로"
- 1인 가구의 증가로 반려동물을 가족처럼 양육하는 펫팸족

출처: KBS 뉴스(2019.03.29).

(3) 사회적 양육

사회적으로 저출산 문제가 심각하지만 개인의 선택과 책임이 따르는 임신과 출산을 강요할 수는 없다. 부모됨을 주저하는 근본적인 이유는 단순히 자녀를 낳는 것과 관련되기보다는 키우고 가르치는 것에 대한 현실적인 어려움과 자녀와 부모 자신의 미래에 대한 총체적인 걱정과 우려이다. 결국 저출산 문제의 해결은 출산 자체를 독려하는 것보다는 개인들이 출산 의지를 갖고 행동에 옮길 수 있을만한 여건 조성 및 방안 마련에서 시작될 수 있을 것이다(이여봉, 2020).

① 국가와 사회의 양육 책임 분담

가족 중심, 특히 어머니 중심의 양육이 아니라 사회적 양육(social parenting)으로 국가와 사회가 보육과 교육을 책임져야 한다. 아이를 출산하고 양육하는 일이 부모 개인만의 책임이나 부담으로 여겨지지 않는 사회가 될 때 출산과 부모됨을 선택하는 부부도 더 늘어날 것이다.

② 가족과 직장이 조화를 이루는 삶

자녀의 양성적인 사회화와 부성 및 모성역할에서의 균형 있는 삶을 위해서는 궁극적으로 인간 삶의 두 축인 가족과 직장이 조화를 이루는, 즉 성과 무관하게 양육과 임금노동을 병행할 수 있어야 한다. 그러나 이것은 남성과 여성이 모두 과중한 부담 없이 일과 자녀양육의 어느 한 영역을 희생하지 않고 양립할 수 있도록 하는 사회적 정책과 제도가 다각도로 마련될 때 가능하다. 양육의 필요에 맞추어 업무 시간을 조절할 수 있도록 노동시장의 유연성이 확보되어야 하고, 모성육아휴직뿐만 아니라 부성육아휴직도 법적으로 보장되어 효과적으로 활용할 수 있도록 하는 제도적 방안 등이 마련되어야 한다(이여봉, 2020).

③ 느슨하지만 친밀한 가족

전문가들과 일반인들이 원하는 한국 가족의 미래상은 가족돌봄과 경제적 불평등은 적고 각 개인의 가치는 증가하여 가족구성원 간의 규범적인 부담은 줄어들지만 서로 간의 친밀성은 더욱 강화되는 '느슨하지만 친밀한 가족'이라고 한다. 이것은 자녀돌봄에 대해 국가나 지역사회 등 사회 주체들의 협력 수준을 높이고 자녀양육에 대한 상당 부분을 국가가 지원해야 한다는 의미를 포함하고 있다(박귀영 외, 2014).

시대적 변화에 맞물린 탈가족화의 흐름 속에서 그동안 개인의 영역, 특히 여성의 영역으로 규정하고 있던 양육과 돌봄의 책임이 시스템적으로 공유될 수 있는 사회적 양육(social parenting)이 보편화되어야 할 것이다(염은선, 2020). 이제는 부모역할을 개인에게 맡겨두는 것이 아니라 사회가 함께 부담해야 할 역할로서 사회적 양육에 적극적 관심을 가지고 구체적인 법과 정책을 수립해야 한다.

함께 나누기

1. 내가 생각하는 부모란 어떤 의미인지 다음의 빈 칸을 채워 봅시다.
   - 부모는 [　　　　　　　　] 이다.
   - 부모는 [　　　　　　　　] 해야 한다.

2. 부모, 조부모, 양육 도우미 등 자녀를 함께 돌보는 공동양육에서 미리 의논해야 할 것들에는 무엇이 있을까 함께 생각해 보고 이야기 나누어 봅시다.

3. 나의 부모님은 바움린드의 4가지 양육태도 중에서 어떤 양육태도를 가지고 계셨는지 생각해 보고 그 양육태도가 내게 미친 영향은 무엇인지 이야기 나누어 봅시다.

관련 동영상

1. EBS 육아학교 〈아빠효과(father effect)〉
   https://www.youtube.com/watch?v=x2ZlVEu_Erg (4분4초)
2. "내리사랑에는 졸업이 없어요"…'할빠 · 할마'들의 황혼 육아
   https://www.youtube.com/watch?v=JpehmI-tlbg (2분2초)
3. 나는 어떤 부모인가? (바움린드의 부모양육태도)
   https://www.youtube.com/watch?v=PX412nRLjXo (6분38초)
4. 인성채널e-안녕! 우리말 부모님에게 듣고 싶은 말 VS 부모님에게 듣는 말
   https://www.youtube.com/watch?v=KQG4bVCHPbs (4분23초)

참고문헌

남유희, 이지은, 정성경 (2018). **부모상담**. 한국청소년상담복지개발원.

박귀영, 김정옥, 백경숙, 유가효, 조희금, 홍계옥, 홍상욱 (2014). **가족과 젠더**. 양서원.

박선진, 강민주 (2020). 부모 공동양육의 질이 유아의 사회적 기술에 미치는 영향 부정적 정서에 대한 어머니의 반응과 유아불안의 이중매개효과. **육아정책연구소, 14**(2), 3-27.

박성연, 김상희, 김지신, 박응임, 전은다, 임희수 (2017). **부모교육**. 교육과학사.

박응임, 전은다, 하유미 (2017). **부모교육 매뉴얼 4권: 성인 예비부모**. 여성가족부 가족정책과.

신용주, 김혜수 (2017). **다음 세대를 위한 부모교육**. 학지사.

어울림경영연구소 (2020). **밀레니얼 세대의 결혼과 가족**. 시그마프레스.

여성가족부 (2017). **부모교육 매뉴얼**. 여성가족부.

염은선 (2020). 상담자와 부모의 부모상담 경험에 대한 질적 연구. 신라대학교 박사학위논문.

이기숙, 김득성, 공미혜, 김은경, 전영주, 손태홍, 오경희 (2009). **결혼의 기술(2판)**. 신정.

이여봉 (2020). **가족 안의 사회 사회 안의 가족**. 양서원.

정옥분, 정순화 (2019). **부모교육**. 학지사.

정현숙, 공미혜, 전영주, 조은숙, 정혜정 (2020). **가족과 젠더**. 학지사.

최혜순 (2017). 4차 산업혁명 시대의 부모교육의 전망. **열린부모교육학회 정기학술대회, 19**(0), 3-7.

Galinsky, E. (1987). **자녀와 더불어 성장하는 부모: 부모기의 6단계**. 김세희, 송미선, 장화선, 전선옥 역 (1993). 양서원.

오마이뉴스 (2012.09.21). 동성애자 부모를 둔 아이, 불쌍하다고요?
http://www.ohmynews.com/NWS_Web/View/at_pg.aspx?CNTN_CD=A0001778705
뉴시스1 (2018.09.30). [집사부일체] 신애라 "두 딸 입양…버려진 아이 아닌 지켜진 아이다."
https://www.news1.kr/articles/?3438397
세계일보 (2019.02.19). "못다 한 가족사랑 실천… '할빠는 멋지다' 인식 퍼졌으면".
https://www.segye.com/newsView/20190219004084?OutUrl=naver
시사 인 (2020.12.07). '비혼 출산' 열광하는 청년 세대에게 가족이란?
https://www.sisain.co.kr/news/articleView.html?idxno=43334
조선에듀 (2018.01.26). 젊은 부모 아동학대 급증…전문가 "10대 · 20대에 예비 부모교육 필요".
http://edu.chosun.com/site/data/html_dir/2018/01/26/2018012601781.html
조선일보 (2018.06.13). 무조건 희생이 母性? 엄마들의 반격이 시작됐다.
https://www.chosun.com/site/data/html_dir/2018/06/12/2018061203799.html
중앙일보 (2020.10.19). 미혼부 '사랑이 아빠' 눈물 닦아준다…출생신고 전이라도 양육수당 지원
https://news.joins.com/article/23897243
헤럴드경제 (2020.08.28). "큰아빠" 찾던 창녕 학대아동 3년 만에 그리던 위탁부모 품으로….
http://news.heraldcorp.com/view.php?ud=20200828000127
KBS 뉴스 (2019.03.29). 늘어나는 세계 '펫팸족'…'반려동물' 넘어 가족으로.
http://news.kbs.co.kr/news/view.do?ncd=4168384
News1 (2020.11.08). "3살 아이 둔 미혼모입니다" 대학서 뱉은 자기소개 '첫마디'.
https://www.news1.kr/articles/?4111388
UPI 뉴스 (2021.02.17). "아이들은 굳지 않은 시멘트…학대 흔적은 굳어 평생 간다".
http://www.upinews.kr/newsView/upi202102170025

CHAPTER 11 부모교육과 상담

염은선 집필

부모되기를 선택하는 시대에 살고 있지만 부모가 되기를 원하는 이들은 누구라도 좋은 부모가 되길 바란다. 그러나 대부분의 부모들은 준비 없이 부모가 된 후 과중한 양육부담으로 좌절하게 되고 때로는 원하지 않지만 자녀들에게 상처를 주기도 한다. 부모들이 자녀의 건강한 성장을 위한 최적의 환경을 제공하고 자녀들이 사회에서 잘 적응하며 발달할 수 있도록 양육하기 위해서 체계적인 부모역할 지원이 필요하다. 이 장에서는 부모도 자녀와 함께 성장할 수 있도록 돕기 위한 부모교육 및 상담 그리고 양육지원정책에 대해 살펴보고자 한다.

1. 부모교육

1) 부모교육의 개념 및 필요성

부모가 된 대부분의 사람들은 자녀를 훌륭하게 길러내는 것을 부모로서의 당연한 의무라 생각하고 자녀들이 잘 자라는 과정을 통해 참 행복과 기쁨을 느낀다. 그러나 자녀를 잘 기르고자 하는 마음처럼 자녀를 기르고 양육하는 과정은 쉽지 않다. 복잡하고 분주한 현대사회에서 개인생활과 부부생활 가운데 감당해야 하는 자녀양육은 또 하나의 도전적인 생활과제로 부모들의 부담이 되고 있다(정옥분 · 정순화, 2020).

부모가 자녀를 잘 양육하기 위해서는 발달적 관점과 체계적인 관점을 함께 조망해야 하기에 부모 또한 자녀양육과 부모역할 수행에서 교육과 상담이 필요하다(금명자 외, 2005). 부모교육 프로그램에 참여한 경험이 있는 부모들의 경우 높은 관계만족도를 유지하고 있었고 그 효과도 지속적인 것으로 나타났다. 부모역할은 일생을 통해 이루어지는 성인화의 과정도 포함되기에 적절한 부모역할 지원을 통해서 부모로서 성장할 기회가 제공되어야 한다. 이러한 지원을 통해 부모들은 부모로서 성장할 기회를 제공받을 뿐만 아니라 인간으로서도 성장하고 발달할 기회를 얻을 수 있을 것이다(전우경, 2013).

부모교육이란 부모들이 자신에 대한 이해를 통해 자기효능감과 부모효능감을 향상시킬 수 있도록 돕고, 자녀양육에 필요한 지식 및 효율적인 부모역할 수행에 도움을 주기 위한 것이라 정의할 수 있다. '부모교육(parent education)'과 비슷한 의미로 '부모훈련(parent training)', '부모개입(parent involvement)', '부모참여(parent participation)', '부모지원(parent support)'이라는 용어 등이 혼용되어 사용되기도 한다. 부모훈련이라는 일방적인 의미가 강조되었던 초기와 달리 현재의 부모교육은 부모참여와 개입이라는 쌍방적이고 포괄적인 의미로 사용되고 있다(정옥분 · 정순화, 2020).

사회문화적인 배경과 시대적인 상황에 따라 자녀를 양육하는 방법은 다양하고 다를 수 있지만 대부분 자녀양육의 일차적 책임은 부모들의 몫이었다. 올바른 자녀양육을 위한 부모의 자질 및 부모역할을 돕기 위한 부모교육의 필요성은 지속적으로 강조되어 왔다. 부모교육의 필요성은 여러 측면에서 생각해 볼 수 있지만 자녀, 부모, 그리고 사회적인 관점에서 설명할 수 있다(정옥분 · 정순화, 2020; 신용주 · 김혜수, 2017).

(1) 자녀의 관점

자녀의 사회화는 가족의 중요한 기능 중 하나이며 부모는 자녀의 전인적인 성장발달에 가장 중요한 영향을 미치게 된다. 자녀의 초기발달과정인 영유아기는 신체, 인지, 언어, 정서, 사회 등 발달의 모든 영역에서 급격한 성장과 발달이 이루어지는 민감한 시기이며, 이 시기에 부모의 영향은 절대적이고 평생 지속된다. 아동청소년기 자녀들에게도 모델링이 될 수 있는 긍정적 부모상을 제공하는 것은 필요하고 중요하다. 이러한 부모의 영향력을 고려해 볼 때 자녀 생애 최초의 교사라 할 수 있는 부모에 대한 역할교육은 자녀의 전인적 발달에 긍정적 영향을 미칠 수 있는 가장 적절하고 효율적인 방법이다.

(2) 부모의 관점

과거와 달리 핵가족 시대인 현대사회에서의 부모들은 성장과정에서 부모역할을 학습할 수 있는 기회가 부족하고, 양육 경험이 없는 상태에서 부모가 되어 부모역할에 대해 과중한 부담감을 갖는다. 부모역할에 대한 다양한 정보는 넘쳐나지만 자신의 상황에 맞는 적절한 모델을 찾기도 쉽지 않다. 따라서 부모에게도 적절하면서 자녀에게도 가장 효율적인 정보를 찾아 활용할 수 있도록 돕기 위해 체계적인 부모교육은 필요하다. 더불어 자신에 대한 이해와 아울러 자녀를 대하는 부모로서의 태도나 신념 등에 대한 성찰을 통해 한 개인으로서 더욱 성숙해지는 기회를 얻기 위해서도 부모교육 및 상담은 필요하다.

(3) 사회의 관점

사회복지나 사회구성원의 충원 같은 사회적인 차원에서도 부모교육은 필요하다. 최근 심각한 사회문제로 대두되고 있는 저출산 문제는 여러 가지 복합적인 이유에서 비롯되지만, 부모역할에 대한 지식과 기술, 문제 해결능력 등이 상대적으로 부족하고 자신감도 결여된 부모세대의 불안감을 반영해 주는 것이라고도 볼 수 있다. 부모교육을 통해 부모됨의 의미와 부모역할에 대한 가치관이나 신념을 확립해 주고 부모역할에 대한 사회적 인식을 공유하게 된다면 국가의 근간이 되는 사회구성원 충원에도 긍정적인 기여를 할 수 있을 것이다. 특히 저소득층 부모를 대상으로 하는 부모교육 등 사회복지적인 차원에서도 부모교육은 필요하다.

2) 부모교육의 목표 및 내용

부모교육은 부모가 자녀의 발달 특징을 잘 이해하도록 돕고 자녀양육을 위한 정보와 기술 등을 제공하고 습득하도록 돕는 것이다. 이전의 부모교육은 주로 자녀를 어떻게 잘 양육할 수 있는지에 대한 제한적인 개념에서 주로 이루어졌다면, 최근의 부모교육은 부모의 자기실현과 자아존중감 향상을 포괄하는 개념으로 확장되고 있다. 효과적인 부모교육을 위해 다음의 네 가지 과정을 포함시키는 것이 바람직하다(정옥분 · 정순화, 2020; 신용주 · 김혜수, 2017).

(1) 양육정보 제공

부모교육의 가장 중요한 목표는 자녀양육에 대한 정보를 제공하는 것이다. 자녀발달과정 및 양육방법에 대한 전문적인 지식 제공을 통해 부모교육에 참여한 부모들의 부모역할 수행능력을 향상시킨다. 더불어 부모교육에 참여한 부모 상호 간에 양육정보와 지식 교환이 가능하도록 돕는다. 부모가 자녀의 성장과정 및 발달단계를 잘 이해하게 된다면 자녀의 욕구를 보다 더 효율적으로 충족시켜 줄 수 있을 것이며, 부모자녀관계에서도 만족스러운 상호작용을 경험할 수 있을 것이다(정옥분 · 정순화, 2019).

(2) 부모 자신에 대한 인식 돕기

자녀 성장의 가장 중요한 환경인 부모가 자기 자신에 대한 이해 속에서 부모됨에 대한 자신의 신념을 인식하도록 돕는 것도 중요한 부모교육의 내용이다.

자녀 성장에 영향을 미치는 자신의 양육태도를 이해하고 수정할 수 있도록 도와서 기능적이고 건강한 부모로 성장할 수 있도록 도움을 주어야 한다.

(3) 양육기술 훈련

효율적인 부모역할 및 부모자녀 간의 원만한 상호작용을 위한 구체적인 양육기술 훈련도 중요한 부모교육의 목표이자 내용이다. 애착형성방식이나 연령별 놀이방법, 자녀의 기질에 따른 양육법, 성장과정에서 나타나는 다양한 문제행동에 대한 대처방식과 훈육법 등 실제적으로 적용 가능한 양육기술을 훈련해 보고 가정에서 자녀들과 건강한 소통이 가능하도록 도울 수 있어야 한다.

(4) 문제 해결

일상생활 속 자녀와의 상호작용과정에서 발생하는 다양한 문제들에 대한 해결능력을 증진시키는 것도 부모교육의 중요한 주제이다. 대인관계, 게임 과몰입, 비행 등 부모가 자녀의 문제라고 생각하는 특정 상황 속 부모자녀 간 상호작용을 관찰하고 이에 대한 피드백이나 행동지침 등을 제시하여 부모 스스로

〈표 11-1〉 부모교육의 효율성을 높이기 위한 과정

<table>
<tr><th>과정</th><th>내용</th><th>과정</th></tr>
<tr><td>A. 정보 나누기
• 강연
• 집단토의
• 관련 서적 읽기
• 부모집단 모임</td><td rowspan="2">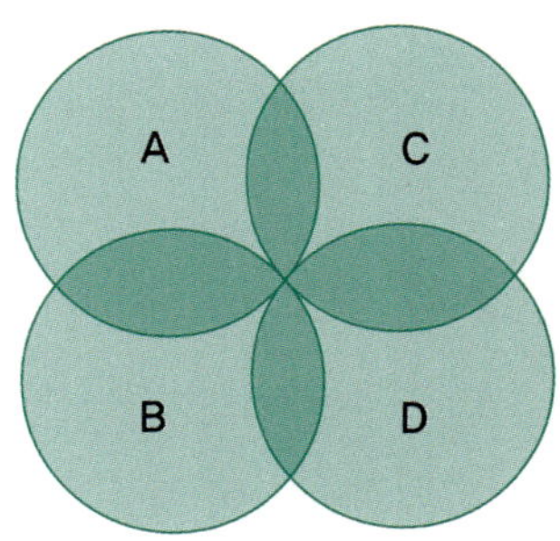
</td><td>C. 기술훈련
• 시범 · 연습 · 피드백
• 관련 서적 읽기
• 토의</td></tr>
<tr><td>B. 자기인식
• 신념과 통찰력의 변화
• 집단토의
• 개별 혹은 집단활동
• 일기쓰기와 기록
• 자기분석 연습</td><td>D. 문제 해결하기
• 과제에 대한 피드백
• 관찰에 대한 피드백
• 토의
• 추후 검토</td></tr>
</table>

출처: 신용주, 김혜수(2017)에서 재인용.

문제를 해결하거나 중재할 수 있도록 돕는다.

3) 부모교육의 효과

부모교육을 실시한 후에는 효과에 대한 평가를 통해 보다 더 나은 교육을 위한 기초 자료로 사용할 수 있다. 부모교육은 다양한 관점에서 이루어질 수 있고 이론적 배경이나 지향하는 목표에서 차이가 있을 수 있지만 전반적으로 공유하는 목표는 비슷하다. 부모와 자녀의 태도 및 행동의 변화, 부모자녀 간 긍정적 상호작용 향상, 더 나아가 가족이나 사회체계의 변화 등이다. 대부분의 부모교육 프로그램들은 부모와 자녀의 태도 및 행동 변화에 초점을 맞추고 있으며 이에 대한 효과를 살펴보면 다음과 같다(정옥분 · 정순화, 2019).

(1) 부모에게 나타나는 효과

부모가 자녀양육과정에서 경험하는 많은 문제들은 부모역할에 대한 준비 부족에서 기인하는 경우가 많아 부모교육을 통해 부모들은 부모역할에 대한 준비 및 자신감, 만족감, 긍정적인 자아개념을 가질 수 있다. 또한 의사소통기술의 향상 등 양육기술을 습득할 수 있고, 자기지각을 통해 부모로서 기능적이고 긍정적인 양육태도로 변화될 수 있다. 더불어 자녀의 다양한 문제행동에 대한 효율적인 대처 및 문제 해결능력 향상 등이 부모에게 나타나는 부모교육의 효과이다.

(2) 자녀에게 나타나는 효과

부모교육에 참여한 부모뿐만 아니라 그들의 자녀들에게도 부모교육은 효과가 있다. 부모의 긍정적 양육을 통해 자아존중감이 향상되어 긍정적 자아개념을 형성할 수 있고 부모의 애정과 지지 속에서 정서가 안정되고 사회적 능력도 향상된다. 부모교육으로 부모의 교육기능이 활성화되어 자녀의 언어나 인지발달 및 학업성취능력 또한 향상되면서 부모교육은 자녀에게도 효과가 있다.

(3) 수평적 파급효과

부모교육은 대상이 되는 부모와 자녀뿐만 아니라 주위의 가족이나 친구, 지역사회, 교사 및 교육 기관에 이르기까지 수평적인 파급효과를 가져오는 것을 알 수 있었다. 가정 내에서는 부부관계나 형제관계가 향상되어 가족의 응집력이 높아졌고, 가정과 교육기관 간의 상호신뢰감도 증가된 것으로 나타났다. 부모와 교사는 부모교육을 통해 만남과 대화의 장을 제공받을 수 있고 이를 통해 지역사회와의 관계도 개선되며 궁극적으로 사회 변화를 초래할 수 있다(정옥분 · 정순화, 2019 재인용).

4) 생애주기별 부모교육

생애주기란 한 사람이 태어나서 죽을 때까지의 한평생을 말하며, 개인의 발달단계에 따라 개인별 생애주기는 영유아기, 아동기, 청소년기, 중년기, 노년기 등으로 구분된다. 각각의 생애주기마다 수행해야 하는 발달과업이 있고 각 시기별 발달과업은 서로 밀접하게 연관되어 있다. 한 단계에서의 과업 수행이 성공적이어야 다음 단계에서의 과업 수행이 원활해질 수 있고 이를 통해 개인과 가족 모두가 만족스러운 삶을 영위할 수 있다. 생애주기별 부모교육이란 자녀의 발달단계별 특성 및 성장과정을 이해하여 효율적인 자녀양육을 위한 부모역할을 교육하는 것이다. 즉 사고, 감정, 행동에서 부모의 습관적인 양육법을 검토해 보도록 함과 동시에 생애주기별 및 다양한 가정환경에 따른 바람직한 자녀양육을 도와주는 교육적 경험을 제공하는 것이다(이미나 외, 2020).

부모로 통칭되나 영유아기, 초등자녀, 중 · 고등학생 등 자녀의 연령에 따른 부모역할은 구별이 있고 시기별로 그 강조점이 다르다(여성가족부, 2017). 자녀 성장에 따른 발달 지원을 위한 적절한 부모역할, 발달단계별 자녀 특징 이해, 효율적인 부모자녀관계를 위한 적응적인 양육방법, 가족갈등 해소방법 등에 대한 지속적인 교육 기회를 제공하는 생애주기별 평생 부모교육이 필요하다.

(1) 영유아기

영유아기의 부모자녀관계는 이후 발달의 기초가 된다는 점에서 중요하며 이 시기에는 부모의 애정 어린 관심과 보살핌을 통해 충분한 신뢰감과 안정적인 애착 형성이 이루어질 수 있어야 한다. 자율성을 획득하기 시작하는 이 시기에 부모가 일관적인 양육태도로 신뢰할 수 있는 양육자 역할 및 안전한 보호자로서의 부모역할을 수행할 수 있도록 돕는 교육이 제공된다.

(2) 아동기

아동기는 성격발달의 토대를 형성하면서 인지적·사회적·정서적으로 급격한 발달과 통합을 이루어가는 시기이다. 학업적 성취 및 학교생활을 통한 또래관계의 비중이 커지는 시기로 아동기의 자녀가 여러 발달 영역에서 보다 성공적인 경험을 할 수 있도록 부모가 적절한 배려와 지도를 할 수 있도록 교육한다(정옥분·정순화, 2020).

(3) 청소년기

신체적·정서적으로 엄청난 변화와 급격한 성장을 경험하는 청소년기 자녀와의 긍정적인 관계를 위해서는 부모의 다양한 심리적 역량이 요구된다. 부모는 본인이 경험한 사회적 분위기나 문화와 다른 자녀 세대의 문화를 이해하려는 노력과 더불어 세대 간 차이를 인정하면서 자녀의 입장을 존중하며 의사소통할 수 있어야 한다. 청소년기의 가장 중요한 발달과업인 자아정체감 형성은 부모로부터의 심리적 독립과정에서 형성된다. 이 시기의 부모가 자녀를 격려하고 도울 수 있는 상담자와 조력자의 역할을 감당할 수 있도록 지원하고 격려하는 부모교육이 이루어진다(남유희 외, 2018).

➔ 예비부모교육

결혼 또한 선택이 되는 시대가 되면서 밀레니얼 시대의 첫째 자녀 가운데 약 20% 정도는 임신 후 결혼으로 태어나는 것으로 보고되고 있어(이병호, 2017), 많은 부모들이 준비 없이 부모가 되고 있음을 알 수 있다. 자녀의 건강한 성장을 위한 최적의 환경을 제공하고 변화하는 사회에 잘 적응하도록 키우기 위해서는 체계적인 부모교육이 필요하며, 이러한 교육은 부모가 되기 이전인 예비부모를 대상으로 할 때 보다 큰 효과를 기대할 수 있다.

(1) 예비부모교육의 대상 및 필요성

일반적으로 부모역할은 자녀출산과 더불어 시작된다고 생각할 수 있지만, 자녀를 위한 모든 행동을 포함하는 것이 부모역할이라고 가정한다면 임신 기간 이전부터 부모로서 자녀의 건강과 애착 형성에 기여할 수 있도록 돕기 위해 예비부모교육은 필요하다(천성문 외, 2019). 일반적으로 예비부모교육은 결혼을 앞둔 예비부부나 출산을 앞둔 산모들에게 많이 행해져 왔지만, 갈수록 전 생애적인 발달과정에서 다루어져야 하고 각 발달 시기에 적절한 부모교육 매뉴얼이 개발되어 시행되어야 한다는 목소리가 높다.

(2) 예비부모교육의 내용

예비부모교육에서는 부모기(parenthood)에 대한 과중한 부담감이나 그릇된 인식을 바로잡고 부모됨의 의미와 중요성을 이해하게 된다. 배우자를 만나고 선택하여 가정을 이루고 부모가 되는 것의 중요성 및 임신 후 올바른 태교법, 출산 과정, 영유아를 중심으로 한 인간발달에 대한 이해 등이 예비부모교육에서 다루어져야 할 중요한 내용들이다.

(3) 예비부모교육의 방향성

부모교육의 목표에 충실한 방향성의 정립은 올바른 자녀양육관 확립을 위한 중요한 전제 조건이다. 예비부모교육의 주된 목표는 양육기술 습득에 앞서 부모 자신에 대한 통찰이 선행되어야 하며, 부모 개인의 자아실현을 위한 한 방편으로서 부모교육이 이루어져야 한다. 자기 자신에 대한 통찰은 자신의 양육방식이 어떤 결과를 초래하며, 자신의 개인적 삶이나 가족, 더 나아가 사회에 궁극적으로 어떤 의미가 있는지를 생각해 보게 하면서 부모기를 준비하는 기초가 되므로 중요하다(정옥분 · 정순화, 2019).

(4) 예비부모교육의 운영방안

교육과 더불어 실제 사례를 중심으로 문제 해결능력을 향상시킬 수 있도록 장기적이고 체계적인 계획에 의한 예비부모교육이 진행될 때 보다 높은 교육 효과를 기대할 수 있을 것이다. 부모와 공감대를 형성할 수 있는 충분히 준비된 교수요원을 확보하는 것도 중요하다. 예비부모교육의 대상을 전생애주기적 관점에서 확대해 나가고 부모역할에 대한 분명한 방향 정립 및 교육 내용을 세분화하며 운영방식을 다각도로 모색하려는 노력이 필요하다(정옥분 · 정순화, 2019).

5) 현대사회의 부모자녀관계와 부모교육

지금까지 우리 사회의 부모자녀관계의 특징은 유교문화의 전통적 가족주의를 배경으로 하여 '부모-자식을 하나'로 지각하는 경향이 두드러져 다른 나라와는 차별성이 있었다. 전통적인 가치관에서 부모자녀관계는 서로 상보적이고 의무적인 관계로, 부모는 사랑으로 자녀를 양육하고 자녀는 '효'로써 부모를 봉양하는 것이 당연하게 여겨져 왔다(류정현, 2007). 그러나 급격한 산업화를 겪으면서 가족의 구조와 형태도 다양해졌고 결혼과 출산을 기피하는 문화가 확산되면서 기존의 부모자녀관계는 변화되고 있고 부모교육의 내용도 변화하고 있다.

(1) 부모자녀관계의 변화

① 권위적인 관계에서 정서적 유대 관계로

가부장적 규범의 틀에서 수직적이었던 부모자녀관계는 서구문화의 영향 속에서 권위적인 부모의 영향력은 감소하고 상호 간 사랑과 정서적 유대를 어떻게 잘 유지하는가가 핵심적인 가치가 되었다. 2030년 가족의 미래를 전망하고, 가족 변화와 삶의 모습을 예측하려는 목적으로 진행된 〈한국여성정책연구소〉의 조사에 따르면 우리나라 가구 중 85%가 "느슨하지만 친밀한 가족" 형태를 원하는 것으로 나타났다. 이는 가족의 공동체적 관심보다 개인의 생활이 존중되어야 한다는 생각이 강한 사회라고 설명한다. 이러한 사회에서는 가족구성원 서로 간 부담은 최소화되고, 이로 인해 오히려 관계에서의 친밀감은 증가할 것이라 기대된다(장혜경 외, 2014).

② 상호 독립성과 자율성의 관계로

이전에는 부모가 자녀를 양육, 보호하고 교육시킴으로써 자녀의 사회화를 감당했다면, 현대사회에서는 정보화 기술에 능숙한 자녀들이 부모나 조부모에게 기술을 전수하고 정보를 알려주는 역할을 수행하게 된다. 이러한 과정을 통해 부모자녀관계는 덜 권위적이 되고 상호 독립성과 자율성을 가진 관계가 되고 있다. 면대면의 관계보다는 컴퓨터나 네트워크를 통한 소통이 자연스러워지면서 세대 간의 단절감을 우려하는 목소리도 높지만, 오히려 정보기술의 발달로 상호 간의 수평적 커뮤니케이션이 가능하여 이전 사회의 가족관계보다 더욱 건강하고 발전된 관계로 나아갈 수도 있을 것이다(최혜순, 2017).

(2) 현대사회의 부모교육

21세기 정보화, 세계화 시대의 중요한 특성은 '개방'과 '경쟁'과 '협력'이다. 가정에서도 이러한 특성을 살릴 수 있는 교육으로 자녀들이 미래사회에 맞는 인재로 성장할 수 있도록 도와야 한다. 하만(Harman)과 브림(Brim)은 '훌륭한 부모'를 사회의 규칙을 잘 준수하는 부모, 애정적이며 수용적인 부모, 아동발달을 이해하는 부모, 가정관리자로서의 부모, 자신의 행동이 자녀에게 미치는 영향을 인식하고 이해하는 부모, 문제 해결자로서의 부모, 편안하고 자연스러운 부모라는 일곱 가지 유형으로 구분하였다. 자녀로 인해 얻어진 부모라는 이름이 아닌 내 자녀의 적절하고 바람직한 발달을 위해 함께 성장하는 부모역할을 제대로 수행할 수 있도록 돕는 부모교육이 되어야 한다(전희일, 2016에서 재인용).

① 한국적 문화를 고려한 부모교육

문화적 적절성에 대한 충분한 검토 없이 서구의 양육방식이 다양한 부모교육 프로그램이나 전문서적, TV 등 대중매체를 통해 혼란스럽게 전파되고 있다. 이러한 부모교육 프로그램들은 사회문화적 배경이 다른 서구의 부모를 대상으로 개발된 것이어서 우리의 정서나 자녀양육 문화와는 조화를 이루지 못하는 아쉬움이 많다. 한국적 문화를 고려하고 우리 사회의 실정에 맞게 보완되고 수정된 부모교육 프로그램의 개발이 필요하다.

② 부모교육 대상의 확장

지금까지는 어머니 중심이었던 부모교육 대상이 확장되어야 한다. 공동양육자로서의 아버지를 비롯해 현대사회에서 중요한 양육자 역할을 하고 있는 조부모나 교사, 부모가 될 자녀들을 위한 예비부모교육도 활성화되어야 한다. 더 나아가 다양한 가족형태에 따른 한부모, 동성애부모, 입양부모, 위탁부모 등을 대상으로 한 부모교육을 통해 아동의 성별 및 발달수준에 따른 보다 세부적이고 적용 가능한 사례 중심의 부모교육이 이루어져야 한다.

③ 가치 중심의 인성교육

예측되는 미래사회에서 삶의 가치관이나 철학적 본질과 물리적 환경이 무섭게 변하더라도 우리의 자녀들이 그 변화에 잘 적응하면서도 동시에 인간의 아름다운 본성을 잃지 않도록 하는 인성교육도 부모교육의 중요한 주제이며 과제이다. 연결과 관계, 협력과 배려, 관용과 양보 등과 같은 초개인적 가치는 인간다운 사회에 없어서는 안 될 가치들이다. 그러한 가치들을 배양하고 실현하는 가장 기초적인 기반 중의 하나가 가족이다. 그 가치를 지켜내는 것이 부모임을 인식하고 자녀를 양육할 수 있도록 돕는 부모교육이 이루어져야 할 것이다(서선희, 2017).

2. 부모상담

기존의 부모상담은 주로 자녀의 문제 해결을 위해 자녀상담 전·후에 보조적으로 이루어져 왔고, 자녀에 대한 부모의 영향력에 초점을 맞추어 건강한 자녀 성장 및 자녀의 문제 해결을 위한 다양한 양육정보를 제공하는 것이었다(염은선·전영주, 2019). 그러나 양육정보나 지식의 습득으로는 부모 개인의 원가족 경험이나 정서적 이슈들로 인한 부정적인 영향까지 다루는 것에는 한계가 있다. 부모의 건강성은 자녀의 성장발달에 중요한 영향을 미치기에 앞으로는 문제 해결 중심의 교육적인 접근에서 부모 개인뿐만 아니라 부모체계인 부부체계 등 가족체계 전반에 대한 상담적 개입으로 좀 더 확장되어야 한다.

1) 부모교육과의 차별성

일반적으로 부모교육과 부모상담은 같은 의미로 혼용하여 사용되는 경우가 많지만 엄밀히 말하면 차이가 있다. 부모교육은 '부모'라는 역할을 하는 대상으로 부모를 바라보며 교육적 접근에서 양육태도의 변화 및 부모역할 교육에 집중된다. 그러나 부모상담은 부모 개인 및 부모자녀와의 관계에서도 심리적인 부분에 더 초점을 맞춘다. 양육코칭이나 부모역할 등 교육적인 면이 없진 않지만 거기서 더 나아가 부모 개인과 가족관계 전반의 문제까지 확장하여 다루게 된다.

강사가 주도하여 진행하는 교육과는 달리 부모상담은 공감과 격려 등 정서적인 지지를 바탕으로 충분한 라포를 형성하며 상담과정에서 부모와의 상호작용을 통해 부모 스스로가 답을 찾게 하는 것에 주력한다. 부모가 호소하는 문제의 심각성으로 인해 치료적인 성격의 개입이 이루어지고, 가르침보다는 공감과 이해에 좀 더 치중하면서 부모 자체의 힘을 기르도록 돕는 것이 부모상담이다. 상담과정에서 실제적인 체험이 경험되며 부모교육보다 회기도 상대적으로 길기 때문에 부모의 변화를 효과적으로 유도한다. 또한 상담 중 부모의 피드백을 통해 상담자와 부모 간의 쌍방적 이해가 가능하다. 즉 교육적인 접근보다는 심리적인 접근으로 부모의 자기이해를 돕는다는 점에서 부모교육과는 차별성을 가진다(염은선, 2020).

2) 가족체계에 대한 이해

부모상담에서 가족을 체계(system)로 이해하는 것은 중요하다. 가족을 체계로 바라본다는 것은 개인과 가족은 서로 영향을 주고받으며, 개인의 문제는 가족에게 영향을 미치고, 가족문제도 개인에게 영향을 미친다는 것을 이해한다는 것이다. 이러한 시각은 가족원 개인의 문제 해결을 위해서도 개인이 아닌 가족의 상호작용을 변화시키는 것에 초점을 둔다. 부모상담에서는 가족체계적 관점으로 자녀에 대한 부모의 영향력을 이해시키고 부모역할을 넘어서 부모 개인 및 부부, 가족 전반에 대한 문제까지도 다룰 수 있어야 한다.

3) 원가족 영향 이해

부모가 되었다고 해서 갑자기 정신이 더 건강해지거나 성숙해지는 것은 아니며, 특히 어렸을 때 부모로부터의 억압이나 학대 등 힘들고 슬펐던 경험이 있는 사람들은 어른이 되어서도 정신적으로 건강하기 어려울 수 있다(전현민, 2019). 이러한 성장과정에서의 경험은 원하든 원하지 않든 현재 나의 양육태도에 부정적인 영향을 줄 수 있어 부모상담을 통해 원가족에서 다루지 못했던 미해결 과제를 해결할 수 있도록 돕는 것이 필요하다.

➔ 선택적 함구 및 학교 부적응 자녀를 둔 부모상담 사례

• **주 호소문제 및 상담의뢰 경위**

10세 아들의 학교생활 부적응(또래관계 어려움, 급식 거부, 학업부진 등)과 선택적 함구(집에서 부모와만 말하며 집을 벗어나서는 일체 말을 하지 않음)의 문제로 학교 상담교사가 상담을 권유하고 모가 상담을 신청해서 모와 총 19회기 상담을 진행함.

• **상담과정**

모 개인 상담을 통해 자녀가 경직된 부부관계로 인해 유아기부터 방치되다시피 자란 것을 탐색하게 되어 자녀의 발달특징에 대한 이해를 도움. 선택적 함구라는 자녀의 증상이 부부관계의 역기능적인 부분이 외재화된 것일 수 있음을 설명하고 자녀의 증상에 대한 전반적인 특징 및 대처법 등에 대해 교육함. 남동생의 죽음과 그로 인한 친정 부의 갑작스런 죽음을 통해 친정 모와 강하게 융합되어 실질적 가장의 역할을 하게 된 원가족 배경 속에서 남편과 자녀는 내담자에게 늘 부수적인 존재로 희생되며 억압되어 왔음을 통찰하도록 도움. 아동기 자녀의 발달특징에 맞게 자녀와 건강하게 소통하는 대화법 등을 교육하면서 모의 회피적이고 방임적인 양육태도의 개선을 시도하였음. 부모역할을 하는 부부관계도 자녀의 발달에 중요한 영향이 있음을 이해시키고 아내가 스스로에 대한 이해와 통찰을 통해 역기능적이고 경직된 부부관계를 개선할 수 있는 현실적인 방법 등을 함께 고민해 보고 실천하도록 격려함.

• **상담결과**

친정 모와의 적절한 분화시도와 남편과의 관계개선 등으로 부부관계가 기능적으로 재구조화되면서 자녀 또한 안정감을 갖게 됨. 급식을 거부하고 한겨울에도 반바지를 입거나 여름에도 점퍼를 입고 가는 등의 태도가 개선되었으며, 학급의 일부 친구들과 쪽지로 소통하며 가벼운 인사를 주고받는 등의 행동 개선이 있었음을 보고함.

4) 부모 개인의 심리적 문제 다루기

부모 개인의 심리적인 문제들은 자녀와의 관계에서 역기능적인 패턴을 유발하기 쉽고, 기능적이고 적절한 부모역할에 혼란을 줄 수 있다. 부모상담에서는 부모가 부모이기 전 한 개인으로서 자신에 대한 이해와 통찰을 가지고 본인의 정서적 이슈를 다룰 수 있도록 돕는다. 부모로서 자신을 통찰하고 수용하여 적응적이고 건강한 부모로 자녀를 마주할 수 있도록 돕는 것은 단순한 부모역할 교육을 넘어서 더욱더 중요한 부모상담의 주제이다.

➔ 절도 등 비행 문제를 가진 자녀의 부모상담 사례

• **주 호소문제 및 상담의뢰 경위**

중학교 2학년 아들이 친구들과 어울려 다니면서 음주와 흡연을 일삼고 오토바이 절도로 경찰에 입건되는 등 비행이 심해져 모가 상담을 신청함.

• **상담과정**

남편의 가정폭력으로 모는 자녀가 초등학교 3학년 때 이혼을 하였고 극심한 우울증으로 양육이 힘들어 아들을 6개월 정도 외국에 어학연수를 보냈다고 함. 이후 돌아와서도 아들은 조부모 집에서 양육되다가 함께 살게 된 지는 1년쯤 되었는데, 학교생활에는 잘 적응하지 못하고 동네 형들과 어울리면서 저녁에 나가면 새벽에 들어오며 모와도 계속 갈등이 심해졌다고 함. 2회기 아들과의 개별상담을 진행하였는데, 아들은 모는 감정 기복이 너무 심하고 야단을 칠 때 칼을 들고 죽겠다고 하는 등 자해 행동까지 서슴지 않아 집에 있기가 싫고 결국 자신이 더 심한 행동을 해야 모가 멈춘다고 이야기함. 이후 모와의 개별상담을 진행하면서 우울증과 알코올 문제가 있음을 알게 되었고 자녀의 문제 해결을 위해서는 모가 먼저 건강성을 회복해야 함을 이해시키고 적극적으로 상담과 우울증 치료를 받으실 수 있도록 권유함. 부모상담을 진행하면서 모에게 자녀를 정서적으로 좀 더 지지하고 공감하는 의사소통을 훈련하고 매 회기 과제를 제시하여 자녀와의 긍정적인 상호작용을 연습하도록 함.

• **상담결과**

모는 남편의 폭력으로 인한 본인의 심리적 상처를 이해하게 되고 우울증 치료를 시작함. 더불어 부모의 갈등 속에서 힘들었을 자녀의 상처와 사춘기를 겪고 있는 자녀의 발달과정 등을 이해하게 되면서, 모가 자녀에게 먼저 사과하고 앞으로는 절대 죽겠다는 등 자해 행동이나 언행을 하지 않겠다고 약속함. 이후 모의 변화하는 모습을 통해 자녀도 귀가시간을 지키고 금연 학교에 다니기로 하면서 서로 노력하는 모습을 보이며 모자관계가 조금씩 회복되기 시작함.

5) 부부 및 가족체계에 대한 개입

자녀양육의 일차적인 책임이 있는 부모는 가족체계 속 부부체계로도 기능한다. 자녀 성장의 가장 기초적 환경인 부부체계 및 가족체계의 역기능성을 탐색하고 기능적인 체계가 되도록 돕는 것도 부모상담에서 다루어져야 한다. 상호 호혜적인 상호작용이 가능하도록 의사소통방식이나 가족규칙 등을 수정하고 실천할 수 있도록 돕는 상담적 접근이 필요하다.

➔ 게임 과몰입과 폭력 문제를 가진 자녀의 부모상담 사례

• **주 호소문제 및 상담의뢰 경위**

동생에게 무차별적인 폭력을 행사하는 큰아들의 문제로 모가 상담을 신청하였으나 게임 과몰입에 등교거부 중인 자녀가 상담을 거부하여 모와만 개별상담 9회기 진행함

• **상담과정**

이혼 후 18세, 15세 두 아들을 홀로 키우는 모가 하루종일 게임만 하는 큰아들이 하루가 멀다하고 동생을 심하게 폭행하고 학교도 가지 않는 등 심각한 문제를 보인다며 상담을 신청함. 자녀는 상담을 거부하여 모와의 개인상담으로 진행됨. 상담을 진행하면서 이혼 전 부부갈등으로 모가 어린 자녀들을 자주 체벌하고 통제적으로 양육하였음을 알게 되었고, 현재에도 지나친 잔소리와 간섭으로 자녀들을 통제하는 억압적인 양육태도를 보이고 있음이 탐색됨. 그러나 정작 큰아들의 폭력적인 행동 앞에서는 무기력하고 회피적인 태도로 작은 아들을 보호하지 못하는 모습이 있었고 이를 파악한 큰아들의 행동은 갈수록 폭력적이 되고 있었음. 상담과정에서 모의 태도가 부드러워지면 큰아들의 문제행동이 감소하는 것을 파악하고 모에게 자녀와 정서적으로 상호작용하는 방법과 다가가는 대화법 등을 교육함. 모가 자녀에게 권위를 가지고 행동의 경계를 지워주면서 정서적으로는 더욱더 지지하고 애정으로 양육할 수 있도록 도움. 이혼 후 자녀를 홀로 키우면서 소진된 모가 상담을 통해 자신을 이해하고 수용할 수 있도록 공감적 경청으로 지지하고 격려함. 형의 폭력으로 심리적인 어려움을 겪는 작은 아들에게도 청소년상담자를 소개하여 정서적 개입이 이루어질 수 있도록 도움.

• **상담결과**

상담의 종결 시점에 큰아들의 폭력적인 행동이 많이 감소하였고 작은 아들도 상담을 통해 한결 안정을 찾고 있다고 보고함. 큰아들의 상처를 모가 보듬게 되면서 형도 동생에 대한 미안함을 표현하였고 동생이 사과를 받아주면서 이후 경직된 형제체계가 기능적으로 변화하기 시작함. 모 또한 자녀들을 좀 더 보살필 수 있는 새로운 직장으로 이직하면서 식사를 챙겨주고 저녁시간을 함께 보내면서 자녀들과 긍정적 상호작용을 시작함.

6) 부모상담자 양성을 위한 전문적 교육

부모상담은 주로 아동청소년 자녀의 문제해결을 위해 부수적으로 진행되는 경우가 많은데, 아동청소년상담자들은 성인 부모를 대상으로 상담을 진행하는 것에 많은 부담을 느낀다. 문제중심적인 시각이 아닌 가족체계적 시각을 가지고 부모역할 및 양육을 다루는 교육적인 내용과 부모 개인의 심리와 전반적인

가족체계에 대한 상담적인 개입이 가능하도록 돕는 전문적인 상담자 양성교육이 이루어져야 할 것이다.

초기	중기	후기(종결)
• 주 호소문제 사정 및 부모의 욕구 탐색 • 상담 구조화-합의된 목표 설정 • 부모의 강점 및 자원발견 • 가계도 분석을 통한 가족배경 탐색	• 원가족과 현가족의 가족상호작용 탐색 • 부모 개인에 대한 정서적 개입 • 자녀에 대한 이해 돕기 • 부모역할 교육 및 자녀와의 상호작용 촉진	• 가족체계와 위계 정리 • 부모자원 발견 및 변화에 대한 격려, 지지 • 양육 코칭 및 문제 대처법, 행동지침 교육 • 미해결과제 다루기

〈그림 11-1〉 부모상담의 단계별 개입 내용

출처: 염은선(2020)에서 재인용.

➔ 가족 이어 세상과도 담쌓은 자녀… 도울 길 없는 부모는 눈물만

청년재단의 '고립청년 실태조사 보고서'에 따르면 은둔형 외톨이 부모들에게 '기적이 있다면 무엇을 가장 바라는가'라고 물었을 때 "그저 예전 모습으로만 돌아갔으면 좋겠다.", "평범한 청년으로 사회를 살아갔으면 좋겠다."는 응답이 많았다. 실태조사에서 부모들은 예방책으로 정기적인 부모교육, 부모 심리상담 등을 지원해 달라고 말했다. 아들이 13년째 은둔 중인 정씨는 취재팀에 "아들한테 어떻게 다가가야 하는지 자체를 몰라 막막했다. 부모교육을 받고 싶었다."고 말했다.

출처: 국민일보(2020.12.03)에서 부분 발췌.

학대로 두 번 격리된 아이, 부모 요구로 집에 갔다 결국…

- 9세 아이, 찬물 욕조 속에서 1시간 벌 받다 사망… 학대한 계모 구속
- 아동보호기관서 21개월 있다가 집으로 돌아온 지 2년 만에 비극
- 법원의 친권제한명령 없으면 학대한 부모가 아이 데려가도 못 막아

경기 여주에 사는 A(9)군은 지난 10일 벌을 받았다. 계모 B(31)씨가 찬물이 든 욕조에 들어가 있으라고 했다. 집 안에서 시끄럽게 뛰어다닌다는 이유였다. 언어장애가 있는 A군은 속옷 차림으로 한겨울 베란다에 놓인 찬물 욕조에서 1시간가량 앉아 있어야 했다. 이날 A군은 끝내

숨졌다. B씨는 출동한 경찰에 "욕조에 있던 아이를 방으로 데려와 눕혔는데 숨을 제대로 쉬지 않았다"고 했다. B씨는 아동을 학대해 숨지게 한 혐의로 12일 구속됐다. 아동보호기관 등 정부는 A군을 친부·계모로부터 두 차례나 격리시켰을 정도로 이 가정에서 아동학대가 반복적으로 발생한다고 판단했지만, 아무런 방비 조치 없이 A군을 내줬다. 친부·계모에 대한 학대 방지 교육도 없었다. 그로부터 약 2년 후, 결국 A군은 싸늘한 시신이 됐다. (중략)
전문가들은 아동학대범죄에 대한 법률 적용 대상을 대폭 확대해야 한다고 말한다. 박명숙 상지대 사회복지학 교수는 "현행 아동학대범죄의 처벌 등에 관한 특례법은 학대가 심각한 경우에만 가해자를 처벌하고 있다"며 "특례법의 처벌 대상 범위를 넓혀 경미한 아동학대라도 부모상담·교육 등을 강제하도록 관련법을 개정해야 한다"고 했다.

출처: 조선일보(2020.01.13)에서 부분 발췌.

3. 부모역할 지원 현황 및 과제

산업화로 인한 급격한 저출산을 경험하면서 정부에서는 보건복지부 및 여성가족부 산하 기관들을 중심으로 변화하는 사회 속 다양한 가족을 돕는 정책들을 시행하고 있다. 특히 한국건강가정진흥원의 건강가정지원센터를 중심으로 아이돌봄 서비스, 육아종합 서비스, 가정양육 수당, 시간제 보육, 공동육아 나눔터 등 가정 내 양육을 지원하는 다양한 정책으로 가정 내 양육부담을 줄여주기 위해 노력하고 있다. 더불어 가족교육과 가족상담 사업을 진행하면서 생애주기별 부모교육 및 다양한 가족의 문제해결을 돕고 있다.

1) 생애주기별 부모역할 지원정책

가족의 전생애주기에 걸쳐 지속적으로 요구되는 것이 부모역할임에도 불구하고 현재의 아동 및 부모역할 관련 지원은 생애 초기인 영유아기에만 집중되고 있는 한계점이 있다. 어린 자녀뿐만 아니라 성인자녀와의 관계까지도 포함한 전 생애주기에 걸친 부모역할에 대한 이해와 준비를 도와 역량 있는 부모역할을 수행할 수 있도록 제반적인 환경과 자원을 공급하는 포괄적 부모역할 지원정책이 요구된다.

2) 부모지원 프로그램

자녀의 소중함, 자녀로부터 얻는 기쁨, 사랑의 실천, 자녀와의 유대관계를 통한 생애의 연속적 경험 등을 통해 긍정적인 자녀 가치관을 형성할 수 있도록 다양한 부모지원 프로그램의 개발 또한 필요하다. 부부 모두 양육의 일차적인 주요 책임자로서의 역할수행을 위해 어머니뿐만 아니라 아버지를 대상으로 한 다양한 부모교육 프로그램과 양육지원 시스템을 제공하여 자녀 육아로 인한 부부갈등을 최소화하도록 도와야 한다. 이를 위해서는 육아 지원 교육 및 정책 방안들이 여성을 중심으로 구성되기보다는 부부 모두를 대상으로 하는 방향으로 설정되어야 할 것이다(이진화 외, 2012).

3) 돌봄의 사회화

돌봄 관련 기관 및 돌봄 서비스 확충을 위한 '돌봄의 사회화'는 돌봄문제를 해결하기 위한 대표적 방안으로 추진되어왔다. 돌봄 인프라를 잘 구축하고 관리하는 것은 여전히 중요한 과제지만, 예상치 못한 코로나(COVID-19) 사태는 이것이 만병통치약이 될 수 없음을 보여주었다. 필요하다면 재택근무를 비롯해 성별과 연령의 구분 없이 양육자 중 누구라도 돌봄에 참여할 수 있는 유연한 근무 환경, 돌봄 부담의 유무에 따라 차별받지 않는 사회적 분위기를 함께 만들어 나가야 한다(주간동아, 2020).

4) 사회적 지원정책

부모를 보다 효과적으로 이해하고 지원하기 위한 사회적 지원방법으로서 다각적 정책 구축이 요구된다. 그동안의 부모교육은 주로 자녀양육 및 부모역할과 관련된 교육적이고 보편적인 이론을 중심으로 정보적 지원에 편중되었던 것이 사실이다. 이제는 부모들이 각자의 입장에서 좋은 부모가 되기 위해 나름대로 노력하고 있음을 인정하고, 그들이 처한 상황과 현실에 부합하면서 부모의 현재 역량을 강화시키는 정책 마련이 필요하다. 자녀의 발달적 특성 및 부모역할을 담당해야 하는 부모 자신의 특성이나 그들이 처한 상황을 고려하여 신체적, 경제적, 시간적, 정서적 유형의 사회적 지원을 확대해야 한다. 우리 사회에서 요구하는 바람직한 부모가 되기 위해서는 부모 개인의 노력뿐만 아니라 사회 전체의 통합적이며 다각적인 노력이 필요하다(전우경, 2013).

현대사회의 자녀양육은 부모 개인의 역할이라는 시각에서 벗어나 국가와 사회가 함께 책임지는 사회적 양육(social parenting)의 관점에서 실천되어야 한다. 미래사회의 주인공인 자녀들을 건강하게 잘 양육하기 위해 가정과 사회가 한 파트너라는 시각으로 부모를 지원할 수 있는 가족정책을 다각적으로 구축하여야 할 것이다. 우리 사회 모든 자녀들의 전인적인 발달 및 건강한 성장을 위해 무엇보다도 가정을 중심으로 한 정책적 개입이 필요하다(송혜림 외, 2009).

함께 나누기

1. 나는 어떤 부모가 되고 싶은지 함께 이야기 나누어 봅시다.

2. 부모님을 포함한 주요 양육자로부터 받은 긍정적 혹은 부정적 영향은 어떤 것이 있는지 이야기 나누어 봅시다.

3. 부모가 된다는 가정하에 미래의 내 아이에게 영상편지를 만들어 봅시다.

관련 동영상

1. [부모교육] 양육 스트레스 관리-내 마음 토닥이기
   https://www.youtube.com/watch?v=HdnvvyvZ980 (5분 25초)
2. 가정양육 지원하는 서울시 정책
   https://www.youtube.com/watch?v=e_SBBYhDa8I (2분 39초)
3. EBS 평등채널e 1부(아동학대 편) – 민감한 목격자
   https://www.youtube.com/watch?v=_ntjkJOK98U (5분 2초)

참고문헌

금명자, 송미경, 이호준, 이지은 (2005). **청소년 부모상담**. 한국청소년상담원.
남유희, 이지은, 정성경 (2018). **부모상담**. 한국청소년상담복지개발원.
류정현 (2007). 한국적 부모자녀관계, 가족주의, 효. **부모교육연구, 4**(2), 81-94.
서선희 (2017). 적응인가, 위기인가?: 현재 한국 가족의 변화를 어떻게 해석할 것인가?. **한국가족자원경영학회지, 21**(4), 17-33.
송혜림, 박정윤, 이완정, 성미애, 서지원, 진미정 (2009). 부모역할 지원정책의 개발을 위한 기초연구. **대한가정학회지, 4**(6), 91-108.
신용주, 김혜수 (2017). **다음세대를 위한 부모교육**. 학지사.
여성가족부 (2017). 부모교육 매뉴얼.
여성가족부 (2020). http://www.mogef.go.kr

염은선 (2020). 상담자와 부모의 부모상담 경험에 대한 질적 연구. 신라대학교 박사학위논문.

염은선, 전영주 (2019). 상담거부 자녀의 문제 해결을 위한 부모상담 모형 제안-다중사례분석을 중심으로-, **상담학연구, 20**(1), 249-268.

이미나, 김동일, 조영미, 나옥희, 김경숙, 김미경 (2020). **생애주기별 부모교육**. 교육과학사.

이병호 (2017). 혼전임신 출산의 추세, 2001~2015: 성혼과정 변화에 대한 함의. **한국인구학, 40**(3), 107-129.

이진화, 조하나, 최혜윤 (2012). 모의 후속출산계획에서 한자녀 취업모의 일반적 변인에 따른 차이와 부모됨이 미치는 영향. **육아정책연구, 6**(1), 125-141.

장혜경, 김영란, 김소영, 이아름, 안경희, 류연규, 이한나 (2014). **가족의 미래와 여성·가족정책 전망(Ⅳ)**. 한국여성정책연구원.

전우경 (2013). 현대부모역할에 대한 다각적 이해와 지원, **한국육아지원학회 학술대회지**, 35-55.

전현민 (2019). **부모상담: 아픔을 딛고 자유와 성숙으로**. 학지사.

전희일 (2016). 인공지능 알파고 시대의 부모교육. **부모교육연구, 13**(1), 93-108.

정옥분, 정순화 (2019). **부모교육(3판)**. 학지사.

정옥분, 정순화 (2020). **결혼과 가족**. 학지사.

천성문, 박은아, 김현정, 김효정, 전혜정, 김아영, 심운경, 김선형, 박정미, 최영미 (2019). **부모역할 훈련 프로그램**. 학지사.

최혜순 (2017). 4차 산업혁명 시대의 부모교육의 전망. **열린부모교육학회 정기학술대회, 19**(0), 3-7.

국민일보 (2020.12.03). 가족 이어 세상과도 담쌓은 자녀… 도울 길 없는 부모는 눈물만. http://news.kmib.co.kr/article/view.asp?arcid=0924167728&code=11131100&cp=du

조선일보 (2020.01.13). 학대로 두 번 격리된 아이, 부모 요구로 집에 갔다 결국…. https://www.chosun.com/site/data/html_dir/2020/01/13/2020011300245.html

주간동아 (2020.04.21). 여성 의존형 돌봄, 남성 휴가 늘어야 코로나 극복한다. 팬데믹 필수인력, 여성이 절반 이상…정상적 사회 작동 위해서라도 '돌봄의 뉴노멀' 준비해야. https://n.news.naver.com/article/037/0000027644?lfrom=kakao

CHAPTER 12

가족생활주기와 가족위기

배윤민 집필

가족은 일상과 정서를 함께 나누면서 힘이 되기도 하지만 짐이 될 때도 많다. 그런데도 사회적 존재로서 사람은 정서적으로 의지하고 돌봄을 받을 곳이 필요하다. 사람이 성장과 발달, 쇠퇴의 과정을 거치듯 가족이라는 집단도 시간이 지남에 따라 가족생활과 가족관계가 변화해 가는 가족생활주기를 경험한다. 그 과정에서 가족은 위기를 경험하고 성장으로 나아가는 장을 만들기도 한다. 이 장에서는 기본적인 가족생활주기와 가족발달과업을 통해 가족에 대한 이해를 돕고, 가족스트레스와 가족위기의 다양한 형태를 살펴보고자 한다.

1. 가족생활주기

가족생활주기는 출산 · 육아 · 노후에 이르기까지 일련의 가족의 형성과 발전 과정의 공통적인 변화와 발달과업을 근거로 측정한 것이다. 이를 통해 가족발달단계에서 일어날 수 있는 문제들을 확인하고 가족관계의 변화를 예상할 수 있다. 가족생활주기는 단계별로 가족의 욕구와 기대, 과업 등이 반영되어 있으며, 가족들의 적응 행동은 변화에 따른 끊임없는 도전을 극복하여 발달을 향해 나아가게 한다.

가족생활주기는 가족의 형태에 따라 가족생활주기의 기간이나 발달과업이 달라질 수 있다. 예를 들면 한부모가족, 다문화가족, 비동거가족, 조손가족, 이혼가족, 재혼가족, 무자녀가족, 입양가족 등 가족의 유형에 따라 다양한 가족생활주기와 발달과업을 형성할 수 있다. 그 중에서도 증가하고 있는 재혼가족은 자녀수나 재혼 횟수 등 관계적 복잡성을 고려하여 보다 세분화하여 분류하기도 한다(김유숙 · 전영주 · 김요한, 2017).

또한 가족생활주기는 결혼과 첫아이 출산을 기준으로 단계를 설정하였기에 다양한 가족의 형태에 따른 발달과업이 중첩되거나 배제되기도 한다. 늦은 나이에 결혼을 한 경우는 결혼적응기와 중년기가 중첩되기도 하고, 무자녀인 경우에는 자녀양육에 따른 발달과업에서 배제되기도 한다. 또는 청소년 자녀가 학업으로 인해 기숙사와 같은 곳에서 생활하는 경우 자녀청소년기와 자녀독립기가 서로 겹칠 수도 있다. 그러므로 기본적인 가족생활주기와 발달과업에 대한 이해와 더불어 가족 형태에 따라 다양한 가족생활주기가 존재함을 고려해야 할 것이다.

1) 가족생활주기 단계

다양한 가족생활주기 중 가장 보편적으로 사용되고 있는 카터와 맥골드릭(Carter & McGoldrick, 1989)의 6단계 가족생활주기를 〈표 12-1〉에서 살펴보고자 한다(정문자 외, 2014). 이를 통해 결혼으로 새로운 변화를 준비하는 이들에게 기본적인 가족생활주기와 가족발달과업을 아는 것은 다가올 미래를 준비하는 유용한 정보가 될 것이다.

〈표 12-1〉 카터와 맥골드릭(Carter & McGoldrick)의 가족생활주기

단계	정서적 과제	가족발달과업
결혼전기	자신에 대한 정서적, 재정적 책임과 부모 자녀관계의 분리 수용	• 원가족관계에서 분화 • 친밀한 관계 발달 • 일과 재정적 독립 확립
결혼적응기	새로운 체계에 대한 수임	• 부부체계 형성 • 배우자가 포함 확대가족, 친구와의 관계 재정비
자녀아동기	새로운 가족구성원 수용	• 부부체계에 자녀를 위한 공간 만들기 • 부모역할 받아들이기(양육, 재정, 가사에 공동 참여) • 부모, 조부모역할이 포함된 확대가족 관계 형성
자녀청소년기	자녀의 독립과 조부모의 허약함을 고려하여 가족경계의 융통성 증가	• 청소년 자녀가 가족체계에 출입이 자유롭도록 부모자녀관계 변화 • 중년기 부부의 결혼 및 진로 문제에 재초점 • 노인 세대를 돌보기 위한 준비 시작
자녀독립기	가족성원 수의 증감 수용	• 부부체계를 이인군 관계로 재조정 • 성장한 자녀와 부모와의 관계를 성인 대 성인의 관계로 발전 • 사돈과 며느리, 사위, 손자녀가 포함된 관계 재정비 • 부모 또는 조부모의 무기력과 죽음 대처
노년기	역할 변화 수용	• 신체적 쇠퇴에 직면하면서 자신과 부부의 기능과 관심사 유지 • 다음 세대가 중추적 역할을 하도록 지원 • 연장자가 할 수 있는 일을 대신에 하지 않으면서 자신의 지혜와 경험이 활용될 수 있는 여지 마련 • 배우자, 형제, 친구의 죽음에 대처, 자신의 죽음을 대비하며 삶을 되돌아보고 통합

출처: 정문자 외(2014)에서 재인용.

가족발달과업이 성공적으로 달성되면 만족감과 함께 이후의 발달과업을 성공적으로 이끌 수 있으나 실패하면 불행과 함께 사회적으로 인정받지 못하고 이후의 발달과업에도 부정적인 영향을 미칠 수 있다. 특히 가족생활주기의 전환기에서는 적응의 문제가 일어날 수 있으며, 적응의 문제는 가족 위기의 근원이 될 수 있다. 그러므로 자녀의 발달적 변화나 부부의 은퇴, 사망 등의 사건으

로 역할의 변화와 가족 내의 긴장이 발생될 때, 가족구성원의 적응을 위한 노력은 무엇보다 중요한 자원이 될 것이다.

2) 가족생활주기에 따른 가족발달과업

(1) 결혼전기

결혼전기는 젊은이가 청소년기에서 성인 사회구성원으로 옮겨 가는 시기로, 원가족을 떠나 자신의 가족을 이루기 전까지의 기간을 말한다. 이 시기에는 대학 입학과 졸업, 입대, 이성 교제, 취업 등 스스로 인생의 큰 도전과 마주해야 한다. 이 단계에서 부모가 자녀를 성인으로 인정하지 못하면 성인자녀는 부모로부터 도망가려는 유사 독립적인 단절을 보이거나 부모에게 의존하여 무위도식하는 경우가 생길 수 있다. 그러므로 부모는 이전에 가졌던 힘과 제한을 점진적으로 줄여 덜 의존하도록 격려하고, 성인 자녀가 독립적인 생활을 할 수 있도록 허용해야 한다.

결혼전기는 사회문화적 맥락 속에서 각자의 개인적 욕구와 발달의 표현으로 배우자를 선택하는 시기이다. 상대방과 충분히 좋은 관계방식에 익숙해지면 결합의 영속성을 확신하여 결혼관계에 대한 기대를 나눌 수 있다.

➔ 결혼은 선택이라는 인식 확산

결혼 안 한 30대 '캥거루족' 54.8%…"부모에게서 독립 못 해"

결혼이 필수가 아닌 선택이라는 인식의 확산과 고용불안과 주거불안이 이어지면서 비혼을 선택하는 사람이 늘어났다. 통계청이 발표한 자료에 따르면 결혼하지 않고 부모와 함께 사는 30대 자녀가 54.8%로 드러났다. 부모동거 가구 42.1%는 비취업 상태지만 독립적인 경제생활을 꾸려가는 청년 1인 가구는 74.6%가 취업 상태로 나타난 것이다. 성인이 되어서도 부모로부터 경제적·정서적 독립을 하지 못하는 캥거루족이 급격하게 증가하고 있다.

출처: 연합뉴스(2021.03.30)에서 부분 발췌.

지난해 결혼 역대 최소…"코로나 · 집값 · 고용 요인"

통계청은 23년 만에 혼인 건수가 1년 전보다 10.7%가 감소했다고 한다. 평균 초혼 연령도 남자가 33.2세, 여자가 30.8세로 상승하였다. 통계청은 코로나19로 인해 결혼이 연기되거나 취소된 경우가 늘고 주거와 고용이 결혼 여건을 어렵게 했다고 분석하였다.

출처: 전자신문(2021.03.18)에서 부분 발췌.

(2) 결혼적응기

결혼적응기는 성장 환경과 가족의 역사, 성격, 기질, 관계방식 등이 다른 두 사람이 결혼을 통해 만나 독립된 하나의 가족을 형성하는 시기이다. 연애과정에서의 '환상'과 결혼생활의 현실, 원가족관계에서의 서로의 역할에 대한 기대, 환경적 변화와 새로운 친인척관계에 대한 적응 등에 부딪히면서 갈등이 일어나기도 한다. 그래서 결혼적응기는 가장 높은 결혼 만족도를 보이면서도 급속히 감소하는 시기이기도 하다. 이 단계의 과제는 애정-성관계의 만족스러운 확립, 돌봄과 헌신을 발달시키기, 효과적인 의사소통으로 협력하기, 갈등을 다루고 협상하기, 서로에 대한 기대 조절하기, 친구를 비롯한 다른 사람들과의 유대를 줄이고 배우자와의 관계를 우선순위에 두기, 원가족으로부터 분리되어 부부 정체감 발달시키기, 원가족관계에서 어느 정도 역할들을 수행하고 책임을 질 것인지 의논하기 등이 있다(최규련, 2015).

➔ 신혼부부 돈 관리, 저희만 어렵나요

3개월 차 신혼부부인 A씨(30)와 B씨(29)는 수입 · 지출 관리를 각자 한다. 금융 지식이 부족하다고 생각해 투자엔 별다른 노력을 하지 않았다. 금리가 낮더라도 통장에 잔액이 늘면 든든함을 느끼기 때문에 수입은 모두 통장에 넣어둔다. 문제는 지출이 잘 통제되지 않는다는 점이다. 앞으로 목돈이 필요할 일이 많을 텐데 통장을 합해 관리할지, 생활비만 따로 모아쓸지, 여러 궁리를 해왔지만 각자 자동이체로 빠져나가는 항목이 많고 급여 날짜도 달라 복잡하기만 하다. 신혼인 까닭에 아직 결혼 전 소비 습관에서 크게 벗어나지 못하고 있다. 외식, 음식 배달, 장보기 비용은 각자 필요하면 신용카드로 결제하는 편이고, 자동이체 항목이 많아 지출 관리가 부실하다.

출처: 파이낸셜뉴스(2021.04.04)에서 부분 발췌.

(3) 자녀아동기

자녀아동기는 어린 자녀가 있는 가족을 말한다. 자녀의 출생은 부부관계에 부모자녀관계가 더해져 성인에게는 지위가 한 단계 상승하는 의미와 어린 자녀를 돌보는 세대가 된다는 것을 의미한다. 이 시기에 부부는 부모로서의 서로에 대한 기대와 자녀양육에 따른 경제적 · 시간적 부담, 육체적 · 정서적 에너지 소비 등이 현저히 증가한다. 출산과 양육으로 인해 주 양육자 역할을 맡게 되는 배우자는 예상치 못한 양육 스트레스나 산후우울증을 겪을 수도 있어 적극적인 관심이 요구된다.

개인 성향에 따른 차이로 인해 자녀양육으로 인한 육체적, 정신적 노동의 강도를 다르게 느낄 수 있다. 좋은 부모에 대한 이상을 품고 기대에 부응하지 못한다고 배우자를 비난하거나 어린 시절 부족했던 부모에 대한 원망이 올라오면 부모역할에서의 어려움이 가중될 수 있다. 이여봉(2020)은 부모가 자녀의 성취를 자신의 성취로 여겨 대리만족한다면 부모와 자녀의 경계가 모호해지고, 자녀양육을 둘러싼 부부간의 갈등이 심화할 수 있다고 하였다. 부모역할은 부부의 합의가 기반이 되어 일관성을 유지해야 자녀가 안정적인 정서적 분위기 속에서 발달을 향해 나아갈 수 있다.

➔ 산후우울증에 생후 13일 딸 안고 뛰어내려 죽게 한 엄마… 징역 3년 형

산후우울증을 앓으면서도 주변에서 아무런 육아 도움을 받지 못해 결국 생후 13일 된 딸을 안고 투신해 살해한 베트남인 엄마에게 징역 3년 형이 내려졌다.
A씨는 유서에 "나는 진짜 쓸모없는 사람이다. 남편은 좋은 사람인데, 나는 못된 사람이다. 엄마 역할을 못 한다면 그냥 죽지 살아서 뭐 해. 모두에게 미안하다. 안녕."이라고 쓰여 있었다.
당시 친모와 함께 아파트 1층 바닥으로 추락한 아기는 머리 등을 크게 다쳐 숨졌고, A씨는 투신으로 허벅지에 철심을 삽입하는 수술을 받았으나 평생 보행장애가 남을 것으로 보이며 후각도 잃게 되었다.

출처: 조선비즈(2021.01.07)에서 부분 발췌.

(4) 자녀청소년기

자녀청소년기는 자녀가 책임감을 가질 수 있도록 가족 구조와 조직을 변화시키는 시기이다. 자녀의 자율성이 발달하여 부모와의 정서적 분리를 향해 나아가는 것은 건강하고 바람직하다. 자녀는 부모와 떨어져 자기만의 시간을 가지고 싶어 하며, 다양한 사회적 경험에서 시행착오를 겪기도 한다. 부모는 부모역할의 변화와 함께 자녀와 가족 내의 역할과 규칙에 대해 재협상할 필요가 있다. 그러므로 이 시기의 부모역할은 자녀가 자율성을 확장할 수 있도록 가족과 외부 세계와의 경계에 융통성을 두어야 한다(김영희 · 김경미, 2019).

이 시기에 부부는 중년기에 접어들면서 자녀양육에 따른 시간적 부담과 육체적인 에너지 소비가 현저히 감소하여 부부관계 문제가 수면 위로 떠오르기도 한다. 부부관계 문제를 어떻게 긍정적으로 다루어 가느냐에 따라 노년기 부부의 삶의 질이 달라질 수 있다. 그리고 부부는 재정을 계획하고 실천하여 노년기를 위한 준비를 시작하여야 한다.

➔ 청소년 10명 중 6명 “스마트폰 놓고 부모와 갈등”

청소년의 절반 이상인 58%가 스마트폰 때문에 부모와의 갈등 경험이 있으며, 스마트폰 사용 시간(61%)이 주된 원인이었다. 하루 평균 스마트폰 사용 시간은 10대 청소년 중 57%가 4시간 이상 사용하는 것으로 조사되었고, 이용 목적은 ‘재미와 스트레스 해소를 위해’가 26%로 나타났고, ‘사람들과 커뮤니케이션’이 23%, ‘혼자 있는 시간 떼우기’가 15% 순으로 나타났다. 청소년들이 스마트폰 사용 시간으로 인한 부모와의 갈등을 줄이기 위해서는 청소년 스스로가 스마트폰을 과도하게 사용하고 있는 것은 아닌지 점검하여 사용 시간과 횟수, 목적, 건강한 스마트폰 사용 방법 등을 지켜나가는 것이 중요하다.

출처: 부산일보(2020.02.11)에서 부분 발췌.

(5) 자녀독립기

자녀독립기는 자녀가 부모를 떠나 독립된 사람으로서 자율성을 확립하는 시기를 말한다. 이 기간에 부부는 자녀를 배제하고 자신들만을 위한 부부관계를 재형성해야 하며, 성장한 자녀와 부모와의 관계를 성인 대 성인의 관계로 발전시켜 나가야 한다.

자녀의 독립을 마주하게 되는 부모는 더 이상 양육에 시간과 에너지를 투자할 필요가 없어지면서 생긴 여유로 인해 상실감을 동반한 빈둥지증후군을 경험할 수도 있다. 상실감을 느낀다면 배우자나 자녀를 통해 간접적으로 대리만족을 구하던 방식에서 벗어나 배우자와 함께 상실감을 다루고 공유할 수 있는 활동을 적극적으로 준비해야 한다. 스스로 의미를 찾을 수 있는 활동과 새로운 역할에서 자아를 찾도록 노력해야 한다. 그리고 부부는 출가한 자녀와 자녀 가족과의 유대관계를 유지하면서 조부모역할을 수행해야 하고, 경제적, 신체적, 정신적 건강을 점검하여 노년기 변화에 따른 대책을 세우는 것도 필요하다.

➔ 부모가 자식으로부터 해방되려면? 4가지 준비하세요.

독립과 해방을 위해 아빠 A와 딸 B는 오래전부터 4가지를 준비해 왔다. 신뢰 관계 구축, 솔직한 대화, 충분한 시간, 독립 훈련이다. 부모는 딸이 하는 일에 무조건 신뢰와 지지를 해 주었고, 서로가 무엇을 원하는지 솔직하게 말하였다. 딸이 초등학교 6학년 때부터 '독립'에 대해 이야기를 시작하였고, 중학교 졸업 이후부터 알바하면서 돈을 벌고 모으는 경험을 하였다. 아빠 A는 자식들에게 자신의 인생을 저당 잡혀 사는 것이 바람직하지 않으며, 부모가 행복해야 자식도 행복할 것이라고 말한다. 그리고 딸 B가 독립해 나가는 것을 진심으로 축하해 주었고, 그의 가족의 선택은 매정한 것이 아니고 진정한 사랑이라고 말한다. 아빠는 독립의 길로 떠나는 딸에게 보낸 편지에서 이렇게 적었다.

"낯선 곳에서 새로 시작하는 환경들이 쉽지만은 않을 거야. 이제 너 스스로 해결하고 결정해가는 어른이 된 거니까 책임감을 가지고 멋지게 삶을 디자인해 가거라. 실패 또한 두려워하지 말고 하고 싶은 것들이 생기면 과감하게 도전해 보면 좋겠어. 뜻이 있는 곳에 길이 있으니, 네 마음의 소리에 늘 귀를 기울이고, 너의 왼쪽 가슴이 뛰는 곳으로."

출처: 오마이뉴스(2021.04.07)에서 부분 발췌.

(6) 노년기

노년기는 '상실'을 다루고 이를 최소화하면서 역할 변화를 수용해야 한다. 만성적인 신체 질병이 나타나면 부부간의 역할 구도는 변화를 겪을 수밖에 없으며, 경제적 상황에 따라 사회적 돌봄 시스템을 활용하거나 자녀들의 보살핌을 받게 된다.

이 시기의 부부는 노화와 배우자의 죽음에 적응해야 하고, 유언과 상속, 죽음, 장례 등을 맞이할 심리적 준비가 필요하다. 상실은 개인적으로 신체적 쇠퇴에서 비롯되어 경제, 사회, 심리, 정서 등의 여러 측면에서 온다. 배우자, 형제, 친구, 친지의 죽음으로 인한 상실과 함께 자기 죽음에도 대비를 해야 한다. 특히 배우자의 사망으로 인해 남아 있는 배우자는 재정적 문제와 친족관계에서의 단절과 소외됨을 경험할 수 있다. 그러므로 가족생활주기를 거치면서 부부가 가족생활에 필요한 기술과 가족 내에서의 다양한 역할을 공유하는 것은 부부가 각자 자신을 돌볼 수 있는 독립성과 생존능력을 유지하는 실질적인 삶의 방식을 익혀 나갈 수 있는 방법이다(이여봉, 2020).

➔ 행복한 노년의 비결, '지금 할 수 있는 일'에 집중하라

노년기와 관련하여 흔히 가난, 질병, 외로움 같은 부정적 단어를 떠올리기 쉬우나 길게는 30~40년 이어지는 요즘 노년기의 모습은 일반적 편견보다 훨씬 더 다채롭다. 몸이 건강하고 사회경제적 자원이 많으면 노년기의 안녕에 긍정적 영향을 미칠 수 있다. 하지만 삶에 대한 높은 행복감과 만족감은 환경적 여건들만으로 결정되지 않으며, 더 행복한 노년기는 노인을 '쇠퇴와 사라져가는 수동적 존재'라는 편견을 버리고 노인의 다양성과 잠재력을 이해하는 데서 시작한다.

노인 스스로 자신의 나이 듦을 역경을 헤쳐 나가는 힘을 지닌 적극적이며 역동적 존재로 인식하는 것이 중요하다. 이렇게 자기를 인식하면서 노년기에도 좋아하는 활동을 하며 즐겁게 사는 분들이 늘고 있다.

출처: 조선일보(2021.02.03)에서 부분 발췌.

2. 가족위기

재난이나 재해, 빠른 사회 변화, 맞벌이가정의 증가 등이 나타나면서 다양한 형태의 가족위기가 발생하고 있다. 지시나 명령, 복종의 관계로 유지되었던 억압적인 가족관계에서 '나'와 '너'가 만든 공동체라는 평등한 가족관계가 요구되고 있으며, 가족구성원에 대한 폭력이나 학대는 더 이상 사적 영역이 아닌 공적 영역이라는 인식이 확대되고 있다. 사회적 자원을 적극적으로 활용하여 사회 속에서 가족을 함께 돌보려는 움직임이 확산되고 있는 것이다. 그러므로 가족 문제를 가족 속에서만 해결하려고 하기보다 공적 체계의 자원을 활용하는 것도 중요한 갈등 해결방법이 될 수 있으며, 가족 위기를 심리적 상처로 남기기보다 가족의 성장을 향해 나아가는 기회로 만들어 가는 것이 필요하다.

1) 가족위기와 가족 스트레스

다양화되고 빠른 속도로 변화하는 사회 속에서 가족들은 내외적으로 많은 스트레스에 노출되어 있다. 가족 스트레스 연구로 널리 알려진 힐(Hill, 1949)은 가족 스트레스를 '어떤 사건이나 상황으로 인해 가족이 이에 적응해야 하는 부담을 갖게 되어 긴장된 상태'라고 말한다(이기숙 외, 2006에서 재인용). 가족이 살아가면서 전혀 스트레스를 받지 않는다는 것은 불가능하며, 이혼, 실직, 질병, 죽음, 사랑, 경제 위기, 재난, 재해 등 수많은 어려움으로부터 도전받게 된다.

먼저 개인과 가족에게 스트레스를 주는 사건과 그 사건이 미치는 영향력을 구체적으로 살펴보면 〈표 12-2〉와 같다. 개인은 배우자의 사망, 이혼, 부부의 별거 등이 높은 스트레스 사건으로 나타났으며, 가족은 자녀의 사망, 배우자나 부모의 사망, 본인이나 부모의 별거나 이혼 등이 높은 스트레스 사건으로 드러났다. 스트레스 점수가 높고 시간의 경과에도 긴장 상황이 지속되면 가족은 위기와 직면하게 된다. 가족이 위기에 어떻게 대처하느냐에 따라 성장의 디딤돌이 될 수도 있고 상처의 시간으로 남을 수도 있다.

〈표 12-2〉 가족의 위기와 스트레스 점수

개인 스트레스 생활사건	점수	가족 스트레스 생활사건	점수
배우자의 사망	100	자녀의 사망	99
이혼	73	배우자나 부모의 사망	98
부부의 별거	65	본인이나 부모의 별거나 이혼	79
수감생활	63	가족들 간 신체적 · 성적 학대	75
가까운 가족원의 사망	63	가족원의 신체적 불구, 만성적 질병	73
개인적 상해나 질병	53	배우자나 부모의 외도	68
결혼	50	가족원의 수감	68
직장에서의 해고	47	가족원의 약물이나 알코올 중독	66
부부의 재결합	45	결혼하지 않은 가족의 임신	65
은퇴	45	가족원의 가출	61

출처: 이기숙 외(2006).

2) 가족 스트레스의 원인

가족 스트레스의 원인은 가족마다 다양하고, 특정 사건은 스트레스를 제공하는 원인으로 나타난다. 카터와 맥골드릭(Carter & McGoldrick, 1980)은 가족 스트레스 원인을 수직적 요인과 수평적 요인으로 구분하여 입체적으로 설명하고 있다(이기숙 외, 2006에서 재인용). 수직적 원인에는 가족 유형, 신화, 비밀, 유산 등이 있으며, 알코올 중독이나 가정폭력 등도 포함된다. 예를 들어 교육자 집안이나 의사 집안 등의 긍정적 의미도 가족 문화에 상응하지 못하는 가족원에게는 스트레스원으로 작용할 수 있다. 수평적 요인으로는 가족생활주기의 변화, 재난, 죽음, 전쟁, 만성적 질병 등의 외적 스트레스 요인을 의미한다. 그리고 수직적 요인과 수평적 요인이 겹쳐지는 기간이나 정도가 길어지고 넓어지면 가족의 스트레스는 더 높아지고, 신체적, 정신적 건강 문제까지도 유발할 수 있다.

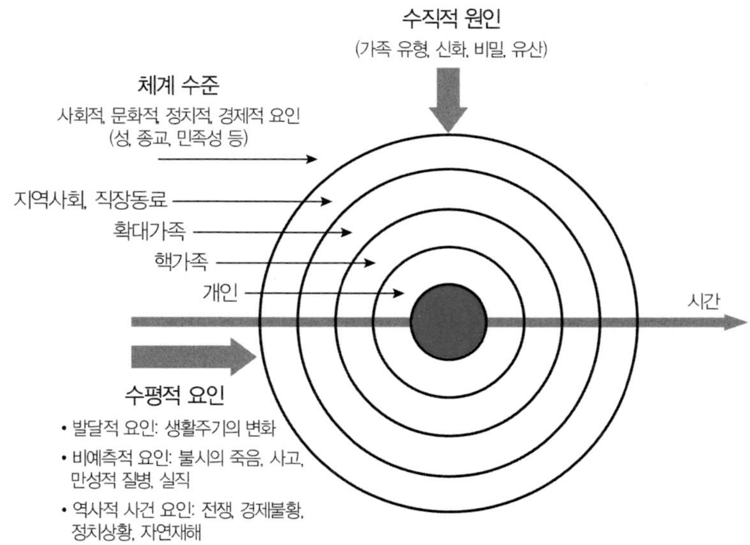

〈그림 12-2〉 가족 스트레스의 원인

출처: 이기숙 외(2006)에서 재인용.

3) 회복탄력성

우리는 살아가면서 다양한 위기로부터 도전을 받는다. 다양한 위기 사건은 우리에게 통제력이 없거나 우리 삶에 위협이 될 때가 가장 고통스럽다. 스스로 위기에 어떻게 대처하고 평가하느냐에 따라 우리 자신에 대한 이해와 삶의 방향이 달라질 수 있다. 월시(Walsh, 1998)는 인생의 다양한 역경과 시련, 수많은 도전과 실패를 끊임없이 극복해가면서 더 높이 뛰어오르는 마음의 근력을 회복탄력성(resilience)이라고 하였다(양옥경 외 역, 2006에서 재인용). 회복탄력성은 어려움이나 실패가 없는 상태가 아니라 역경과 시련을 극복해낸 상태를 말한다.

특히 가족이 위기 상황의 긴장에 오래 머물지 않고 문제를 어떻게 해결하느냐는 가족기능 회복에 많은 영향을 미친다. 회복탄력성이 높은 가족은 긴장 상황에서 시간이 지남에 따라 새로운 발달적 도전과 변화의 필요성을 잘 수용하는 반면에, 혼란스러운 변화의 시대에 얼어붙은 것 같이 변화가 없는 가족은 역기능의 증후를 보일 가능성이 높아진다. 회복탄력성을 높이려면 가족이 위기 상황에 대해 이해하고 의미를 부여하는 것이 무엇보다 중요하다. 불확실한 상황에 의미를 부여하고 명료화하는 것은 더 쉽게 인내하여 새로운 변화를 향해 나아가게 한다.

우리는 삶의 목표를 가지고 살아가지만 어떤 상황에 완전히 무기력해지거나 전지전능할 수 없는 인간의 한계를 수용하는 것이 필요하다. 위기 극복은 절대적인 통제력보다 상대적 유능감의 성취로부터 출발한다. 그리고 위기 극복은 삶의 목적과 실존적 느낌을 확장시키는 가족결속감과 함께 가족구성원이 무엇인가 도움이 되는 방법을 발견하도록 돕는다. 가족구성원의 다양한 접근방식은 다양한 위기 상황에서 단일한 대처 전략보다 유용하다.

4) 가족위기의 다양한 형태

(1) 가족구성원의 사망 및 상실

가족생활 스트레스 사건 중에 가장 높은 스트레스는 '자녀의 사망, 배우자나 부모의 사망'이다. 그리고 가족치료의 선구자인 보웬(Bowen, 1978)은 '금기가 되는 주제 중 가장 주된 것은 죽음이다. 많은 사람이 다른 사람들과 대화할 수 없는 자기 생각에 갇혀서 죽는다'라고 했다(양옥경 외 역, 2006). 가족과정에서 중요한 가족원의 사망이나 상실은 살아남은 가족구성원들이 질병이나 죽음에 취약해질 수 있고, 특히 배우자나 자녀를 잃은 사람에게 더 많은 영향을 미칠 수 있다.

죽음으로 인한 상실에 적응하는 것은 다른 삶의 변화에 적응하기보다 더 어렵고, 가족 관계망에서 연쇄적 영향을 미칠 수 있다. 예를 들어 배우자를 상실한 상대방이 우울한 감정을 억압하거나 고인을 이상화시킨다면 자녀들은 부모의 죽음을 현실적으로 받아들이기 어렵고 슬픈 감정을 표현하기 어려울 수 있다. 상실은 가족의 적응적 도전이며, 잘 다루어지지 않으면 가족들이 취약한 상태로 남을 수 있다. 먼저 상실을 수용하는 능력이 중요하며, 죽음과 관련된 상실의 경험을 공유하고 가족을 재조직화하는 것이 필요하다.

→ 나는 세월호 참사에서 살아난 사람입니다

세월호 참사가 일어나던 그 날 마지막까지 배에서 사람들을 구조하다 나온 K씨는 구하지 못한 사람들에 대한 죄책감으로 여러 차례 자해와 자살을 시도했다. 그런 그를 돌보는 가족들 역시 힘겨운 하루하루를 보냈으나 이제는 생존자 모임으로 커다란 위안을 받고 있다고 한다.

출처: 오마이뉴스(2020.04.14)에서 부분 발췌.

'자살생존자' 연 7만~14만명 추정

가족을 자살로 떠나보낸 자살 유가족들은 가족을 잃은 아픔을 말하지도 못하고 슬퍼도 내색하기 힘들다. 자살이라는 재난으로부터 살아남은 사람들, 즉 자살 유가족을 '자살 생존자'라고 부른다. 가족이 세상을 떠난 이유가 자살이라는 것을 확인하고 충격이 가시기도 전에 자살을 외부에 알릴지 말지, 고인이 남기고 간 채무 등의 경제적 문제, 행정처리 문제 등과 마주하면서 자살 생존자들의 우울증 위험성은 18배나 높다고 한다. 그리고 유가족의 97.5%가 일상생활의 변화로 힘들어한다. 유가족들이 트라우마를 이겨내고 다시 일상으로 돌아갈 수 있도록 신속한 위기 대처 전략이 필요하다.

출처: 파이낸셜뉴스(2021.03.14)에서 부분 발췌.

(2) 이혼

이혼은 부부가 협의 또는 재판에 의하여 혼인 관계를 인위적으로 소멸시키는 것이다. 이혼을 가족 해체 관점으로 보느냐, 가족 재구성 관점으로 보느냐에 따라 달라질 수 있다. 가족 해체 관점은 양친으로 구성된 전통적 가족형태가 해체되는 것이고, 가족 재구성 관점은 불행한 결혼에서 벗어나 가족구성원들이 성장할 수 있고 다른 형태의 가족 구성으로 재구성하는 것이다. 그러나 이혼의 전과 후에 겪어야 하는 가족들의 고통은 전혀 줄어들지 않았으며, 높은 스트레스를 주는 삶의 사건으로 부모와 자녀가 극복하고 적응해야 하는 가족의 위기이다. 이혼의 의미를 어떻게 부여하느냐에 따라 이혼의 위기가 더 나은 삶을 향해 나아가는 계기가 될 수 있다.

이혼의 원인에는 성평등의 개념이 확장된 사회적 분위기와 '결혼은 선택이며 자기 삶을 찾기 위해 이혼을 할 수 있다'는 개방적인 가치로의 변화가 영향을 미치고 있다. 여성의 교육 수준과 사회경제적 지위가 향상되고 의식 수준이 높아지면서 여성이 이혼을 선택하는 경향이 높아졌다. 그리고 여성의 경제적 자립과 자녀수의 감소와 함께 여성의 가사노동 가치를 인정하게 된 법 제도의 변화로 과거보다는 쉽게 이혼을 할 수 있게 되었다(김영희 · 김경미, 2019).

이혼의 유형에는 당사자 간에 이혼할 것을 합의하여 신고하는 협의이혼과 법정에서 판결에 의해 성립되는 재판이혼이 있다. 협의이혼을 신청한 경우 미성년 자녀가 있을 때는 3개월, 그렇지 않으면 1개월의 이혼숙려기간을 갖는다. 예외 사항으로는 폭력으로 인해 당사자 일방에게 참기 힘든 고통이 따를 때 이혼숙려기간을 단축하거나 면제받을 수 있다.

이혼으로 부부로서의 관계는 끝나지만, 부모자녀관계는 계속 유지된다. 이혼 후에도 부모로서 자녀를 공동으로 양육하는 협력적 부모역할이 필요하며, 면접 교섭과 양육비 지급이 규칙적으로 이루어질 때 부모자녀의 유대감과 정서적 안정이 수반될 수 있다(신라대학교 가족상담센터, 2005). 그리고 이혼 후에는 전 배우자와 자녀의 관계를 재규정하여 변화된 관계에 적응할 수 있도록 서로가 도와야 한다. 그런 과정에서 부모는 자녀들이 연령에 따라 심리적, 행동적 어려움이 발생할 수 있음을 염두에 두어야 한다. 그리고 함께 살지 않는 부모도 부모역할을 지속할 것이라고 분명히 전달해야 자녀의 심리적 혼란스러움이 줄어들 수 있고, 자녀의 또래 관계가 갑작스러운 환경적 변화로 인해 단절되지 않도록 서서히 준비시키는 것이 필요하다.

➔ 부모의 이혼이 자녀에게 미치는 영향

자녀의 반응	
죄책감	'나 때문에 부모님이 이혼한 거야!'
배신감	'만나러 오지 않는 아빠는 날 버린 거야!'
부모의 재결합에 대한 환상	'내가 말 잘 들으면 부모님이 다시 합칠지도 몰라.', '내가 노력하면 두 분이 합칠지 몰라.'
또래 관계 어려움	'친구들이 우리 집 상황을 알면 어떻게 하지?'
집중력 저하	'집안이 복잡해서 마음을 잡을 수 없어.', '우울해서 집중이 안 돼.'
무기력	'부모님 이혼에 대해 내가 할 수 있는 것이 아무것도 없다. 결국 엄마 아빠 마음대로 다 된 거잖아!'
결혼에 대한 불신	'결혼하면 뭐해? 부모님처럼 이혼할 텐데….', '남자들은 믿을 수 없어.', '저 여자도 엄마처럼 나를 버릴지 몰라.'
자살 충동	'현실이 너무 힘들어. 내가 죽어야 부모님이 내 마음을 알아줄까?'
불안감	'나를 기르고 있는 엄마마저 날 버릴지 몰라.'
공격 성향	'왜 내가 피해를 보아야 하는데?', 마음속 분노의 폭발
퇴행	집착하기, 투정 부리기, 배변 실수
등교 거부	반항, 부모의 방임과 학교생활의 흥미 상실로 자발적 등교 거부
비행	가출, 패싸움, 약물 사용, 학교 규칙 어기기

출처: 김영희, 김경미(2019)에서 재인용.

(3) 가정폭력

가정폭력은 가족구성원 사이의 신체적, 정신적 또는 재산상 피해를 수반하는 행위를 말하며, 가정폭력은 집안일이 아닌 범죄이다. 가정폭력에서의 가정구성원은 배우자나 전 배우자, 자신이나 배우자의 직계존비속 관계에 있거나 계부모와 자녀관계, 입양자나 동거하는 친족관계가 포함된다.

가정폭력 범죄에는 사자 명예훼손, 모욕, 강간, 강제추행, 준강간, 준강제추행, 협박, 존속협박, 명예훼손, 출판물 등에 의한 명예훼손, 공갈, 상해, 유기, 학대, 체포, 감금, 강요, 재물손괴 등이 있다(가정폭력 범죄의 처벌 등에 관한 특례법 제2조 제3호). 가해자는 가정폭력 범죄를 범한 사람 및 가족구성원인 공범을 말하고, 가정폭력 피해자는 가정폭력 범죄로 인해 직접적으로 피해를 본 사람을 말한다.

가정폭력은 피해자에게 다양한 형태의 학대로 나타나며, 모든 관계에서 일어날 수 있다. 학대는 상대방을 몹시 괴롭히거나 가혹하게 대우하는 것이며, 학대에는 신체적 학대, 정서적 학대, 성적 학대, 경제적 학대 등으로 나타난다.

가정폭력은 형사 법규 위반보다 폭력에 대한 법적 죄의식이 낮으나 가출, 가정파탄, 폭력성의 세습 등의 결과를 가져올 수 있다. 폭력행위는 사랑싸움이 아니며 음성화된 폭력이 강력범죄로 이어지는 원인이 되기도 한다. 또 세대를 이어 전수될 수 있고 인권침해의 악순환이 사회적 문제가 될 수 있기 때문에 '범죄'라는 인식이 무엇보다 중요하다.

가정폭력은 어떤 이유로도 정당화될 수 없는 범죄이고 가족구성원의 인격과 관계를 파괴하는 행위이며, 만성화되기 쉬운 특징이 있다. 누구나 한 사람으로 존중받을 권리가 있으며, 가치 있는 존재로서 싫은 것을 표현할 수 있는 자유가 있다. 그러므로 가족 내 폭력이 처음 발생했을 때 재발 방지를 위해 단호한 태도를 취하는 것이 무엇보다 중요하다.

최규련(2018)은 가정폭력의 발생 원인으로 개인적 요인, 사회·심리적 요인, 사회·문화적 요인, 생태체계적 요인 등이 복합적으로 작용할 수 있다고 한다.

① 개인적 요인

개인의 열등감, 낮은 자존감, 분노조절능력의 부족, 호르몬 과다 분비로 인한 공격성 증가, 충동조절장애, 반사회적 성격장애, 경계선 성격장애, 병적 의심과 질투, 알코올의존이나 약물의존 등의 정신건강 문제가 원인이 될 수 있다.

② 사회 · 심리적 요인

좌절과 욕구불만, 스트레스에 대한 반응으로 공격적 행위인 폭력을 행사한다는 좌절 · 공격이론, 부부간의 갈등의 산물로 폭력이 발생한다는 갈등이론, 성장과정에서 폭력행위를 관찰하거나 폭력을 당한 경험을 통해 폭력을 학습하게 되는 결과로 폭력을 행사한다는 사회학습이론 등이 있다.

③ 사회 · 문화적 요인

개인적인 상황보다 사회구조나 문화가 폭력을 조장하고 용인하는 결과로 폭력이 발생할 수 있다. 정치, 경제, 학교, 군대, 대중매체 등 사회 전반에서 폭력이 익숙하고 이를 수용하는 가치관이 확산되어 가정폭력으로 연결된다. 또한 가정폭력을 사생활이나 부부 싸움으로 인식하는 문화적 요인도 작용한다. 그리고 여성의 사회적 지위가 낮은 가부장적 사회구조의 영향과 여성이 남성의 권위에 종속되어야 한다는 가부장적 가치관의 영향으로 가정폭력이 유발된다고 한다.

④ 생태체계적 요인

생태체계적 요인은 개인의 성격 특성, 성장 경험, 가족 및 부부 체계 요소, 친척과 이웃, 지역사회, 경제, 법 등 개인과 가족체계 및 가족을 둘러싼 주변 환경이 상호작용함으로써 가정폭력이 발생한다는 것이다.

➔ 가정폭력으로 인한 불행

평생 이어진 가정폭력… 아들은 아버지를 불태웠다

가정폭력에 대한 두려움으로 잠자던 50대 아버지를 숨지게 한 20대 아들에게 중형이 선고됐다.
출처: 국민일보(2020.12.13)에서 부분 발췌.

"40년 된 가정폭력 끝낸다"… 아들 대신 남편 살해한 모정

40년 가정폭력의 비극을 끝낼 생각으로 아들이 아버지를 둔기로 내려쳤다. 그런 아들을 지키기 위해 아들이 쓴 둔기로 숨이 붙어 있던 남편을 내리친 어머니를 법원에서는 선처했다.
출처: 중앙일보(2020.10.08)에서 부분 발췌.

서울 '노인 학대' 가해자 중 37.2%는 '아들'이었다

지난해 서울시 학대피해 노인 81.5%은 여성이었으며, 학대행위자의 경우 아들이 37.2%, 배우자가 35.4%, 딸이 11.8% 등으로 가족에 의한 학대가 89.1%였다. 노인학대는 일회성보다 지속적으로 발생하며, 학대피해 노인이 자녀나 배우자와 동거하고 있는 경우가 73.1%로 나타났다.
출처: 동아닷컴(2020.06.15)에서 부분 발췌.

아내 강간한 50대 징역 7년…성적 자기결정권 침해

아내가 친정어머니를 생각하면서 운다는 이유로 때리고 성폭행한 50대가 징역 7년을 선고받았다.
출처: 연합뉴스(2017.09.07)에서 부분 발췌.

학대 책임 아동 탓으로 돌린 부모, 폭력성도 더 높다

생후 29일 된 아이를 학대해 숨지게 한 혐의로 20대 미혼부는 경찰 조사에서 "아이가 계속 울어 짜증이 나 때렸다"는 취지로 진술했다. 입양 아동 정인이를 학대해 생후 16개월 나이에 사망에 이르게 한 30대 양모는 첫 재판에서 "답답한 마음에 훈육방법으로 여러 차례 때린 사실을 인정한다"고 밝혔다.
가정에서 발생한 아동학대 사건 중 학대 책임을 피해 아동 탓으로 돌린 가해 부모들은 체벌을 당연시하는 정도가 높은 것으로 나타났으며, 이들은 피해 아동에게 주로 신체적 학대를 저질렀다.
출처: 서울신문(2021.03.01)에서 부분 발췌.

(4) 재해 및 재난

1997년에 외화 부족으로 인해 발생한 IMF 경제 위기는 노동자의 해고가 쉬워지고 정규직 대신 비정규직 노동자가 늘어나 고용이 불안해졌고 소비 촉진 정책에 의해 카드빚을 갚지 못하는 신용 불량자가 늘어나 가족의 삶에 많은 후유증을 남기기도 했다. 그리고 지진, 태풍, 홍수, 가뭄 등의 천재지변으로 인한 재산 피해와 인명 피해 등은 그 후 가족의 삶을 위기로 몰아갈 가능성이 커진다.

2019년 12월 중국 우한에서 처음 발생하여 전 세계로 확산한 코로나19는 호흡기 감염질환이며, 홍콩 독감(1968), 신종플루(2009)에 이어 세 번째 대유행(pandemic)이다. 누구도 예상하지 못했던 범유행 상황이 장기화하면서 신체적 건강과 정신적 건강이 위협받았으며, 소득의 상실과 감소로 인한 어려움과 함께 사회경제적으로도 엄청난 손실을 초래하였다. 특히 아동이나 장애인, 노인 등에 대한 돌봄이 가족이나 여성에게 떠맡겨지기도 하고, 빠르게 변화하는 비대면 시스템에 적응해야 하는 스트레스도 가중되었다. 대면 접촉이 차단되고 가족이 좁은 집 안에서 지내야 하는 시간이 늘어남에 따라 육아 중인 부모의 양육, 교육 부담이 크게 늘어났다.

이런 재난 상황에서는 가족구성원들의 변화에의 적응과 유연한 대처 전략이 중요하다. 코로나19 상황의 지속은 여러 가지 비대면 시스템이 활성화되면서 개인의 삶에 직접적인 변화가 일어났고, 위기대처능력은 사회와 사회의 한 조직인 가족의 역량에 달려 있음을 보여주는 계기가 되었다.

➔ 집에도 방역 벽 설치

유학생 아들 둔 의사 부부는 귀국한 아들을 공항에서 데려오면서 승용차 이용, 일회용 수술모자와 장갑, 마스크에 덧신, 차 안에서 대화 없이 집까지 이동, 아들의 짐 소독하기, 격리 기간 2주 동안 집 안에 자체 방역벽 설치, 아들의 식사와 화장실 분리 사용, 공동생활공간으로 나올 때는 반드시 마스크와 일회용 장갑 착용 등 철저한 격리수칙을 지켜 생활하는 모습을 엿볼 수 있었다. 코로나19 사태가 완전히 소강될 때까지 귀국 유학생을 포함하여 우리 모두 안팎으로 각별히 주의하는 태도를 가져야겠다.

출처: 한국일보(2020.03.30)에서 부분 발췌.

코로나19, 아슬아슬 정신건강에 귀 기울여야!

세계에서 가장 역동적이면서도 짙은 우울의 그늘과 불안한 사회, OECD 자살률 1위의 국가, 여기에 코로나19로 인한 팬데믹이 길어지면서 사람들은 숨이 턱턱 막히고 위태로운 상황이 지속되고 있다.

불안장애-기분장애 분야의 오강섭 교수는 노인 우울증 환자가 10% 이상 늘었다고 한다. 자식이 찾아오지 못하면서 고립감이 커지고, 식구나 친구 등을 먼저 떠나보낸 상실감, 종교 생활을 못하는 상실감, 코로나에 감염되면 생명을 잃을 수도 있다는 불안감이 더해져 괴로워하고 있다고 한다. 사회적 관심이 거의 없는 상태에서 TV 프로그램 미스터트롯, 미스트롯만이 정신의 유일한 치료제가 되고 있다는 것이다. 우울증은 누군가 옆에서 말을 들어줘야 하는데 장기적인 사회적 거리 두기로 인해 고립감이 커진 환자들의 우울장애가 악화하고 있다고 말한다.

출처: 코메디닷컴(2021.01.31)에서 부분 발췌.

함께 나누기

1. 신혼기 부부에게 갈등이 발생한다면 어떻게 해결하는 것이 좋을지 이야기해 봅시다.

2. 자신이 경험한 가족 위기와 위기극복과정은 어떻게 진행되었는지 이야기 나누고, 그 과정에 제목을 붙여 봅시다.

관련 동영상

1. 세바시 〈자녀가 독립하면 부모에게 어떤 일이 벌어질까?〉
   https://youtube.com/watch?v=HNxCExa16s4&feature=share (13분56초)
2. EBS 다큐프라임 〈가족쇼크 7부 마지막 식사〉
   https://youtube.com/watch?v=Y5HoItWCzyE&feature=share (16분8초)
3. EBS 다큐프라임 〈100세 쇼크-장수의 역습, 벼랑 끝에 선 노인들〉
   https://youtube.com/watch?v=q6l_rvWOoUY&feature=share (25분20초)

참고문헌

김영희, 김경미 (2019). **결혼과 가족**. 파워북.

김유숙, 전영주, 김요한 (2017). **가족평가**. 학지사.

신라대학교 가족상담센터 편역 (2005). **이혼조정 매뉴얼**. 양서원.

이기숙, 고정자, 권희경, 김득성, 김은경, 김향은, 옥경희 (2006). **현대 가족관계론**. 파란마음.

이여봉 (2020). **가족 안의 사회, 사회 안의 가족**. 양서원.

정문자, 정혜정, 이선혜, 전영주 (2014). **가족치료의 이해**. 학지사.

최규련 (2015). **부부문제와 부부상담**. 신정.

최규련 (2018). **가족관계론**. 공동체.

Walsh, F. (1998). **가족과 레질리언스**. 양옥경, 김미옥, 최영민 역 (2006). 나남출판.

국민일보 (2020.12.13). 평생 이어진 가정폭력… 아들은 아버지를 불태웠다.
http://news.kmib.co.kr/article/view.asp?arcid=0015318024&code=61121111&cp=nv

동아닷컴 (2020.06.15). 서울 '노인 학대' 가해자 중 37.2%는 '아들'이었다.
https://www.donga.com/news/article/all/20200615/101510875/2

부산일보 (2020.02.11). 청소년 10명 중 6명 "스마트폰 놓고 부모와 갈등".
http://www.busan.com/view/busan/view.php?code=2020021119265533000

서울신문 (2021.03.01). 학대 책임 아동 탓으로 돌린 부모, 폭력성도 더 높다.
http://naver.me/FslFG7VD

연합뉴스 (2017.09.07). 아내 강간한 50대 징역 7년…성적 자기결정권 침해.
https://www.yna.co.kr/view/AKR20170907140100055?input=1195m

연합뉴스 (2021.03.30). 결혼 안 한 30대 '캥거루족' 54.8%… "부모에게서 독립 못 해".
https://www.yna.co.kr/view/AKR20210330082700002?input=1195m

오마이뉴스 (2020.04.14). 나는 세월호 참사에서 살아난 사람입니다.
http://www.ohmynews.com/NWS_Web/View/at_pg.aspx?CNTN_CD=A0002631899&CMPT_CD=P0010&utm_source=naver&utm_medium=newsearch&utm_campaign=naver_news

오마이뉴스 (2021.04.07). 부모가 자식으로부터 해방되려면? 4가지 준비하세요.
http://www.ohmynews.com/NWS_Web/View/at_pg.aspx?CNTN_CD=A0002733490

전자신문 (2021.03.18). 지난해 결혼 역대 최소... "코로나, 집값, 고용 요인".
https://www.etnews.com/20210318000138

조선비즈 (2021.01.07). 산후우울증에 생후 13일 딸 안고 뛰어내려 죽게 한 엄마… 징역 3년형.
https://biz.chosun.com/site/data/html_dir/2021/01/07/2021010702751.html?utm_source

=naver&utm_medium=original&utm_campaign=biz
조선일보 (2021.02.03). 행복한 노년의 비결, '지금 할 수 있는 일'에 집중하라.
https://www.chosun.com/opinion/specialist_column/2021/02/03/K56XDBMGO5FNXM7ABJ5OP7DL6I/?utm_source=naver&utm_medium=referral&utm_campaign=naver-news
중앙일보 (2020.10.08). "40년 된 가정폭력 끝낸다"… 아들 대신 남편 살해한 모정.
https://news.joins.com/article/23889378
코메디닷컴 (2021.01.31). 코로나19, 아슬아슬 정신건강에 귀 기울여야!
http://naver.me/xOC8kBgU
파이낸셜뉴스 (2021.03.14). '자살생존자' 연 7만~14만명 추정.
https://www.fnnews.com/news/202103121546370783
파이낸셜뉴스 (2021.04.04). 신혼부부 돈 관리 저희만 어렵나요.
https://www.fnnews.com/news/202104012032034437
한국일보 (2020.03.30). "집에도 방역 벽 설치"… 유학생 아들 둔 의사부부의 격리 생활은.
http://naver.me/IFjPWy76

CHAPTER 13 다양한 가족 이야기

주국희 집필

가족은 사회 · 경제적 변화에 따라 빠르게 변화하고 있으며, 가족의 형태도 다양해지고 있다. 다양한 가족에 대한 논의는 2000년대 초반부터 지속되고 있다. 그동안의 논의는 다양한 형태의 가족 출현에 따른 불안과 걱정을 중심으로 진행되어 왔다. 그러나 삶의 다양성에 대한 인식이 확산되면서 가족의 형태가 중요한 것이 아니라 어떻게 더불어 살아가야 하는지가 더욱 중요해지고 있다. 본 장에서는 다양한 가족에 대한 현황과 지원책을 살펴보고자 한다. 다만 앞서 소개되었던 1인 가구, 동거가족 등은 본 장의 논의에서 제외하였고, 폭력, 학대, 빈곤 등과 같은 가정 내 위기상황에 직면한 가족의 현황과 지원책을 함께 살펴보고자 한다.

1. 다양한 가족

현대사회는 빠르게 변화하고 있다. 1990년대에는 아시아 금융위기로 중산층이 붕괴되고 양극화가 심화되었다. 남성 1인의 생계부양 모델에서 여성의 경제활동이 증가하면서 맞벌이가족이 증가하였다. 2000년대에는 국제결혼이 증가하면서 다문화가족이 급격하게 증가하였다. 합계출산율은 지속적으로 떨어져 저출산 · 고령화사회에 대한 논의가 본격적으로 시작된 시기이다. 아시아 금융위기 상황에서 증가하던 이혼율이 2000년대 초반까지 지속적으로 증가하면서, 한부모가족도 함께 증가하였다.

지난 10여년 간 가족의 모습은 그 어느 때보다 빠르게 변하고 있다. 2020년 현재 우리나라는 초저출산국가로 만혼이 보편화되고, 가구당 가구원 수도 감소하고 있다. 1인 가구와 2인 가구가 차지하는 비율이 전체 가구의 50%를 넘어섰다. 2019년 인구주택총조사 결과에 따르면, 1인 가구가 6,148천 가구로 전체 가구의 30.2%를 차지하고, 그 뒤를 2인 가구가 5,663천 가구(27.8%), 3인 가구 4,218천 가구(20.7%), 4인 이상 가구 4,315가구(21.2%) 순으로 나타났다(통계청, 2020c). 전형적인 가족으로 불리던 4인 가구는 2005년 주된 가구 유형이었으나, 2015년 이후로는 1인 가구가 주된 가구 유형으로 바뀌고 있다.

다양한 가족에 대한 국민들의 인식도 수용적으로 바뀌고 있다. 여성가족부(2019)에서 국민 1,500여명을 대상으로 실시한 '가족다양성에 대한 국민 여론조사' 결과 국제결혼, 이혼 및 재혼, 비혼독신, 무자녀부부, 비혼동거 등에 대해서 65% 이상이 수용 가능하다고 응답해 다양한 가족에 대한 사회적 수용도가 전반적으로 높게 나타났다.

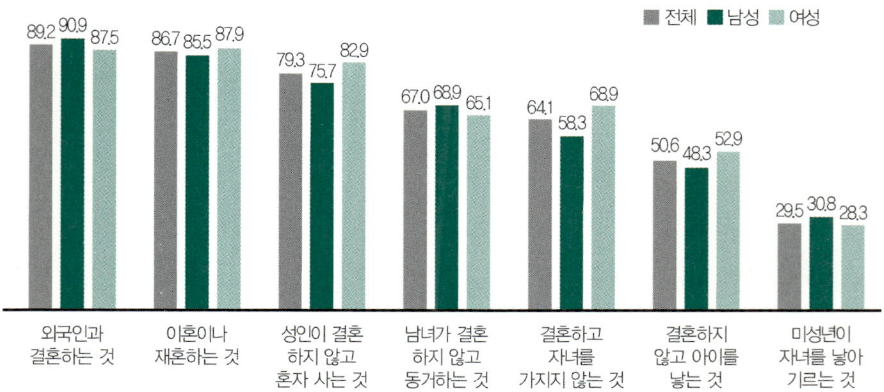

〈그림 13-1〉 다양한 가족에 대한 사회적 수용도 · 동의 비율

출처: 여성가족부(2019).

1) 한부모가족

(1) 한부모가족 현황

한부모는 홀로 자녀를 양육하고 있는 부 또는 모를 말한다. 한부모가족은 부와 모 중 한 사람이 자녀를 양육하는 가족이다. 이혼이나 사별로 인한 부자가정과 모자가정, 미혼모부자가족을 포함한다. 한부모가족은 1,529천 가구로 전체 가구 수의 7.3%를 차지하는데, 이중 여성 한부모 비율이 74.9%를 차지한다(통계청, 2020d).

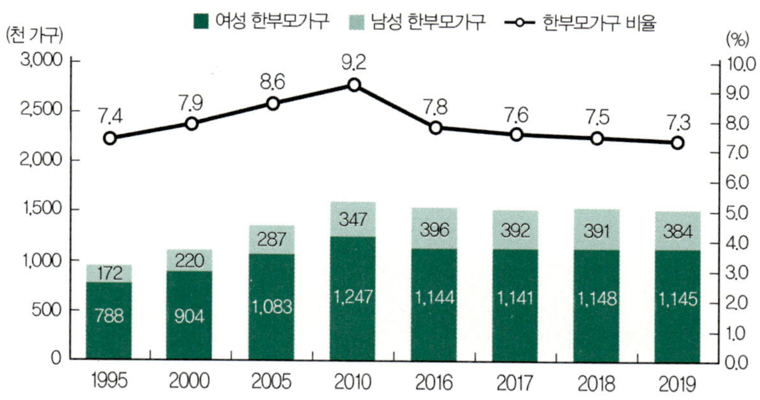

〈그림 13-2〉 한부모가구 변화 추이

출처: 통계청(2020d).

여성가족부가 실시한 한부모가족실태조사에 따르면, 우리나라의 한부모가족의 대부분은 이혼 한부모이며, 약 1.5명의 자녀를 키우고 있다. 한부모가 된 후 달라진 점으로 부와 모의 역할을 혼자서 감당, 집안일 부담 증가, 미래에 대한 부담 증가, 경제적 어려움 등 돌봄과 가사로 인한 역할 과중과 경제적 부담 등 생활에서의 어려움이 큰 것으로 나타났다.

한부모가 전 배우자로부터 양육비를 지급받지 못하고 있는 비율은 78.8%로 매우 높게 나타났다. 한부모들에게 양육에 대한 어려움을 조사한 결과, 80% 이상이 양육비와 교육비에 대한 부담이라고 응답하였고, 가장 필요하다고 느끼는 지원 역시 생계비와 양육비 등 현금성 지원이 높게 나타났다. 한부모의 84.2%는 취업 중이었지만 근로소득은 비교적 낮아 46%가 정부지원을 받고 있는 것으로 나타났다.

반면, 정서적 측면에서는 한부모가 된 이후에 자녀와 긴밀해졌고, 일가친척으로부터 자유로워졌다 등 긍정적인 답변이 증가한 것으로 나타났다.

(2) 한부모가족 지원

한부모에 대한 지원은 한부모가족지원법을 근거로 양육 및 교육비 지원, 주거, 법률 서비스 등이 있다. 그러나 그동안 한부모가 구체적인 정보를 찾는 데 어려움이 있었다. 최근 여성가족부가 서비스 접근성을 높이기 위해 한부모관련 종합정보를 담은 책자를 발간하고 한부모가족 상담전화(1644-6621)를 운영하여 관련 정보를 제공하고 있다.

〈표 13-1〉 한부모가족 복지서비스

구분	복지서비스	대상 및 내용
임신·출산	임신·출산·진료비 지원	• 임신 1회당 60만원(다태아 임산부 100만원) • 청소년 산모(만 19세 이하) 120만원 지원
	출산비용 지원	• (기초생활수급자·긴급복지지원대상자)자녀 1인당 70만원
	미혼모자 시설(기본형)	• 이혼·사별 또는 미혼 임산부 및 출산 후(6개월 미만) 숙식무료제공, 분만 혜택제공, 자립지원, 의료비 등 지원
양육·돌봄	저소득 한부모가족 아동양육비 등 지원	• 중위소득 52% 이하 만 18세 미만 아동을 양육하는 한부모·조손가족 • 아동양육비(월 20만원)·추가 아동양육비·학용품비·시설 입소자 생활보조금·한부모가족 증명서(중위소득 60%)
	청소년 한부모 아동양육비 등 지원	• 중위소득 60% 이하 만 24세 이하 청소년한부모가구 • 아동양육비(월 35만원)·검정고시 학습비·고교생 교육비·자립지원촉진수당·한부모가족 증명서(중위소득 72%)

	긴급복지지원	• 갑작스러운 위기사유(이혼, 실직, 질병 등) 발생으로 생계유지 등이 곤란한 가구에게 생계·의료·주거 • 주민센터/시·군·구청 긴급지원담당 등 지원
	미혼모부자 초기지원(거점기관)	• 출산·양육지원, 친자검사비 지원, 교육·문화프로그램·자조모임 등
	맞춤형 기초생활 보장	• 소득인정액이 급여별 선정기준 이하 가구에게 생계비, 의료비, 주거비, 교육비 등 지급
	가족역량강화 지원	• 중위소득 100% 이하 한부모·조손가족 등에게 사례관리, 자녀학습·정서지원, 생활도움 등 제공 및 서비스 연계
	저소득층 기저귀·조제분유 지원	• 만 2세 미만 영아를 둔 기초생활보장, 차상위계층, 한부모가족 수급 가구 • 기저귀 및 조제분유 구매비용 지원(바우처)
	아동수당	• 만 7세 미만 모든 아동에게 최대 84개월 간 월 10만원 지급
	유아학비 및 보육료 지원	• 유치원·어린이집에 다니는 만 3~5세 유아 대상 유아학비·보육료·방과후과정 비용 지원 • 어린이집을 이용하는 만 0~5세 아동에게 보육료 지원(바우처)
	아이돌봄서비스	• 만 12세 이하 자녀를 둔 양육공백 발생 가정에 아이돌보미 파견 • 소득구간별 정부지원 누리집(idolbom.go.kr)
시설·주거	한부모가족 복지시설	• 저소득 무주택 한부모가족에게 주거·자립 준비, 아이돌봄서비스·심리치료 지원 등
	공동생활가정형 매입임대주택 주거지원	• 저렴한 비용으로 주거, 자조모임, 취업연계 등 지원
	공공주택 지원	• 주택 유형별 자격요건을 갖춘 한부모가족 • 영구임대, 매입·전세임대, 국민임대, 공공임대, 행복주택 등
교육·지원	미혼모 대안교육 위탁기관	• 학업을 지속하고자 하는 학생 미혼모 대상 위탁 교육 지원
	여성새로일하기센터	• 상담, 직업교육훈련, 취업연계, 여성창업 등 지원
	자녀 교육비 지원	• 고교 학비, 학교급식비, 방과후 학교 자유수강권, 교육정보화 지원 등
	취업성공패키지	• 만 18~69세 이하 한부모 등에게 취업상담, 직업능력증진, 취업알선 등 프로그램 제공
	한부모 노동자 육아휴직급여	• 첫 3개월은 통상임금의 100%, 4~6개월은 80%, 7개월부터는 50% 지급

금융·법률	양육비 이행지원 서비스	• 양육비 상담, 합의, 소송 및 추심, 모니터링, 면접교섭 지원, 한시적 양육비 긴급지원 등
	한부모가족 무료법률구조	• 법적분쟁 발생 시 법률상담, 소송대리 등 무료법률구조를 통해 소송비용 등 지원
	희망키움통장(Ⅰ, Ⅱ)	• 일하는 저소득층을 위해 매월 10만원 저축하면 정부지원금 매칭 지원

출처: 여성가족부 · 복권위원회(2021).

2) 미혼모 · 부 가족

(1) 미혼모 · 부 가족 현황

미혼모 · 부는 18세 이하 자녀의 친모 및 친부의 혼인상태가 법적으로 미혼인 부모이다(통계청, 2020c). 미혼모란 결혼절차를 거치지 않은 채 아기를 임신 중이거나 출산한 여성을 말한다(김영화 외, 2006). 혼인하지 않은 여성이나 이혼이나 사별한 여성이 임신이나 출산을 했을 경우도 미혼모에 포함한다.

미혼모의 발생은 원치 않는 임신과 출산으로 인한 경우가 대부분이다. 미혼모의 비자발적인 출산은 대부분 입양으로 이어지고 있다. 미혼모 · 부는 2019년 기준으로 총 27,843명으로 그 중 미혼모가 20,761명, 미혼부는 7,082명이고, 연령별로는 35~39세 미혼모 · 부가 가장 많은 것으로 나타났다. 만 24세 이하의 청소년미혼모는 1,743명으로 전체 미혼모의 8.4%에 해당한다(통계청, 2020c).

최근 대중매체의 영향으로 미혼모에 대한 인식이 어려운 상황 속에서도 자녀를 양육하는 책임감 있는 여성으로 바뀌고 있지만 여전히 미혼모에 대한 사회적 편견이 존재하고 있어 실질적으로 자녀를 양육하는 데는 많은 어려움이 따른다. 특히 청소년미혼모의 경우, 임신 · 출산과정에서 부모와의 관계가 단절되는 경우가 많아 경제적으로 더욱 곤경에 처하게 된다.

(2) 미혼모 · 부 지원

미혼모 · 부는 원치 않는 갑작스런 임신과 출산으로 정서적으로 불안한 상황에 처한다. 정서적인 지지와 출산 · 양육 등 다양한 정보를 제공받을 수 있는 상담지원이 필요하다.

최근 베이비박스 앞 신생아 사망사건, 중고물품 거래앱에서의 아이 게시 사건 등으로 미혼모 · 부에 대한 관심이 높아지면서 여성가족부는 상담방법을 다양화하고 의료비를 지원하는 등 미혼모 · 부에 대한 지원을 강화하고 있다. 전화나 SNS 상담으로 확대 운영하고 있고, 청소년상담전화 1388과 미혼모 · 부 거점기관 등과 연계하여 미혼모 · 부가 서비스를 지원받을 수 있도록 협력체계를 구축하였다. 또한 청소년 산모의 임신 · 출산 의료비 지원 연령도 만 19세로 확대하였다. 전국 17개소 미혼모부자 거점기관에서 미혼모 · 부의 출산 및 양육비(연간 70만원 지원)를 지원받을 수 있다. 이외에도 미혼모부자 거점기관에서는 병원비 및 양육용품, 자조모임, 상담서비스를 지원하고 있다. 그러나 미혼모 · 부에 대한 지원이 대부분 임신 · 출산기에 맞춰져 있어 경제적인 독립과 주거안정성을 위해서는 보다 장기적인 대책마련이 필요하다.

➔ 스물두 살 미혼모, '희망이' 엄마에게 집을 준다면

청소년 부모에게 '주거 사다리'가 필요한 이유

3년 전 홀로 출산한 딸 '희망이'와 김예은(25) 씨가 충남 천안의 자택에서 행복한 시간을 보내고 있다. 출산 직후, 반지하방에서 몸을 풀었던 예은 씨는 한 시민단체의 도움으로 '신혼부부 전세임대주택'에 지원해 현재 이 집에 입주하게 됐다. (중략)

'학업 중단 → 배달 · 알바 → 월셋방'으로 이어지는 빈곤의 굴레

청소년 부모들이 아이를 키우는 과정에서 가장 필요한 것은 집이다. 한국미혼모지원네트워크의 2020년 연구에 따르면 청소년 부모들은 대부분 좁고 비위생적인 원룸에서 육아를 시작한다. 갑작스러운 임신으로 인해 학업을 중단한 데다 아이를 돌봐야 하는 상황이라 안정적인 직업을 구하는 것이 불가능하다. 대개 배달이나 일용직 노동과 같은 임시직을 전전한다. 하루 벌어 하루 먹고 사는 형편이니 목돈은 모이지 않는다. 보증금은 낮고 월세는 높은 열악한 주거

환경의 늪을 벗어나지 못한다. 급한 대로 모텔, 고시원, 찜질방을 찾기도 한다.
급기야는 제3, 4 금융권의 문을 두드리게 된다. 2019년 전국의 청소년부모 315명을 대상으로 한 설문조사에 따르면, 열 명 중 절반 이상의 평균 소득이 '100만 원 이하'였으며, 37.7%가 어린 나이에 이미 부채를 가지고 있었다. 대출 사유는 41%가 자녀양육비 명목, 36.1%가 주거비 마련 명목이었다.
이 빈곤의 굴레를 끊기 위해서는 '주거 사다리'가 필요하다. (중략)

출처: 한국일보(2021.03.18)에서 부분 발췌.

3) 재혼가족

(1) 재혼가족 현황

재혼가족이란 결혼한 경험이 있는 남성과 여성이 이혼이나 사별로 결혼관계를 종료하고 다시 결혼하여 형성한 가족을 말한다. 따라서 초혼남과 초혼녀의 결합을 제외한 모든 결혼이 재혼가족이며, 재구성가족(reconstituted family)이라고도 한다(이여봉, 2020). 재혼건수는 2019년 기준 전체 혼인건수의 12.3%를 차지한다(통계청, 2020a). 혼인건수와 마찬가지로 지속적으로 감소추세에 있지만 전체 혼인건수에서 재혼이 차지하는 비율은 전년대비 소폭 증가하였다.

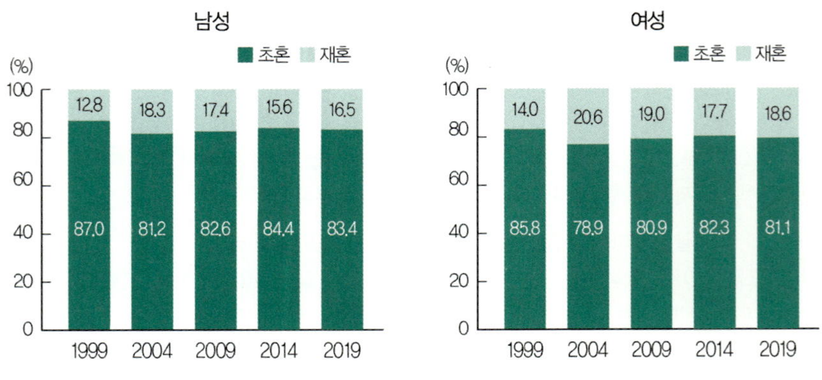

〈그림 13-3〉 혼인 종류별 구성비(1999~2019)

출처: 통계청(2020a).

재혼부부는 한쪽 또는 양쪽 모두가 이혼이나 사별이라는 큰 스트레스 사건을 경험한 적이 있으며, 초혼과 달리 부모자녀 간의 관계가 부부관계보다 더 강하게 형성되었다는 것이 특징이다(최규련, 2015). 또한 재혼은 초혼보다 훨씬 더 복잡한 가족관계망을 형성할 가능성이 많다. 부부가 그들만의 시간을 갖고 관계를 견고히 할 시간과 에너지가 부족할 가능성이 높다(Long & Young, 이정연 역, 2012). 최규련(2015)은 재혼부부가 재혼 결정, 재혼 준비, 재혼과 가족구성단계에서 〈표 13-2〉의 발달과제를 얼마나 잘 수행하느냐에 따라 보다 잘 적응할 수 있다고 말한다.

〈표 13-2〉 재혼가족의 발달단계별 발달과제

발달단계	발달과제
재혼 결정	• 결혼생활과 전 배우자에 대한 감정 정리 • 새로운 결혼에 대한 현실적 기대 • 재혼의 동기 및 문제점 검토
재혼 준비	• 새 배우자와의 결혼관계 설계 • 자녀들의 충성심 갈등, 불안을 해소하도록 지원 • 계부모-계자녀 간 즉각적인 사랑의 신화에서 탈피 • 이전 결혼생활 문제를 반복하지 않기 위한 행동계획 • 비동거자녀와의 관계유지방법 모색 • 공동부모역할 협조방법 모색
재혼과 가족구성단계	• 새로운 부부체계 정립과 친밀감 형성 • 가족의 경계형성 • 가족통합 위한 의식 설정 • 가족구성원 수용과 효율적인 의사소통 체계 구축 • 경제, 공간 등의 자원의 합리적 분배 • 새로운 형제자매 관계 적응 • 자녀에 대한 친부모와 계부모의 협력관계 구축 • 확대가족, 친지 등 사회적 지지체계 구축

출처: 최규련(2015).

재혼가족의 정서적인 유대감은 단시간에 형성되기 어렵다. 이전 결혼생활과 배우자에 대한 감정정리, 재혼준비과정을 거쳐 점차 협력적인 가족관계가 구축될 수 있다. 콜맨 등(Coleman, Ganong & Gingrich, 1985)은 이러한 과정을 통해 재혼가족이 폭넓은 사랑과 인생 경험을 할 수 있다고 말한다(Long & Young, 이정연 역, 2012에서 재인용).

(2) 재혼가족 지원

재혼가정의 비율이 증가하고 있지만 재혼가정에 대한 지원은 전무하다. 그동안 재혼가정의 자녀는 동거인으로 규정되어 사회보험이나 신분보장 등과 같은 불이익을 받았다. 그러나 호주제 폐지 이후 모가 재혼할 경우 계부의 성을 따를 수 있게 되었고, 2016년부터 재혼한 배우자의 자녀와 세대주의 관계를 주민등록 등·초본에 표기할 때 동거인에서 배우자의 자녀로 바꾸도록 개정되었다(이여봉, 2020).

4) 다문화가족

(1) 다문화가족 현황

다문화가족은 한국으로 귀화했거나 외국인이 한국인(귀화자 포함) 배우자와 혼인하여 이루어진 가구를 말한다. 다문화가구는 35만 가구로 전체 가구의 1.7%, 가구원 수는 106만 명으로 전체 인구의 2.1%에 해당한다. 결혼이민자의 국적은 베트남(24.3%)이 가장 많고, 귀화자의 이전 국적은 한국계 중국(46.3%)이 가장 많다(통계청, 2020b).

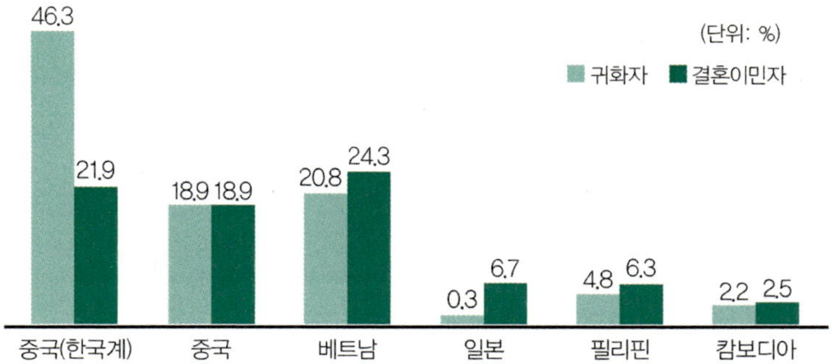

〈그림 13-4〉 다문화대상자 국적별 비율

출처: 통계청(2020c).

외국인과의 혼인건수는 지속적으로 증가하다 2005년 이래 감소추세에 있다. 이혼건수 역시 2011년 이후 지속적으로 감소추세에 있지만 미성년자녀가 있는 부부의 비중은 37.2%로 증가추세에 있다(통계청, 2020b).

2019년 다문화 출생아는 17,939명으로 전체 출생에서 다문화 출생이 차지하는 비중은 5.9%이다(통계청, 2020b). 다문화가구의 평균 자녀수는 0.95명, 자녀의 평균 연령은 8.3세로 나타났다(여성가족부, 2019).

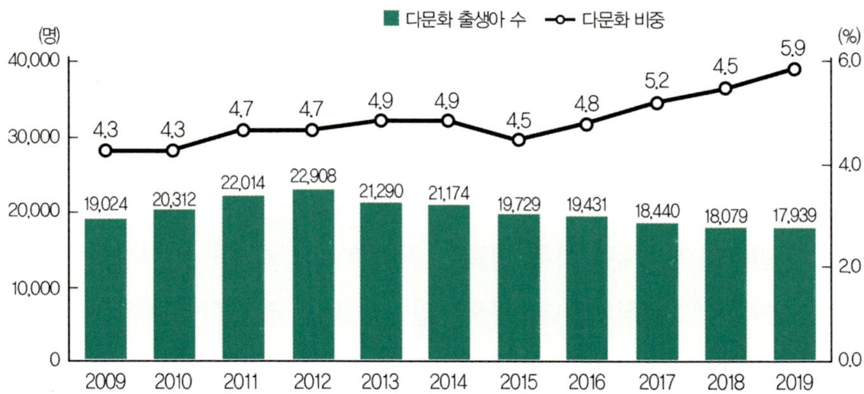

〈그림 13-5〉 다문화 출생아 수 및 전체 출생 중 다문화 비중 추이(2009~2019)

출처: 통계청(2020b).

2018년 다문화가족실태조사에 따르면, 결혼이민자·귀화자의 체류기간이 10~15년 미만이 33%, 15년 이상이 27.6%로 10년 이상 거주 비율이 절반을 넘어섰다. 그럼에도 불구하고 식습관이나 자녀양육방식, 가족행사 등에 대한 부부 간 문화적 차이로 어려움을 느끼고 있는 것으로 나타났다. 배우자와의 갈등 원인은 성격차이가 54.8%로 가장 높게 나타났고, 자녀문제가 24.1%로 2015년(16.1%)에 비해 높게 증가하였다.

자녀와의 관계나 양육효능감은 전반적으로 낮지 않으나 좋은 부모가 되는 데 필요한 지식과 방법에 대한 효능감은 다소 떨어지는 것으로 나타났다. 자녀양육에서 가장 힘들어하는 부분은 아이가 아프거나 본인이 바쁠 때 돌봐줄 사람을 찾기 어렵다는 것과 자녀에게 한글을 가르치는 것 순으로 나타났다. 가족 내 의사결정은 부부가 같이 논의한다는 응답이 가장 많았으나, 자녀교육이나 가족관계와 관련된 결정은 결혼이민자가, 경제적 소비와 관련된 의사결정은 배우자가 좀 더 주도하는 것으로 나타났다(여성가족부, 2019). 가사, 돌봄노동이 여성에게 집중된 반면 여성의 권한은 제한되어 있다. 성평등한 가족문화를 위한 캠페인과 프로그램이 필요하다.

(2) 다문화가족 지원

우리나라의 다문화가족지원정책은 2001년 여성부 성폭력·성매매 피해 외국인을 지원하면서 시작되었다. 2008년 「다문화가족지원법」이 제정되면서 다문화가족지원센터의 개소와 함께 다문화가족에 대한 서비스는 양적으로 증가하였다. 우리나라의 다문화가족 정책은 동화주의에 기초하여 다문화가족의 초기적응을 중심으로 운영되었다. 결혼이민여성을 한국 사회에 빠르게 정착시키고 한국 가족으로 동화시키기 위한 정책 중심이었다. 다문화가족 내 가정폭력은 급증하였고, 그에 대한 대응에도 한계가 드러났다.

3차 다문화가족정책 기본계획(2018~2022)에서는 그동안 다문화가족의 초기

적응에서 벗어나 중장기적 관점으로 패러다임이 전환하였다는 점에서 의의가 있다. 여성가족부(2018)는 '참여와 공존의 열린 다문화사회'를 비전으로 다문화가족의 장기정착 지원, 결혼이민자의 다양한 사회참여 확대, 다문화가족 자녀의 안정적 성장지원과 역량강화, 상호존중에 기반한 다문화 수용성을 제고하고, 협력적 다문화가족정책 운영을 위한 추진체계 강화를 대과제로 선정하였다.

특히 학령기에 접어든 다문화가족 자녀에 대한 학업과 글로벌 역량강화, 중도입국 자녀에 대한 지원 강화 등 다문화가족 자녀에 대한 지원이 확대되었다. 또한 다문화 여성 대상의 교육이 아닌 시민들의 다문화 수용성을 향상시키기 위해 일반국민 대상의 다문화 이해 교육을 강화하였다는 것이 특징이다. 그러나 여전히 우리나라의 다문화가족지원정책은 결혼이민자 중심으로 이루어져 있다. 외국인근로자 등을 포함하는 종합적이고 포용적인 정책이 필요하다. 다문화사회로의 이행을 준비하는 세계시민으로서의 다양한 문화적 차이에 대한 이해와 포용을 위한 인식개선과 문화교육이 더욱 확대되어야 할 것이다.

2. 취약 · 위기가족

1) 빈곤과 가족

(1) 빈곤가족의 현황

가족의 빈곤문제는 가족 내적 요인에 기인하기보다는 사회구조적 환경변화로 인해 나타나는 경우가 많다. 빈곤은 절대적 빈곤과 상대적 빈곤으로 구분한다. 절대적 빈곤은 의식주 등 기본적인 욕구를 해결하지 못하는 상태를 의미한다. 상대적 빈곤은 다른 사람들과 비교하여 상대적으로 결핍된 상태를 의미한다. 가족의 빈곤은 실직이나 퇴직, 이혼이나 장애 등으로 주 소득원의 상실에 따른 것이 일반적이다(공세권 외, 2006에서 재인용).

상대적 빈곤율이란 전체 인구 중 빈곤 위험에 처한 인구의 비율을 의미한다. 상대적 빈곤선을 설정한 이후 이를 바탕으로 상대적 빈곤율을 계산하는데, 상대적 빈곤선은 전체 인구의 중위소득을 기준으로 하여 중위소득의 50%에 해당하는 소득으로 정의한다. 2011년 이래 우리나라의 상대적 빈곤율은 지속적으로 감소하고 있는데, 2019년 기준 상대적 빈곤율은 16.3%로 나타났다. OECD 자료에 따르면, 우리나라의 상대적 빈곤율은 미국에 비해 낮지만 영국, 독일, 프랑스 등에 비해서는 높다(통계청, 2021).

빈곤가족의 가장 큰 어려움은 경제적인 부분이다. 특히, 노인세대나 여성가구주 등 특정 취약계층을 중심으로 상대적 빈곤은 더욱 심화되고 있어 이에 대한 대책 마련이 시급하다.

→ [세쓸통] 장수 국가의 역설… 76세 이상 '절반'이 상대적 빈곤

통계청, 2020년 국민 삶의 질 보고서, 2019년 상대적 빈곤율 16.3% 기록해
소폭 개선됐으나 66세 이상은 43.4%, '노인 빈곤율' 세계서 가장 높은 수준
노인 고용률 높고…근로 시간 긴데도 빈곤 지표 개선 난망, 대책 마련 시급(중략)

2019년 한국의 상대적 빈곤율은 16.3%를 기록했습니다. (중략) 이는 여전히 경제협력개발기구(OECD) 회원국 중 높은 수준입니다. OECD 회원국 간 비교가 가능한 2018년 기준으로 보면 헝가리(17.9%)·미국(17.8%)·라트비아(17.5%)·이스라엘(16.9%)에 이어 5번째로 높습니다. 네덜란드(8.3%)의 2배에 이릅니다.

연령별로 보면 문제는 더 심각해집니다. 2019년 기준 76세 이상 인구의 상대적 빈곤율은 55.6%로 전년(55.1%) 대비 0.5%p 악화했습니다. 76세 이상 노인의 절반 이상이 빈곤을 겪고 있는 셈입니다. 66세 이상 인구의 상대적 빈곤율은 43.4%로 세계 최고 수준입니다. 전체 인구 상대적 빈곤율이 한국보다 높은 라트비아(39.0%)보다 나쁩니다. (중략)

한국의 65세 이상 인구 고용률은 32.9%(2019년 기준)로 OECD 회원국 중 아이슬란드(34.8%)에 이어 2번째로 높고, 60세 이상 인구의 월 근로 시간은 140.9시간으로 29세 이하 인구(145.3시간) 수준에 육박합니다. 많은 노인이 오랜 시간 일하고 있는데도 상대적 빈곤에서 벗어나지 못하고 있는 셈입니다.
한국의 노인 자살률이 유독 높은 것도 이런 상황과 무관치 않아 보입니다. 2019년 70세 이상 남성의 10만명당 자살률은 90.5명으로 40~49세 남성(44.5명)의 2배를 상회합니다. 같은 해 70세 이상 여성의 자살률도 28.0명으로 40~49세 여성(17.1명) 대비 10.9명 높습니다. 60~69세 남성·여성 자살률도 54.2명·14.0명으로 심각한 수준입니다.
한국의 고령화가 매우 빠른 속도로 진행되고 있어 대책 마련이 시급하다는 분석입니다. 정부는 "고령화 등 사회 문제의 해법을 내놓겠다"며 '인구 정책 태스크포스(TF)'를 가동, 시니어 창업지원, 고령자 적합 직무 개발 등을 논의하고 있습니다. 시장에서는 사적 연금 지원 강화, 공적 연금 효율화, 노동시장 유연화 등이 필요하다는 목소리가 나옵니다.

출처: 뉴시스(2021.03.14).

(2) 빈곤가족 지원

빈곤가족에 대한 지원으로는 국민기초생활보장법에 따른 생계급여, 의료급여, 주거급여, 교육급여 등이 있다. 국민기초생활보장법의 지원대상은 소득인정액이 중위소득 30~50% 이하의 생계가 곤란한 저소득층이다. 이 외에도 한부모가족지원법, 다문화가족지원법 등에서 아동양육비, 주거지원, 돌봄서비스 등을 지원하고 있다.

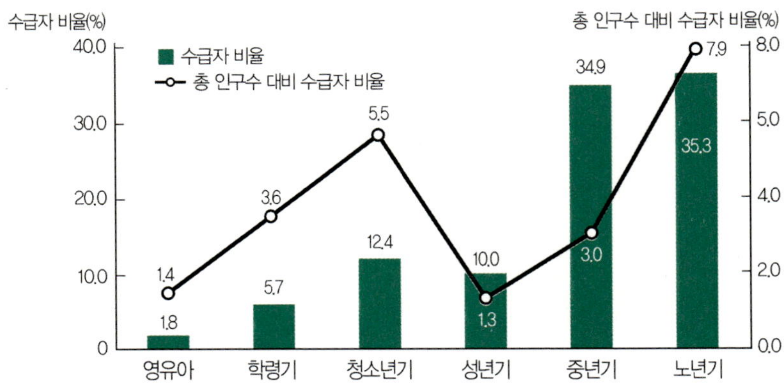

〈그림 13-6〉 생애주기별 일반수급자 분포

출처: 보건복지부(2020).

〈그림 13-6〉의 생애주기별 일반수급자 분포를 살펴보면, 중년기 이후의 수급자 비율이 급증하고 있다. 특히 노년기는 전체 인구 수 대비 수급비율이 7.9%로 가장 높다. 우리나라의 노인빈곤율이 세계 최고 수준임을 감안할 때 노인빈곤에 대한 종합적인 대책 마련이 절실하다.

2) 폭력과 가족

(1) 가정폭력 현황

가정폭력은 일반적으로 가족구성원 한 사람이 다른 가족원에게 의도적, 계획적, 반복적으로 물리적 힘을 사용하거나 정신적 학대를 통하여 심각한 신체적·정신적 손상과 고통을 주는 행위이다(장혜정 외, 2009). 가족 내에서 발생하는 모든 형태의 폭력과 방임, 유기까지 포함하는 개념이다. 배우자, 자녀, 노인 등 가족구성원 사이에서 일어나는 모든 폭력은 가정폭력으로 본다.

2019년 가정폭력실태조사에 따르면, 여성은 10.9%, 남성은 6.6%가 배우자에 의한 신체적, 성적, 경제적, 정서적 폭력을 경험한 것으로 나타났다(김정혜 외, 2020). 박복순 외(2019)가 가정폭력범죄를 중심으로 여성폭력 검찰 통계분석를 분석한 결과에서도 피의자와 피해자 관계의 79.1%가 배우자, 연인, 동거 등의 파트너관계인 것으로 나타났다. 피의자의 83.8%가 남성으로 가정폭력 사건의 절대 다수가 남성이 여성에게 가하는 폭력임을 알 수 있다. 범행동기는 생활양식 및 가치관 관련이 52.2%로 가장 높았고, 동거의무 관련(17.8%), 경제·부양 문제(10.6%), 가사협조 관련(7.9%), 기타 유형(6.8%), 이혼 관련(3.5%), 신고 관련(1.1%) 순으로 나타났다(박복순 외, 2019).

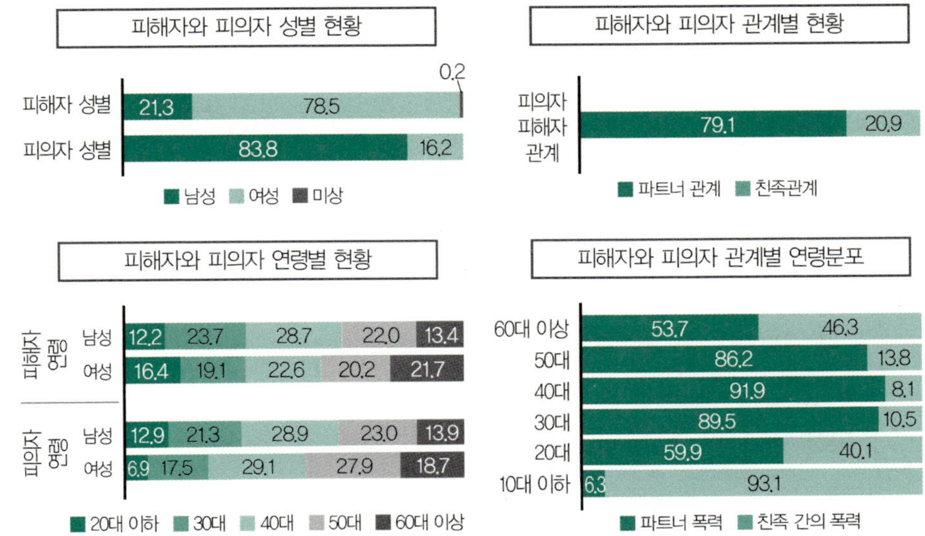

〈그림 13-7〉 가정폭력범죄 현황

출처: 박복순, 전혜상, 정수연, 고현승(2019).

가족구성원에 의한 폭력은 씻을 수 없는 상처를 남긴다. 피해자는 무력감을 느끼고 자존감이 하락하며, 가해 배우자에 대한 적대감과 분노가 나타난다(김정혜 외, 2020). 신체적 폭력 피해 경험이 있는 여성의 경우에는 경제활동에 대한 어려움을 호소하기도 한다. 일을 그만두어야 할지 심각하게 고민하거나, 실제로 일을 그만두는 등 폭력피해로 일자리를 잃게 되는 경험률이 높게 나타났다(김정혜 외, 2020). 경제활동의 중단으로 가정폭력 피해자는 더욱 고립되고 통제받는 상황에 놓이게 된다.

아동학대는 지난 10년간 5배 이상 증가하였다. 보건복지부(2019)에 따르면, 30,045건의 아동학대 중 중복학대가 48.2%로 가장 많은 비중을 차지한다. 이수정(2020)은 아동학대가 일어나는 원인을 다음과 같이 분석한다. 첫째, 사회문화적 요인이다. 아동의 지위를 성인보다 낮게 평가하거나 체벌과 위협이 아동을 다루는 수단이 될 수 있다고 여기는 사회적인 태도, 대중매체를 통한 언어적 적대감과 공격성이 용인될 때, 경제적 불안정과 관련된 불안정 고용이나 실직이 있을 때 등이다. 둘째, 가족적인 문제이다. 가족권력구조가 불균형하거나 이전의 학대 역사나 가정 내 폭력이 있을 때, 부모의 스트레스가 높고 사회적으로 고립되었을 때 위험이 높다. 셋째, 사회적 요인이다. 가난하거나 폭력에 허용적인 문화, 성차별 의식이 강할수록, 경제적 불평등이 심할수록, 사회복지 시스템이 미비할수록, 사회적 갈등이 심하거나 전쟁 상황일 경우 아동학대 위험이 높다.

(2) 피해자 지원

그동안 심각한 가정폭력 사건들을 겪으며 법과 제도를 정비하고, 피해자 지원을 위한 기관들이 설립되었다. 가정폭력피해자를 위해 상담소 및 피해자보호시설, 여성긴급전화 1366센터가 운영되고 있으며 피해자를 위한 상담, 의료지원, 법률지원과 숙식을 제공하고 있다. 전국의 가정폭력상담소, 아동보호전문기관, 가정폭력피해자보호시설, 노인보호전문기관에서 대상별로 가정 내 폭력피해자 지원사업을 진행하고 있다.

가정폭력은 가족관계 내에 일어나는 일로 다른 폭력에 비해 외부로 잘 노출되지 않으며 지속적이고 상습적으로 발생한다는 특징이 있다. 이러한 특징 때문에 가정폭력 피해자는 사회와 단절되고 가정 내에 고립된다. 가정폭력은 더 이상 한 가정의 문제가 아니다. 이웃과 사회 모두가 함께 적극적으로 개입하여야 하는 위기사건이다. 무엇보다 가정폭력은 신고의무자와 주변인의 적극적인 신고가 필요하다. 또한 가정폭력 재발방지를 위한 학대행위자 교육, 부모교육 및 상담 등을 더욱 강화해야 한다.

3) 중독과 가족

(1) 중독의 현황

중독이란 일반적으로 자주 반복하거나 때로는 생활의 균형을 깨뜨릴 정도로 과도하게 빠져 있는 상태를 말한다. 미국 중독의학회는 중독은 보상, 동기부여, 기억 등에 관련한 뇌의 회로이상을 수반하는 중요하고도 만성적인 뇌 질환이라고 정의하고 있다(김종엽, 2015).

중독은 인간의 삶에서 거의 모든 영역에서 광범위하게 나타나고 있다. 알코올, 도박, 약물중독과 함께 최근에는 게임중독, 스마트폰중독 등 연령과 상관없이 발생하고 있다. 중독은 크게 물질중독과 행위중독으로 구분하는데, 전자는 알코올이나 약물 같은 물질에 중독되는 것이고, 후자는 도박, 인터넷, 스마트폰, 쇼핑, 음란물과 같은 행위에 중독되는 것이다. 우리나라의 중독자 수는 약 800만명으로 매우 심각한 수준이며, 중독 유병률은 약 6%로 외국(약 2%)에 비해 높은 수준이다(조현섭, 2019).

〈표 13-3〉 4대 중독의 중독자 현황

중독 종류	인구 수	유병률
알코올	160만명	6.2%
마약	20~40만명	–
도박	207만명(성인기준)	5.4%
인터넷	260만명(만 5~49세)	6.9%

출처: 조현섭(2019).

중독은 개인, 가족, 사회, 경제적으로도 매우 심각한 영향을 미친다. 중독으로 인해 우울증, 불안, 신체적 질병 등 부작용을 경험하며, 별거나 이혼으로 가족관계가 해체되기도 한다. 대인관계에서도 관계가 단절되거나 사회적으로 고립되어, 일상적인 경제활동의 어려움으로 파산에 이르기도 한다. 중독은 평생에 걸쳐 진행되는 만성질환으로 가족들이 가장 피해를 많이 받을 수밖에 없다. 중독자와 가족들을 포함하며 우리나라 국민의 50% 이상이 중독의 직간접적인 영향을 받고 있다(조현섭, 2019).

(2) 중독에 대한 지원

블랜드와 툴그렌(Bland & Tullgren, 2013)은 중독회복 패러다임의 핵심적 전제는 사람은 누구나 장애를 가질 수 있고 회복될 수 있으며 증상과 무관하게 자신의 삶을 능동적으로 만들어갈 수 있는 존재로 본다. 따라서 회복서비스는 전문가가 주도하는 것이 아니라 개인이 가지고 있는 독특한 생활경험을 경청하며 이해하는 것으로 시작하고 동료, 친구, 가족들과의 관계를 통해서도 치유가 일어나기 때문에 관계의 중요성이 강조된다(김나미 외, 2019).

보건복지부에서는 알코올, 마약, 도박, 인터넷중독을 4대 중독으로 분류하고 있다. 이에 대한 통합적인 관리를 위해 2014년부터 알코올 상담센터를 중독관리통합지원센터로 기능을 개편하여 운영하고 있다. 중독관리통합지원센터는 전국 50여개의 센터가 설치되어 있으며, 중독예방과 중독자 상담, 재활훈련사업을 진행하고 있다. 조기발견 및 개입서비스 중독질환에 대한 관리사업, 중독질환 가족지원사업, 중독예방 및 교육사업, 지역사회 네트워크 사업 등을 추진 중이다.

〈표 13-4〉 성인용 인터넷중독 자가진단검사

번호		항목	전혀 그렇지 않다	때때로 그렇다	자주 그렇다	항상 그렇다
가상 세계 지향	1	인터넷이 없다면 내 인생에 재미있는 일이 하나도 없을 것 같다.	1	2	3	4
	2	사이버 세상과 현실이 혼동될 때가 있다.	1	2	3	4

	3	인터넷을 하지 못하면 무슨 일이 일어났는지 궁금해서 다른 일을 할 수가 없다.	1	2	3	4
	4	실제 생활에서도 인터넷에서 하는 것처럼 해보고 싶다.	1	2	3	4
	5	인터넷을 할 때 마음대로 되지 않으면 짜증이 난다.	1	2	3	4
	6	인터넷을 하지 못하면 안절부절못하고 초조해진다.	1	2	3	4
긍정적 기대	7	인터넷을 하면 기분이 좋아지고 쉽게 흥분한다.	1	2	3	4
	8	일상에서 골치 아픈 생각을 잊기 위해 인터넷을 하게 된다.	1	2	3	4
	9	인터넷을 하는 동안 더욱 자신감이 생긴다.	1	2	3	4
	10	인터넷을 하면 스트레스가 해소되는 것 같다.	1	2	3	4
내성 및 몰입	11	일상대화도 인터넷과 관련되어 있다.	1	2	3	4
	12	인터넷을 하느라 다른 활동이나 TV에 대한 흥미가 감소했다.	1	2	3	4
	13	"그만 해야지" 하면서도 번번이 인터넷을 계속하게 된다.	1	2	3	4
	14	일단 인터넷을 시작하면 처음에 마음먹었던 것보다 오랜 시간 인터넷을 하게 된다.	1	2	3	4
	15	인터넷 속도가 느려지면 금방 답답하고 못 견딜 것 같은 기분이 든다.	1	2	3	4
	16	해야 할 일을 시작하기 전에 인터넷부터 하게 된다.	1	2	3	4
인터넷에 대한 자기인식	17	내가 생각해도 나는 인터넷에 중독된 것 같다.	1	2	3	4
	18	인터넷을 하면서도 죄책감을 느낄 때가 있다.	1	2	3	4
	19	지나치게 인터넷에 몰두해 있는 나 자신이 한심하게 느껴질 때가 있다.	1	2	3	4
	20	인터넷 사용을 줄여야 한다는 생각을 끊임없이 한다.	1	2	3	4

■ 진단 결과

1. 고위험군 사용자군: 총점 67점 이상, 전문치료기관에서 병적 인터넷 사용에 대한 집중치료 필요
2. 잠재적 위험 사용자 A군: 총점 54~66점, 인터넷 중독에 대한 정신건강 관련 분야에서의 전문적인 상담 필요
3. 잠재적 위험 사용자 B군: 총점 43~53점, 인터넷 사용에서의 자기관리 요망. 건강한 인터넷 사용과 사회적·직업적 기능 수행을 위한 효율적 시간 관리 필요
4. 일반 사용자군: 총점 42점 이하, 건전한 사용자, 치료 불필요

출처: 곽호완(2017).

➔ 중독에 빠진 아이, 살릴 길은 관계 재설정

(중략) 중독의 기준은 무엇일까? 중독의 판단 기준은 세 가지다. 자극을 얻기 위해 특정 행동을 반복(반복성)하고, 의식과 무관하게 몸이 먼저 움직(습관성)이며, 특정 자극이 없으면 일상생활이 불가능(의존성)한 상황에 도달한 상황을 전문가들은 중독으로 간주한다. 인내 끝에 큰 욕구 충족을 얻기보다는 '즉각적 만족'을 추구하는 것 역시 중독의 주요한 특징인데, 실제로 물질 중독(흡연·음주)과 행위 중독(스마트폰·게임·자해·성·도박) 모두 일회성 쾌락에 그치는 경우가 대다수다.

중독의 가장 큰 폐해는 자기 파괴이다. 킹스칼리지 런던의 임상심리학자 프랭크 탤리스가 "처음에는 쾌락 때문에 중독되지만 시간이 갈수록 쾌락은 줄어들고 이후로는 고통을 피하기 위해 중독을 이어간다"고 말했듯, 중독은 심각한 자기 파괴를 동반한다. 특히 자신을 학대하면서 마음의 평안을 얻으려는 자해 중독의 심각성은 상당한 수준이다. 대체로 이들은 몸에 칼을 대거나 주사기로 피를 뽑는 사혈 등의 통증으로 잠시 삶의 고통을 잊는다. (중략) 전문가들은 "청소년의 자해 행위를 그저 관심받고 싶은 아이의 일탈 행동으로 오해한다"며 "관심받고 싶어서 자해하는 경우는 전체의 4%에 불과하다. 대부분은 죽고 싶어서가 아니라 살고 싶어서 자해를 한다"고 설명한다.

그렇다면 중독은 어떻게 극복해야 할까? 저자들은 '관계 재설정'을 해결책으로 제시한다. 관계 재설정의 대상에는 결핍을 초래한 대상과의 관계뿐만 아니라 결핍을 채우기 위한 중독과의 관계를 포괄한다. 인간관계에서 기인한 결핍을 물질 중독으로 해소해왔다면, 인간관계 회복에 중점을 두고 중독 대상과의 거리를 단계적으로 줄여나가야 한다는 말이다. 저자는 "아이들이 빠진 중독 대상을 단순한 물질이나 행동이라고 여기면 안 된다. 대부분 그 대상과 애착 관계를 형성하고 있기 때문에 강제로 떼어놓으려 하면 반발하게 마련"이라며 "제일 먼저 해야 할 것은 중독된 대상과 만나는 시간을 조금씩 줄여주는 것. 환경을 바꿔주는 게 중요하다"고 말한다. (중략)

출처: 독서신문(2021.03.18)에서 부분 발췌.

함께 나누기

1. 다음 문항에 제시한 다양한 가족에 대해 여러분은 얼마나 수용하십니까? 수용하는 이유와 수용할 수 없는 이유를 이야기 나누어 봅시다.

문 항	
1.	외국인과 혼인하는 것
2.	미성년이 자녀를 낳아 기르는 것

3.	이혼이나 재혼하는 것
4.	성인이 결혼하지 않고 혼자 사는 것
5.	남녀가 결혼하지 않고 동거하는 것
6.	결혼하고 자녀를 가지지 않는 것
7.	결혼하지 않고 자녀를 낳는 것

출처: 여성가족부(2019).

2. 이혼 후 미성년자녀의 양육비를 지급하지 않는 부·모의 신상을 인터넷에 공개하는 것에 대해 여러분은 어떻게 생각하십니까?

3. 다음 중 옳다고 생각되는 항목에 표시하고, 그렇게 생각하는 이유에 대해 나누어 봅시다.

	문 항	수용 여부	
1.	배우자 간의 폭력은 부부싸움이다.	○	X
2.	배우자 간의 폭력은 낮은 사회계층에서 많이 발생한다.	○	X
3.	배우자 간의 폭력은 부부 사이에서 있을 수 있는 일이다.	○	X
4.	폭력행위자들이 알코올중독자나 의처증 환자다.	○	X
5.	한 배우자의 스트레스가 누적되어 다른 배우자에게 폭력이 발생한다.	○	X
6.	배우자가 잘 해주면 배우자 간의 폭력은 없어진다.	○	X
7.	자녀에게 부모가 필요하기 때문에 자녀를 생각해서 배우자에게 구타당해도 참고 살 수밖에 없다.	○	X
8.	가정폭력은 가족의 사생활에 속한다.		
9.	구타당하는 배우자는 문제가 있다.		
10.	구타하는 배우자는 사회생활에서도 난폭하다.		

※ 1. 폭력은 범죄행위
2. 사회계층에 상관없이 발생
3. 가부장적 의식과 여성 차별의식의 발로
4. 모든 폭력행위가 그런 것이 아님
5. 스트레스가 폭력을 야기하는 것은 아님
6. 시간이 지나도 폭력행위는 근절이 어려움
7. 구타하는 부모와 있기보다 구타하는 부모가 없는 평화로운 가정이 나음
8. 가정폭력은 범죄이므로 가해자는 처벌대상임
9. 반복적인 구타로 인해 무기력과 우울감이 나타남
10. 구타하는 배우자가 직장에 잘 적응하는 경우가 많음

출처: 최규련(2018).

관련 동영상

1. EBS 〈평등채널e – 민감한 목격자〉
https://www.youtube.com/watch?v=VNsvlVTJVtc (5분 2초)
2. EBS 〈평등채널e 2부(부부폭력편) – 누구나 알지만 누구도 모르는〉
https://www.youtube.com/watch?v=JkWdUPMjUUU (4분 30초)
3. EBS 〈지식채널e – 하고 싶은 말〉
https://www.youtube.com/watch?v=zoPuPKNqLVY (5분 19초)
4. 〈미혼한부모가족 인식개선 공모전 – 대상 수상작〉 I'm ok
https://www.youtube.com/watch?v=sFrgg-hD1Pg (1분 5초)

참고문헌

곽호완 (2017). **사이버 심리와 인터넷 · 스마트폰 중독**. 시그마프레스.

김나미, 조현섭, 박경은 (2019). 국외 중독회복 패러다임의 변화와 발전과정. **상담학연구, 20**(4), 133-153.

김은지, 최인희, 송효진, 배호중, 최진희, 배주현, 성경 (2018). 2018년 한부모가족 실태조사. 여성가족부. 한국여성정책연구원.

김영화, 이진숙, 이옥희 (2006). **성인지적 가족복지론**. 양서원.

김정혜, 주재선, 정수연, 동제연, 김홍미리, 심선희, 최현정, 허민숙 (2020). 2019년 가정폭력실태조사 연구. 한국여성정책연구원.

김종엽 (2015). 중독에 대한 진단의학이성 비판과 인간학적 이해. 고려대학교 철학연구소.

박복순, 전혜상, 정수연, 고현승 (2019). 여성폭력 검찰 통계분석(Ⅰ): 가정폭력범죄를 중심으로. 한국여성정책연구원.

보건복지부 (2020). 2019 국민기초생활보장 수급자 현황.

여성가족부 (2018). 제3차 다문화가족정책 기본계획(안).

여성가족부 (2019). 가족 다양성에 대한 국민 여론조사 결과.

여성가족부 (2019). 2018년 전국다문화가족실태조사 연구.

여성가족부 · 복권위원회 (2021). 2021년 한부모 · 조손가족 복지서비스.

이수정 (2020). 2019 아동학대 예방포럼 자료집. 보건복지부, 아동권리보장원.

이여봉 (2020). **가족 안의 사회, 사회 안의 가족**. 양서원.

장혜정, 공미혜, 전영주, 정현숙 (2009). **가족과 젠더**. 신정.

조현섭 (2019). 청소년 중독문제 예방과 개입을 위한 카운슬러의 역할. 한국카운슬러협회. **상담과지도, 54**, 1-50.

최규련 (2015). **부부문제와 부부상담**. 신정.

최규련 (2018). **가족관계론**. 공동체.

Lynn L. Long, & Mark E. Young (2007). **부부상담과 치료**. 이정연 역(2012). 센게이지러닝코리아(주).

통계청 (2020a). 2019 혼인 · 이혼 통계.

통계청 (2020b). 2019년 다문화 인구동태 통계.

통계청 (2020c). 2019년 인구주택총조사 결과.

통계청 (2020d). 2020 통계로 보는 여성의 삶.

통계청 (2021). 국민의 삶의 질 2020.

뉴시스 (2021.03.14). 장수 국가의 역설…76세 이상 '절반'이 상대적 빈곤. https://newsis.com/view/?id=NISX20210313_0001369449&cID=10401&pID=10400

독서신문 (2021.03.18). 중독에 빠진 아이. 살릴 길은 관계 재설정. http://www.readersnews.com/news/articleView.html?idxno=102564

한국일보 (2021.03.18). 스물두 살 미혼모, '희망이' 엄마에게 집을 준다면. https://www.hankookilbo.com/News/Read/A2021031713130000145?did=NA

PART 05

가족의 적응과 도전

Contents

CHAPTER

14 가족법 따라잡기

주국희 집필

일반적으로 민법의 친족편과 상속편을 가족법이라고 통칭한다. 그러나 민법 이외에도 사회경제적인 변화에 따라 가족을 지원하기 위한 법률과 가정폭력이나 아동학대와 같은 위기가족 지원을 위한 법률이 제·개정되고 있다. 본장에서는 민법의 친족편과 상속편, 건강가정기본법, 다문화가족지원법, 한부모가족지원법, 북한이탈주민의 보호와 정착지원 등 가족지원을 위한 법률과 가정폭력과 아동학대 피해가족 지원을 위한 법률 등을 함께 살펴보고자 한다.

1. 가족과 법

일반적으로 가족법이라고 통칭하는 민법 친족편에서는 부모와 자녀의 관계, 남녀의 결혼과 이혼 등 가족관계를 규정하고 있고 상속편에서는 가족관계에서의 물적소유에 대한 내용을 규정하고 있다. 친족편은 친족과 가족의 범위, 혼인과 이혼, 부모와 자녀에 대한 인지, 권리와 의무에 대한 내용을 담고 있다.

1) 친족관계

(1) 친족

친족이란 혈연과 혼인을 통하여 만들어진 신분관계이다(이기숙 외, 2009). 친족은 본인을 기준으로 일정한 혈연관계(부모나 형제자매)가 있거나 혼인관계(배우자, 시부모, 처제) 또는 양자관계(양부모)가 있는 자를 말한다(박효근, 2020). 민법에서는 친족의 범위를 8촌 이내의 혈족과 4촌 이내의 인척, 배우자로 규정하고 있다.

혈족은 혈연관계(자연혈족)가 있거나 양자관계(법정혈족)가 있는 자를 말하며, 인척은 혼인관계에 의해 성립하는 친척을 말한다(최문기, 2019). 즉, 혈족의 배우자, 배우자의 혈족, 배우자의 혈족의 배우자가 인척의 범위에 포함된다.

혼인 외의 출생자와 모의 혈족관계는 출생에 의해 발생하지만, 부의 혈족관계는 부의 인지를 통해서만 발생한다. 입양을 통해 성립된 친족관계도 자연혈족과 동일한 효력을 가진다. 홍길동과 같은 적모 · 서자관계나 팥쥐엄마와 콩쥐와 같은 계모 · 자관계는 1990년대 민법 개정에 따라 혈족관계에서 인척관계로 변경되었다. 즉, 계모는 법적인 의미에서 어머니가 아니므로 친권을 행사할 수 없고, 상속을 받을 수도 없다. 재혼가정이 증가하고 있는 시점에 이에 대한 재검토가 필요하다.

➔ 친족관계

아래 문항 중 친족에 해당하는 곳에 체크해 봅시다.

	문항	체크
1.	남편	
2.	아내의 할아버지	
3.	남편의 동생	
4.	함께 살고 있는 아내의 여동생	
5.	남편의 5촌 당숙	

6.	재혼한 남편의 전처가 낳은 딸	
7.	삼촌의 아들	
8.	아내의 남동생의 처	

정답: 1, 2, 3, 4, 6, 7, 8

해설: 친족은 8촌 이내 혈족, 4촌 이내 인척, 배우자이다. 1번 남편은 배우자로 친족에 해당한다. 2번 아내의 할아버지는 배우자의 혈족(2촌)으로 4촌 이내 인척에 해당하므로 친족이다. 3번, 4번 모두 배우자의 혈족(2촌)으로 친족이다. 5번 남편의 5촌 당숙은 4촌 이내의 인척이 아니므로 친족이 아니다. 6번 배우자의 자녀는 전 남편의 혈족으로 인척관계로 친족관계에 해당된다. 7번 3촌의 아들은 4촌으로 친족이다. 8번 배우자의 혈족의 배우자로 4촌 이내 인척으로 친족이다.

(2) 가족

가족에 대한 정의는 각 법령에서 다양하게 하고 있으나, 친족관계보다 좁게 설정하고 있다. 민법에서는 배우자, 직계혈족 및 형제자매를 가족의 범위에 포함시키고 있다. 직계혈족의 배우자, 배우자의 직계혈족 및 배우자의 형제자매는 생계를 같이 하는 경우에 가족으로 인정한다.

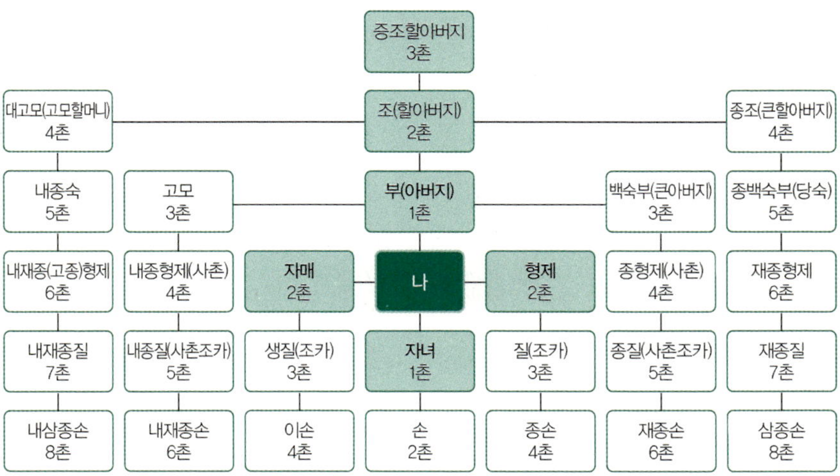

〈그림 14-1〉 친가관계도

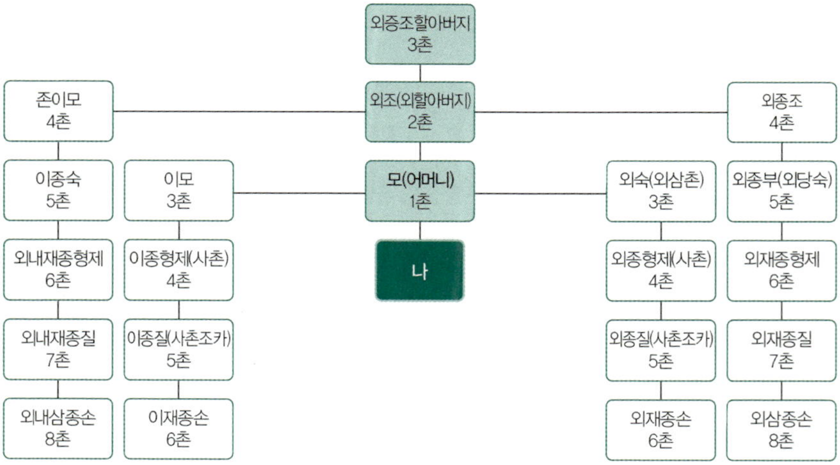

〈그림 14-2〉 외가관계도

(3) 혼인

① 혼인의 성립요건

민법에서 혼인이 성립하는 요건으로는 혼인의 연령, 혼인당사자의 혼인의사 합치, 혼인금지요건이 아니어야 하며, 혼인신고라는 형식적인 요건을 갖추어야 한다.

가. 혼인의 연령

혼인당사자의 의사만으로 혼인이 가능한 연령은 만 18세 이상이다. 만 18세 미만일 경우 부모의 동의를 구해야 한다. 부모가 동의권을 행사할 수 없을 때는 부모 한쪽의 동의권을 받아야 하고, 모두 동의권을 행사할 수 없을 때는 미성년후견인의 동의를 받아야 한다.

나. 혼인당사자의 의견 합치

혼인에서 가장 중요한 것은 혼인당사자의 혼인에 대한 의견 합치이다. 당사자 간의 합의가 없는 경우 혼인은 무효사유에 해당한다. 혼인무효가 성립하면 혼인은 처음부터 아무런 효과를 발생시키지 못하므로 부부로서의 권리와 상속은 무효가 된다. 귀책사유가 있는 자는 손해배상책임을 지게 되고 혼인 기간 중 출생한 자녀라도 혼인 외의 출생자가 된다(최문기, 2019).

➔ 혼인의 무효사유

1. 당사자 간에 혼인의 합의가 없는 때
2. 당사자 간에 8촌 이내의 혈족인 경우(친양자의 입양 전의 혈족 포함)
3. 당사자 간에 직계인척관계(直系姻戚關係)가 있거나 있었던 때
4. 당사자 간에 양부모계의 직계혈족관계가 있었던 때

출처: 민법 제809조, 제815조.

다. 혼인의 금지

민법에서는 중혼과 근친혼을 금지하고 있다. 민법은 일부일처제를 기본이념으로 하고 있고, 혼인신고를 통해 혼인이 성립되므로 중혼이 될 수 없다. 근친혼은 우생학적 이유와 사회윤리적인 측면 등을 고려하여 금지하고 있다.

라. 혼인신고

우리나라는 법률혼주의를 채택하고 있어 혼인신고가 접수되면 혼인의 효과가 발생한다. 혼인신고는 거주지와 상관없이 시청, 구청, 읍·면사무소에서 가능하고, 혼인당사자와 증인(2인)이 연서한 서면으로 한다. 혼인신고 기간의 제한은 없다. 다만 외국에 있는 우리나라 국민 사이의 혼인은 그 외국에 주재하는 대사, 공사 또는 영사에게 신고할 수 있다.

② 혼인의 의무

가. 동거의 의무

부부는 주거를 함께 해야 하는데, 이것이 동거의 의무이다. 해외근무, 자녀 교육 등 정당한 사유가 있는 경우는 동거의 의무가 없다.

나. 부양의 의무

부양은 부부로서의 공동생활에 필요한 것을 서로 공유하는 것을 의미한다. 생활비는 부양과 밀접한 관련이 있는데, 부부 간에 특별한 약정이 없으면 부부 공동으로 부담한다고 규정하고 있다.

다. 협조의 의무

부부는 서로에게 협조의 의무가 있는데, 부부가 공동생활을 영위하는 데 있어 서로 협조할 의무를 말한다. 이것은 부부가 서로의 성향이나 선호도, 시간 등을 고려하여 의견들을 조율하기 때문에 개별가정마다 다를 수밖에 없다. 그렇기에 국가가 이를 강제이행하게 하는 것은 불가능하다. 양성평등적인 관점에서 가사와 양육의 분업이 될 수 있도록 부부가 노력해야 할 것이다.

라. 정조의 의무

부부는 서로에게 정조의 의무가 있다. 이를 위반할 경우 이혼의 귀책사유가 되고 손해배상의 책임도 지게 된다.

③ 재산적 효과

부부의 재산이 누구에게 속한 것인지 분명하지 않은 경우 부부의 공유재산으로 추정하며, 부부의 일방이 혼인 전부터 가진 고유재산과 혼인 중 자기의 명의로 취득한 재산은 그 특유재산으로 인정한다.

(4) 사실혼

사실혼은 혼인의 의사를 가지고 실질적으로 혼인생활을 하고 있으나 혼인신고를 하지 않아 법률상 혼인으로 인정되지 않는 부부관계를 말한다(류정, 2008). 혼인의 의사가 있고 서로를 부부로 인식하고 있다는 점에서 동거와는 차별화되는 개념이다. 부부의 결혼생활의 실체는 존재하지만 법적 효력이 없는 관계이다.

① 사실혼의 효과

혼인의 효과 중 실질적으로 부부생활이 이루어지고 있는 상태를 기반으로 한 동거, 협조, 부양, 정조의 의무가 있다. 혼인관계와 마찬가지로 일상가사대리권[9]과 일상가사[10]로 인한 채무의 연대책임, 부부간의 특유재산은 인정된다(2020, 박효근). 그러나 혼인신고로 발생하게 되는 혼인의 효과는 발생하지 않는다. 사실혼 관계에서는 친족관계가 성립되지 않으며, 사실혼 관계에서 자녀가 출생하게 되더라도 혼인 외의 출생자가 된다. 사실혼 관계에서의 출생자는 모가(家)에 등록되지만 부가 인지하면 부가(家)에 등록한다. 사실혼 관계의 커플이 결혼을 하게 되면 혼인 중 출생자가 될 수 있다(2019, 최문기).

② 사실혼 관계의 해소

사실혼 관계에서는 일방 혹은 쌍방이 관계를 해소할 수 있다. 이때 별도의 절차는 필요하지 않으나 정당한 사유가 없는 경우 관계 해소에 책임이 있는 자는 상대방에게 손해배상의 책임을 지고 정신적 고통에 따른 위자료를 지급할 의무가 있다.

---

9) 민법 제827조(부부간의 가사대리권) 부부는 일상의 가사에 관하여 서로 대리권이 있다.

10) 일상가사란 부부가 일상의 공동생활을 형성·유지하는 데 필요한 통상의 사무를 말한다. 공동생활에 필요한 식료품 및 의복 구입, 가옥의 임차비용, 전기료, 수도료, 전화요금, 의료비, 자녀의 양육과 교육에 필요한 비용지급 등이 이에 해당한다(2014, 한기찬).

(5) 이혼

혼인은 혼인신고라는 법률적 행위를 통해 생성된 관계이므로 혼인관계를 종료하고자 할 때도 이혼절차를 거치게 된다. 이혼의 방식에 따라 협의이혼과 재판이혼으로 구분한다. 협의이혼은 부부 쌍방의 협의에 의해, 재판이혼은 부부 중 일방의 이혼청구가 있을 때 법원의 재판을 거쳐서 하는 이혼을 말한다.

① 협의이혼

협의이혼은 부부 간 쌍방의 협의로 이루어지기 때문에 재판이혼에 비해 절차가 간소하고 시간이 단축된다는 장점이 있다. 1990년대 후반 아시아 경제위기(IMF 사태) 이후에 이혼율이 급증하였는데, 이를 사회적 문제로 보는 경향이 강해졌고, 간편한 절차로 자녀의 양육 및 면접교섭권 등 미성년 자녀에 대한 중요한 문제가 충분히 논의되지 못하고 있다는 점이 지적되었다. 이러한 문제를 해결하기 위해 2007년 12월 민법 개정으로 이혼숙려제도가 도입되었다.

이혼숙려제도는 3개월의 숙려기간을 두고 있는데 이 시기에 이혼절차 안내와 이혼 후 자녀양육에 대한 상담을 진행하고 있다. 미성년 자녀가 있는 경우에 3개월, 미성년 자녀가 없는 경우에는 1개월의 숙려기간을 둔다. 다만, 가정폭력 등 이혼이 긴급한 경우, 가정법원은 숙려기간을 단축시키거나 면제시킬 수 있다.

숙려기간 동안 가정법원에서는 이혼에 대한 안내와 함께 친권 및 양육권, 면접교섭권 등 자녀양육에 대한 협의를 권고한다. 협의가 완료되면 가정법원에서 교부받은 확인서 등본은 3개월 이내에 일방이나 쌍방이 관할주소지 또는 등록기준(본적)지에 신고해야 한다. 3개월의 기간이 경과한 경우, 효력은 상실된다.

② 재판이혼

재판이혼은 부부가 이혼에 대한 합의가 이루어지지 않았을 때 재판을 거쳐 판결한다. 우리나라는 결혼생활 파탄의 원인이 있는 유책배우자의 상대 배우자의 청구에 의해서만 이혼이 성립되는 유책주의를 채택하고 있다. 유책주의는 이혼의 원인이 누구에게 있는지가 중요한 쟁점이 된다. 그러나 근래에는 유책주의를 완화하는 경향을 보이고 있다. 혼인 파탄의 책임을 한 사람으로 특정할 수 없거나, 배우자 일방이 혼인관계가 계속되기를 바라고 있지만 혼인관계의 유지가 다른 일방에게 참을 수 없는 고통을 안겨줄 때를 비롯하여 유책배우자의 이혼청구도 허용하고 있는 추세이다.

우리나라와는 달리 실질적인 결혼생활의 파탄 여부에 따라 이혼을 결정하는 파탄주의를 채택하는 나라도 있다. 일본을 포함하여 많은 나라들이 유책주의에서 파탄주의로 이혼의 원인보다 실질적으로 결혼생활의 파탄 여부를 이혼의 중요한 기준으로 삼고 있는 추세이다.

→ 재판상 이혼 원인

1. 배우자에 부정한 행위가 있었을 때
2. 배우자가 악의로 다른 일방을 유기한 때
3. 배우자 또는 그 직계존속으로부터 심히 부당한 대우를 받았을 때
4. 자기의 직계존속이 배우자로부터 심히 부당한 대우를 받았을 때
5. 배우자의 생사가 3년 이상 분명하지 아니한 때
6. 기타 혼인을 계속하기 어려운 중대한 사유가 있을 때

출처: 민법 제840조.

③ 이혼의 효과

이혼을 하게 되면 혼인에 의하여 생성되었던 권리와 의무가 사라진다. 부부의 동거 · 부양 · 정조 · 협조의무가 사라지고 배우자의 혈족 사이에 생긴 인척

관계는 이혼과 동시에 소멸된다. 호주제 폐지 이후 가족관계증명서상에는 현재 배우자가 없는 것으로 표시될 뿐, 이혼 사실은 나타나지 않는다.

가. 친권 · 양육권

친권은 부모가 다른 사람의 방해나 간섭을 받지 않고 미성년 자녀를 보호하고 교양할 권리이자 의무를 말한다. 이혼 시 부모의 협의로 친권자를 정하고, 협의가 이루어지지 않을 경우에 가정법원이 직권으로 지정하거나 당사자의 청구에 따라 지정한다.

양육비는 미성년 자녀를 양육하는 데 필요한 비용이다. 자녀에 대한 비양육자의 경제적인 지원이다. 이혼 당사자의 협의에 따라 일시급 또는 정기적으로 지급할 수 있다. 양육비에 관한 판결이나 심판을 받았거나, 양육비지급조서가 있음에도 불구하고 양육비를 지급받지 못한 경우, 양육자는 상대방에게 양육비 지급을 청구할 수 있다.

〈표 14-1〉 양육비 산정기준표(2017년 기준)

부모합산 소득(세전) / 자녀 만 나이	0~199 만 원	200~299 만 원	300~399 만 원	400~499 만 원	500~599 만 원	600~699 만 원	700~799 만 원	800~899 만 원	900만 원 이상
	평균양육비 (원) 양육비구간	**평균양육비 (원)** 양육비구간	**평균양육비 (원)** 양육비구간	**평균양육비 (원)** 양육비구간	**평균양육비 (원)** 양육비구간	**평균양육비 (원)** 양육비구간	**평균양육비 (원)** 양육비구간	**평균양육비 (원)** 양육비구간	**평균양육비 (원)** 양육비구간
0~2세	532,000 219,000~592,000	653,000 593,000~735,000	818,000 736,000~883,000	948,000 884,000~1,026,000	1,105,000 1,027,000~1,199,000	1,294,000 1,120,000~1,341,000	1,388,000 1,342,000~1,487,000	1,587,000 1,488,000~1,670,000	1,753,000 1,671,000 이상
3~5세	546,000 223,000~639,000	732,000 640,000~814,000	896,000 815,000~974,000	1,053,000 975,000~1,121,000	1,189,000 1,122,000~1,284,000	1,379,000 1,285,000~1,477,000	1,576,000 1,478,000~1,654,000	1,732,000 1,655,000~1,828,000	1,924,000 1,829,000 이상
6~11세	623,000 244,000~699,000	776,000 700,000~864,000	952,000 865,000~1,044,000	1,136,000 1,045,000~1,219,000	1,302,000 1,220,000~1,408,000	1,514,000 1,409,000~1,559,000	1,605,000 1,560,000~1,717,000	1,830,000 1,718,000~1,997,000	2,164,000 1,998,000 이상
12~14세	629,000 246,000~701,000	774,000 702,000~884,000	995,000 885,000~1,107,000	1,220,000 1,108,000~1,303,000	1,386,000 1,304,000~1,484,000	1,582,000 1,485,000~1,650,000	1,718,000 1,651,000~1,797,000	1,876,000 1,798,000~2,143,000	2,411,000 2,144,000 이상

15~18세	678,000 260,000~ 813,000	948,000 814,000~ 1,076,000	1,205,000 1,077,000~ 1,290,000	1,376,000 1,291,000~ 1,493,000	1,610,000 1,494,000~ 1,715,000	1,821,000 1,716,000~ 1,895,000	1,970,000 1,896,000~ 2,047,000	2,124,000 2,048,000~ 2,394,000	2,664,000 2,395,000 이상

□ 양육비 산정의 기본원칙

- 자녀에게는 이혼 전과 동일한 양육환경을 유지하여 주는 것이 바람직함
- 현재 소득이 없는 부모라도 최소한의 자녀양육비에 대하여 책임을 분담함

□ 산정기준표 설명

- 표준양육비는 양육 자녀가 2명인 4인 가구 기준이며, 자녀 1인당 평균양육비임
- 부모합산소득은 세전소득으로 근로소득, 영업소득, 부동산 임대소득, 이자소득, 정부보조금, 연금 등을 모두 합한 순수입의 총액임
- 표준양육비에 가산, 감산 요소 등을 감안하여 양육비 총액을 확정함
  : 자녀의 거주지역(도시지역 가산, 농촌 등 감산), 자녀수(자녀 1인인 경우 가산, 3인 이상인 경우 감산), 고액 치료비, 부모가 합의한 고액의 교육비, 부모의 재산상황(가산 또는 감산), 비양육자의 개인회생(회생절차 진행 중 감산, 종료 후 가산 고려)

출처: 서울가정법원 홈페이지.

나. 면접교섭권

면접교섭권은 자녀를 양육하지 않는 부모와 자녀가 직접 만나거나 전화·편지 등을 통해 교섭할 수 있는 권리를 말한다. 면접교섭은 이혼 후에도 자녀에게 부모의 사랑을 표현하는 정서적인 지원이다. 그러나 자녀학대와 같이 자녀의 복리에 위배될 때 가정법원은 면접교섭을 제한하거나 배제할 수 있다.

다. 재산분할청구권

재산분할청구권은 혼인 중에 쌍방이 형성한 재산인 경우에는 혼인 파탄의 책임이 있는 배우자라도 재산분할을 청구할 수 있다. 다만, 혼인 전부터 가진 재산과 부모로부터 상속 및 증여받은 재산, 혼인 중이라도 본인의 명의로 취득한 재산은 재산분할에서 제외된다. 그러나 혼인기간 동안 특유재산의 유지 및 증식에 기여하였다면 기여도를 인정받을 수 있다.

(6) 부모와 자녀

민법상 부모자녀관계는 자연혈족관계인 친생자와 법적혈족관계인 양자가 있다. 친생자는 혼인 중 출생자와 혼인 외 출생자로 나눌 수 있다.

① 친생자

가. 혼인 중의 출생자

혼인관계에 있는 부모 사이에서 출생한 자를 말한다. 우리나라는 혼인을 중요하게 여기고, 부모자녀관계에 관해서도 혼인 중에 태어난 아이를 더욱 두텁게 보호하여 혼인 외의 출생자와 차별하고 있다(이기숙 외, 2001). 따라서 태어난 아이가 부부 사이의 자녀라는 지위를 취득하기 위한 요건을 정하고 있다. 혼인이 성립한 날로부터 200일 후 또는 혼인관계 종료의 일로부터 300일 이내에 출생한 자녀를 혼인한 부부 사이에서 출생한 친생자로 추정한다(민법 제844조). 그러나 과거에 비해 이혼숙려기간 등으로 이혼시까지의 시간이 크게 늘어나 전남편이 아닌 생부의 자녀를 출산할 확률이 높고, 의학기술의 발달로 부자관계를 유전자검사를 통해 확인할 수 있게 되었다. 따라서 혼인관계 300일 이내에 출생한 자녀에 대해서는 어머니 또는 어머니의 전 남편이 가정법원에 친생부인의 소를 청구할 수 있도록 하고, 생부는 인지 허가 청구를 할 수 있도록 예외조항을 두고 있다.

나. 혼인 외의 출생자

법률상 혼인관계가 없는 남녀 사이에서의 출생자를 말한다. 혼인 외의 출생자(혼외자)와 어머니 사이의 모자관계는 성립하지만 부자관계는 아버지가 자녀라고 인정하는 의사표시인 인지(認知)에 의해서만 부모자녀관계가 발생한다. 아버지의 인지를 받은 혼외자는 부모 모두에 대하여 친자 · 부양 · 상속관계, 혈족관계가 발생한다. 아버지의 인지를 받지 못한 혼외자는 어머니와의 친자관계만 발생하고, 어머니의 성과 본을 따르게 된다. 부양·상속관계, 혈족관계 역시 어머니와의 관계에서만 성립된다.

② 일반양자

부모자녀관계는 부모의 출산으로 인한 혈연에 의해 친생자관계가 발생한다. 그러나 입양이라는 법률상 절차를 통해 자연혈연적인 부모자녀관계가 없는 사람들의 친자관계를 인정하고 있다. 일반양자는 입양 후에도 친부모와의 관계는 여전히 유지되기 때문에 양부모와 친부모 양가로부터 상속이 가능하다. 즉, 친생자와 비교하여 차별받지 아니하나 파양에 의해 관계가 해소될 수 있다.

2012년 미성년자인 양자의 복리를 좀 더 충실하게 실현할 수 있도록 민법이 개정되었다. 개정 민법에서는 입양 시 가정법원의 허가를 받도록 하고, 일정한 사유가 있는 경우에는 법적대리인이나 부모의 동의 없이 가정법원 허가에 의해 가능하게 하였다. 양자의 연령은 13세로 하향조정하였다. 파양의 경우에는 재판을 통해서만 관계를 종료할 수 있도록 하여 미성년자녀의 복리가 실현될 수 있도록 하였다. 따라서 입양이 성립되기 위해서는 입양부모는 성년자이어야 하며, 입양 당사자 사이의 합의가 있어야 하고, 양자가 될 자는 부모의 동의를 받아야 하며, 가정법원의 허가가 있어야 한다. 마지막으로 배우자가 있는 경우에는 배우자와 공동으로 입양하여야 하며 배우자의 동의를 받아야 한다.

③ 친양자

친양자 제도는 입양아동이 친생자와 동일하게 법적으로나 실질적으로 가족의 구성원이 될 수 있도록 하는 제도이다. 일반 양자와 달리 친생자와 동일한 지위를 가진다. 입양이 확정되면 부부의 혼인 중 출생자로 보고 양부모의 성과 본을 따르게 된다. 가족관계등록부에도 양부모의 친생자로 기재된다. 일반 양자와 달리 입양 전 친부모와의 관계는 소멸되므로 입양 후 친부모의 상속은 받을 수 없으며 친족관계도 모두 종료된다.

친양자 입양은 입양아동에 대한 보호와 양부모의 실질적 의사에 부합하는 입양제도를 만들기 위해 2008년부터 시행되고 있다. 친양자 입양요건은 첫째, 혼인한 지 3년 이상이어야 하며, 부부가 공동으로 입양하여야 한다. 재혼가정인 경우에는 혼인기간이 1년 이상이면 신청이 가능하다. 둘째, 친양자가 될 사람은 미성년자이어야 하고, 친생부모의 동의가 있어야 한다. 만약 친생부모의 소재를 파악할 수 없거나 친권이 상실된 경우라면 동의가 필요하지 않을 수 있다. 마지막으로 친양자가 될 아동이 13세 이상인 경우에는 법정대리인의 동의와 본인의 승낙이 있어야 한다. 13세 미만인 경우에는 법정대리인이 아동을 대신하여 승낙할 수 있다.

2) 상속제도

상속법은 가족을 기반으로 한 재산법이다(한봉희, 2007). 상속인, 상속의 효력, 상속의 승인 및 포기, 재산의 분리 및 상속인의 부존재 등을 규정한다.

(1) 상속

상속이란 피상속인의 사망에 의하여 피상속인에게 속하였던 재산상의 권리의무(또는 재산상의 지위)를 상속인이 포괄적으로 승계하는 것을 말한다. 상속은 피상속인의 사후의 재산에 대한 귀속의 문제이기 때문에 채무도 승계된다.

① 상속인

민법은 피상속인과 상속인 간의 존수 및 상속분쟁을 사전에 방지하기 위하여 상속순위를 정하고 있다. 혈연상속인의 순위는 8촌에서 4촌으로 상속인의 범위가 점차 축소되고 있다. 상속은 법률혼주의에 입각하고 있어 사실혼배우자는 상속인에 포함되지 않는다.

➔ 상속의 순위

1. 피상속인의 직계비속과 배우자
2. 피상속인의 직계존속과 배우자(※ 직계비속이 없는 경우, 직계존속과 공동상속)
3. 피상속인의 형제자매
4. 피상속인의 4촌 이내의 방계혈족

출처: 민법 제1000조, 제1003조.

② 상속분

상속분이란 상속재산 전체에 대하여 공동상속인이 각각 배당받은 몫의 비율을 말한다. 피상속인의 의사에 의하여 정해지는 지정상속분과 법률에 의해 정해지는 법정상속분 두 가지가 있다.

가. 지정상속분

피상속인의 지정에 의하여 공동상속인의 상속분을 지정하는 것을 말한다(최문기, 2019). 상속인에 대한 비율을 조정할 수도 있지만, 법정상속인이 아닌 개인, 공공단체도 가능하다. 상속분의 지정은 유언으로만 가능하며 지정상속분은 법정상속분에 우선한다. 그러나 유류분 제도의 신설로 유류분에 반하는 지정을 하였을 경우에는 유류분 반환을 청구할 수 있다.

나. 법정상속분

피상속인이 상속분을 지정하지 않았을 때 상속인들은 민법 규정에 의해 정해진 상속분을 받게 된다. 법정상속분에 의하여 자녀들은 모두 같은 비율의 재산을 상속받게 된다. 다만 배우자는 다른 상속인들보다 5할을 더 상속받게 된다.

이 외에도 피상속인과 상당한 기간 동안 동거하거나 간호하는 등 그 밖의 방법으로 부양하거나, 피상속인의 재산의 유지 또는 증가에 특별히 기여한 자에게는 상속분에 기여분을 가산하는 제도를 두고 있다. 부모 생전에 재산을 증여받은 특별수익자가 있는 경우에는 증여재산을 상속재산에 포함하여 상속분을 계산한다. 즉, 부족분에 대해서만 상속받게 된다. 민법에서는 기여분제도와 특별수익자 상속분제도를 두어 상속에서의 실질적인 공평을 꾀하고 있다.

③ 상속의 승인과 포기

상속의 승인이란 피상속인에 속해 있던 모든 재산상의 권리·의무가 상속인에게 귀속되는 효과를 거부하지 않고 승인한다는 의사표시이다. 권리·의무를 전면적으로 승인한다면 단순승인이고, 제한적으로 승인한다면 한정승인이 된다.

상속의 포기란 상속재산의 승계를 전면적으로 거부하여 상속을 처음부터 하지 않았던 것으로 하는 방법이다(한봉희, 2007). 한정승인이나 상속포기는 상속개시 3개월 이내에 하여야 한다. 만약 이 기간 내에 상속인이 한정승인이나 상속포기 의사를 표현하지 않으면 단순승인한 것으로 본다. 그러나 상속채무가 재산을 초과했다는 사실을 알지 못하고 단순승인한 경우라면 그 사실을 안 날로부터 3개월 이내에 한정승인을 할 수 있다.

➔ 채무로 인한 상속포기·한정승인 시 차이점 고려해 선택해야

상속은 피상속인 사망과 동시에 상속인에게 피상속인의 재산 및 재산에 관한 권리와 의무가 승계되는 것을 뜻하는데, 현금뿐 아니라 주식이나 부동산, 채무 등도 상속 재산에 포함된다. 이때 상속인은 피상속인의 사망과 동시에 발생하는 상속에 대하여 경우에 따라 상속포기를 하거나 한정승인을 진행할 수 있는데, 보통 재산보다 채무가 많은 경우 상속포기나 한정승인을 고려하게 된다. (중략)

이때 상속재산 자체는 사라지는 것이 아니기 때문에 만약 채무가 있는 경우 다음 순위 상속인에게 채무가 넘어가게 되며, 이로 인해 후순위 상속인이 갑작스럽게 채무를 떠안게 되는 문제가 발생하기도 한다. 따라서 과도한 채무로 인한 상속포기 진행 시에는 후순위 상속인까지 모두 상속포기를 해야 한다는 점을 유념해야 한다.

반면 한정승인은 상속재산 한도 안에서 채무와 유증을 변제하는 조건으로 재산을 상속하는 제도로, 피상속인의 채무는 상속재산으로만 청산하게 된다. 청산 결과 상속재산이 부족해도 상속인은 더 이상 피상속인의 채무를 변제할 의무가 없고, 상속 재산이 남으면 상속인에게 귀속된다.
때문에 상속되는 재산과 채무를 비교했을 때 어느 쪽이 더 많은지 명확하게 파악하기 어려운 경우에는 상속포기보다 한정승인이 더 유리할 수 있다. 만약 상속 후 채무가 있었던 사실을 모르고 있다가 독촉을 받게 될 수도 있는데, 이 경우에는 특별한정승인을 통해 채무를 면제받을 수 있다. (중략)

출처: 내외경제TV(2021.03.16)에서 부분 발췌.

(2) 유언

민법에서는 유언의 방식, 효력, 집행, 철회 등을 규정하고 있다. 유언은 법률에서 정한 방식으로 작성되어야만 효력이 발생한다. 유언의 방식은 자필증서, 녹음, 공정증서, 비밀증서와 구수증서만 인정된다. 미성년자, 피성년후견인, 피한정후견인이나 유언으로 이익을 받을 사람 또는 배우자와 직계혈족은 유언의 증인이 될 수 없다. 유언의 효력은 유언자가 사망한 때부터 효력이 발생한다.

(3) 유류분

유류분(遺留分)은 일정한 범위의 상속인에게 반드시 남겨 두어야 할 상속재산이다(이기숙 외, 2001). 이는 상속재산에 대한 유족의 공헌을 인정하고 유족의 생활을 고려한 것이다. 유류분을 주장할 수 있는 상속인은 자녀, 배우자, 부모, 형제자매이다. 민법은 피상속인의 상속 개시 시에 있어서 가진 재산의 가액에 증여재산의 가액을 가산하고 여기에서 채무의 전액을 공제한 것을 상속재산으로 보고 이를 유류분 산정의 기초로 삼고 있다(한봉희, 2007).

➔ 유류분의 권리자와 유류분

상속인의 유류분은 다음 각호에 의한다.

1. 피상속인의 직계비속은 그 법정상속분의 2분의 1
2. 피상속인의 배우자는 그 법정상속분의 2분의 1
3. 피상속인의 직계존속은 그 법정상속분의 3분의 1
4. 피상속인의 형제자매는 그 법정상속분의 3분의 1

출처: 민법 제1112조.

➔ [판결] 홀로 키운 구하라 씨 父 '양육 기여분' 인정… 유산 6대 4 분할

구호인 씨 대리인 노종언 변호사 "홀로 양육한 아버지 기여분 인정한 진일보한 판결"

"구하라법 입법 없이는 자식 버린 부모 상속권 상실시키기 어려워… 법 개정 필요"

지난해 11월 세상을 떠난 가수 구하라 씨의 친오빠 구호인 씨가 20년 만에 나타나 유산을 요구한 친모를 상대로 제기한 상속재산분할심판청구소송에서 법원이 홀로 자식을 양육한 아버지의 기여분을 인정했다.

21일 법조계에 따르면 광주가정법원 가사2부(재판장 남해광 부장판사)는 구 씨의 오빠 구호인 씨가 친모 A씨를 상대로 제기한 상속재산분할심판청구소송에서 "구 씨 유가족과 친모는 6대 4의 비율로 구 씨 유산을 분할하라"며 일부승소 판결했다.

현행법에 따르면 원칙적으로 구 씨의 유산에 대해서는 친부모만 상속권을 가지며 5대 5로 나누게 된다. 앞서 구 씨의 친아버지는 "부모 노릇을 못한 것이 미안하다"며 구호인 씨에게 상속분을 모두 양도했다. 구호인 씨는 "친모는 동생이 아홉 살이 될 무렵 가출해 연락이 되지 않았는데, 자식을 돌보지 않은 부모가 재산 절반을 갖는 것은 부당하다"며 법원에 상속재산을 분할해 달라고 소송을 냈다. (중략)

노 변호사는 "그동안 홀로 자식을 양육했더라도 법원이 기여분을 인정하지 않는 판례가 주류였다"며 "홀로 양육했던 아버지의 기여분을 인정한 이번 판단은 구하라법이 아직 통과되지 않은 현행 법체계하에서 기존보다 진일보한 판단"이라고 설명했다. 그러면서 "안타까운 점은 법원이 이런 사정을 존중한다고 해도 구하라법 입법 없이는 자식을 버린 부모의 상속권을 완전히 상실시키기는 불가능에 가깝다는 사실"이라며 "구하라법 통과를 위한 응원을 부탁드린다"고 했다.

출처: 법률신문(2020.12.22).

2. 가족지원을 위한 법률

1) 건강가정기본법

1990년대 후반 아시아금융위기(IMF경제위기)로 대규모 실직과 가출, 노숙과 자살, 가족해체가 일어났고, 2000년대 고령화와 노인부양 부담이 사회문제화 되었다(이여봉, 2020). 가족해체에 대한 위기론으로 건강한 가정생활의 영위와 가족의 유지 및 발전을 위한 국민의 권리 · 의무와 국가 및 지방자치단체 등의 책임을 명확히 하고자 건강가정기본법이 2004년 제정되었다. 현대사회에서 제기되는 다양한 가정문제에 대한 해결방안을 강구하며, 가족구성원의 복지 증진에 이바지할 수 있는 지원정책을 시행함으로써 건강한 가정을 구현하고, 사회통합에 기여하는 것이 법의 제정 목적이었다.

건강가정기본법은 가족정책수립을 위한 실태조사를 실시하고 5년마다 건강가정기본계획을 수립토록 하고 있다. 자녀양육을 포함하여 가족구성원 전체의 정신적 · 신체적 건강, 경제생활의 안정, 주거생활, 태아검진 및 출산과 양육지원, 직장과 가정의 양립, 가정폭력으로부터의 보호, 가정친화적 분위기 조성 등을 지원할 수 있도록 하고 있다. 제26조에서는 민주적이고 양성평등한 가족관계 증진을 위해 가족생활교육, 부모교육, 가족상담 등을 운영하도록 하고 있다. 이러한 사업들은 전국의 220여개의 건강가정지원센터에서 지원하고 있다. 최근 대상에 따라 이원화되어 있던 가족서비스지원체계를 가족형태와 관계없이 다양한 가족이 참여할 수 있도록 정비하고 있다.

2) 다문화가족지원법

다문화가족에 대한 지원정책은 2001년 여성부가 성폭력 · 성매매 피해 외국인을 지원하면서 시작되었다. 2005년 외국인과의 혼인이 4만2천 건으로 전체 혼인건수의 13%를 넘어서면서 다문화가족에 대한 서비스 필요성이 제기되었다. 2008년 「다문화가족지원법」이 제정되면서 중앙과 지방자치단체에서는 5년 단위의 다문화가족지원정책 기본계획을 수립하여 다문화가족정책을 추진하고 있다. 다문화가족이 언어와 문화의 차이로 발생하는 가족구성원 간의 갈등과 자녀교육에 대한 어려움을 해결하기 위해 다문화가족지원센터 운영을 지원하고 있다. 전국 다문화가족지원센터에서는 다문화가족상담을 비롯하여 부부교육, 부모교육 등을 추진하고, 언어통역, 법률상담, 행정지원 등의 전문적 서비스를 제공하고 있다. 동화주의에 입각한 초기정착 중심의 서비스에서 다문화가족의 장기정착 지원, 중도입국 자녀지원, 다문화 이해교육 활성화 등 다원주의에 입각한 서비스로 확장되고 있다.

3) 한부모가족지원법

한부모가족에 대한 지원은 1955년 모자보호시설을 설치하여 전쟁피해 한부모가족을 보호하면서 시작되었다. 산업화 · 도시화 · 핵가족화 등 사회의 구조적 변화와 이혼, 별거, 사별 등의 원인으로 모 · 부자 가정이 증가하게 되자 「생활보호법」과 「아동복지법」, 「국가유공자의 예우에 관한 법률」 등에서 모 · 부자 가정을 부분적으로 지원하였다(여성가족부, 2020). 1989년 「모자복지법」이 제정되어 아동교육비, 아동부양비 등이 지급되었고, 모자복지시설에 대한 규정이 마련되었다. 이후 2002년 「모 · 부자 복지법」, 2007년 「한부모가족지원법」으로 명칭이 변경되며 모자가정에서 부자가정, 조손가족으로 대상이 점차 확대되었다.

「한부모가족지원법」에서는 18세 미만의 아동이 속한 한부모가족 및 조손가족 중 일정 소득 미만의 저소득층에게, 생계비 · 아동교육지원비 · 아동양육비 등의 복지급여를 제공하고 복지시설을 이용할 수 있도록 규정하고 있다(이여봉,

2020). 특히, 학업이 중단된 청소년 한부모에게 교육을 지원하고 건강검진을 지원토록 명시하고 있다. 국민주택의 분양 및 임대 시에도 한부모에게 일정 비율을 우선분양토록 하고 있다. 또한, 정보에 취약한 한부모가족을 위해 한부모가족지원에 관한 종합정보 제공과 지원기관 및 시설 연계를 위한 한부모가족 상담전화를 설치·운영토록 하였다.

마지막으로 자녀양육비 가이드라인을 마련하여 법원이 이혼판결 시 활용할 수 있도록 명시하였다. 그러나 양육비 지급을 약속하고도 제대로 지급되지 않는 사례가 증가하자 2014년 「양육비 이행확보 및 지원에 관한 법률」이 제정되었다. 2015년에는 양육비이행 전담기관인 양육비이행관리원이 설립되어 한부모가족의 양육비 미집행에 대한 상담과 소송을 지원하고 있다.

4) 북한이탈주민의 보호와 정착지원에 관한 법률

북한이탈주민에 대한 종합적인 보호와 정착지원에 관한 제도적인 기반을 확립하여 북한이탈주민이 우리나라에서 잘 적응할 수 있도록 1997년 관련 법령이 제정되었다.

북한이탈주민이란 군사분계선 이북지역에 주소, 직계가족, 배우자, 직장 등을 두고 있는 사람으로서 북한을 벗어난 후 외국 국적을 취득하지 아니한 사람을 말한다. 2019년 기준 국내 입국한 북한이탈주민은 1,047명이고, 지금까지 국내에 들어온 북한이탈주민 누적인원은 총 33,523명이다(통일부, 2020). 1994년부터 두 자리 수로 증가하다가 남북정상회담이 개최된 이후 2001년부터 천 명 단위로 급증하였다(김병로, 2010).

북한이탈주민은 국내 입국 후에 합동조사와 보호결정과정을 거쳐 하나원(북한이탈주민정착지원사무소)에서 기본사회적응교육을 실시하고 있다. 북한이탈주민은 탈북과 이주라는 두 가지 특성을 동시에 갖고 있다. 북한의 국경을 단순히 벗어난다는 의미보다는 체제를 떠난다는 정치적 의미로서의 탈북과 자신들의 생존과 더 나은 삶을 위해 모국을 떠난다는 사회경제적 의미로서의 이주를 동시에 담고 있다(김병로, 2010).

북한이탈주민의 보호와 정착지원에 관한 법률에서는 국가 및 지방자치단체가 북한이탈주민의 성공적인 정착을 위하여 보호대상자를 보호하고 교육하며, 취업과 주거 등 생활을 지원하도록 명시하고 있다.

5) 남녀고용평등과 일 · 가정 양립 지원에 관한 법률

맞벌이가구가 지속적으로 증가하고, 저출산이 심화되면서 일과 생활의 균형은 매우 중요한 이슈로 자리잡고 있다. 최근 정부는 출산축하금 등 일시적인 현금성 지원에서 '국민 삶의 질 향상'으로 정책패러다임으로 전환하고 있다.

1988년 제정 당시 남녀고용평등법은 고용에 있어서 남녀의 평등한 기회와 대우를 보장하고, 모성을 보호하며, 직업능력을 개발함으로써 근로여성의 복지를 증진한다는 목적으로 직장에서의 남녀평등에 초점이 있었다. 일과 생활의 균형을 중시하는 근로자들의 의식 변화를 반영하고, 저출산 · 고령화 시대에 여성 인력의 경제활동 참여를 증진시키기 위하여 2008년 「남녀고용평등과 일 · 가정 양립 지원에 관한 법률」로 개정되었다. 이 시기에 배우자 출산휴가제도가 처음으로 도입되었다. 현재는 10일로 확대되어 배우자가 자녀와 출산한 배우자를 돌볼 수 있는 기간이 늘어났다.

이 외에도 모성보호를 위한 출산전후휴가, 육아휴직, 육아기 근로시간 단축, 직장어린이집 설치, 근로자의 가족돌봄지원 등 일 · 가정 양립 지원을 위해 국가와 사업주의 책무를 강조하고 있다. 진정한 일과 생활의 균형을 위해서는 마련된 일 · 생활 균형제도를 눈치 보지 않고 사용할 수 있는 문화가 확산되고, 자녀양육기의 부 · 모를 위한 제도가 확대되어야 할 것이다.

3. 가정폭력 및 아동학대 피해자 지원을 위한 법률

1) 가정폭력방지 및 피해자보호 등에 관한 법률 · 가정폭력범죄의 처벌 등에 관한 특례법

가정폭력은 가정구성원 사이의 신체적, 정신적 또는 재산상 피해를 수반하는 모든 행위를 말한다. 사실혼을 포함한 배우자이거나 배우자였던 사람, 자신과 배우자의 부모나 자녀관계에 있거나 있었던 사람, 계부모와 자녀, 동거하는 친족 등을 포함한다.

「가정폭력방지 및 피해자보호 등에 관한 법률(약칭: 가정폭력방지법)」에서는 가정폭력의 예방교육과 가정폭력상담소, 긴급전화센터 및 보호시설 설치 · 운영, 피해자의 보호 · 지원에 대한 내용을 명시하고 있다. 2021년 개정된 「가정폭력범죄의 처벌 등에 관한 특례법(약칭: 가정폭력처벌법)」에서 가정폭력범죄에 대한 정의가 확대되고, 응급조치 항목이 추가되었으며, 임시조치에 대한 항목이 확대되었다. 그동안 주거와 직장 등 특정장소로 한정되었던 조치가 피해자 등 특정사람에 대한 접근금지로 피해자의 안전을 더욱 보호할 수 있게 되었다. 또한 임시조치 위반에 대한 제재가 강화되었고 면접교섭권이 제한되고, 보호명령 기간이 6개월에서 1년으로 연장되는 등 피해자 보호명령 항목도 추가 · 확대되었다. 가정폭력피해자의 보호 강화와 가정폭력행위자에 대한 처벌이 점차 강화되고 있다.

2) 아동학대범죄의 처벌 등에 관한 특례법

아동에 대한 학대행위는 성장 단계에 있는 아동의 정서 및 건강에 영구적인 상처를 남길 수 있는 범죄이다. 1962년 「아동복리법」으로 제정되어 1981년 「아동복지법」으로 개정된 후 수십 차례의 개정을 통해 아동이 건강하게 출생하여 행복하고 안전하게 자랄 수 있도록 노력하고 있다. 그러나 그러한 노력에도 불구하고 아동학대 건수는 매년 증가하고 있다. 이에 아동학대에 대한 처벌을 강화하고 강력한 대처와 예방을 위해 2014년 「아동학대범죄의 처벌에 대한 특례법(약칭: 아동학대처벌법)」이 제정되었다.

아동학대는 보호자를 포함한 성인이 아동의 건강 또는 복지를 해치거나 정상적 발달을 저해할 수 있는 신체적 · 정신적 · 성적 폭력이나 가혹행위를 하거나 아동의 보호자가 아동을 유기하거나 방임하는 것을 포함한다. 법령에서의 아동은 18세 미만인 사람, 보호자는 친권자, 후견인 등 실질적으로 아동을 보호 · 감독하는 자를 말한다.

아동학대처벌법에서는 아동학대범죄에 대한 신고의무와 절차, 보호 및 응급조치, 피해아동에 대한 임시조치, 가해자에 대한 처벌과 친권상실 청구, 아동학대 상습범과 아동복지시설 종사자 등에 대한 가중처벌 등을 명시하고 있다.

함께 나누기

1. 우리나라는 재판 이혼의 경우, 유책배우자의 상대 배우자만이 이혼을 청구할 수 있는 유책주의를 채택하고 있습니다. 그러나 최근 파탄주의를 일부 수용하고 있습니다. 유책주의와 파탄주의의 장단점이 무엇인지 생각해 봅시다.

2. 이혼 후 양육비를 지급한 적이 없고 양육의 의무를 다하지 않은 부· 모가 경제적 능력이 없어 도움을 요청한다면 부양해야 한다고 생각하십니까?

3. 양육자, 비양육자, 만 15세인 딸 1인, 만 8세인 아들 1인인 4인 가구이고, 부모의 월평균 세전 소득이 양육자 180만원, 비양육자 270만원으로 합산소득이 450만원인 가정의 비양육자가 지급해야 할 양육비가 얼마인지 산출해 봅시다.

부모합산 소득(세전) 자녀 만 나이	0~ 199만 원 평균양육비(원) 양육비 구간	200~ 299만 원 평균양육비(원) 양육비 구간	300~ 399만 원 평균양육비(원) 양육비 구간	400~ 499만 원 평균양육비(원) 양육비 구간	500~ 599만 원 평균양육비(원) 양육비 구간	600~ 699만 원 평균양육비(원) 양육비 구간	700~ 799만 원 평균양육비(원) 양육비 구간	800~ 899만 원 평균양육비(원) 양육비 구간	900만 원 이상 평균양육비(원) 양육비 구간
0~2세	532,000 219,000~ 592,000	653,000 593,000~ 735,000	818,000 736,000~ 883,000	[illegible] [illegible]	1,105,000 1,027,000~ 1,199,000	1,294,000 1,120,000~ 1,341,000	1,388,000 1,342,000~ 1,487,000	1,587,000 1,488,000~ 1,670,000	1,753,000 1,671,000 이상
3~5세	546,000 223,000~ 639,000	732,000 640,000~ 814,000	896,000 815,000~ 974,000	[illegible] [illegible]	1,189,000 1,122,000~ [illegible]	1,379,000 1,285,000~ [illegible]	1,576,000 1,478,000~ 1,654,000	1,732,000 1,655,000~ 1,828,000	1,924,000 1,829,000 이상
6~11세	[illegible] 244,000~ 699,000	[illegible] 700,000~ 864,000	[illegible] 865,000~ 1,044,000	1,136,000 [illegible]	1,302,000 1,220,000~ 1,408,000	1,514,000 1,409,000~ 1,559,000	1,605,000 1,560,000~ 1,717,000	1,830,000 1,718,000~ 1,997,000	2,164,000 1,998,000 이상
12~14세	629,000 246,000~ 701,000	774,000 702,000~ 884,000	995,000 885,000~ 1,107,000	[illegible] [illegible]	1,386,000 1,304,000~ [illegible]	1,582,000 1,485,000~ [illegible]	1,718,000 1,651,000~ 1,797,000	1,876,000 1,798,000~ 2,143,000	2,411,000 2,144,000 이상
15~18세	[illegible] 260,000~ 813,000	[illegible] 814,000~ 1,076,000	[illegible] 1,077,000~ 1,290,000	1,376,000 1,291,000~ 1,493,000	1,610,000 1,494,000~ 1,715,000	1,821,000 1,716,000~ 1,895,000	1,970,000 1,896,000~ 2,047,000	2,124,000 2,048,000~ 2,394,000	2,664,000 2,395,000 이상

아들의 표준양육비

딸의 표준양육비

전국의 양육자녀 2인 가구 기준

출처: 서울가정법원 홈페이지.

1. **표준양육비 결정** *: 자녀 만 나이와 부모의 (세전)합산소득이 교차하는 지점*
   - 딸의 표준양육비: 1,376,000원

     (자녀 나이 15~18세 및 부모합산소득 400만원~499만원의 교차구간)

- 아들의 표준양육비: 1,136,000원
  (자녀 나이 6~11세 및 부모합산소득 400만원~499만원의 교차구간)
- 딸, 아들의 표준양육비 합계: 2,512,000원(=1,376,000원+1,136,000원)

2. 양육비 총액 확정
   - 가산, 감산 요소가 있다면 결정된 표준양육비에 이를 고려하여 양육비 총액 확정
   - 가산, 감산 요소가 없다면 2,512,000원
3. 양육비 분담 비율 결정
   - 비양육자 소득/부모합산소득: 2,700,000원/1,800,000+2,700,000=0.6
   - 비양육자의 양육비 분담비율: 60%
4. 비양육자가 지급할 양육비 산정
   - 양육비 총액×비양육자의 양육비 분담비율−비양육자가 지급할 양육비:
     2,512,000원×60%=1,507,200원

관련 동영상

1. **차산선생법률상식 〈부모의 빚〉 (2분23초)**
   https://www.youtube.com/watch?v=99WoeH_q0cY&list=PLYtSFTPZXk0IfqR3bPHAmW_oLDBIuoIgy

참고문헌

이기숙, 김득성, 공미혜, 김은경, 전영주, 손태홍, 오경희 (2001). **결혼의 기술**. 신정.
김병로 (2010). **한국의 사회동향**. 2010 사회통합.
박복순 · 박선영 · 김정혜 · 정다은 · 성정숙 (2019). 여성 · 가족 관련 법제의 실효성 제고를 위한 연구(Ⅶ): 가족의 다양화에 따른 법적 대응. 한국여성정책연구원.
박효근 (2020). **조문 · 판례 중심 가족법강의 Cafe**. 법학사.
보건복지부 (2020). 2020 보건복지통계연보.
여성가족부 보도자료 (2021.01.05). 양육비이행법 개정법률 국무회의 통과.
여성가족부 (2021). 2021년 한부모가족지원사업 안내.
이여봉 (2020). **가족 안의 사회, 사회 안의 가족**. 양서원.
정일배(2019). **정일배 변호사의 가족법 특강**. 학연.

최문기 (2019). **가족법상의 권리와 의무**. 박영사.

통일부 (2020). 2020통일백서.

한봉희 (2007). **가족법**. 푸른세상.

내외경제TV (2021.03.16). 채무로 인한 상속포기 · 한정승인 시 차이점 고려해 선택해야.
http://www.nbntv.co.kr/news/articleView.html?idxno=921375

법률신문 (2020.12.22). [판결] "홀로 키운 구하라 씨 父 '양육 기여분' 인정… 유산 6대 4 분할".
https://www.lawtimes.co.kr/Legal-News/Legal-News-View?serial=166744

서울가정법원 홈페이지. 2021 양육비 산정기준 안내 [2017 양육비 산정기준표]
https://slfamily.scourt.go.kr/dcboard/new/DcNewsViewAction.work?seqnum=652

CHAPTER 15 가족에 대한 지원

이복숙 집필

가족지원은 가정의 건강성을 저해하는 다양한 문제 발생 예방 및 해결하기 위한 여러 가지 조치와 가족의 부양·양육·보호·교육 등 가정 기능을 강화하는 데 의미가 있다. 가족지원 서비스 전달 체계는 공급자와 수요자를 연결하기 위한 조직적인 장치로써 가족정책의 과제와 사업을 구체적인 프로그램과 가족지원으로 전환하여 가정과 가족구성원에게 효과적으로 전달하기 위한 목적을 갖는다. 이 장에서는 가족에 대한 다양한 지원에 대해 살펴보고자 한다.

1. 현대사회와 가족

1) 가족지원의 필요성 및 목적

역동적 변화 속에 있는 한국 가족의 전환기적 특성은 가족이나 일상적인 가정생활에 대한 새로운 관심을 불러왔다. 이러한 변화는 가정의 건강성을 증진하고 삶의 질을 향상에 나가기 위한 방안을 모색하는 계기가 되었다(조희금 외, 2019).

급변하는 사회와 가족의 욕구에 대응하기 위해 2004년 한국 가족정책의 근간을 제시하는 「건강가정기본법」(이하 '법')이 제정되었다. 법 제정 이전 우리 사회의 가족관련 정책 및 지원은 가족구성원에 대한 양육과 부양의 기능을 가족이나 친족이 우선적으로 책임지는 잔여적 가족에 초점을 둔 정책 중심이었다. 법 제정을 통해 사회 정책 속 가족의 역할 및 중요성을 인식시키고, 가족의 구조와 기능 변화를 위한 가족 친화적 정책들이 여러 영역에서 생산될 수 있는 제도적 환경이 마련되었다(조희금 외, 2019).

가족 단위의 지원 활동은 가정의 안녕 및 부모자녀 간의 결속력, 가족의 심리적 만족과 안정감을 높이는 효과가 있다. 이는 현대사회가 부딪히는 가족 간의 유대가 약화되고, 이혼 및 가정폭력, 청소년 비행, 자녀양육 문제뿐만 아니라, 노부모에 대한 부양 문제, 부모자녀 간의 대화 단절, 세대 간 가치관의 차이 등에 도움을 제공할 방법으로 의미가 크다고 할 수 있다. 또한 가족이 함께 함으로써 신체적 · 정신적 건강 유지, 능력 개발, 자아실현 등 본래의 기능 이외에 특유의 기능을 가지게 되며 개인적으로 추구하는 것에 대해 다양한 경험을 제공할 수 있다(이기숙 외, 2020).

가족지원은 취약계층 가족과 그렇지 않은 가족으로 이원화되어 있던 기존의 가족지원 서비스를 가족의 유형과는 상관없이 다양한 가족들에게 보편적이고 포괄적인 서비스를 제공하는 데 그 목적이 있다.

2) 가족지원정책

한국의 가족정책은 1950~1960년대에 걸쳐 진행된 부녀복지 차원의 과부 · 고아 중심사업이 최초였다. 1970년대에는 가족계획이 정책 중심 사업이었고 1980년대는 가족법 개정과 출산 억제를 내용으로 하는 인구정책으로 이어졌다. 이 시기는 경제성장과 급격한 사회 변화로 가부장적 가치관이 지배적이었으며, 이에 따라 성분업 체계와 가족주의에 기반한 자녀양육과 부계 중심의 노부모 봉양에 대한 권장책들이 시행되었다.

1989년에 모자복지법이 개정되면서 저소득 모자가정을 대상으로 하는 정책이 등장하게 되었다. 이후 1990년대에 가족과 관련된 사회보장법의 개선이 이루어지기도 하였지만 가족정책은 여전히 빈곤가족이나 요보호가족에 대한 공적 지원이 중심을 이루었다(도미향 외, 2009).

가족정책은 생활보장사업, 아동복지사업, 노인복지사업, 부녀복지사업, 모자보건사업, 장애인복지사업 등과 같이 요보호자의 보호를 중심으로 발전하였다. 또한 사회보험제도는 다양한 가족의 욕구 및 문제를 예방적 관점에서 접근하였고, 부양가족에 따라 소득세를 감면하여 주는 조세정책 중심으로 발전해 왔다. 가족정책은 사회복지 관련법들을 중심으로 최소한의 수준에서 문제가 발생한 개인을 대상으로 개입하는 정책과 프로그램으로 발전해 왔다.

그러나 2000년대 이후 가족구성원에 대한 양육과 부양의 기능을 가족이나 친족이 우선적으로 책임지던 잔여적이고 친족책임주의 가족정책은 다양한 가족형태를 인정하며 보편적 가족을 지원하는 정책으로 나아가고 있다. 또한 양성평등한 가족관계에 기초하며 가족의 전체성에 개입하면서 가족 문제 예방 및 해결과 가족기능 강화에 정부가 적극적으로 지원하는 가족친화적 가족정책으로 변화되었다.

2021년 4월 29일 여성가족부는 향후 5년간 가족정책 추진의 근간이 될 제4차 건강가정기본계획(2021~2025)을 발표하였다. 제4차 건강가정기본계획의 추진방향은 첫째, 다양성으로 모든 가족이 차별 없이 존중받으며 정책에서 배제되지 않는 여건 조성에 초점을 두었다. 둘째, 보편성으로 한부모, 다문화가족 등에 대한 맞춤형 지원을 지속 강화하면서 보편적 가족지원으로 정책 패러다임을 확장하였다. 셋째, 성평등으로 남녀 모두가 일하고 돌볼 권리의 균형을 중시하는 성평등 관점의 정책 기조를 강화하였다(여성가족부, 2021).

이러한 기본방향으로 제4차 건강가정기본계획의 명칭을 '2025 세상모든가족 함께'로 정하고, '모든 가족, 모든 구성원을 존중하는 사회' 구현을 비전으로 '가족 다양성 인정', '평등하게 돌보는 사회'를 정책 목표로 삼고 있다. 또한, 세상 모든 가족을 포용하는 사회기반 구축, 모든 가족의 안정적 생활여건 보장, 가족 다양성에 대응하는 사회적 돌봄 체계 강화, 함께 일하고 돌보는 사회 환경 조성을 위한 4개 영역 정책과제를 마련하였다(여성가족부, 2021). '2025 세상 모든가족함께' 제4차 건강가정기본계획의 주요 내용은 〈표 15-1〉과 같다.

〈표 15-1〉 제4차 건강가정기본계획의 정책 추진과제

영역	정책과제	중과제
세상 모든 가족을 포용하는 사회기반 구축	가족 다양성을 수용하는 법·제도 마련	• 가족 유형에 따른 차별 해소를 위한 법·제도 개선 • 다양한 가족구성에 대한 정책적 지원 방안 마련
	가족 다양성 인식과 평등한 가족문화 확산	• 가족 다양성에 대한 사회적 감수성 제고 • 가족과 개인이 공존하는 평등한 가족 문화 조성
	가정폭력 대응 강화 등 가족구성원 인권 보호	• 가족구성원 안전 보장을 위한 법률 정비 • 가정폭력·아동학대 사건 발견 및 대응 강화 • 가정폭력·아동학대 피해에 대한 통합 지원 강화
모든 가족의 안정적 생활 여건 보장	가족 변화에 대응하는 경제적 기반 강화	• 가족 변화를 반영한 생계비 등 급여 확대 • 아동양육 가족에 대한 경제적 지원 강화 • 가족 수요에 맞는 주거지원
	가족 특성을 고려한 자녀양육 여건 조성	• 한부모가족 자녀의 안정적 성장발달을 위한 지원 및 제도 강화 • 양육비 이행 실효성 제고를 위한 체계 정비 • 다문화가족 자녀의 동등한 출발점 보장 • 위기·취약 아동·청소년의 보호 및 자립 지원
	지역 중심의 통합적 가족서비스 체계 구축	• 통합적 가족서비스 기반 조성 • 보편적 가족서비스 확대 • 지역사회 기반 취약·위기가족 지원 강화
가족 다양성에 대응하는 사회적 돌봄 체계 강화	지역 기반 다양한 가족의 돌봄지원 확대	• 지역사회 자녀돌봄지원 확대 • 지역공동체 기반 일상 돌봄지원
	안전하고 촘촘한 돌봄 체계 구축	• 믿고 맡길 수 있는 안전한 가정돌봄지원 • 재난·재해 시 돌봄공백 대응
	가족돌봄지원의 양적·질적 강화	• 가족돌봄의 공공성 강화 • 돌봄노동의 사회적 가치 제고

함께 일하고 돌보는 사회 환경 조성	남녀 모두의 일하면서 돌볼 수 있는 권리 보장	• 일하는 사람의 돌봄권 보장을 위한 제도 강화 • 돌봄권을 보장하는 일터 조성
	성평등 돌봄 정착 및 돌봄 친화적 지역사회 조성	• 성평등 돌봄 정착을 위한 지원 및 홍보 • 가족·돌봄 친화적인 지역사회 조성 • 가족친화 사회환경 조성을 위한 기반 정비

출처: 여성가족부(2021).

가족지원정책은 정부가 아닌 거버넌스(governance) 시대에 맞는 사회정책의 패러다임에서 구현되어야 한다. 사회구성원들의 자율적 참여와 응집력 있는 공동체의 존중, 민간 차원에서 사회 중심 거버넌스의 기본원리인 참여주의와 공동체주의를 지향해 나가야 한다(정민자, 2004).

2. 가족지원 공적전달체계

1) 가정폭력상담소

가정폭력상담소는 1988년「가정폭력 방지 및 피해자 보호 등에 관한 법률」에 근거하여 가정폭력 방지 및 피해자 보호 사업을 추진하는 기관이다. 가정폭력으로 긴급한 구조, 보호 또는 상담 지원으로 가족 문제, 부부 문제, 이혼 등에 관한 서비스가 이루어지고 있다. 가정폭력 피해자를 보호함으로써 건전한 가정 유지와 가정 해체를 예방하는 데 목적을 두고 있다. 정상적인 가정생활과 사회생활이 어렵거나 그 밖에 긴급히 보호를 필요로 하는 피해자 등을 임시보호, 의료기관 또는 가정폭력 피해자를 보호시설로 인도하기도 한다. 더불어 가정폭력의 예방과 방지를 위한 교육 및 상담을 제공하고 있다.

가정폭력상담소에서는 친밀한 가족관계에 있는 사람에게 의도적으로 심리적, 성적, 신체적 폭력을 사용하는 가해자들을 대상으로 폭력 행동 중단을 목표로 상담이 진행된다. 가정폭력으로 사건이 접수되면, 판사가 가해자(행위자)에 대하여 상담소에 상담 위탁 등 보호처분을 내릴 수 있으며 가정폭력 가해자 교정치료 프로그램에 따라 보호처분 대상자들과 개별 및 집단상담, 캠프 등 다양한 프로그램을 진행한다(김인규 외, 2020).

2) 건강가정 · 다문화가족지원센터

건강가정 · 다문화가족지원센터[11)]는 가족 문제의 사전 예방과 가족 단위의 통합적 복지 서비스 체계 구축을 목적으로 설치되었다. 가정 중심의 통합적 서비스 제공을 위해 법적 · 제도적 기반 마련의 필요성으로 만들어진 공공영역의 가족 지원 서비스 기관이다.

수혜자 중심의 서비스 확대 및 접근성 제고, 지역 여건 및 정책 수요자 특성에 맞는 맞춤형 서비스 강화, 모든 가족의 안정성 강화 및 가족관계 증진에 기여하는 것을 목적으로 운영된다. 또한 다문화가족의 조기정착과 가족생활을 지원하기 위해 교육 · 상담, 통 · 번역 및 정보제공, 역량 강화 지원 등의 서비스를 제공하여 한국 사회 안정적인 정착 및 사회 · 경제적 자립 지원을 도모한다(한국건강가정진흥원, 2006).

가족의 문제를 예방하고 해결을 돕기 위한 가족교육사업, 가족상담사업, 가족돌봄사업, 가족생활사업, 가족문화사업, 정보제공 및 지역사회 네트워크 사업을 추진하고 있다. 일반가족은 물론 다문화가족, 한부모가족, 이혼 전 · 후가족, 조손가족, 일탈 청소년가족, 군인가족, 수용자가족, 맞벌이가족 등 다양한

11) 가족센터(생활 SOC): 가족상담 · 교육 · 돌봄 등 가족서비스에 대한 지역 주민 접근성을 높이고, 세대 · 이웃 간 교류 · 소통 공간 조성을 위한 가족센터이다.

가족을 위한 맞춤형 통합 서비스를 제공한다. 또한 아이돌봄 지원사업, 공동육아나눔사업 등의 돌봄 지원사업, 취약·위기가족 지원사업, 미혼모·부자가족 지원사업 등의 취약가족 및 위기가족을 위한 지원사업, 기타 다른 부처와 유관기관과의 협력 사업 등을 통해 다양한 가족 사업을 수행한다.

다음 절에서는 건강가정기본법에 따른 가족 지원 공적전달체계로써 건강가정·다문화가족지원센터의 사업을 중심으로 가족 지원사업의 내용을 살펴보도록 하겠다.

3. 가족지원사업

1) 가족교육

가족교육은 영유아에서 노인에 이르기까지 개인과 가족의 포괄적인 삶의 질을 향상시키고 가족 및 사회에서 발생되는 다양한 문제를 해결할 수 있도록 돕는다. 또한 개인과 가족의 잠재력을 개발하고 강화시켜 가족 문제를 예방하는 데 초점을 두고 있다. 가족 간 의사소통방법, 가족관계 향상, 가족 내 역할 지원 등 가족구성원의 역량 강화를 위한 부부, 부모, 자녀, 조부모 등을 대상으로 하는 전 생애 주기별 다양한 교육을 제공한다. 더불어, 일·가정 양립과 가족생활에 남성 참여 활성화를 돕기 위하여 자녀와의 놀이 및 활동방법을 비롯한 좋은 아버지 역할을 수행하기 위한 양육방법을 배우는 데 목적이 있다.

가족교육은 인간관계와 가족관계의 중요성을 인식하고 가족생활 내에서 부딪히는 다양한 문제에 대한 이해를 통해 어려움을 효과적으로 회복하도록 돕는다. 가족교육은 부모역할 강화, 부부관계 강화, 아버지역할 강화의 세 영역으로 구분하여 진행된다.

(1) 부모교육

부모기(parenthood)는 임신을 결정하고 선택할 때부터 부모역할을 수행하는 전 기간을 의미한다. 부모가 된다는 것은 선택의 과정이며 가족관계에 많은 변화를 가져오게 하는 결정이다. 급격한 산업화와 정보화 사회로의 변화는 가족의 교육적 기능, 가족제도와 가족관계 변화, 문화의 세대 간 전달 기능도 약화되었다. 여성의 역할 변화로 인한 어려움과 부모됨의 선택에 대한 어려움, 새로운 역할 모델에 대한 요구, 사회의 기대에 대한 부담감, 사회정책의 부재, 가족구조의 다양성은 현대사회에서 부모역할을 더욱 어렵게 하고 있다. 이러한 현실에서 많은 부모들은 자녀의 성장에 도움이 되는 부모역할을 고민하면서 부모교육에 대한 요구도 지속적으로 증가하고 있다(정현숙, 2019).

부모교육은 부모가 자기 자신과 부모로서의 부모됨을 이해하고 자녀 성장 및 발달을 돕기 위한 필요한 지식과 양육태도를 습득하는 데 있다. 또한 부모가 자녀를 독립적인 권리의 주체로 인식하고 존중을 통한 수평적인 관계에 대한 인식을 갖도록 돕는다. 부모는 부모교육을 통해 부모자녀관계에서의 상호작용을 이해하게 되고 그에 따른 실제적인 양육정보, 지식, 기술을 습득할 수 있다. 부모교육에서 다루어지는 다양한 내용을 통해 부모로서의 자기 자신을 점검하게 되면서 양육에 대한 자신감을 갖고 부모역할에 임할 수 있게 된다.

(2) 부부관계 향상 교육

여성의 경제적 지위 변화와 일·생활 양립의 어려움, 기회비용에 대한 여성들의 변화된 태도로 혼인율과 출산율은 지속적으로 감소하고 있다. 한국 사회에서 결혼은 개인에게 중요한 사회적 의미가 있으며 부부교육은 더 나은 부부관계로 나아갈 수 있는 성장 가능성을 증진시키는 방법이다. 부부관계 향상 교육을 통해 부부의 생애 주기에 따른 양성 평등한 부부역할을 지원한다. 부부갈등의 예방 및 해결 돕기, 양성평등하고 민주적인 가족관계, 배우자에 대한 이해, 가족발달주기에 따른 생애설계와 역할 훈련 등 부부관계 강화를 위한 목적으로 진행된다. 특히 부부관계 기술 훈련은 부부의 결혼만족도를 높이고 장기적으로 이혼율을 줄이는 데 효과적이다.

부부가 친밀감을 유지하고 창조하는 능력과 같은 최소한의 기술들은 부부관계에서 중요한 의미를 갖는다(정현숙, 2019). 이를 위해 부부의 성장과 관계에 대한 이해, 서로를 이해할 수 있는 의사소통에 대한 이해, 창조적 변화를 유도하기 위해 갈등을 활용할 수 있는 능력을 갖추는 것이 중요하다.

(3) 아버지 교육

아버지 교육은 남성과 여성이 육아 및 가사분담 등 일·생활 양립 사각지대를 해소하고 인식을 개선하는 데 있다. 남성의 육아휴직을 활성화하여 배우자의 출산휴가를 의무화하도록 권장하고 있다. 남성이 육아에 참여할 수 있도록 다양한 양육방법을 교육함으로써 아버지 역할을 강화하며 아버지들의 적극적 육아 참여 문화를 조성한다.

아버지 역할 강화는 가정 내 아버지 역할 및 일과 생활 양립의 중요성, 자녀와의 상호작용을 위한 방법 등에 대한 지원, 아버지-자녀가 함께하는 돌봄 프로그램, 육아 및 가정생활을 위한 아버지들의 자조모임 운영 등 남성이 적극적으로 육아에 참여하는 문화를 조성하기 위한 것이다. 남성들의 돌봄 참여를 통한 가정의 건강성 증진과 가족구성원의 전인적 발달을 촉진, 부모자녀 및 부부간에 민주적이고 양성평등한 가족관계를 정립할 수 있다.

가족 친화 기업의 확산과 관련한 정책으로 가족 친화 인증 제도를 도입하여 가족 친화 지수를 높이고 가족 친화 경영문화 활성화를 통해 평등한 가족문화 및 사회문화 정착에 기여한다. 성평등한 돌봄의 확산, 돌봄 친화적인 지역사회 조성 노력을 강화하여 남녀 모두에게 일과 생활, 돌봄이 조화로운 사회 여건을 조성한다(2021, 여성가족부).

2) 가족상담

가족의 정서적 환경과 상호작용 유형은 개인의 정서와 행동에 깊은 영향을 미친다. 개인이 어떤 문제를 가졌을 때 그것은 단지 개인의 문제가 아닌 가족의 문제인 경우가 많다. 가족을 돕는 개입방법 중 하나인 가족상담은 개인이나 가족의 문제 해결을 위해 가족관계 맥락에서 조력하는 상담활동이다(전영주 외, 2016).

가족상담은 사회가 급변하고 복잡해지면서 가족구성원 간의 갈등 및 불화 문제 등을 경험할 가능성이 높아지는 현실 속에서 이를 슬기롭게 극복하여 가족이 건강하고 기능적으로 성장할 수 있도록 돕는다. 가족 문제의 해결과 치료를 통한 가족의 건강성을 회복하기 위한 가족관계 개선, 가족관계 증진, 가족생활의 일상적 문제나 고충 상담으로 가족 및 개인의 역량을 강화시킨다. 생애주기별 발생하는 가족 내 다양한 갈등을 해결하기 위해 부모자녀, 부부간 가족관계 개선, 이혼 전·후 상담, 임신·출산 갈등 상담 등을 지원한다.

(1) 가족관계 증진 상담

인간은 전 생애과정을 통해 개인으로서의 인간적 성장과 가족관계 및 인간관계에서 더 나은 관계로 발전할 수 있는 가능성이 있다. 배우자 간 서로 탐색하고 서로의 생각이나 느낌에 대해 자기 노출을 증진시킬 수 있는 안전한 환경을 제공해 주는 방법을 통해서 가능하다(정현숙, 2019). 가족구성원 간 친밀감이나 사랑, 서로 지지해 주는 행동을 향상시키기 위한 상호 민감성과 감정이입 및 강점을 증진시킨다. 또한, 가족 문제 해결, 효율적인 의사소통, 갈등 해결방법 등의 기술을 제공하여 가족갈등 및 문제를 스스로 해결하도록 돕는다.

원가족 부모의 부양 문제, 부모 자신의 성격 및 자녀의 성격, 자녀의 비행·일탈·따돌림 등 부모와 자녀 사이에서 발생할 수 있는 다양한 문제들을 다루면서 가족관계의 회복을 도모한다. 그 외 배우자와의 사별, 원가족 갈등, 시가 및 처가와의 갈등, 형제자매 간 갈등 등 부부와 부모자녀관계 외 다른 가족들로부터 발생하는 가족 문제 해결을 돕기 위한 효율적인 방안을 제시한다.

(2) 이혼 전·후 상담

이혼 전·후 상담은 이혼을 고려하거나 경험하는 개인, 부부 및 가족들로 하여금 보다 만족스러운 생활양식을 확립하도록 도와주는 과정이다(여성가족부, 2007). 이혼은 신체 및 심리적 건강상의 문제, 외로움, 사회적 관계, 성적 욕구의 문제, 경제적 어려움 등 여러 가지 문제를 유발한다. 이혼 전·후 상담에서는 이혼과정에서 경험하게 되는 자녀문제, 법적문제, 사회적 편견, 심리적 고통, 성 문제, 경제적 자립, 대인관계 및 사회관계의 현실적 인식, 이혼으로 인한 복잡한 감정 등을 다룬다.

특히 18세 미만의 자녀가 있는 경우 부부가 이혼 후 협력적 부모역할을 잘 수행할 수 있도록 이혼 후 가족을 대상으로 가족기능 강화를 위한 상담을 지원한다. 부부의 미해결 감정 및 이혼과정에서 발생할 수 있는 부정적 감정을 감소시키고 자녀의 복리를 최우선으로 고려하여 협력적 부모역할을 수행할 수 있도록 한다. 또한, 이혼으로 인한 갑작스러운 가족체계 변화에 대응할 수 있도록 심리·정서 및 사회서비스 연계를 지원하고 있다.

이혼 전·후 상담의 후견적 프로그램으로 부부상담, 자녀상담, 개인상담, 집단상담, 아버지 집단상담, 어머니 집단상담, 자녀 집단상담 등이 법원의 협조하에 운영되고 있다. 이혼 전·후 상담은 부부의 합리적이고 신중한 이혼 의사결정을 돕고 자녀의 복리를 위해 바람직한 방향으로 협의할 수 있도록 조력한다. 또한 미성년 자녀가 부모의 이혼과정에서 겪는 심리 · 정서적 안정감을 갖도록 하며 고통을 최소화하도록 한다.

➔ 이혼 전·후 상담

협의이혼 전 부부 이해하기(부·모집단상담)

- "속에 담아두고 있는 말을 처음 보는 사람들 앞에서 하는 게 부끄러웠는데 말하고 나니 의외로 많이 편하고 좋았다. 그리고 상담을 받고 나의 부족한 점을 많이 알게 되었다."
- "나를 돌아보는 계기가 되었고 상대가 나와 틀림이 아니라 다름을 인정해야 한다는 생각과 아이의 미래를 위하여 많은 노력을 해야 한다는 깨달음."

자녀 마음 알기(자녀집단상담)

- "선생님께서 마음속에 있는 이야기를 편하게 들어주시고 즐거운 활동을 많이 한 것, 그 전에는 속상하면 조금 참기도 했는데 이제 말할 수 있을 것 같다."
- "내가 할 수 있는 게 많은 것 같다."

출처: 부산광역시건강가정지원센터(2020).

(3) 임신 · 출산 갈등 상담

임신 · 출산 갈등 상황이란 임신과 관련해 임신 중지(낙태)와 출산, 직접 양육과 입양 사이에서 선택의 갈등에 처하게 된 상황을 의미한다. 임신 · 출산 갈등 상담은 예상치 못한 임신으로 출산과 양육에 대한 갈등 등 위기 상황에 있는 임신부(미혼, 청소년, 한부모 등)에게 임신 · 출산에 따른 갈등 상담 및 위기상황에 대한 정서적 지지를 지원한다. 또한 임신 · 출산 · 양육 관련 한부모가족정책 정보제공, 임신 입소시설 · 전문지원기관 연계, 출산 · 자녀양육, 정보제공 등을 통해 임신 · 출산으로 인한 어려움을 해소할 수 있도록 돕는다.

갑작스러운 임신과 출산으로 인한 심리적 불안을 돕기 위한 심리 · 정서적인 지원과 임신 중지(낙태), 직접 입양 및 양육과 관련한 체계적이고 효율적인 정보를 제공한다. 임신 · 출산에 따른 위기 갈등 상황에 대한 심리 · 정서적 지원 상담, 임신 · 출산 · 양육 관련 미혼모 · 부 초기 지원 정보제공, 동행 지원 등 내담자 사례 맞춤별 심층 서비스와 전문 서비스 유관기관 연계를 위한 사업이 주요 내용이다.

3) 가족돌봄

가족돌봄은 이웃과 사회의 돌봄이 필요한 가족에게 물적·인적자원을 서로 공유함으로써 가정의 행복과 삶의 질 향상에 기여하는 데 목적을 두고 있다. 가족구성원의 일시 및 장기적인 부재, 위기 상황 등으로 가족돌봄 기능이 약화된 가족돌봄, 가족 유형에 따른 맞춤형 가족돌봄 기능 강화 서비스가 지원된다. 가족돌봄은 가족 중심적 아동양육 체제의 한계를 극복하고 사회적 지원 체계를 강화하는 데 있다. 긴급 육아지원 서비스에 부응하는 아이돌봄 지원, 맞벌이가족 자녀를 위한 돌봄 지원, 공동양육을 위한 공동육아 나눔터 등이 주요 내용으로 추진된다.

(1) 아이돌봄 지원

아이돌봄 지원은 1 : 1 개별보육을 원하는 돌봄이 필요한 가정 내 12세 이하의 아동을 대상으로 자녀의 안전과 건강한 양육을 위해 돌봄 서비스가 필요한 가정에 돌봄을 제공하고 있다. 각 가정에 아이돌봄 활동자를 파견하여 아동의 복지증진 및 보호자의 일·가정 양립을 통한 가족구성원의 삶의 질 향상과 양육친화적인 사회환경 조성에 목적이 있다.

부모의 예기치 않은 질병, 야근, 기타 사유로 인하여 자녀에 대한 긴급한 육아돌봄 지원 요구가 발생하는 경우, 아이돌보미를 파견하여 아동을 안전하게 보호하며 놀이지도 등을 지원한다.

양육자들의 자녀양육에 대한 부담을 경감하고 가정에서의 개별적인 양육을 원하는 가정의 돌봄 서비스가 이루어지고 있다. 그리고 부모가 질병 또는 상해로 인해 1개월 이상 장기 입원 등으로 인한 양육 공백, 취업 준비 및 학교에 재학 중인 경우, 학원 수강 등 입증할 수 있는 경우에 한해서 돌봄 지원을 받을 수 있다. 또 모(母)의 출산으로 출생 아동의 형제·자매에게 돌봄 공백이 발생한 경우, 출산(예정)일 전후 총 90일(다태아 120일)에 대한 돌봄을 지원한다(한국건강가정진흥원, 2021).

시간제 돌봄 서비스는 부모(양육자)가 올 때까지 자녀에 대한 일시적 보육, 놀이 활동, 식사 및 간식 서비스, 등·하교 및 등·하원, 안전·신변처리 및 보호, 준비물 챙김, 보조 등이 지원된다. 종합형 돌봄 서비스는 돌봄 아동과 관련된 가사 서비스를 추가로 포함하고 있다. 아동발달 및 개별 가정의 특성을 고려하여 돌봄 아동의 집에서 안전한 보호, 부모의 일·가정 양립을 위한 야간, 주말, 틈새 시간 동안 일시 돌봄, 영아 종일 돌봄 활동이 이루어지고 있다. 그리고 육아 및 돌봄 의사가 있는 여성들을 위한 교육지원과 능력개발의 기회를 제공하여 사회서비스 수요와의 연계를 활성화하고 있다.

➔ 가족돌봄

아내의 꿈을 응원합니다(우리 꿈, 우리 가족 그리고 우리 돌보미 선생님)

아이돌봄서비스를 생각하면 아직도 주책맞게 눈물이 난다. 이 서비스를 접하지 못했다면 우리 가족은 어떻게 되었을까? 종달새처럼 말이 많고 활발한 아이들로 자라게 해준 돈으로 살 수 없는 그 시간이 얼마나 소중하고 감사한지 모르겠다. 어느덧 아이돌보미 선생님과 추억을 이야기할 만큼의 시간이 지났고, 앞으로도 함께 해주실 것이라 믿는다. 아이돌봄 지원사업에 바라는 것이 있다면 이 사업이 더 확충되어 많은 사람들이 이 서비스를 누릴 수 있으면 좋겠다는 것이다. 아이들이 무수히 그린 그림들의 꿈만큼 이 사업이 발전하기를 기원한다.

새로운 가족이 생겼어요.

서른 초보엄마가 아이를 낳아 새로운 가족이 생겼고, 이 아이를 통해 돌보미 선생님이라는 하나의 가족을 만날 수 있었고 선생님이 우리 가정에 오심으로 딸은 더 큰 세상을 선생님을 통해 배우고 더 많은 사랑을 받게 되었다. 나는 경력 단절되는 일 없이 직장에서 계속 꿈을 펼칠 수 있게 되었다. 선생님과 만나게 된 지 어느덧 1년이 지났다. 17개월이 되어 이제 조금씩 말을 하는 딸은 선생님을 할미라고 부른다. 아직 선생님이란 단어가 아이에게는 어려운 모양이다. 내가 퇴근하고 선생님께서 돌아가시고 나면 계속 현관을 가리키며 “할미! 할미!” 하고 부른다.

그럼 나는 이렇게 말한다. "할미는 내일 또 올 거야. 코~ 자고 나면 할미 올 거야." 소중한 인연, 진부한 표현이지만 선생님은 우리 가정의 소중한 인연이자 귀한 새로운 가족이다. 아이 한 명을 키우는 데 온 마을이 필요하다고 하는데 선생님은 우리 가정에 있어 온 마을인지도 모르겠다.

출처: 여성가족부, 한국건강가정진흥원(2018).

(2) 공동육아 나눔터

공동육아 나눔터는 자녀돌봄의 지역 인프라를 구축하기 위해 설치 운영되었다. 지역사회의 육아를 담당하는 양육자들이 함께 자녀를 보살피는 공간(나눔터) 지원 및 가족이 가진 여러 가지 자원을 나누는 데 목적이 있다. 자녀양육으로 힘들어하는 부모들이 함께 양육하고, 품앗이 활동을 통해 양육에 대한 부담을 경감시키고 공동양육에 대한 공동체 의식을 갖는 계기를 만든다.

공동육아 나눔터는 안전하고 쾌적한 자녀돌봄 활동 장소 제공, 장난감과 도서를 이용 및 대여하고 있다. 부모들 간 자녀양육에 대한 경험 및 정보교류의 기회 제공, 지역 주민들은 이웃 간 자녀 돌봄 품앗이 활동에 참여할 수 있도록 돕고 가족기능을 강화해 나갈 수 있도록 한다. 아이를 양육하는 가정에서는 누구나 이용할 수 있으며, 가족 품앗이 활동 및 이웃과의 교류를 통해 양육에 대한 부담을 경감할 수 있는 지역사회의 열린 공동체 공간(나눔터)으로 활용되고 있다.

(3) 다함께 돌봄 지원

다함께 돌봄 지원은 「아동복지법」 제44조의2(다함께 돌봄 센터)에 근거하여 2017년 다함께 돌봄시범사업 10개소를 시작으로 2020년 12월 424개소가 설치 운영하고 있다(보건복지부, 2021). 보육서비스의 공공성 강화를 위한 활성화 및 사회적 여건을 조성하고자 하는 것이 목적이다.

다함께 돌봄 지원은 돌봄공백이 큰 초등학생을 중심으로 지역 내 방과 후

돌봄의 거점 기능을 수행하는 기관이다. 초등 돌봄을 위한 공공과 민간의 자원을 연계하여 지역사회가 다 함께 아동을 키우는 자율적이고 유연한 체계로 나아가도록 지원한다(보건복지부, 2021). 다함께 돌봄 지원은 지역 중심의 돌봄체계 구축 및 초등 돌봄 사각지대 해소, 지역사회 중심의 자발적이고 주도적인 아동 돌봄 공동체 기반을 조성하는 데 있다(보건복지부, 2021). 이를 바탕으로 지역 내 돌봄 기능의 틈새를 강화하여 돌봄 사각지대 해소, 상시 및 일시적 돌봄, 등·하교, 등·하원지원, 식사 및 간식지원, 자녀돌봄과 관련한 프로그램과 상담 등을 지원한다.

4) 가족문화

가족문화는 가족이 만들어 내는 문화로, 일상생활의 욕구충족을 위한 과업수행에 내재된 가치, 규범, 상징을 포함한다. 2004년부터 주 5일 근무가 보편화되는 사회 환경의 변화로 여가문화에 대한 관심과 욕구가 증가하였다. 개인 및 가족이 문화 활동을 통해 친밀감을 증진시킬 수 있으며, 삶의 질 향상과 자아성장, 건강증진, 스트레스 완화, 여유 있는 삶을 영위하고자 하는 욕구, 호기심, 도전정신, 자아존중감 향상 등 긍정적인 경험을 한다. 일(work)과는 독립된, 주체적이며 개인의 심리적 잠재력을 성장시킬 수 있는 삶의 독특한 영역으로 가족문화는 생산활동을 촉진하기 위한 재충전 시간으로 삶의 질을 향상시키는 중요한 요소가 된다(이기숙 외, 2020에서 재인용).

가족이 함께 보내는 양질의 시간(quality time)이 많을수록 가족 간 이해의 폭이 넓어지고 의사소통 기회도 많아지게 된다. 또한 가족구성원 간의 관계를 긍정적으로 재정립할 수 있게 되어 가족체계 내부의 안정성 강화에 기여할 뿐 아니라 개인의 심리적 성장에도 도움이 될 것이다(이기숙 외, 2020). 가족단위의 문화활동은 가족의 심리·정서적 만족, 부모자녀 간의 결속력 및 가정의 안정성을 향상시키는 데 의미가 크다고 하겠다.

(1) 가족 사랑의 날

여성가족부는 가족 친화경영을 실천하는 기업들과 협력하여 매주 수요일을 '가족 사랑의 날'로 지정하여 다양한 행사와 이벤트를 통해 가족사랑 실천을 할 수 있도록 도모하고 있다. '가족 사랑의 날'을 통해 평소 함께 만나기 어려운 가족들이 한 자리에 모여 정서적 친밀감을 함께 나누는 기회를 제공하는 데 의미가 있다. 또한 직장에서는 정시 퇴근, 민간기업 및 단체와의 협력을 통해 가족 사랑의 날과 연계하여 많은 가족들이 참여할 수 있는 분위기를 조성하고 다양한 여가활동 기회를 제공한다. 참여한 여러 가족들과 함께 다양한 문화체험을 경험하면서 지역사회 구성원들 간의 소통이 원활해지며 사회적으로 건강한 가족 여가문화를 확산시키는 계기가 된다.

➔ 가족 사랑의 날 실천 방법 - 나부터 시작하는 우리 가족 실천

우리 가족은

1. 매일 30분 이상 대화, 산책, 놀이 등 가족과 함께하는 시간을 갖습니다.
2. 매주 2회 이상 가족과 저녁 식사를 함께 합니다.
3. 매월 1일 이상 가족과 함께 데이트를 합니다.
4. 매주 1회 이상 떨어져 사시는 부모님께 안부 전화를 드립니다.

출처: 여성가족부 홈페이지.

(2) 지역공동체

지역공동체 활동은 가족단위의 봉사를 통해 바람직한 가족의 가치를 형성하고 지역사회에 대한 참여 의식을 고취하는 데 있다. 다문화 인식 개선, 모두가족봉사단, 가족친화 사회환경 조성, 양성평등한 가족문화, 지역사회 공동체 문화 등 가족과 지역사회연계 및 지역공동체 활동 등이 있다. 가족기능을 강화하기 위해 지역사회 내 전문기관 연계, 자원의 교류 및 네트워크 구축은 지역공동체 활성화를 가져오는 계기가 될 것이다.

5) 다양한 가족 지원

(1) 다문화가족 지원

다문화가족 지원은 최근 한국 사회가 직면하고 있는 사회현상 중 하나인 다문화사회로의 전환을 지원하기 위한 것이다. 특히 2000년대 이후 결혼이주여성들의 유입이 대폭 증가하면서 다문화를 접촉할 기회가 확대되고 문화 · 환경적 경험에 큰 변화를 가져왔다(조희금, 2016). 다문화가족은 가족문화의 차이에서 오는 생소함과 다름으로 문화적인 차이를 느끼거나 서로 간에 적응해야 하는 문제에 부딪힐 수 있다. 일상생활방식, 자녀양육, 가족행사, 의사소통방식, 가족구성원 간의 역할과 상호관계의 문화적 차이에서 오는 어려움을 경험하기도 한다.

다문화가족 지원은 다문화가족의 한국 사회 조기정착 및 사회 · 경제적 자립을 도와 안정적인 가족생활을 도모하도록 돕는 데 있다. 다문화가족 대상 통합교육 및 부모교육, 다문화가족 자녀의 건강한 성장지원, 다문화가족의 정착 단계, 생애주기에 따른 맞춤형 서비스 및 글로벌 인재 육성, 사회참여 지원 확대, 결혼이민자 맞춤형 일자리에 참여할 수 있도록 한다.

(2) 맞벌이가정 일·가정 양립 지원

여성의 경제활동 및 맞벌이가족의 증가로 인하여 일 · 가정 양립의 중요성이 제기되고 있다. 육아 및 가사분담에서 남성과 여성의 역할 양립이 요구되나 실제적으로 남성은 가사 일보다 직장 일에 훨씬 치중한다. 이에 일 · 가정 양립지원을 통해 일 · 가정 양립과 가족 친화경영에 대한 사회적 공감대 확산이 필요하다.

맞벌이가정 일 · 가정 양립 지원은 기존의 방과 후 보육 및 초등 방과 후 프로그램 등에서 소외되고 방치된 맞벌이 자녀의 방과 후, 돌봄 기능이 취약한 가정 등의 문제를 해소하고 안정적인 자녀양육을 하도록 돕는다. 맞벌이가정의 일 · 가정 양립 지원은 올바른 양육태도 확립을 위한 부모역할지원 교육, 가정 생활정보 및 직장 내 고충 상담, 정보 제공, 가족의 여가활동 공유 등 맞벌이 가정의 일 · 가정 양립 문화를 조성하는 데 있다.

(3) 미혼모·부자 초기 지원

미혼모 · 부자 초기 지원은 자신의 힘으로 자녀양육을 원하는 미혼모 · 부 가족에게 경제적 자립과 심리 · 정서적 안정 등 자녀양육에 대한 전반적인 서비스를 지원한다. 미혼모 · 부가 자녀를 스스로 양육하고자 할 경우 초기위기에 대처할 수 있도록 상담, 출산비(병원비), 교육문화프로그램 및 자조모임 등 서비스를 제공함으로써 양육 및 자립을 도모하도록 돕는다(한국건강가정진흥원, 2021). 미혼모 · 부가 24세 이하 청소년이고 양육하고자 하는 자녀가 만 3세 이하의 미혼모 · 부자 가정으로 주변의 도움을 받을 가능성이 낮고 약하기 때문에 긴급한 경우 우선지원 대상이 된다.

부모역할에 대한 부담경감과 불안을 해소하고 자립심 증진 및 자존감 향상을 위한 미혼모 · 부자의 정서지원 상담을 지원한다. 출산 및 양육지원, 다양한 문화관련 프로그램과 생애주기별 교육, 경제적 자립교육 프로그램과 미혼모 · 부자 간의 자녀양육 및 자립 경험에 대한 정보를 공유할 수 있도록 한다.

(4) 양육비 이행 지원

양육비 이행 지원은 양육부모와 비양육부모의 양육비 관련 문제 해결을 위한 맞춤 지원하는 상담, 비양육부모와 자녀의 정서적 유대감을 위한 면접교섭을 돕는다. 양육비 이행 지원은 비양육부모(양육비 채무자)가 양육비를 지급하지 않을 때 양육부모(양육비 채권자)가 양육비이행 신청을 통해 양육비를 지원받는다. 또한 양육부모(양육비 채권자)에게 당사자 간 협의 성립, 양육비 관련 소송, 추심, 불이행 시 제재 조치 등 필요한 서비스를 포함하고 있다.

양육비 이행 지원은 양육비 이행관리원에 1회 신청만으로 종합지원서비스를 받을 수 있으며, 관련 기관과 업무협약을 체결하고 자녀가 만 19세가 될 때까지 양육비 이행 여부를 지속적으로 관리해 준다.

양육비 집행권원이 없는 경우 집행권원 확보와 양육부모(양육비 채무자)의 불이행이 지속되면 양육비 지급을 위한 추심소송 및 강제집행을 위한 법률 지원이 제공된다. 그리고 지원이 끝난 이후에도 자녀가 성인이 될 때까지 양육비 이행 여부를 점검하고 관계 개선을 위한 조사정보 지원도 한다. 양육비 이행관리원에서는 양육부모가 양육비 미수령으로 인하여 자녀의 생계가 위태로운 상황일 때 한시적으로 양육비를 긴급지원받을 수 있다.

➔ 양육비 지급 의무 자체를 몰랐던 비양육자

양육비 이행관리원과의 상담 결과, J씨는 C씨가 일방적으로 이혼 소송을 진행했기에 자신은 양육비 판결 내용을 전혀 모르고 있었다고 전해왔습니다. 그러다 집으로 도착한 양육비 이행 청구서를 받아본 뒤 그제야 양육비 지급 문제를 알게 되었다고 합니다. J씨는 앞으로 일정 금액의 양육비를 지속적으로 보내겠다는 의사를 표했습니다.

출처: 한국건강가정진흥원 홈페이지.

(5) 취약 · 위기가족 지원

가정생활과 직장생활 등으로 남녀노소 다 바쁘게 지내는 것이 현대인들이고 바쁜 생활로 인해 가족 간 유대는 점점 더 약화되고 유대감 및 결속감이 낮아지고 있다. 특히 가족기능이 취약한 한부모가족 및 조손가족 등과 경제 · 사회적 위기 사건을 직면한 긴급위기가족에 대한 가족기능 및 역량 강화가 필요하다. 취약 · 위기가족지원은 취약 · 위기가족이 가진 복합적인 욕구 해소를 위해 지역사회 자원 활용, 연계, 상담, 정보제공 등 맞춤형 사례관리를 제공하여 자립역량 강화 및 건강한 가족 건강성 회복을 돕는 데 있다.

긴급위기가족서비스는 가정폭력, 이혼, 학교폭력, 자살 등 위기적인 상황으로 인해 정신적 외상(트라우마)을 경험한 피해자 및 그 가족들을 대상으로 상담 및 돌봄 서비스를 지원하여 피해를 최소화하고 가족해체 예방 및 가족기능 회복을 돕는다. 또한 부부, 자녀양육 등에서 경제적, 심리 · 정서적인 다양한 어려움을 겪고 있는 취약가족, 사회적 외상으로 인해 직간접적으로 피해를 경험한 위기가족 등 다양한 가족을 대상으로 가족단위 맞춤형 서비스를 지원한다(한국건강가정진흥원, 2021).

지원사업의 주요 내용은 부모교육, 가족관계, 자녀양육 교육 및 자조모임, 정보제공, 지역사회 자원 활용과 연계 등이다. 또한 법원연계 이혼 전후 가족 회복 지원, 긴급 가족돌봄 제공 등 가족기능 회복을 위한 다양한 가족역량 증진 프로그램을 실시하고 있다. 더불어 자녀학습정서지원을 위한 배움 지도사, 생활도움지원 및 긴급위기지원 키움 보듬이, 지지 리더 파견, 지역사회 자원연계 등을 제공하여 취약 · 위기가족이 가진 복합적 문제와 욕구 해결을 위해 지속적인 사례관리를 하고 있다.

(6) 통합사례관리

통합사례관리는 지자체 복지사각지대에서 조사, 발굴하여 가난에서 벗어날 수 있도록 생계, 의료, 주거, 교육급여 등을 지원과 사례관리 대상 가구의 자활, 자립을 돕는 공공 및 민간서비스로 구분된다.

공공서비스는 통합사례관리 대상을 발굴한 후 서비스 연계 전까지 필요한 복지서비스를 지원한다. 또한 생활비 및 의료비 지원, 자립에 촉진을 위한 교육훈련비 등 1가구당 최대 50만원 한도 내에서 지원한다.

민간서비스는 행정복지센터에서 초기상담을 진행하여 대상 가구의 욕구조사에 따라 필요한 맞춤형 서비스 제공, 지역사회와 연계하여 사회구성원으로 생활할 수 있도록 한다. 아동, 청소년, 장애인, 노인, 한부모가구, 1인 장년 가구 등 대상의 특성을 고려한 맞춤형 서비스 제공으로 가족관계, 사회적 관계, 경제 상황, 건강 상태, 주거 및 생활환경 개선방안을 모색한다.

함께 나누기

1. 우리 가족만의 여가문화 만들기, 내가 만들고 싶은 우리 가족문화 실천방법에 대해 이야기 나누어 봅시다.

2. '행복한 가족을 만드는 여가' 가족여가 실천방법에 대해 이야기 나누어 봅시다.
   1) 가족이 가장 즐거워하는 일을 알아본다.
   2) 가족을 하나의 동호회로 만들어본다.
   3) 가족끼리 의사소통을 잘하는 방법을 익힌다.
   4) 상대방의 눈높이에 맞춘다.
   5) 생색내지 않는다.
   6) 집에서 뒹구는 것도 여가 활동이다.
   7) 여가생활 가계부를 가족이 함께 쓴다.
   8) 사회적 여가문화에 눈을 돌린다.

출처: 이기숙 외(2020)에서 재인용.

관련 동영상

1. **한국건강가정진흥원, 건강가정・다문화가족지원센터 홍보 동영상**
https://www.youtube.com/watch?v=_mooTrX3N4w (3분19초)
2. **여성가족부, 순간포착! 세상에 이런 정책_건강가정지원센터**
https://www.youtube.com/watch?v=GuAiz01TpmU (3분)

참고문헌

김인규, 박주호, 조남정, 김희숙, 손요한 (2020). **상담과 법**. 박영사.

도미향, 이기숙, 홍계옥, 주정, 최순옥, 문순영, 양한연 (2009). **건강가정론**. 신정.

보건복지부 (2021). 다함께돌봄사업 안내. https://dadol.or.kr.

부산광역시건강가정지원센터 (2020). 2020건강가정지원센터 사업보고서.

여성가족부 (2021). 2025년 세상모든가족함께 - 제4차 건강가정기본계획(2021~2025). 여성가족부.

여성가족부, 한국건강가정진흥원 (2018). 2018년 아이돌봄서비스 수기집 내 생애 최고의 선택.

이기숙, 김영주, 박해숙, 방현주, 석영미, 이미란, 이선순 (2020). **가족과 문화**. 창지사.

이여봉 (2020). **가족 안의 사회, 사회 안의 가족(3판)**. 양서원.

전영주, 황경란, 양무희, 배덕경, 송정숙, 이복숙, 정수빈, 염은선 (2016). **가족상담의 개념과 실제**. 신정.

정민자 (2004). 건강가정기본법의 실천을 위한 정책적 지원. **한국가정관리학회지, 22**(5).

정현숙 (2019). **가족생활교육(2판)**. 신정.

조희금, 김경신, 정민자, 송혜림, 이승미, 성미애, 이현아 (2019). **건강가정론(4판)**. 신정.

한국건강가정진흥원 (2006). 2006년 가족사업안내. 여성가족부.

한국건강가정진흥원 (2021). 2021년 가족사업안내 1권. 여성가족부.

아주경제 (2021.05.01). '1인 가구' 라이프스타일 조명.
https://www.ajunews.com/view/20160523161843053

한겨레 (2018.10.14). [아시아미래포럼 기획] 1부 한국형 불평등을 말한다. ③ 주거, 과녁을 벗어난 대책. https://www.hani.co.kr/arti/economy/economy_general/865776.html

한국경제매거진 (2016.08.12). 1인 가구를 위한 건강관리- "나 혼자서도, 건강하게 산다".
https://magazine.hankyung.com/money/article/202101206049c

다누리 https://www.liveinkorea.kr/portal/KOR/main/main.do

보건복지부 다함께 돌봄사업 https://dadol.or.kr
아이돌봄서비스 https://idolbom.go.kr
양육비이행관리원 https://www.childsupport.or.kr
여성가족부 http://www.mogef.go.kr
한국건강가정진흥원 www.kihf.or.kr

CHAPTER 16

뉴노멀 시대의 가족의 도전

전영주 집필

앞으로 결혼과 가족은 어떻게 변화될 것인가? 21세기 가족은 저출산·고령화와 같은 인구학적 변화와 함께 첨단과학기술의 혁신, 지구온난화와 환경오염 등 급변하는 환경에 적응해야 하는 도전에 직면해 있다. 미래 가족의 방향은 가족형성 및 재생산 방식의 변화, 선택적 가족의 증가, 가족 개념의 확장 및 가족생활의 다양성 심화 등으로 나아갈 것으로 예측된다. 그럼에도 가족은 사회를 보존할 건강한 인적자원을 키워내는 가장 중요한 원천이므로 가족에 대한 국가와 사회의 적극적 지원이 필요하다.

1. 코로나19 대유행과 가족

2019년 12월 중국 우한에서 처음 발견된 코로나19는 최근 인류가 겪었던 감염병들에 비해 확산 속도와 범위가 매우 빠르고 광범위하다. 우리나라에서도 2020년 1월 첫 확진자 발생 후 사람들의 일상은 크게 변화되었으며, 어린이집과 유치원의 휴원 및 학교의 휴교로 가족의 돌봄 부담이 커지고 있다.

코로나19 이후 재택근무나 자가격리 등의 이유로 사람들은 예전보다 가정에서 많은 시간을 보내게 되었고 가족이 함께 보내는 시간도 길어졌다. 가족 간 대화가 늘고 함께 식사하는 횟수가 많아지며 가족 친밀감이 높아지는 긍정적 측면도 있으나, 부부간 가사노동이나 아동 양육에 대한 스트레스와 역할분담 갈등이 심화되는 경우도 적지 않다. 이 절에서는 인류가 직면하고 있는 최근의 감염병인 코로나19 대유행과 관련된 과제를 살펴보고자 한다.

1) 돌봄 공백

코로나19로 인해 어린이집과 학교 등이 휴원과 휴교를 하면서 맞벌이가족을 비롯한 거의 모든 가구에서 돌봄 공백 문제가 발생하고 있다. 또한 감염 우려로 아이돌보미나 양육도우미 서비스 이용도 감소하였다. 조사에 따르면 '자녀의 감염 우려'나 '신청 아동 수가 적어서', '긴급돌봄 운영방식에 대한 불안' 등의 이유 때문인 것으로 나타난다(최아라, 2020).

돌봄 공백은 개별 가족의 여건에 따라 다양한 양상의 문제를 보이고 있다. 예를 들어 조손가족이나 다문화가족에서는 결식 등 아동 보호 문제와 온라인 학습 대응의 미숙함 등이 발생하고 있다. 따라서 가족의 욕구에 따라 가족센터 기반의 자녀돌봄 수요를 파악하고, 서비스 연계 지원이 필요하다.

2) 성불평등 심화

코로나19 대유행은 공적 돌봄 체계의 마비를 초래하였으며, 공공화되었던 아동돌봄을 다시 가족의 부담으로 되돌려 놓았다. 코로나19 이후 맞벌이와 외벌이가구 모두에서 여성의 자녀돌봄 부담이 증가하였다. 김영란(2020)에 따르면 코로나19 확산 후 맞벌이 여성의 40.7%, 외벌이 여성의 38.7%가 '코로나19 확산 이전보다 돌봄을 더 부담했다'고 응답했다. 맞벌이가정의 경우, 여성이 남성에 비해 가족돌봄휴가나 연차, 재택근무, 시차출퇴근 등 유연근무제도 등을 더 자주 이용하고 있으며, 자녀돌봄을 위해 일하는 방식을 변경한 사례도 상대적으로 많았다.

이런 분위기 속에서 성평등한 상호 돌봄문화 조성을 위해 남성의 돌봄 참여 확대를 위한 제도 개선과 사회적 인식의 전환이 요구되고 있다. 감염병 등 긴급 상황 시 이용 가족 범위를 확대하고 가족돌봄휴가 기간을 확대하거나 유급 전환 검토가 필요하다.

3) 정신건강의 어려움

장기간의 사회적 거리두기의 여파로 소위 '코로나 블루'라고 하는 다양한 심리 · 정서문제가 발생하고 있다. 김영란(2020)의 조사에 따르면 응답자의 59.3%(여성 66.0%, 남성 49.3%)가 코로나19 이후 우울감이나 스트레스가 커졌다고 보고하였다. 장기간의 고립은 잠재되어 있던 우울감, 불안 등 심리적 어려움을 심화시키고, 음주와 불법도박, 인터넷중독 등 역기능적 행동으로 이어지기도 한다. 어린이집과 학교에 가지 못하고 집에 있는 아동들의 경우, 스마트폰 과의존, 소아비만 등의 문제를 보이기도 하며, 돌봄 부담이 커짐에 따라 아동학대나 방임 문제도 발생하고 있다.

또한 가족 갈등이 심화되어 가정폭력 발생을 초래하기도 한다. 이에 장기간의 '집콕' 또는 '방콕' 생활로 누적된 정신건강의 문제와 가족 내 관계적 갈등에 대한 상담서비스와 같은 지원 프로그램이 필요하다. 또한 코로나19 확진자 및 격리자에 대한 낙인과 차별로 인해 이들이 겪게 되는 트라우마와 경제적 어려움으로 인해 파급된 불안을 다룰 수 있는 지원이 필요하다.

4) 취약가족의 어려움 심화

취약위기가족에 대한 통합지원서비스 우선 고려가 필요하다. 이들은 코로나19 대유행 시기에 고용불안정, 소득감소, 결식, 돌봄 공백 등 복합적인 문제에 직면하고 있으며, 열악한 주거환경에서 가족이 긴 시간을 함께 있게 되면서 가족갈등과 폭력 위험이 증가되고 있다. 코로나19 이후 소득 수준이 낮은 계층일수록 가구소득이 감소했다는 비율이 높았다(김영란, 2020). 특히 한부모가족, 조손가족, 다문화가족 등 내부 자원이 부족한 취약계층 가족들의 어려움이 가중되고 있다.

코로나19 대유행으로 인해 가장 직접적인 피해를 입고 있는 가족 중 하나가 자영업에 종사하는 가족이다. 25%에 달하는 자영업자 가족은 심각한 경제적 피해와 함께 우울, 불안, 분노 등 정신건강의 어려움과 및 가족관계상의 스트레스를 경험하고 있다(김영란, 2020). 경제적 스트레스와 이로 인한 갈등은 심각해질 경우 가족 해체를 초래할 수 있으므로 가족원들의 각별한 주의가 필요하다.

5) 가정폭력 문제

세계적으로 코로나19 대유행 이후 가정폭력이 30% 정도 증가했다는 보고가 있다. 가족이 함께 지내야 하는 시간이 증가하면서, 경제적 어려움이나 정신건강상의 문제가 더해질 경우 부부간 또는 부모자녀 간의 부정적 상호작용을 초래하고 언어적, 신체적 폭력으로 이어지기도 한다(한국 가족치료학회, 2020).

김영란(2020)의 조사에 따르면 응답자의 46.7%가 코로나19 이후 가구소득이 감소했다고 했으며, 37.4%가 가족원 간 갈등을 경험했다고 응답했다. 코로나19 시대에 경제적 스트레스와 관계적 스트레스가 증가하면서 부부구타나 아동학대 등 가정폭력의 위험성도 증가하고 있다. 더불어 가정폭력상담소나 아동보호전문기관이 부분적으로 휴관하면서 신고자들과의 접촉도 감소하고 있어 폭력 고위험군 가정의 아동과 여성 등이 위험에 처해질 수 있다.

2. 가족의 미래[12)]

1) 미래 가족의 방향

(1) 가족형성 및 재생산방식의 변화

전통적으로 법적 혼인을 통해 형성되던 부부 및 출산을 통한 가족형성방식에 변화가 나타나고 있다. 법률혼을 거치지 않고 동거를 통해 형성된 커플이 증가하고 이들이 자녀를 갖는 경우가 늘고 있으며, 비혼 상태에서 홀로 자녀를 낳아 양육하는 미혼 한부모도 늘고 있다. 최근 미국에서는 결혼이 계층 구분의 지표가 되고 있는 현상에 주목하고 있는데 저소득층에 비해 고소득층 자녀가 결혼제도에 진입하는 경우가 더 많은 것으로 나타났다(조선일보, 2012.7.17). 비혼이나 동거가 대안적 삶의 방식으로 증가하면서 서구에서는 법률혼에 제한된 '부부'라는 용어보다 '커플'이라는 용어가 광범위하게 사용되고 있다.

한편 인간의 출산, 즉 재생산(reproduction)방식도 변화되고 있는데, 자녀를 갖는 방법으로 배우자와의 성관계 없이 인공수정이나 대리모, 그 외의 혁신적 재생산 기술을 이용한 가족형성이 증가할 것으로 예측되고 있다. '부모됨' 역시 생물학적 재생산과 돌봄으로 이해했던 기존의 방식에서 벗어나, 위탁부모, 계부모, 양부모 등을 포함한 부모자녀관계로 확대될 것이다.

12) '최선화, 공미혜, 전영주, 최희경(2018). 변화하는 사회의 가족복지. 학지사'에서 부분 발췌 및 수정

➔ 결혼이 계층 구분 기준이 되다

자녀 있는 美 가족 중 저소득층 41%·고소득층 88%가 결혼
결혼 여부도 대물림 – 싱글맘 등 한부모자녀, 결혼할 가능성 낮아져

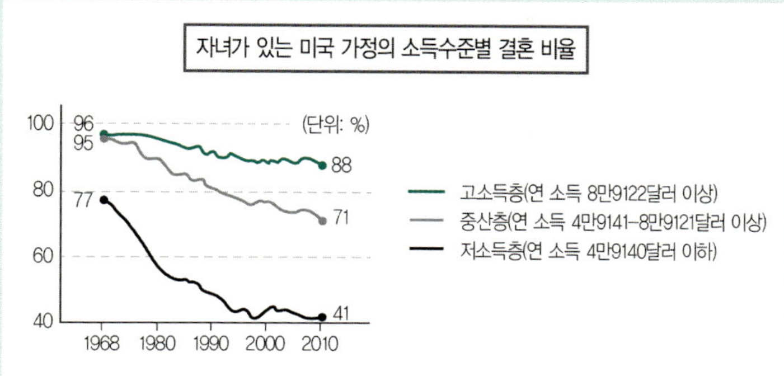

출처: 조선일보(2012.07.17).

(2) 선택적 가족의 증가

선택적 가족(family of choice)은 혈연이나 법적 유대에서 벗어나 개인의 자율적 선택을 통해 사회적으로 획득된 가족의 유대, 돌봄, 부양 등을 실천하는 가족형태를 의미한다. 선택적 가족은 종종 국가의 제도적 가족 틀에 맞서는 정치적 의미를 내표하기도 하는데, 성소수자커플이 대표적인 선택적 가족이라고 할 수 있다(McCarthy & Edwards, 2011, 전영주 외 역, 2013).

독신가구가 급증하는 가운데, 선택적 가족은 다양한 형태의 친밀한 관계를 포함하며 생물학적 관계가 아닌 개인의 선택과 주체성에 의해 형성된다. 입양자녀, 동거파트너, 친구, 과거의 연인 등 다양한 대상이 선택적 가족의 범주에 들어갈 수 있다. 개인이 주체적으로 선택한 관계 속에서 정서적, 사회적, 물질적 부양과 돌봄을 제공함으로써 소속감과 유대를 유지하는 선택적 가족은 대안적 생활방식으로 확산될 것으로 보인다.

그러나 선택적 가족을 지나치게 낭만적으로 인식하지 않는 것은 중요하다.

모든 인간관계에서 공통으로 나타나는 갈등, 권력다툼, 상실감 등 도전과 어려움이 선택적 가족에서도 역시 수반될 수 있기 때문이다.

(3) 세계화와 문화 초월 가족의 증가

최근 취업이나 자녀교육의 이유로 일정 기간 주말부부나 기러기가족 생활을 하는 가족이 적지 않다. 그러나 미래에는 이러한 경향이 더욱 심화되어 가족원들이 다른 국가나 문화권에 장기간 떨어져 거주하며 가족 간의 유대 및 가족생활을 유지하는 경우가 늘 것이다. 또한 타문화권 사람들이 모여 가족이 되는 경향도 심화될 것이다. 대표적으로 초국적가족(세계가족)이나 다문화가족이 증가하는 것을 예로 들 수 있다. 이는 일국적 정상가족(national-normative family)에 대한 전제, 또는 가족은 함께 거주하며 생활해야 한다는 동거동재의 가정에서 벗어나는 것이다. 앞으로도 교통과 통신의 획기적 발전을 기반으로 문화와 국적을 초월한 가족형태는 더욱 증가할 것으로 예측된다.

(4) 가족의 개념 확장

전형적 가족을 의미하는 'the family'는 이성애의 두 부모(부양자인 아버지와 주부인 어머니로 이루어진)와 생물학적 자녀로 이루어진 전형적 가족 유형이며, 전통적 핵가족, 제도적 가족으로 간주된다. 어떤 연구자들은 제도로서의 가족이 경제, 노동, 교육 등 주요 사회제도와 어떤 관련성을 갖고 있는지 연구하기 위해 전통적 가족 개념을 사용하기도 한다.

그러나 전형적 가족 개념은 다양한 가족의 삶의 현실을 고려하지 못하는 결과를 가져올 수 있다. 이에 대해 가족관계와 가족생활에 관심을 갖는 연구자들은 대안으로 '가족들(families)' 또는 '가족의 삶(family lives)' 이나 '가족실천(doing family)' 등의 용어를 사용하기도 한다(McCarthy & Edwards, 2011, 전영주 외 역, 2013). 이는 가족이 우리가 이름 붙일 수 있는 대상인 명사라는 생각에서 벗어나, 가족이 광범위한 경험의 다양성과 삶의 다른 측면에 적용될 수 있는 기술적 용어임을 제안하는 것이다. 때로는 '친밀감'이나 '유대' 또는 '개인적 삶(personal life)'과 같은 광범위한 개념들의 합을 '가족'으로 사용하기도 한다. 이러한 개념적 확장은 '가족'이라는 집단이 전형적인 가정환경에서뿐만 아니라 다양한 종류의 사회적 환경에서도 발견될 수 있다는 점을 시사한다.

2) 삶의 방식의 다양성 확대

20세기 후반부터 우리 사회의 가족형태는 급속하게 다양화되었다. 맞벌이가족뿐만 아니라 앞서 다룬 한부모가족, 재혼가족, 비동거가족, 입양가족, 조손가족, 무자녀가족, 다문화가족 등 가족의 형태와 구성에서 다변화가 진행되었다.

21세기에 들어선 후, 개인이 선택하는 삶의 방식 또는 가족공동체의 유형은 더욱 다양해지고 있으며, 획기적인 가족 유형도 출현할 것으로 예상된다. 현재 증가되고 있거나 미래에 출현할 것으로 예상되는 삶의 방식으로 1인 가구, 펫밀리, 초국적가족, 미혼양육모가족, 그룹홈, 동성애가족, 로봇(AI)가족 등에 대해 살펴보겠다.

(1) 1인 가구

1인 가구 또는 독신가구(single household)는 현재 가장 빠른 속도로 증가하고 있는 삶의 방식으로, '성인이 홀로 거주하는 가구'를 의미한다. 독신가구의 증가 요인으로 개인주의 확산, 인구 구조의 변화, 취업의 어려움, 경제적 불안정성, 독립과 삶의 여유에 대한 욕구 등이 꼽히고 있다. 청년층은 취업의 어려움과 결혼관의 변화로 초혼 시기가 늦어져 혼자 사는 경우가 늘었고, 장년층은 이혼이나 기러기가족 등의 이유로 혼자 사는 경우가 늘며, 고령층 역시 고령인구의 증가로 배우자 사별 후 혼자 사는 노인이 늘어나고 있다. 또한 1인 가구 증가 현상의 배경에는 결혼의 당위성이나 제도적 가족에 대해 회의를 갖는 사람들이 늘기 때문인 것으로 보인다.

1인 가구의 2/3 정도는 20~30대 청년층 1인 가구와 70세 이상 고령 1인 가구가 차지한다. 그러나 최근 40~50대 중년남성의 1인 가구 비율도 빠르게 증가하고 있는데, 중년까지 미혼으로 남은 남성과 이혼 후 재혼하지 않고 혼자 사는 남성이 중년남성 독신가구를 이루게 된 것이다. 1인 가구는 새로운 소비주체로 주목받기도 하지만, 최근 고독사 등 사회문제도 적지 않아 국가적 차원의 대책이 필요하다.

(2) 펫밀리(반려동물가족)

펫밀리(Petmily)는 반려동물(pet)과 가족(family)의 합성어로 반려동물을 가족의 일원으로 여기는 사람들을 지칭한다. 사람에게 즐거움을 주기 위해 기르는 애완동물이 아닌 사람과 더불어 살아가며 심리적으로 안정감과 친밀감을 나누는 친구이자 가족과 같은 존재라는 의미에서 '반려동물'이라고 칭한다. 이는 가족은 2인 이상의 인간으로 구성되어야 한다는 기존 개념을 벗어나는 것으로, 사람이 아닌 개나 고양이 등을 가족원의 범주로 포함하는 추세가 확산되고 있다.

1인 가구와 고령인구 증가도 펫밀리 현상의 배경이며, 자녀 대신 반려동물을 돌보는 무자녀부부도 늘고 있다. 반려동물을 키우는 사람들은 반려동물과의 신체접촉을 통해 위안과 우정, 교감, 정서적 안정을 경험하며, 우울, 외로움 감소와 주관적 행복감의 증가를 경험하는 것으로 알려져 있다(김정희, 2017).

그러나 반려동물에 대한 지나친 관심과 애정으로 말미암아 가족에게는 소홀해 가족갈등이 일어나기도 하며, 반려동물 돌봄을 둘러싸고 가족원들 간에 다툼이 일어나기도 한다. 또한 반려동물이 사망했을 때 슬픔과 상실감으로 심각한 펫로스(pet loss)증후군을 경험하거나 반려동물에 대한 이해 부족으로 인한 이웃 간 갈등, 유기동물의 증가 등의 어려움도 발생할 수 있다.

(3) 초국적가족(세계가족)

초국적가족(transnational family) 또는 세계가족(global family)은 '국가 또는 국적의 경계를 넘나드는 가족생활 또는 가족관계망'을 의미한다(전영주 외, 2013). 초국적가족은 원래 동일한 혈통의 가족원들이 두 개 이상의 국가나 문화권으로 흩어져 장기적으로 분거하는 유동적인 관계 속에서 정서적 가족 유대와 복지, 소속감 등을 유지한다. 반면 다문화가족 또는 다국적가족은 원래 다른 나라와 문화에 소속되어 있던 사람들이 하나의 가족으로 만들어지는 형태의 가족을 의미한다(조은숙, 2015).

최근 국제노동시장이 커지면서 취업이나 자녀교육 등의 이유로 가족원 중 일부가 단기적 또는 장기적으로 외국에 체류하거나 이주해 정착하는 경우가 늘고 있다. 이러한 경우 가족은 비록 공동거주 및 공동재생산 활동을 하지는 못하지만, 한쪽 또는 양쪽 부모가 해외에서 버는 소득으로 다른 가족은 모국에서 돌봄이나 재생산활동을 해나갈 수 있다. 특히 인터넷 등 통신과 교통의 진보로 이주자가 모국의 가족과 국적이나 국가의 경계, 공간적 범주를 초월해 가족활동을 유지할 수 있게 되었다.

해외체류 조건이나 자원 측면에서 제조업, 가사노동에 종사하는 이주자와 전문직에 종사하는 이주자의 초국적 가족생활에는 차이가 있다. 같은 국가의 이주자더라도 유입 국가, 문화, 성별 또는 사회계층에 따라 초국적가족 경험은 매우 상이할 수 있다(전영주 외, 2013).

(4) 비혼모가족

최근 비혼 상태로 자녀를 갖고 가족을 이루는 비혼모가족이 늘고 있는데, 이 유형의 다수는 '미혼모가족'이 차지한다. 법률적으로 미혼모가족은 '혼전에 출산을 한 미혼모와 그 아동으로 구성된 미혼모자가족'을 의미하며 한부모가족의 한 형태로 간주될 수 있다(이영주 외, 2015; 최선화 외, 2018에서 재인용). 최근 자발적 미혼모의 증가로 결혼을 거부하거나 선택의 문제로 보는 여성을 위한 '비혼모'라는 용어가 사용되며 양육 미혼부 증가로 '미혼 한부모가족'이라는 용어가 사용되기도 한다. 현재 비혼모가족은 증가추세로, 통계청 자료에 의하면 미혼모가족은 1995년 90,986가구에서 2015년 193,113가구로 지속적으로 증가하고 있다(한국정책연구원, 2017).

비혼모들이 출산 후 자녀양육을 결정한 다음 가장 힘든 사항으로 '경제적인 부분(67.5%)'과 '가족과의 힘든 관계(15.0%)'를 지적하였다(정용순, 2002). 비혼모들은 '갑자기 돈이 필요'하거나 '자녀에게 위급상황'이 생겼을 때 도움을 요청하는 대상도 과반수는 부모나 형제·자매로 응답하고 있어서 물질적 지원은 여전히 가족에게 의존하는 한편, 이야기 상대가 필요하거나 어려움을 말하는 정서적 지원은 주로 친구로부터 받는 것으로 응답하고 있다(김혜영, 2010).

➔ 비혼 출산 사유리 방송 논란. '올바른 가족관'이란?

결혼 없는 출산 소식을 전한 방송인 사유리 씨가 KBS 육아 예능 프로그램에 출연하기로 했는데요. 청와대 국민청원 게시판에 정자를 기증받아 '자발적 비혼모'가 된 방송인 사유리의 방송 출연을 반대하는 청원이 계속되고 있습니다. 청원인은 '공영방송은 올바른 가족관을 제시하고 결혼과 정상적인 출산을 장려하는 프로그램을 만들어야 한다'며, 비혼모 출산 부추기는 공중파 방영을 즉각 중단해 달라고 요청했습니다. 이를 두고 일부 네티즌은 도대체 정상적인 가족관은 누가 정하는 거냐, 미혼모도 아이 낳을 권리가 있다는 등의 비판을 쏟아내기도 했는데요. 이번 논란 자체가 편견을 담고 있다는 지적도 있습니다.

김미진(한국미혼모가족협회 대표): 저희는 다양한 가족형태 중의 하나고, 저희는 아이를 위해서, 생명을 위해서 저희의 모든 것을 다 헌신하고 있는 엄마들입니다. 저희의 아이들이 차별받는 것에 대해서 저희가 얼마나 가슴이 아플지는 가족 그리고 자식을 가지고 있는 부모님들께서는 그 마음이 어떨지 짐작을 하실 거라고 이미 생각을 하고요.

정재훈 서울여대 사회복지학과 교수는 중앙일보 인터뷰에서 '정상'의 개념은 시대에 따라 변할 수 있다는 점을 강조하기도 했는데요. 여성 사유리 씨의 출산에 이은 방송인 사유리 씨의 방송 출연 소식, 한국 사회에 다양한 가족이 존재할 수 있고 이에 대한 이해가 필요하지 않겠냐는 질문을 던지는 듯합니다.

출처: YTN(2021.03.31).

(5) 비혈연공동체

비혈연공동체가족은 다양한 형태가 있지만 그 중 그룹홈은 가정의 보호가 필요한 요보호아동 및 청소년을 위한 일반가정과 유사한 규모의 거주시설로, 아동보호와 양육이 목적인 대안가족의 한 형태이자 대표적인 비혈연 가족생활공동체라 할 수 있다. 그룹홈은 요보호 아동에게 단순히 거주와 생활의 공간만 제공해 주는 것이 아니라 대리부모와의 관계를 통해 정서적 회복과 사회적 적응을 도와준다. 대리부모가 아동에게 안정감과 애착을 적절하게 제공하는 경우 '심리적 부모'로서 아동의 건강한 성장과 발달에 도움을 줄 수 있다. 또한 그룹홈은 다양한 연령층의 또래들로 구성되므로 비혈연 형제자매관계 관계 속에서 서로 경쟁도 하고 돌보아주기도 하면서 역동적 상호작용을 경험할 수 있다.

그룹홈 아동들이 불가피하게 원가족과 분리되어 있지만, 대리모는 아동이 장기적으로는 원가족과 재결합이 가능하도록 노력해야 한다. 이를 위해 지속적으로 아동과 친부모와 만남을 유지해 자존감과 정체성을 유지할 수 있도록 해야 한다.

(6) 성소수자가족

성소수자가족 중 동성애가족은 동성의 커플로 구성되거나, 동성애커플과 자녀로 이루어진 가족형태이다. 우리나라에서 동성애커플에 대한 일반적인 시선은 아직 수용적이지 않다. 이성 간의 성적 결합으로만 종족보존이 가능하다는 가정하에 동성애는 비정상이며 정신적, 심리적으로 건강하지 않은 상태로 인식되어왔다.

다수의 성소수자들은 이성혼에 대한 압력 및 불안정한 교제관계에 대한 스트레스를 경험한다. 한국 사회에서 커밍아웃 전의 성소수자는 이성혼에 대한 원가족의 압박을 피해 가능한 원가족과 떨어져 지내는 삶의 방식을 택한다. 부모님의 압력으로 이성과 결혼을 하거나 위장결혼을 하기도 하지만, 커밍아웃

후에는 부부로서의 정체성을 갖기 위해 결혼식을 올리거나 부부관계를 인정받기 위해 노력한다.

자녀가 성소수자임을 알게 된 부모는 성소수자 자녀를 거부하거나 비수용적 태도를 보이는 경향이 높고, 집안의 불명예로 여기기도 한다. 국가인권위원회(2015)에 의하면 한국 성소수자의 82%가 가족에게 커밍아웃하지 않았다고 하였으며, 커밍아웃 시 아버지의 4.7%, 어머니의 11.1%만이 자녀에게 수용적 반응을 보였다고 하며, 다수의 부모는 성소수자 자녀를 강제출가시키거나 자녀 스스로 가출하기도 한다(김진이, 2016에서 재인용).

성소수자커플은 이성애커플과 달리 '남성＝생계부양자, 아내＝양육 및 가사노동전담자' 라는 성역할 기대 공식이 존재하지 않는다. 따라서 성소수자 커플은 다양한 영역에서 협상을 통해 실용주의적인 가족생활 실천을 하는 편이다. 외국의 경우 인공수정이나 입양을 통해 자녀를 출산, 양육하는 경우도 있으므로 우리 사회도 이러한 삶의 방식에 대한 논의가 필요하다.

(7) 로봇/인공지능(AI) 가족

로봇(AI)가족은 인공지능을 갖춘 로봇이 가족의 구성원이 되는 가족 유형을 의미한다. 간호나 돌봄이 필요한 가족원에게 로봇이 돌봄 서비스를 제공하는 경우를 가리키기도 한다. 인공지능(AI)과 로봇산업의 빠른 발전과 함께 소가족화, 1인 가구의 증가는 친밀감 및 돌봄노동의 기계 대체 논의를 가져오고 있다. 실제 사람의 표정과 목소리를 분석하여 감성 대화가 가능한 휴머노이드 또는 소셜 로봇이 다양한 서비스 분야에서 활용되고 있다. 일본에서는 이미 돌봄 로봇을 투입해 노인들의 요양을 돕는 시범사업을 실시하여 노인들의 자립도를 향상시키는 데 일조하고 있다(동아일보, 2017.04.03). 특히 동물치료 역할을 하는 '파로(Paro)'나 거동이 불편한 환자를 이동시켜 주는 간호용 로봇 '로베어(Robear)', 노인들의 말벗과 알림이 되어주는 '효돌' 등이 인기를 얻고 있다.

로봇은 서비스 분야와 돌봄, 간호용 로봇 외에도 심리적 정서적 돌봄을 위한 대화 서비스나 성(性)적 서비스를 제공하기도 한다(민경배, 2016). 로봇은 소외된 인간에게 친밀성과 정서적 교감을 부여하는 대화와 상담의 역할을 하는 경우도 있는데 인간과는 달리 반응에 신경 쓸 필요가 없기 때문에 더 큰 치유효과를 보기도 한다.

그러나 로봇(AI)의 법적 지위에 관한 문제, 사생활 침해문제, 로봇 비용의 문제, 안정성의 문제 등 해결되지 않은 과제가 남아 있다. 그럼에도 향후 소셜로봇은 반려동물과 마찬가지로 정서적 연대감의 대상이 될 가능성이 높다(이현지, 2016). 소셜로봇이 가족원의 역할을 하게 될 것이라는 예측과 함께 인공지능시대의 가족 패러다임은 혁신적 변화를 맞이할 수 있다.

3. 가족의 도전과 과제

1) 가족 내 인권의식 향상

지난 반세기 동안 국가와 사회의 수준에서는 민주주의가 어느 정도 정착되었으나, 사적 영역인 가족 내 민주화와 인권의 문제는 더디게 진보하였다. 부부폭력, 아동학대, 노인학대 등 가족 내 폭력과 학대문제는 여전히 만연하며, 가족 안에서의 성역할, 가족의례, 문화 등을 둘러싼 젠더와 세대 갈등 또한 지속되고 있다.

자유와 평등이 거시적 개념만은 아니며 가족에서도 누려야 하는 기본 인권이다. 사적 영역의 민주화와 인권문제에 대한 사회적 인식이 제고되어 가족 내 성별 간, 세대 간 억압과 차별 없는 일상 속에 존중과 소통이 자리 잡아야 할 것이다. 이를 위해서 가족 내 위계에 기반한 폭력·학대에 대한 예방과 처벌, 피해자 보호 강화를 통해 가족원의 안전과 인권을 보장하는 제도가 굳건하게 구축, 실행되어야 할 것이다.

2) 개인화의 극복

서구의 개인주의 유입의 영향으로 우리 사회의 전통적인 집단주의가 해체되고 있으며, 집단으로서의 가족보다 가족원 개인의 권리에 대한 인식이 증대되고 있다. 더불어 최근 인터넷과 모바일기기 사용이 많아지고, 일보다 개인생활을 우선시하는 문화 확산으로 가족 내 소통단절과 이로 인한 관계의 소원함이 심화되고 있다. 개인화로 인한 부부간, 부모자녀 간 관계의 소원함은 순환적으로 가족의 유대와 안정성을 약화시키고, 개인의 행복감에도 부정적 영향을 미칠 수 있다.

현대사회에 만연된 개인화 문제를 극복하기 위해서는 ① 일하는 사람의 돌봄권 보장을 위한 제도를 정비하여 생애초기 부모자녀 간 안정적 애착을 도모하고 ② 생애주기별 관계검진 프로그램을 가동하여 부부 및 가족관계를 점검하며 ③ 가족의 유대를 강화할 수 있는 가족여가문화 조성 환경을 구축하고 ④ 가족 단위의 시민활동의 확산을 지원하며 ⑤ 마을 단위나 학교 기반의 돌봄 인프라와 서비스 확대하고 ⑥ 1인 가구의 사회관계망 형성 지원하며 ⑦ 자발적 돌봄공동체 모델을 확산하는 등 다각적인 노력이 필요할 것이다.

3) 가족의 다양성 지원

20세기 후반 진행되었던 전형적 가족(정상가족) 담론 논쟁은 21세기에 들어서 다양한 가족형태가 주가 되면서 가라앉았다. 왜냐하면 1인 가구의 증가를 포함한 다양한 삶의 방식이 늘면서 더 이상 가족의 구조나 형태를 정상 대 비정상으로 나누기 어려워졌기 때문이다.

제4차 건강가정기본계획(2021~2025년) 정책과제 중 하나가 '가족 다양성 포용'으로 모든 가족이 차별 없이 존중받고 정책에서 배제되지 않는 요건 조성에 가족정책의 초점을 두고 있다. 우리 사회가 모든 가족 및 가족원을 존중하는 사회, 평등하게 돌보는 사회로 나아갈 때 저출산 문제 해결도 가능해질 것이다. 가족문화와 가족정책이 다양성 수용을 지향함에 따라 가족실천가들의 문화적 개방성과 수용성도 중요한 임상 역량으로 부각될 것이다.

➔ 동거 · 비혼도 가족 인정… 성씨도 부부 합의로

여성가족부가 결혼하지 않고 사는 동거나 비혼 등도 가족으로 인정하는 방안을 추진한다고 25일 밝혔다. 여가부는 가족 다양성을 인정하고 평등하게 돌보는 사회를 목표로 한 '제4차 건강가정기본계획'을 수립하고 3월 확정 · 발표할 예정이다.

구체적으로 ▲세상 모든 가족을 포용하는 사회기반 구축 ▲모든 가족의 안정적 생활여건보장 ▲가족 다양성에 대응하는 사회적 돌봄 체계 강화 ▲함께 일하고 돌보는 사회환경 조성 등 4개 영역별 정책과제를 담았다.

이는 법률혼이나 혈연 중심으로 규정된 가족 관련법의 가족 정의 규정을 개정하기 위함이다. 즉 1인 가구가 증가하고 전형적 가족으로 인식되는 '부부와 미혼자녀' 가구 비중이 감소하면서 비혼, 노년동거 등 결혼제도 밖의 다양한 가족구성을 보장해 이들의 생활이나 재산 등 권리를 보호하기 위한 취지다.

이에 따라 가족 다양성을 반영해 모든 가족이 차별 없이 존중받고 정책에서 배제되지 않는 여건을 조성해야 한다는 게 여가부의 설명이다. 가족형성의 다양한 선택권을 보장하고 가족원이 1차적으로 책임지던 돌봄의 사회적 분담을 확대한다. 이를 위해 '출생신고' 대신 의료기관의 '출생 통보제'를 도입하고 자녀의 성 결정방식을 부성 우선에서 부모협의 원칙으로 전환한다. 결혼제도 외에 대안적 관계인 비혼 또는 노년동거 등의 가족구성도 보장한다. 어떤 가족 유형이든 기본생활을 유지할 수 있도록 생계 · 주거지원을 늘리고 아동양육을 위한 경제적 지원도 확대한다는 방침이다. 즉 한부모 등 핵심 지원 대상에 대한 지원은 강화하되 정책 패러다임을 '욕구가 있는 모든 가족 지원'으로 확장한다는 것이 골자다. 이어 아동과 청소년이 가족 유형에 따라 차별적인 양육환경에 놓이지 않도록 한부모 및 다문화가족 등 가족 특성을 고려해 맞춤형 지원을 제공한다.

출처: 머니S(2021.01.25).

4) 성평등한 일 · 생활 균형이 가능한 환경 조성

맞벌이부부가 보편적인 형태인 여러 국가에서 인구감소에 대한 대응책으로 아동양육수당, 모성휴가 및 부모휴가, 남성의 육아참여, 공공보육의 확대 등 다양한 일 · 생활 균형정책을 시행해오고 있다. 기존의 일 · 가정 양립정책(예: 아동양육수당)은 남성과 여성의 차이를 근거로 수립되어, '양립' 문제를 여성의 문제로 제한하고 있으며 여성의 이해보다 남성 가부장의 이해를 대변하는 '전형적 가족-시장'의 양립정책이라는 비판을 받아왔다.

미래의 일 · 생활 균형의 문제는 성별분업 담론을 해체하고 남녀 모두 일하고 돌볼 권리의 균형을 지향해야 한다. 성평등에 근거한 일 · 생활 균형 정책을 일관성 있게 수행하여 성별구분 없이 생계부양과 돌봄의 역할을 부부가 함께 분담하는 형태로 사회가 변화될 때 성공적인 일 · 생활 균형정책이 자리 잡을 것이다.

5) 보편적 가족서비스와 디지털 기반 서비스 확대

한국의 가족정책은 모든 가족이 혜택을 받을 수 있는 보편적 지원을 지향하고 있다. 이를 위해 전국에 220여개의 건강가정 · 다문화가족지원센터가 설치되어 있지만, 정보 부족으로 많은 사람들이 적절한 서비스를 받지 못하고 있다. 따라서 가족서비스에 대한 정보제공과 홍보가 강화되어야 하고, 가족서비스 인프라를 정비해 가족의 욕구 수준에 맞는 가족상담, 가족교육, 가족사례관리 등 통합적 가족서비스의 접근성을 높여야 한다.

최근 코로나19로 인해 대면 서비스가 위축된 상황에서 비대면 서비스를 확대할 필요가 있다. 가족상담전화(1644-6621)의 운영을 확대하고, 디지털 기반의 비대면 e-상담을 활성화하며, 다문화가족을 위한 다누리콜센터(1577-1366)의 다국어 가족상담을 강화하고, 아동학대 관련하여 부모상담과 부모교육도 비대면 채널을 통해 확대할 필요가 있다(한국 가족관계학회 · 한국 가족치료학회 · 한국상담학회 부부가족상담학회, 2021).

6) 자본으로서의 가족 관점 강화

가족은 사회를 보존할 건강하고 유능한 인적자원을 키워내는 가장 소중한 원천이다. 그런 의미에서 가족은 사회의 중요한 자본이다. 자본으로서의 가족에 대한 관점은 경영학 분야에서 제기되었다(Gibb, 2019, 이경식 역, 2020). 가족 자본이란 가족원이 행복하고 생산적이며 만족스러운 삶을 살아가도록 제공되는 인적, 사회적, 재정적 자원을 통틀어 일컫는 용어이자 사회에 제공되는 훌륭한 인적자원을 의미한다.

역사적으로 한국 사회의 경제적, 사회적 발전과 경쟁력에는 가족의 절대적 기여가 있었다. 특히 저출산을 극복하고 고령화 사회에 효과적으로 대응하기 위해 가족이 강해지도록 지원해야 하고 동시에 가족문화 개선도 필요하다. 건강한 가족을 위해 가족의 자율적 노력이 중요하지만, 정책적으로 가족생활을 어렵게 하는 거시적 환경도 개선해야 한다. 특히 빈곤, 불평등, 폭력, 중독 등 가족을 위기에 빠뜨리는 요인들에 대한 예방과 치료가 강화될 때 건강한 인적자원을 키워내는 가족의 기능이 회복될 것이다.

➔ 가족 자본(Family Capital)의 중요성

가족 자본이란 가족원이 행복하고 생산적이며 만족스러운 삶을 살아가도록 제공되는 인적, 사회적, 재정적 자원을 통틀어 일컫는 용어이다. 특히 가족기업에 있어 가족 자본의 강점은 다음과 같다.

- 다른 자본과 차별화되는 독특한 자원을 제공한다.
- 신속하게 동원할 수 있다.
- 가족 간 신뢰를 바탕으로 하므로 거래 비용이 낮다.

• 세대에서 세대로 이전될 수 있다.

출처: Gibb, D.(2019), 이경식 역(2020).

7) 보호가 필요한 가족을 위한 지원

빈곤, 폭력, 문화차별, 재난, 장애와 중독, 만성질환 등은 세대에 걸쳐 가족을 취약하게 만드는 요인들로, 국가와 지역사회가 앞장서 지원하지 않으면 가족 스스로 헤쳐 나오기 어려운 고질적 문제들이다. 이러한 가족들은 여러 세대에 걸쳐 비주류집단에 속해 있으며 빈곤과 부적응(폭력, 중독, 정신질환 등)의 하위문화를 다음 세대로 전수한다. 이들은 스스로 박탈과 불이익의 순환 속에서 벗어나지 못한 채 문제적, 일탈적 특성을 자기영속적인 사실로 받아들이곤 한다 (McCarthy & Edwards, 2011, 전영주 외 역, 2013).

복합적인 어려움에 처해 있는 위기·취약가족이 당면한 의식주, 교육, 건강 문제 등에 주목하다 보면 이들에 대한 사회적 낙인과 함께 복지 지원의 대상으로만 인식할 수 있다. 지역사회는 이 가족들이 공적 지원에 만성적으로 의존하는 상태를 야기하지 않도록 주의하는 한편 이들에 처한 구조적 불평등에 주목해야 한다. 가족의 자립을 위해 가족 역량을 강화하고 참여적 지역사회 조직화와 대중교육 등을 통해 이들 삶의 수준을 높여야 한다. 특히 가족이 처한 불리한 환경조건을 상쇄할 수 있는 보호 요인을 찾아 강화함으로써 가족 스스로 문제를 해결하고 문제의 재발 방지를 유도해야 할 것이다.

함께 나누기

1. 미래에 새롭게 출현할 수 있는 가족 유형에 대해 생각해 보고 의견을 나누어 봅시다. 각 가족 유형의 장단점에 대해서도 이야기해 봅시다.

2. 코로나19 대유행이 내 가족과 주변 가족의 삶에 미친 영향에 대해 이야기해 봅시다.

관련 동영상

1. SBS 뉴스 〈코로나19가 만든 가족의 변화〉
   https://www.youtube.com/watch?v=Gj_q9xxqLFE (2분50초)
2. JTBC 뉴스 〈노인 마음 돌본 'AI 로봇 효돌'〉
   https://www.youtube.com/watch?v=vMCmA4whyP4 (3분17초)

참고문헌

김영란 (2020). 코로나19로 인한 가족의 변화와 정책과제. KWDI Brief, 60, 01-07. 한국여성정책연구원.

김정희 (2017). 반려견 양육경험이 반려인의 우울감소와 주관적 행복감에 미치는 영향.

김진이 (2016). 가족의 태도가 성소수자의 커밍아웃에 미치는 영향: 질적 연구. 가톨릭대학교 상담심리대학원 석사학위논문.

김혜영 (2010). 미혼모의 양육 및 자립 실태조사. 한국여성정책연구원.

민경배 (2016). 인간과 로봇의 교감: 또 하나의 가족, 2016 추계 한국 가족치료학회 자료집.

이미정 (2020). 코로나19와 젠더폭력: 가정폭력 현황과 대응. KWDI Brief, 61, 01-08. 한국여성정책연구원.

이현지 (2016). 유교사상과 인공지능시대의 가족에 대한 시론. **사회사상과 문화, 19**(3), 91-116.

정용순 (2002). 미혼양육모에 대한 사회적응 서비스 활성화 방안. 서강대학교 공공정책대학원 석사학위논문.

조은숙 (2015). 기러기가족을 통해 본 한국 가족. 한국 가족을 말하다-현상과 쟁점(최연실 외). 하우.

조희금, 김경신, 정민자, 송혜림, 이승미, 성미애, 이현아 (2018). **건강가정론(4판)**. 신정.

천정웅, 이형하, 이승민, 이정희 (2015). **이민다문화가족복지론**. 양서원.

최선화, 공미혜, 전영주, 최희경 (2018). **변화하는 사회의 가족복지**. 학지사.

최아라 (2020). 코로나19, 아동돌봄 쟁점과 과제. **인문사회21**, 11(4), 1379-1389.

한국 가족관계학회 · 한국 가족치료학회 · 한국상담학회 부부 · 가족상담학회 (2021). 한국 가족상담치료의 도약: 공공영역 가족상담의 민관협력체계 구축. 온라인(zoom) 춘계공동학술대회. (2021.04.30).

한국 가족치료학회 (2020). 코로나19 극복을 위한 우리 가족 마음돌봄 가이드. http://www.aaftseoul.org

한국정책연구원 성인지통계 (2017.08.17). https://gsis.kwdi.re.kr/gsis/kr/tblInfo/TblInfoList.html

Dyer, G. (2019). **최고의 경쟁력은 가족이다**. 이경식 역 (2020). 재승출판.

McCarthy, J. R. & Edwards, R. (2011). **가족학의 핵심개념**. 전영주, 원성희, 황경란, 양무희, 배덕경, 송정숙, 이복숙, 정수빈 역 (2013). 시그마프레스.

머니 S. (2021.01.25). 동거 · 비혼도 가족 인정…성씨도 부부 합의로. https://moneys.mt.co.kr/news/mwView.php?no=2021012510168018874

조선일보 (2012.07.17). 결혼이 계층구분 기준이 되다. https://blog.naver.com/jwparkbgy/70142487853

YTN (2021.03.31). 비혼 출산 사유리 방송 논란...'올바른 가족관'이란? https://www.ytn.co.kr/_ln/0106_202103310709351340

찾아보기

저/자/소/개

전영주 퍼듀대학교 아동발달가족학과 박사
현) 신라대학교 상담심리복지학과 교수

황경란 신라대학교 가족학과 박사수료
현) 조은아동가족상담소 소장

송정숙 신라대학교 가족학과박사수료
현) 미담가족상담센터장

이복숙 신라대학교 가족학과 박사수료
현) 수영구건강가정·다문화가족지원센터 사무국장

염은선 신라대학교 가족학과 박사
현) 영도구/수영구건강가정·다문화가족지원센터 전문상담위원

주국희 신라대학교 가족학과 박사수료
현) 부산광역시건강가정지원센터 센터장

배윤민 신라대학교 가족학과박사수료
현) 경상남도건강가정지원센터 전문상담위원

김명화 신라대학교 가족학과 박사수료
현) 진주미술치료센터 센터장

뉴노멀 시대의 **결혼과 가족**

초판발행 2021년 9월 10일 **1판 1쇄** | 2023년 3월 10일 **1판 2쇄**

지은이 전영주 황경란 송정숙 이복숙 염은선 주국희 배윤민 김명화
펴낸이 최용구 | **펴낸곳** 도서출판 **신정**
주소 (04316) 서울시 용산구 원효로 89길 19(원효로1가)
전화 02)3211-4782, 0266(영업부), 3211-4783(편집부), 3211-4784(팩스)
이메일 sjbook2002@naver.com | **홈페이지** www.sjbook.co.kr
등록 2001년 5월 11일 제13-702호
기획마케팅 최용구 장만동 최충구 송대용 | **책임편집** 석기은 황가연

ISBN 978-89-5912-763-4 93590
정가 19,000원